U0794830

第3版

中国人民大学出版社
·北京·

内容简介

本书根据国内最新会计准则、应用指南、解释公告和最新财会、税收及金融政策编写而成，主要阐述了金融企业会计的基本理论和基本核算方法，商业银行、证券公司及保险公司主要交易和事项的核算。本书对商业银行的存款业务，贷款与贴现业务，系统内往来业务，金融机构往来业务，中国现代化支付系统的核算，支付结算业务，外汇业务，所有者权益的核算，收入、费用和利润的核算，财务报表的编制等进行了全面系统的介绍，对证券公司的证券经纪业务、证券自营业务、证券承销业务、其他证券业务以及保险公司的非寿险原保险业务、寿险原保险业务和再保险业务进行了具体详尽的介绍，使读者能够全面系统地掌握银行、证券、保险等金融企业会计核算流程和业务处理方法，并且运用会计数据资料分析金融企业的经营状况。

作者简介

孟艳琼　武汉理工大学副教授，中国注册会计师。从教以来，先后主讲财务管理、成本会计学、财务会计学、金融会计、商品流通企业会计、会计学原理等课程，对股票期权激励机制在企业中的运用以及资本市场的会计问题等进行了系统研究，发表学术论文十余篇，编写《现代企业财务管理》《注册会计师审计原理》《现代会计理论与实务》等多部教材和著作，主持和参与多项科研课题项目。

前言

《金融企业会计》（第 2 版）自 2016 年由中国人民大学出版社出版以来，得到了全国许多院校师生和金融业实务工作者的认可，同时也收到了很多读者的来信，对教材内容所涉及的有关问题进行交流探讨和提出宝贵的修改建议，在这里，我谨向选用本教材和来信交流的读者表示诚挚的谢意！

为了保持与国际财务报告准则持续全面趋同，2017—2020 年财政部陆续修订和新增了一系列具体会计准则（简称新准则），特别是 2017 年新修订的金融工具确认和计量准则，对金融企业金融资产的核算产生了很大的影响。同时，为了规范金融企业财务报表列报，提高会计信息质量，财政部于 2018 年 12 月 26 日发布《关于修订印发 2018 年度金融企业财务报表格式的通知》，对金融企业财务报表的格式进行了修订。《金融企业会计》（第 3 版）按照新准则的规定和财政部通知的新要求对相关内容进行了修订和完善，对贷款等金融资产，根据新准则的规定进行三分类，并采用预期信用损失法进行减值核算，深入浅出、条理清晰地阐述了预期信用损失法的理论及实务应用。本教材紧密结合新准则，通过讲解和举例使专业艰深的会计准则语言变得通俗易懂，在深层次上全面诠释了新准则在商业银行具体交易或事项中的运用，力求与国际财务报告准则趋同。

自 2016 年 5 月 1 日起，增值税在我国全行业推广实行，财政部、国家税务总局陆续发布一系列关于营改增及增值税的政策，同时，为了进一步规范增值税的会计处理，财政部于 2016 年 12 月发布《关于印发〈增值税会计处理规定〉的通知》。营改增后，金融企业营业税改征增值税，对金融企业的会计核算产生了影响，对此，我们不能回避和视而不见。《金融企业会计》（第 3 版）在对已经发布和实施的一系列营改增及增值税政策进行解读的基础上，按照财政部发布的《增值税会计处理规定》，对涉及增值税核算的内容进行了更新，力求与金融企业会计实务的发展同步。

《金融企业会计》（第 3 版）立足于国内最新会计准则、应用指南、解释公告及最新财会、税收及金融政策，充分吸收国际财务报告准则最新研究成果，突出金融企业的行业特色，紧跟金融实务发展的步伐，对金融企业会计基本理论和基本核算方法，以及具体业务及其会计处理进行了全面系统的阐述。全书分为基本理论与方法、商业银行会计、证券保险会计三篇，共十三章，对商业银行的存款业务，贷款与贴现业务，系统内往来业务，金融机构往来业务，中国现代化支付系统的核算，支付结算业务，外汇业务，所有者权益的核算，收入、费用和利润的核算，财务报表的编制等进行了全面系统的介绍，对证券公司的证券经纪业务、证券自营业务、证券承销业务、其他证券业务以及保险公司的非寿险原保险业务、寿险原保险业务和再保险业务进行了具体详尽的介绍，使读者能够全面系统地掌握银行、证券、保险等金融企业会计核算流程和业务处理方法，并运用会计数据资料分析金融企业的经营状况。

同时，对有关章节的例题进行了更新，对章后练习题根据新修订的教材内容进行了修改。为了方便教师教学，对 PPT 电子课件及章后练习题参考答案也做了同步修改。

本书由武汉理工大学管理学院财务与会计系孟艳琼副教授编著，内容新颖，体例清晰，实例经典，深入浅出，章后附有练习题，可以帮助读者提高实务操作技能，加深对理论知识的理解和应用。本书可以作为高等院校会计学、金融学专业教学用书，也可以作为金融业从业人员职业培训及自学参考用书。

本书的修订得到了中国人民大学出版社财会分社编辑的大力支持，在此表示衷心的感谢！

由于作者水平有限，书中难免有疏漏和不足之处，欢迎读者来信交流，并不吝赐教和指正。作者电子邮箱：myqwhut@163. com。

孟艳琼

目录

第1篇

基本理论与方法

第1章

总　论

第2篇

商业银行会计

第2章

存款业务的核算

第 13 章

保险公司业务的核算

1

PART ONE

| 第 1 篇 |

基本理论与方法

第1章

总 论

学习目标

1. 了解我国金融机构体系的构成、金融企业会计的特点、金融企业主要会计科目。

2. 理解金融企业会计的概念、基本假设、信息质量要求、会计要素及其确认与计量。

3. 掌握金融企业会计科目的分类、记账方法的运用、会计凭证的种类及账务组织。

1.1 金融机构体系与金融企业会计

1.1.1 金融机构体系

金融机构是指专门从事货币、信用活动的中介组织。以银行为主体的金融机构体系是商品经济发展的必然产物。我国现行的金融机构体系由中央银行、金融监管机构和经营性金融机构构成。

1. 中央银行

中国人民银行是我国的中央银行。中国人民银行在国务院领导下，制定和执行货币政策，防范和化解金融风险，维护金融稳定，提供金融服务。

2. 金融监管机构

金融监管机构包括中国银行保险监督管理委员会（简称银保监会）和中国证券监督管理委员会（简称证监会）。银保监会负责对全国银行业和保险业实行统一监督管理，维护银行业和保险业合法、稳健运行；证监会负责对全国证券业和期货业实行统一监督管理，维护证券业和期货业合法、稳健运行。

3. 经营性金融机构

经营性金融机构包括银行类金融机构和非银行金融机构。

（1）银行类金融机构。银行类金融机构包括商业银行、政策性银行和开发性银行。

1）商业银行。商业银行是以吸收公众存款、发放贷款、办理结算为主要业务，以营利为主要目的的金融企业。商业银行以安全性、流动性、效益性为经营原则，实行自主经营、自担风险、自负盈亏、自我约束，其经营业务主要有：吸收公众存款；发放贷款；办理国内外结算；办理票据承兑与贴现；发行金融债券；代理发行、代理兑付、承销政府债券；买卖政府债券、金融债券；从事同业拆借；买卖、代理买卖外汇；从事银行卡业务；提供信用证服务及担保；代理收付款项及代理保险业务；提供保管箱服务等。

商业银行是我国金融机构体系的主体，其总行是一级法人，业务实行垂直领导，各分支机构不具有法人资格，全行统一核算，分级管理。目前，我国商业银行主要有国有大型商业银行、股份制商业银行、城市商业银行、民营银行、农村商业银行及外资银行等。

其中，国有大型商业银行包括中国工商银行、中国农业银行、中国银行、中国建设银行、交通银行和中国邮政储蓄银行；股份制商业银行包括中信银行、光大银行、招商银行、浦发银行、民生银行、华夏银行、平安银行、兴业银行、广发银行、渤海银行、浙商银行和恒丰银行；城市商业银行有北京银行、天津银行、河北银行、上海银行、南京银行、杭州银行、郑州银行、汉口银行、广州银行、成都银行、贵阳银行、宁波银行、新疆银行等；民营银行有天津金城银行、上海华瑞银行、浙江网商银行、北京中关村银行等。

2）政策性银行。政策性银行是为贯彻和配合政府特定经济政策和意图，在特定的业务领域内从事政策性融资和信用活动的金融机构。目前，我国有中国进出口银行和中国农业发展银行两家政策性银行。

政策性银行不以营利为目的，有自己特定的业务领域，不与商业银行竞争。政策性银行一般不面向公众吸收存款，其资金主要来源于发行金融债券或向中央银行借款，并投向那些商业银行从营利角度考虑不愿意融资或其资金实力难以达到的特定业务领域的项目。例如，中国进出口银行主要为扩大我国机电产品、成套设备和高新技术产品出口，以及促进我国对外经济技术合作与交流，提供出口信贷和有关各种贷款等；中国农业发展银行主要承担农业政策性金融业务，代理财政支农资金的拨付，为农业和农村经济发展提供各种贷款等。

3）开发性银行。开发性银行是采用市场化运作模式，主要通过开展中长期信贷与投资等金融业务，为国民经济重大中长期发展战略服务的金融机构。2015 年，国务院明确国家开发银行定位为开发性金融机构。

开发性银行以保本微利为经营原则，主要从事开发性业务，如新型城镇化、保障性安居工程等，在国家重点领域、薄弱环节、关键时期提供金融支持，实现政府的发展目标。开发性银行既开展政策性金融业务，又开展商业性金融业务。

（2）非银行金融机构。非银行金融机构是指除银行类金融机构以外，依法定程序设立的各种经营金融业务的金融机构。包括证券公司、保险公司、信托公司、基金管理公司、企业集团财务公司、金融租赁公司、汽车金融公司、信用合作组织等。

非银行金融机构主要以发行股票和债券、接受信用委托、提供保险等形式筹集资金，并将所筹集的资金主要运用于长期性投资。

1）证券公司。证券公司是指依法成立的经营证券业务的非银行金融机构。其经营业务主要有：证券经纪；证券投资咨询；与证券交易、证券投资活动有关的财务顾问；证券承销与保荐；证券融资融券；证券做市交易；证券自营及其他证券业务。

2）保险公司。保险公司是指依法成立的经营保险业务的非银行金融机构。其经营业务主要有：人身保险业务，包括人寿保险、健康保险、意外伤害保险等；财产保险业务，包括财产损失保险、责任保险、信用保险、保证保险等。

3）信托公司。信托公司是指依法成立的主要经营信托业务的非银行金融机构。它以信用接受委托，按照委托人的意愿以自己的名义，为受益人的利益或者特定目的，对委托人的资财进行管理或者处分，发挥其“受人之托，代人理财”的功能。其主要经营资金信托、动产信托、不动产信托、有价证券信托、其他财产或财产权信托等业务。

4）基金管理公司。基金管理公司是指依法成立的从事证券投资基金管理业务的非银行金融机构。其主要经营证券投资基金的发行与赎回、以投资组合方式管理和运用证券投资基金进行股票和债券等金融工具的投资等。

5）企业集团财务公司。企业集团财务公司是指依法成立的以加强企业集团资金集中管理和提高企业集团资金使用效率为目的，为企业集团成员单位提供财务管理服务的非银行金融机构。它由企业集团内部成员单位集资组建，经营的业务种类比较综合，提供服务的范围主要局限于某一企业集团内部。如协助成员单位实现交易款项的收付；对成员单位提供担保；办理成员单位之间的委托贷款及委托投资；对成员单位办理票据承兑与贴现；办理成员单位之间的内部转账结算；吸收成员单位的存款；对成员单位办理贷款及融资租赁等。

6）金融租赁公司。金融租赁公司是指依法成立的以经营融资租赁业务为主的非银行金融机构。所谓融资租赁业务，是指出租人根据承租人对租赁物和供货人的选择或认可，将其从供货人处取得的租赁物按合同约定出租给承租人占有、使用，向承租人收取租金的交易活动。融资租赁交易的租赁物为固定资产。融资租赁是以融物的形式进行的融资活动，承租人通过租入资产，既解决了其资金短缺的问题，又取得了生产经营所需的设备。

1.1.2 金融企业会计

1. 金融企业会计的概念

金融企业由在我国依法成立的商业银行和非银行金融机构组成。金融企业会计包括商业银行会计和非银行金融机构会计。本书主要阐述商业银行会计、证券公司会计和保险公司会计。

金融企业会计是财务会计体系的组成部分，是专门针对金融企业这一特殊经济组织的专业会计。它是以货币为主要计量单位，按照会计学的基本原理，采用专门的会计方法，对金融企业的经营活动进行反映和控制，从而为会计信息使用者提供与金融企业财务状况、经营成果和现金流量等有关的会计信息的一种管理活动。

2. 金融企业会计的特点

金融企业作为经营货币、信用业务的特殊企业，与国民经济其他部门相比，其业务具有自身的特点。金融企业会计作为对金融企业这一特殊企业个体的经营活动进行反映和控制的专业会计，也表现出不同于其他部门会计的特有个性。具体来说，金融企业会计具有以下特点：

（1）会计对象的社会性。会计对象是指会计反映和监督的内容，具体表现为资金运动。金融企业会计的对象为金融企业经营活动所引起的资金运动。由于金融企业的资金运动主要是金融企业在处理与国民经济各部门、各企业、各单位以及广大的储户、股民、保户、基金持有者、期货投资者等发生的经济业务时引起的，因而具有广泛的社会性，由此决定了金融企业会计核算对象的社会性特征。

（2）会计核算方法的独特性。会计核算方法是指对会计对象进行连续、系统、全面、综合的反映和日常监督所应用的方法。金融企业经济业务的特殊性，决定了金融企业会计核算方法在凭证的填制、账户的设置与登记、表单的设置与编制、账务处理程序与账务核对程序等方面都与其他部门会计存在明显的差异。

（3）会计反映的同步性。会计反映的同步性是指金融企业的会计核算与业务处理同步进行。由于金融企业的业务活动主要表现为货币流，很少涉及物流，而一切货币资金的收付都需要通过会计具体办理核算，这就使得其业务处理与会计核算具有不可分离的特点，即引起金融企业货币资金收付行为的交易或事项发生后，其进行业务处理的过程也就是金融企业会计进行反映与监督的过程。

（4）内部控制的严密性。金融企业是连接国民经济的枢纽，为确保其会计核算的质量及资金运行的安全与效率，金融企业必须建立健全科学、有效、严密的内部控制制度，如统一授信制度、审查审批制度、不相容职务分离制度、交易动态实时监控制度、“印、押、证”三分管制度、计算机信息系统风险防范制度，以及账务处理方面的复核与盘点制度、定期对账制度、双线核算与双线核对制度、当日记账与当日结账制度、按日提供报表制度等。

1.2 金融企业会计基本假设和会计基础

1.2.1 金融企业会计基本假设

会计基本假设是企业会计确认、计量和报告的前提，是对会计核算所依赖的基础条件所做的合理设定，包括会计主体、持续经营、会计分期和货币计量。

1. 会计主体

会计主体是指会计确认、计量和报告的空间范围。企业会计准则规定，企业应当对其本身发生的交易或者事项进行会计确认、计量和报告。会计主体假设将会计主体的交易或事项与会计主体所有者本人的交易或事项以及其他会计主体的交易或事项区分开来，要求金融企业会计核算应仅反映某一会计主体的经营活动，而不应包括会计主体所有者本人和其他会计主体的经营活动。只有在这一假设下，金融企业会计才能真实地反映会计主体的财务状况、经营成果和现金流量信息，会计信息使用者才可据此做出正确的决策。

会计主体不能等同于法律主体。尽管法律主体一定是会计主体，但会计主体不一定是法律主体。比如，对金融企业来讲，会计主体可以是由若干企业通过控股关系组织起来的金融企业集团，还可以是金融企业内部独立核算的部门或单位（商业银行会计主体一般为支行及以上机构）。再如，在证券投资基金会计核算中，由于每家基金管理公司往往管理多只基金，而每只基金的权益由不同的基金持有人拥有，因此基金管理公司证券投资基金的会计核算是以每只基金为会计核算主体，对其单独建账，以反映每只基金的资产、负债、收入、费用及基金单位净值情况，为基金投资者买卖基金提供依据。当然，对基金管理公司来讲，由于其本身既是法律主体，又是会计主体，需要以其为主体核算各项经济活动，以反映整个基金管理公司的财务状况、经营成果和现金流量信息。

2. **持续经营**

持续经营是指会计主体在可以预见的将来，能够按照当前的规模和状态持续不断地正常开展经营活动。企业会计准则规定，企业会计确认、计量和报告应当以会计主体持续、正常的经营活动为前提。持续经营假设将会计主体在可以预见的将来存在的停业或大规模削减业务的可能排除在外，要求金融企业会计核算应当以会计主体持续、正常的经营活动为前提选择会计原则、会计处理程序和方法。比如，历史成本原则的运用、固定资产提取折旧和无形资产摊销、资本性支出与收益性支出的划分等都是以持续经营为前提的。

会计人员应当定期对持续经营假设进行分析和判断，一旦认定会计主体不符合持续经营假设，就应当改变会计原则、会计处理程序和方法，并在财务报表附注中进行披露。对处于停业或大规模削减业务的金融企业，如果继续按照持续经营假设选择会计原则、会计处理程序和方法，就不能真实地反映其财务状况、经营成果和现金流量信息，会误导会计信息使用者的经济决策。

3. **会计分期**

会计分期又称会计期间，是指将会计主体持续正常的经营活动划分为一个个连续的、长短相同的期间。企业会计准则规定，企业应当划分会计期间，分期结算账目和编制财务报告。会计分期是以持续经营为前提的，持续经营的会计主体不能等到其经营活动结束时才结算账目和编制财务报告，为了定期反映其财务状况、经营成果和现金流量情况，及时向有关各方提供信息，应将其持续的经营活动划分为若干较短的会计期间，按期结算账目和编制财务报告。

只有在会计分期假设下，才有本期和非本期的区别，金融企业会计核算的权责发生制基础才得以确立，会计确认和计量的配比原则以及对会计信息质量的可比性、及时性和相关性要求等才得以在会计实务中正确贯彻执行，从而产生应收、应付、预收、预付、递延、待摊等会计处理方法。

会计期间分为年度和中期。中期是指短于一个完整的会计年度的报告期间，一般分为半年度、季度、月度。在我国，年度、半年度、季度、月度会计期间的划分都与公历起讫日期一致。

4. 货币计量

货币计量是指会计在确认、计量和报告会计主体的经营活动时，应以货币为计量尺度。企业会计准则规定，企业会计应当以货币计量。货币作为固定充当一般等价物的商品，是衡量和表现其他一切商品价值的共同尺度。比如，金融企业所拥有的各种资产，尽管实物形态各异，不能利用实物计量单位进行量上的累加汇总，但它们在价值上具有同质性，一旦表现为观念货币形态，这些在实物形态上不具有相加性的资产就可以利用货币计量单位汇总为一定的货币量，从而可以提供金融企业资产总规模及结构的信息。因此，以货币作为计量尺度，能够满足金融企业会计确认、计量和报告的需要。

货币计量假设以币值稳定为基础，在币值变动较大的情况下，需要考虑币值变动的影响，采用特殊的会计程序和方法，以便正确反映会计主体的财务状况、经营成果及现金流量情况。

在货币计量假设前提下，金融企业财务报表所列报的仅限于货币化的会计信息，对于那些不能用货币计量但对金融企业财务状况、经营成果和现金流量有重要影响的非货币化信息，如金融企业所面临的风险、经营管理者的管理水平等，则无法在财务报表中进行反映。为了弥补货币计量假设的这一缺陷，这些非货币化但对会计信息使用者做决策有重要影响的信息以财务报表附注的形式进行披露。

1.2.2 金融企业会计基础

实务中，交易或事项的发生与货币的收付并不完全一致。比如，款项已经收到，但服务尚未提供，收入并未实现；或者款项已经支付，但并不属于本期经营活动发生的支出。为了更加真实、公允地反映会计主体特定会计期间的财务状况和经营成果，企业会计准则规定，企业应当以权责发生制为基础进行会计确认、计量和报告。

权责发生制基础要求金融企业以收入在本期实现和费用在本期发生或应由本期负担为标准来确认本期的收入和费用，而不论款项是否在本期收付。权责发生制基础以持续经营和会计分期为前提，是与以款项的收到和支付作为确认收入和费用依据的收付实现制相对应的一种会计基础。

在权责发生制基础上，凡是当期已经实现的收入和已经发生或应当负担的费用，不论款项是否收付，都应当作为当期的收入和费用，计入利润表；凡是不属于当期的收入和费用，即使款项已在当期收付，也不应当作为当期的收入和费用。

1.3 金融企业会计信息质量要求

会计信息质量要求是对金融企业财务报告中所提供会计信息质量的基本要求，是使其财务报告中所提供的会计信息对信息使用者做决策有用应具备的基本特征，主要包括可靠性、相关性、可理解性、可比性、实质重于形式、重要性、谨慎性和及时性。

1.3.1 可靠性

可靠性要求金融企业应当以实际发生的交易或者事项为依据进行会计确认、计量和报告，如实反映符合确认和计量要求的各项会计要素及其他相关信息，保证会计信息真实可靠、内容完整。

金融企业在会计核算中贯彻可靠性要求，应当做到：（1）会计核算应当以实际发生的交易或事项为依据，真实地反映金融企业的财务状况、经营成果和现金流量情况，会计信息生成与提供的全过程坚决杜绝弄虚作假等损害会计信息真实性的行为；（2）在符合重要性和成本效益原则的前提下，保证会计信息的完整性，其中包括编报的报表及其附注内容等应保持完整，与使用者决策相关的有用信息都应充分披露，不得随意遗漏或减少应予披露的信息；（3）金融企业会计人员运用职业判断处理交易或事项时，应站在中立的立场，以客观事实为依据，不受外界干扰和个人主观意志的左右，保证财务报告中所提供的会计信息客观中立、不偏不倚。

1.3.2 相关性

相关性要求金融企业提供的会计信息应当与财务报告使用者的经济决策需要相关，有助于财务报告使用者对金融企业过去、现在或者未来的情况做出评价或者预测。

会计信息是否具有相关性，可以从两个方面加以考察：一是会计信息是否具有反馈价值；二是会计信息是否具有预测价值。会计信息的反馈价值是指会计信息能够帮助财务报告使用者评价金融企业过去的决策，证实或者修正过去的有关预测；会计信息的预测价值是指会计信息能够帮助财务报告使用者预测金融企业未来的财务状况、经营成果和现金流量。

相关性以可靠性为基础，会计信息应当在可靠性前提下，尽可能符合相关性要求，以满足财务报告使用者的决策需要。

1.3.3 可理解性

可理解性要求金融企业提供的会计信息应当清晰明了，便于财务报告使用者理解和使用。

财务报告使用者要有效使用会计信息进行经济决策，首先必须理解会计信息，即通过阅读、分析财务报告，能够了解金融企业过去及现在的财务状况、经营成果和现金流量情况，并对金融企业未来的发展趋势做出预测，这就要求金融企业提供的会计信息应当清晰明了，易于理解。对于某些复杂的信息（交易本身或会计处理较为复杂），若其与使用者的经济决策相关，就应当在财务报告中予以充分披露，以增强会计信息的可理解性。

1.3.4 可比性

可比性要求金融企业提供的会计信息应当相互可比。可比性包括纵向可比和横向可比两层含义。纵向可比要求同一企业不同时期发生的相同或者相似的交易或者事项，应当采用一致的会计政策，不得随意变更，确需变更的，应当在附注中说明。横向可比要求不同企业发生的相同或者相似的交易或者事项，应当采用规定的会计政策，确保会计信息口径一致、相互可比。

金融企业在会计核算中贯彻可比性要求，将不同企业以及同一企业不同会计期间的财务报表编制建立在相同的会计政策基础上，便于财务报表使用者对不同企业以及同一企业不同时期的财务状况、经营成果及现金流量进行比较分析，全面、客观地评价金融企业的现状和预测其未来发展趋势。对于相同或者相似的交易或者事项，若不采用一致或者规定的会计政策，就会使会计信息失去可比的基础，财务报表使用者也会因不能理解随意变更或滥用会计政策可能产生的对金融企业财务状况、经营成果和现金流量的影响而决策失误，同时，随意变更或滥用会计政策可能导致操纵利润、粉饰财务报表的行为发生。

可比性要求同一企业在不同时期采用一致的会计政策并不是绝对的，只是不允许随意变更。如果影响当初会计政策选择的环境和条件发生了变化，采用新的会计政策能更加真实地反映金融企业的实际情况，则金融企业也可以变更会计政策，但应当在附注中做相应的披露。

1.3.5 实质重于形式

实质重于形式要求金融企业应当按照交易或者事项的经济实质进行会计确认、计量和报告，不应仅以交易或者事项的法律形式为依据。

金融企业发生的交易或事项的经济实质并不总是与其法律形式一致，在这种情况下，为了使提供的会计信息更加真实可靠并具有决策相关性，金融企业应当按照交易或事项的经济实质进行会计确认、计量和报告，而不应仅以其法律形式为依据。比如，采用买断式回购交易卖出债券，虽然在法律形式上债券已经过户给买方，但在经济实质上卖方需要在回购日以固定的价格购回债券。这表明卖方保留了所转移债券所有权上几乎所有的风险和报酬，不应当终止确认该项债券，不能按照债券卖出进行会计核算。在这种情况下，卖方应当继续确认所转移的债券，并将因债券转移而收到的对价视同企业的融资借款（此类债券转移实质上具有融资性质），于收到时确认为一项金融负债（记入“卖出回购金融资产款”科目）。

1.3.6 重要性

重要性要求金融企业提供的会计信息应当反映与企业财务状况、经营成果和现金流量等有关的所有重要交易或者事项。

金融企业在会计核算中贯彻重要性要求，就应对那些对资产、负债、损益等有较大影响，进而影响财务报告使用者据此做出决策的重要会计事项，按照规定的会计方法和程序进行处理，并在财务报告中单独列报；对于次要的会计事项，在不影响会计信息的真实性和不误导财务报告使用者据此做出决策的前提下，可适当简化处理，在财务报告中合并列报。比如，金融企业发生的某些需要在受益期内分摊的支出，若金额较小，也可以一次性计入当期损益。

重要性是相对的，对某项交易或事项重要性的评价，在很大程度上取决于会计人员的职业判断。一般而言，若某项交易或事项一经省略或错报会影响财务报告使用者据此做出经济决策，则该项交易或事项就具有重要性。重要性应当根据金融企业所处的环境，从交易或事项的性质和金额大小两方面予以判断。判断交易或事项性质的重要性时，应考虑该项交易或事项是否属于金融企业日常活动等因素；判断交易或事项金额大小的重要性时，应通过单项金额占资产总额、负债总额、所有者权益总额、营业收入总额、营业成本总额、净利润等直接相关项目金额的比重加以确定。

1.3.7 谨慎性

谨慎性要求金融企业对交易或者事项进行会计确认、计量和报告应当保持应有的谨慎，不应高估资产或者收益、低估负债或者费用。

谨慎性是对市场经济条件下客观存在的风险和不确定性所做出的积极反应。金融企业在会计核算中贯彻谨慎性要求，就应该采用那些少计或推迟确认资产或收益，或者多计或提前确认负债或费用的会计程序和方法。比如，金融企业应当按照规定提取资产减值准备、贷款损失准备和坏账准备就是谨慎性要求的具体体现。

谨慎性的运用受会计规范的制约，不能随意使用，更不能滥用谨慎性设置各种秘密准备，否则，应进行会计差错更正处理。

1.3.8 及时性

及时性要求金融企业对于已经发生的交易或者事项，应当及时进行会计确认、计量和报告，不得提前或者延后。

会计信息具有时效性，不及时的会计信息会使其相关性完全消失，从而对会计信息使用者的决策毫无价值。金融企业在会计核算中贯彻及时性要求，就应当及时收集、处理和传递会计信息，即在交易或事项发生后，及时取得原始凭证，进行账务处理和编制财务报告，并按照规定时限将财务报告传递给财务报告使用者。

1.4 金融企业会计要素及其确认与计量

金融企业会计要素是根据交易或事项的经济特征所确定的金融企业会计对象的基本

分类。金融企业会计要素分为资产、负债、所有者权益、收入、费用和利润，其中，资产、负债和所有者权益要素侧重于反映金融企业某一日期的财务状况，构成资产负债表的内容；收入、费用和利润要素侧重于反映金融企业某一时期的经营成果，构成利润表的内容。

1.4.1 金融企业会计要素定义及其确认条件

1. 资产的定义、确认条件与内容

（1）资产的定义与特征。资产是指企业过去的交易或者事项形成的、由企业拥有或者控制的、预期会给企业带来经济利益的资源。它具有以下特征：

1）资产是由过去的交易或者事项形成的。只有过去的交易或者事项才能导致企业资产的增加或者减少，预期在未来发生的交易或者事项不能作为企业增加或者减少资产的依据。比如，正在酝酿的固定资产购买计划、处于筹划阶段的长期股权投资等均不能确认为企业的资产。

2）资产预期会给企业带来经济利益。即资产具有直接或间接地导致现金或现金等价物流入企业的潜力。如果某一项目预期不能给企业带来经济利益，则不能将其确认为企业的资产；已经确认为资产的项目，如果不能再为企业带来经济利益，则应予以核销，不再作为资产反映。比如某项长期待摊费用，如果不能使企业在以后会计期间受益，则应将其摊余价值一次性全部转入当期成本、费用，不再留待以后期间摊销，以免虚列资产。再如，金融企业盘点固定资产时，若发现某项固定资产已经严重毁损，预期不能为企业带来经济利益，则应予以核销，并不应再在资产负债表中作为资产列报。

3）资产是由企业拥有或者控制的资源。即企业享有某项资源的所有权，或者虽然不享有某项资源的所有权，但该资源能被企业控制。企业享有资产的所有权，通常表明企业能够排他性地从资产中获取经济利益。有些情况下，资产虽然不为企业所拥有，但若企业控制了这些资产，同样表明企业能够从资产中获取经济利益，符合会计上对资产的定义。比如融资租入的固定资产，承租企业虽然不拥有其所有权，但由于该资产的租期几乎接近其使用寿命，并且在租期内，承租企业有权支配资产并从中受益，因此，承租企业应将其作为资产予以确认、计量和报告。再如，商业银行因借款人违约而取得的抵债资产，商业银行不一定对其拥有所有权，但能够实际控制，可以按照自己的意愿使用或处置而获取收益，因此，商业银行应将其确认为资产。

（2）资产的确认条件。符合资产定义的资源，在同时满足以下条件时确认为资产，列入资产负债表：1）与该资源有关的经济利益很可能流入企业；2）该资源的成本或者价值能够可靠地计量。

（3）资产的内容。

1）商业银行的资产主要包括现金及存放中央银行款项、存放同业款项、贵金属、拆出资金、衍生金融资产、买入返售金融资产、应收利息、发放贷款和垫款、交易性金融资产、债权投资、其他债权投资、其他权益工具投资、长期股权投资、投资性房地产、固定资产、在建工程、使用权资产、无形资产、递延所得税资产及其他资产等。

2）证券公司的资产主要包括货币资金、结算备付金、拆出资金、融出资金、衍生金融资产、存出保证金、应收款项、买入返售金融资产、应收利息、持有待售资产、交易性金融资产、债权投资、其他债权投资、其他权益工具投资、长期股权投资、投资性房地产、固定资产、在建工程、使用权资产、无形资产、递延所得税资产及其他资产等。

3）保险公司的资产主要包括货币资金、拆出资金、衍生金融资产、应收保费、应收代位追偿款、应收分保账款、应收分保未到期责任准备金、应收分保未决赔款准备金、应收分保寿险责任准备金、应收分保长期健康险责任准备金、保户质押贷款、买入返售金融资产、持有待售资产、交易性金融资产、债权投资、其他债权投资、其他权益工具投资、长期股权投资、存出资本保证金、投资性房地产、固定资产、在建工程、使用权资产、无形资产、独立账户资产、递延所得税资产及其他资产等。

2. 负债的定义、确认条件与内容

（1）负债的定义与特征。负债是指企业过去的交易或者事项形成的、预期会导致经济利益流出企业的现时义务。它具有以下特征：

1）负债是由过去的交易或者事项形成的。只有过去的交易或者事项才能导致企业负债的增加或者减少，预期在未来发生的交易或者事项不能作为企业增加或者减少负债的依据。比如，企业拟发行的债券就不能确认为负债。

2）负债是企业承担的现时义务。现时义务是指企业在现行条件下已承担的义务。未来发生的交易或者事项形成的义务，不属于现时义务，不应当确认为负债；过去的交易或者事项形成的义务，若已经得到履行，也不再是企业的负债。比如应付利息，若已经支付，则不再是企业的负债。

3）负债预期会导致经济利益流出企业。由于负债是企业在现行条件下已承担的尚未履行的义务，将来必须以现金、实物资产、提供劳务或将负债转为所有者权益等方式予以清偿，因而均会导致经济利益流出企业。若企业由过去的交易或者事项形成的现时义务，能够回避而无须以资产或者提供劳务等方式偿还，则不能确认为企业的负债。

（2）负债的确认条件。符合负债定义的义务，在同时满足以下条件时确认为负债，列入资产负债表：1）与该义务有关的经济利益很可能流出企业；2）未来流出的经济利益的金额能够可靠地计量。

（3）负债的内容。

1）商业银行的负债主要包括向中央银行借款、同业及其他金融机构存放款项、拆入资金、交易性金融负债、衍生金融负债、卖出回购金融资产款、吸收存款、应付职工薪酬、应交税费、预计负债、应付债券、递延所得税负债及其他负债等。

2）证券公司的负债主要包括短期借款、应付短期融资款、拆入资金、交易性金融负债、衍生金融负债、卖出回购金融资产款、代理买卖证券款、代理承销证券款、应付职工薪酬、应交税费、应付款项、合同负债、预计负债、长期借款、应付债券、递延所得税负债及其他负债等。

3）保险公司的负债主要包括短期借款、拆入资金、交易性金融负债、衍生金融负债、卖出回购金融资产款、预收保费、应付手续费及佣金、应付分保账款、应付职工薪酬、应交税费、应付赔付款、应付保单红利、保户储金及投资款、未到期责任准备金、未决赔款准备金、寿险责任准备金、长期健康险责任准备金、长期借款、应付债券、独立账户负债、递延所得税负债及其他负债等。

3. 所有者权益的定义、确认条件与内容

（1）所有者权益的定义与特征。所有者权益是指企业资产扣除负债后由所有者享有的剩余权益。公司的所有者权益又称为股东权益。它具有以下特征：

1）通过所有者权益所筹集的资金可供企业长期使用，除非发生减资、清算，企业没有归还的义务。

2）所有者权益体现为一种剩余财产索取权，在企业清算时，清算财产扣除清算净亏损并偿还了所有负债后剩下的清算净资产，即剩余财产，才能分派给所有者。

3）一般情况下，所有者只是参与企业税后利润的分配，而不像债权人那样，可以从企业取得固定的利息收入。

（2）所有者权益的来源。所有者权益的来源包括所有者投入的资本、直接计入所有者权益的利得和损失（其他综合收益）、留存收益等。

1）所有者投入的资本。所有者投入的资本，是指所有者按照投资合同的约定实际投入企业的资本。所有者投入的资本包括两部分：一部分是构成企业注册资本或股本的部分（计入实收资本或股本）；另一部分是投入资本超过注册资本或股本的部分，即资本溢价或股本溢价（计入资本公积）。

2）直接计入所有者权益的利得和损失。直接计入所有者权益的利得和损失，是指不应计入当期损益、会导致所有者权益发生增减变动的、与所有者投入资本或者向所有者分配利润无关的利得或者损失。其中，利得是指由企业非日常活动所形成的、会导致所有者权益增加的、与所有者投入资本无关的经济利益的流入；损失是指由企业非日常活动所发生的、会导致所有者权益减少的、与向所有者分配利润无关的经济利益的流出。企业的利得和损失可分为两类，一类是直接计入当期损益的利得和损失，如计入营业外收入的非流动资产毁损报废利得和计入营业外支出的非流动资产毁损报废损失；另一类是直接计入所有者权益的利得和损失，如其他债权投资和其他权益工具投资公允价值变动形成的利得和损失。

3）留存收益。留存收益是指企业历年实现的净利润留存于企业的部分。金融企业的留存收益包括累计计提的盈余公积、一般风险准备和未分配利润。

（3）所有者权益的确认条件。所有者权益体现的是所有者在企业中的剩余权益，因此，所有者权益的确认主要依赖于其他会计要素，尤其是资产和负债的确认；所有者权益金额的确定也主要取决于资产和负债的计量。例如，企业接受投资者投入的资产，在该资产符合企业资产确认条件时，就相应地符合了所有者权益的确认条件；当该资产的价值能够可靠计量时，所有者权益的金额也就可以确定了。

（4）所有者权益的内容。金融企业的所有者权益主要包括股本（或实收资本）、其他权益工具、资本公积、其他综合收益、盈余公积、一般风险准备和未分配利润。

4. 收入的定义、确认条件与内容

（1）收入的定义与特征。收入是指企业在日常活动中形成的、会导致所有者权益增加的、与所有者投入资本无关的经济利益的总流入。它具有以下特征：

1）收入是企业在日常活动中形成的。日常活动是指企业为完成其经营目标所从事的经常性活动以及与之相关的活动，如商业银行对外贷款、保险公司签发保单、租赁公司出租资产等。收入必须是企业在日常活动中形成的，非日常活动所形成的经济利益的流入不能确认为收入，而应当计入利得。

2）收入会导致企业所有者权益的增加。与收入相关的经济利益的流入应当会导致企业所有者权益的增加，不会导致企业所有者权益增加的经济利益的流入不符合收入的定义，不应确认为收入。比如商业银行收到的待解付款项，尽管也导致了经济利益的流入，但该流入并不导致其所有者权益的增加，而是使其承担了一项现时义务，因此，不应将其确认为收入，而应确认为一项负债。

3）收入是与所有者投入资本无关的经济利益的总流入。收入应当会导致经济利益的流入，从而导致资产的增加。但是在实务中，经济利益的流入有时是所有者投入资本的增加所导致的，所有者投入资本的增加不应当确认为收入，而应当直接确认为所有者权益。

（2）收入的确认条件。企业应当在履行了合同中的履约义务，即在客户取得相关商品或服务控制权时确认收入。

（3）收入的内容。

1）商业银行的收入主要包括利息收入、手续费及佣金收入、投资收益、公允价值变动收益、汇兑收益、其他业务收入、资产处置收益、其他收益等。

2）证券公司的收入主要包括手续费及佣金收入、利息收入、投资收益、公允价值变动收益、汇兑收益、其他业务收入、资产处置收益、其他收益等。

3）保险公司的收入主要包括保险业务收入、投资收益、公允价值变动收益、汇兑收益、其他业务收入、资产处置收益、其他收益等。

5. 费用的定义、确认条件与内容

（1）费用的定义与特征。费用是指企业在日常活动中发生的、会导致所有者权益减少的、与向所有者分配利润无关的经济利益的总流出。它具有以下特征：

1）费用是企业在日常活动中发生的。费用必须是企业在日常活动中发生的，非日常活动所发生的经济利益的流出不能确认为费用，而应当计入损失。

2）费用会导致企业所有者权益的减少。与费用相关的经济利益的流出应当会导致企业所有者权益的减少，不会导致企业所有者权益减少的经济利益的流出不符合费用的定义，不应确认为费用。

3）费用是与向所有者分配利润无关的经济利益的总流出。费用的发生应当会导致经济利益的流出，从而导致资产的减少或者负债的增加（最终也会导致资产的减少）。鉴于企业向所有者分配利润也会导致经济利益的流出，而该经济利益的流出显然属于所有者权益的抵减项目，不应确认为费用。

（2）费用的确认条件。符合费用定义的经济利益流出，在同时满足以下条件时确认为费用，列入利润表：1）与费用相关的经济利益很可能流出企业；2）经济利益流出会导致企业资产减少或者负债增加；3）经济利益流出的金额能够可靠地计量。

（3）费用的内容。

1）商业银行的费用主要包括利息支出、手续费及佣金支出、税金及附加、业务及管理费、信用减值损失、其他资产减值损失、投资损失、公允价值变动损失、汇兑损失、其他业务成本、资产处置损失等。

2）证券公司的费用主要包括手续费及佣金支出、利息支出、税金及附加、业务及管理费、信用减值损失、其他资产减值损失、投资损失、公允价值变动损失、汇兑损失、其他业务成本、资产处置损失等。

3）保险公司的费用主要包括退保金、赔付支出、提取保险责任准备金、保单红利支出、分保费用、手续费及佣金支出、税金及附加、业务及管理费、信用减值损失、其他资产减值损失、投资损失、公允价值变动损失、汇兑损失、其他业务成本、资产处置损失等。

6. 利润的定义、确认条件与构成

（1）利润的定义。利润是指企业在一定会计期间的经营成果。

（2）利润的来源。利润包括收入减去费用后的净额、直接计入当期利润的利得和损失等。其中，收入减去费用后的净额反映的是企业日常活动的经营业绩；直接计入当期利润的利得和损失反映的是企业非日常活动的业绩。直接计入当期利润的利得和损失，是指应当计入当期损益、会导致所有者权益发生增减变动的、与所有者投入资本或者向所有者分配利润无关的利得或者损失。如记入“营业外收入”科目核算的债务重组利得、与企业日常活动无关的政府补助、盘盈利得、捐赠利得、非流动资产毁损报废利得等，以及记入“营业外支出”科目核算的债务重组损失、公益性捐赠支出、非常损失、盘亏损失、非流动资产毁损报废损失等。

企业应当严格区分收入和利得、费用和损失之间的界限，以更加全面地反映企业的经营成果。

（3）利润的确认条件。利润反映的是收入减去费用、直接计入当期利润的利得减去损失后的净额。利润的确认主要依赖于收入、费用、直接计入当期利润的利得和损失的确认，利润的金额主要取决于收入、费用、直接计入当期利润的利得和损失金额的计量。

（4）利润的构成。金融企业的利润按照反映内容的不同，分为营业利润、利润总额和净利润。其计算公式为：

营业利润＝营业收入－营业支出

利润总额＝营业利润＋营业外收入－营业外支出

净利润＝利润总额－所得税费用

1.4.2 会计要素的计量属性

企业将符合确认条件的会计要素登记入账并列报于财务报表时，应按规定进行计量，确定其金额。企业在进行会计计量时，由于对同一会计要素可以采用不同的计量属性进行计量，并且不同计量属性下会计数据的经济意义不同，所反映的财务状况和经营成果也存在差异，因此，企业应根据会计准则的规定，结合交易或事项的实际情况及经济环境等因素，选择合理的计量属性，保证会计信息的可靠性、相关性和可比性。企业会计准则规定的计量属性主要有历史成本、重置成本、可变现净值、现值和公允价值。

1. 历史成本

历史成本又称实际成本，是指取得或制造某项财产物资时所实际支付的现金或其他等价物。在历史成本计量下，资产按照购置时支付的现金或者现金等价物的金额，或者按照购置资产时所付出的对价的公允价值计量。负债按照因承担现时义务而实际收到的款项或者资产的金额，或者按照承担现时义务的合同金额，或者按照日常活动中为偿还负债预期需要支付的现金或者现金等价物的金额计量。

2. 重置成本

重置成本又称现行成本，是指按照当前市场条件，重新取得同样一项资产所需支付的现金或现金等价物金额。在重置成本计量下，资产按照现在购买相同或者相似资产所需支付的现金或者现金等价物的金额计量。负债按照现在偿付该项债务所需支付的现金或者现金等价物的金额计量。

3. 可变现净值

可变现净值是指在正常生产经营过程中，以资产预计售价减去进一步加工成本和销售所必需的预计税金、费用后的净值。在可变现净值计量下，资产按照其正常对外销售所能收到现金或者现金等价物的金额扣减该资产至完工时估计将要发生的成本、估计的销售费用以及相关税金后的金额计量。

4. 现值

现值是指对未来现金流量以恰当的折现率进行折现后的价值，是考虑货币时间价值因素等的一种计量属性。在现值计量下，资产按照预计从其持续使用和最终处置中所产生的未来净现金流入量的折现金额计量。负债按照预计期限内需要偿还的未来净现金流出量的折现金额计量。

5. 公允价值

公允价值是指市场参与者在计量日发生的有序交易中，出售一项资产所能收到或者转移一项负债所需支付的价格。

企业在对会计要素进行计量时，一般应当采用历史成本，采用重置成本、可变现净值、现值、公允价值计量的，应当保证所确定的会计要素金额能够取得并可靠计量。

1.5 金融企业会计核算方法

会计核算方法是指对交易或事项进行连续、系统、完整的确认、计量、记录和报告所采用的方法。金融企业会计核算方法是根据会计核算的基本方法，结合金融企业业务活动的特点和经营管理的要求而制定的一套科学方法。它主要包括设置会计科目和账户、确定和运用记账方法、审核和编制会计凭证、设计账务组织和编制财务报表等。这些方法有机地联系在一起，构成了一个完整的会计核算方法体系。

1.5.1 会计科目

1. 会计科目设置的原则

会计科目是对会计要素进一步分类的项目，是设置账户、归集和记载各项交易或事项的依据，也是确定财务报表项目的基础。对金融企业的资产、负债、所有者权益、收入、费用和利润等会计要素，按经济内容做进一步分类所形成的项目，即为金融企业会计科目。

《企业会计准则——应用指南》所规定的适用于金融企业的会计科目如表1-1所示。在实际工作中，金融企业在不违反会计准则中有关确认、计量和报告的规定的前提下，可以根据本企业的实际情况自行增设、分拆、合并会计科目。比如，商业银行由于核算方面的需要，可以增设一些系统内使用的科目。

表1-1 金融企业主要会计科目表

顺序号	编号	会计科目名称	会计科目适用范围
		一、资产类	
1	1001	库存现金	
2	1002	银行存款	
3	1003	存放中央银行款项	银行专用
4	1011	存放同业	银行专用
5	1012	其他货币资金	
6	1021	结算备付金	证券专用
7	1031	存出保证金	金融共用
8	1101	交易性金融资产	
9	1111	买入返售金融资产	金融共用
10	1122	应收保费	保险专用
11	1123	预付赔付款	保险专用
12	1124	应收手续费及佣金	银行和证券共用
13	1131	应收股利	
14	1132	应收利息	
15	1201	应收代位追偿款	保险专用
16	1211	应收分保账款	保险专用
17	1212	应收分保合同准备金	保险专用
18	1221	其他应收款	
19	1231	坏账准备	
20	1301	贴现资产	银行专用
21	1302	拆出资金	金融共用
22	1303	贷款	银行和保险共用

续表

顺序号	编号	会计科目名称	会计科目适用范围
23	1304	贷款损失准备	银行和保险共用
24	1311	代理兑付证券	银行和证券共用
25	1321	代理业务资产	
26	1431	贵金属	银行专用
27	1441	抵债资产	金融共用
28	1451	损余物资	保险专用
29	1461	融资租赁资产	租赁专用
30	1481	持有待售资产	
31	1482	持有待售资产减值准备	
32	1501	债权投资	
33	1502	债权投资减值准备	
34	1503	其他债权投资	
35	1504	其他权益工具投资	
36	1511	长期股权投资	
37	1512	长期股权投资减值准备	
38	1521	投资性房地产	
39	1531	长期应收款	
40	1532	未实现融资收益	
41	1533	应收融资租赁款	
42	1534	应收融资租赁款减值准备	
43	1541	存出资本保证金	保险专用
44	1601	固定资产	
45	1602	累计折旧	
46	1603	固定资产减值准备	
47	1604	在建工程	
48	1605	工程物资	
49	1606	固定资产清理	
50	1611	未担保余值	租赁专用
51	1701	无形资产	
52	1702	累计摊销	
53	1703	无形资产减值准备	
54	1704	使用权资产	
55	1705	使用权资产累计折旧	
56	1706	使用权资产减值准备	
57	1711	商誉	
58	1712	商誉减值准备	

续表

顺序号	编号	会计科目名称	会计科目适用范围
59	1801	长期待摊费用	
60	1811	递延所得税资产	
61	1821	独立账户资产	保险专用
62	1901	待处理财产损溢	
		二、负债类	
63	2001	短期借款	
64	2002	存入保证金	金融共用
65	2003	拆入资金	金融共用
66	2004	向中央银行借款	银行专用
67	2011	吸收存款	银行专用
68	2012	同业存放	银行专用
69	2021	贴现负债	银行专用
70	2101	交易性金融负债	
71	2111	卖出回购金融资产款	金融共用
72	2201	应付赔付款	保险专用
73	2202	应付手续费及佣金	金融共用
74	2203	预收保费	保险专用
75	2204	预收赔付款	保险专用
76	2211	应付职工薪酬	
77	2221	应交税费	
78	2231	应付利息	
79	2232	应付股利	
80	2241	其他应付款	
81	2245	持有待售负债	
82	2251	应付保单红利	保险专用
83	2261	应付分保账款	保险专用
84	2311	代理买卖证券款	证券专用
85	2312	代理承销证券款	证券和银行共用
86	2313	代理兑付证券款	证券和银行共用
87	2314	代理业务负债	
88	2401	递延收益	
89	2501	长期借款	
90	2502	应付债券	
91	2601	未到期责任准备金	保险专用
92	2602	保险责任准备金	保险专用
93	2611	保户储金	保险专用

续表

顺序号	编号	会计科目名称	会计科目适用范围
94	2621	独立账户负债	保险专用
95	2701	长期应付款	
96	2702	未确认融资费用	
97	2703	租赁负债	
98	2711	专项应付款	
99	2801	预计负债	
100	2901	递延所得税负债	
		三、共同类	
101	3001	清算资金往来	银行专用
102	3002	货币兑换	金融共用
103	3101	衍生工具	
104	3201	套期工具	
105	3202	被套期项目	
		四、所有者权益类	
106	4001	实收资本	
107	4002	资本公积	
108	4003	其他综合收益	
109	4101	盈余公积	
110	4102	一般风险准备	金融共用
111	4103	本年利润	
112	4104	利润分配	
113	4201	库存股	
114	4401	其他权益工具	
		五、损益类	
115	6011	利息收入	金融共用
116	6021	手续费及佣金收入	金融共用
117	6031	保费收入	保险专用
118	6032	分保费收入	保险专用
119	6041	租赁收入	租赁专用
120	6051	其他业务收入	
121	6061	汇兑损益	金融共用
122	6101	公允价值变动损益	
123	6111	投资收益	
124	6115	资产处置损益	
125	6117	其他收益	
126	6201	摊回保险责任准备金	保险专用

续表

顺序号	编号	会计科目名称	会计科目适用范围
127	6202	摊回赔付支出	保险专用
128	6203	摊回分保费用	保险专用
129	6301	营业外收入	
130	6402	其他业务成本	
131	6403	税金及附加	
132	6411	利息支出	金融共用
133	6421	手续费及佣金支出	金融共用
134	6501	提取未到期责任准备金	保险专用
135	6502	提取保险责任准备金	保险专用
136	6511	赔付支出	保险专用
137	6521	保单红利支出	保险专用
138	6531	退保金	保险专用
139	6541	分出保费	保险专用
140	6542	分保费用	保险专用
141	6601	业务及管理费	金融共用
142	6701	资产减值损失	
143	6702	信用减值损失	
144	6711	营业外支出	
145	6801	所得税费用	
146	6901	以前年度损益调整	

设置会计科目是正确组织会计核算的一个重要条件，金融企业在设置会计科目时应遵循以下原则：

（1）结合金融企业会计要素的特点，既能全面反映会计要素的内容，又不相互包含。

（2）既要适应金融企业经济业务发展的需要，又要保持相对的稳定性。

（3）既要满足外部财务报告使用者的要求，又要符合金融企业内部经营管理的需要。

（4）在满足会计核算要求、保证会计核算质量的前提下，会计科目的分类要做到简明、适用，不宜过于繁复。

此外，金融企业会计科目的设置还应符合国际惯例，并遵循统一性与灵活性相结合的原则，使提供的会计信息既具有可比性，便于对比、分析和汇总，又能适应不同金融企业具体会计核算和经营管理的需要。

2. 会计科目的分类

（1）按经济内容分为资产类、负债类、资产负债共同类、所有者权益类和损益类五大类。

1）资产类科目。资产类科目是对金融企业符合资产定义和资产确认条件的资源，根据核算与管理要求进行科学分类的类别名称。这类科目用来反映金融企业资金的占用与分布，包括各种财产、债权和其他权利，期末余额一般在借方。

2）负债类科目。负债类科目是对金融企业符合负债定义和负债确认条件的义务，根据核算与管理要求进行科学分类的类别名称。这类科目用来反映金融企业各种债务性资金的取得和形成渠道，包括吸收存款、借款、拆入资金、应付款项等，期末余额一般在贷方。

3）资产负债共同类科目。资产负债共同类科目是对金融企业日常核算中资产负债性质不确定、其性质需视科目的期末余额方向而定的交易或事项，根据核算与管理要求进行科学分类的类别名称。期末，这类科目的余额可能在借方，也可能在贷方。若在借方，则反映的是金融企业的资产；若在贷方，则反映的是金融企业的负债。在编制财务报表时，应根据期末余额的方向，在资产类项目或负债类项目中予以反映。这类科目包括：用于核算银行间业务往来资金清算款项的“清算资金往来”科目；对于采用分账制核算的金融企业，用于核算由于外币交易所产生的不同币种之间兑换业务的“货币兑换”科目；等等。此外，“衍生工具”“套期工具”“被套期项目”也属于资产负债共同类科目。

4）所有者权益类科目。所有者权益类科目是对金融企业资产扣除负债后由所有者享有的剩余权益，根据核算与管理要求进行科学分类的类别名称。这类科目用来反映金融企业各种自有资金的取得和形成渠道，包括所有者投入的资本、直接计入所有者权益的利得和损失、留存收益等。金融企业所有者权益类科目包括“实收资本”（或“股本”）、“资本公积”、“其他综合收益”、“盈余公积”、“一般风险准备”、“本年利润”、“利润分配”、“库存股”和“其他权益工具”等九个科目。

5）损益类科目。损益类科目是对金融企业的收入、费用、直接计入当期损益的利得和损失，根据核算与管理要求进行科学分类的类别名称。这类科目用来反映金融企业一定时期内的财务收支及经营成果情况，包括各项收入、费用、利得、损失等科目。

（2）按反映经济内容的详细程度及统驭关系分为总分类科目和明细分类科目。

1）总分类科目。总分类科目，即总账科目，是对会计要素具体内容进行总括分类、提供总括信息的会计科目，如“吸收存款”“应付利息”“贷款”等。表1-1中的会计科目均为总分类科目。

2）明细分类科目。明细分类科目，即明细账科目，是对总分类科目做进一步分类，提供更详细、更具体信息的会计科目。如“应付利息”科目按存款人或债权人名称或姓名设置明细分类科目，反映应付利息的具体对象。明细分类科目可以设置多级，由金融企业根据《企业会计准则——应用指南》的规定并结合实际需要自行设置。如“吸收存款”科目可按存款类别、存款单位，分别“本金”“利息调整”等设置多级明细科目。同时，并非所有总分类科目下都需设置明细科目，如“累计折旧”“一般风险准备”“本年利润”等极少数总分类科目下无须设置明细科目。

总分类科目是明细分类科目的综合，对明细分类科目起统驭控制作用；明细分类科目是总分类科目的具体化，对总分类科目起补充说明作用。

（3）按与会计报表的关系分为表内科目和表外科目。

1）表内科目。表内科目是指用于核算涉及金融企业资金实际增减变动的交易或事项，从而列入资产负债表等会计报表内的会计科目。表1-1中的会计科目均为表内科目。

2）表外科目。表外科目是指用于核算业务确已发生而尚未涉及金融企业资金实际增减变动，或不涉及金融企业资金实际增减变动的重要业务事项，从而不列入资产负债表等会计报表内的会计科目。

金融企业通过表外科目核算的主要有或有事项、承诺事项，以及重要空白凭证、有价单证和财产的保管等经济业务事项。比如，商业银行于资产负债表日计提贷款利息时，对发生减值的贷款，发生减值后产生的合同应收利息，包括逾期本金产生的罚息和逾期利息产生的复利，应设置“应收未收利息”表外科目进行核算；商业银行办理银行承兑汇票的承兑，即为银行对承兑申请人做出的保证在汇票到期日无条件向持票人支付票款的承诺，应设置“银行承兑汇票”表外科目进行核算；商业银行对于重要空白凭证、有价单证、未发行债券以及代为客户保管的物品等，应相应设置“重要空白凭证”“有价单证”“未发行债券”“代保管有价值品”等表外科目进行控制。

1.5.2 记账方法

1. 记账方法的概念与种类

记账方法是根据一定的记账原理和规则，采用特定的记账符号，将发生的交易或事项按会计科目进行整理、分类和登记账簿的一种专门方法。记账方法分为单式记账法和复式记账法。

（1）单式记账法。单式记账法是指对于发生的某项交易或事项，只在一个账户中进行登记的记账方法。比如用现金支付费用，只记录现金的减少而不记录费用的增加。单式记账法主要对现金、银行存款收付和各种往来账进行记录，是一种原始简单、不完整的记账方法，不能对交易或事项的会计记录进行试算平衡。因此，实务中对表内科目的核算已不再采用单式记账法，而代之以复式记账法。目前，单式记账法主要用于金融企业表外科目的核算。

（2）复式记账法。复式记账法是指对于发生的每一笔交易或事项，同时在两个或两个以上相互联系的账户中，以对应相等的金额进行登记，全面反映交易或事项来龙去脉的记账方法。比如用现金支付费用，同时记录现金的减少和费用的增加。

复式记账法是以会计等式为依据建立的、对所有交易或事项进行完整且相互联系记录的一种科学记账方法，可以对会计主体所有交易或事项的会计记录进行总体试算平衡，以检查会计记录是否正确。

复式记账法分为借贷记账法、增减记账法和收付记账法。目前，世界上普遍采用的复式记账法是借贷记账法。根据我国企业会计准则的规定，金融企业对表内科目的核算采用借贷记账法。

2. 借贷记账法及其运用实例

（1）借贷记账法。借贷记账法是以“借”和“贷”为记账符号，根据复式记账原理，按照一定的记账规则，在账户中记录和反映会计要素增减变动及其结果的一种记账方法。其理论依据是“资产＝负债＋所有者权益”会计方程式所包含的经济内容和数学上的恒等关系。借贷记账法的基本内容主要包括：记账符号、账户设置、记账规则和试算平衡。

1）记账符号。借贷记账法的记账符号是“借”和“贷”。“借”和“贷”作为一种抽象的记账符号，已不具有其本身的字面含义，只是在记账时用以标明记账的方向。

2）账户设置。账户是根据会计科目设置的，具有一定的结构和格式，用来连续、系统、分类地记录和反映会计要素具体内容增减变动情况的一种专门工具。账户分左右两方，在借贷记账法下，左方为借方，登记资产、费用的增加以及负债、所有者权益、收入的减少；右方为贷方，登记资产、费用的减少以及负债、所有者权益、收入的增加。期末，资产类账户的余额一般在借方；负债、所有者权益类账户的余额一般在贷方；损益类账户在期末结转后，一般没有余额。对于资产负债共同类账户，日常核算中其资产负债性质不确定，经常变化，在会计期末，其余额有时在借方，有时在贷方。若余额在借方，则该类账户表现为资产性质；若余额在贷方，则该类账户表现为负债性质。

3）记账规则。借贷记账法的记账规则可以概括为“有借必有贷，借贷必相等”，即对于任何一笔需要记账的交易或事项，都必须同时在两个或两个以上存在对应关系的账户中进行登记，记入某账户的借方和其对应账户的贷方，且记入借方的金额和记入贷方的金额必须相等。

4）试算平衡。借贷记账法是根据复式记账原理和会计方程式的恒等关系，来对账户记录进行试算平衡的，包括发生额平衡和余额平衡，其公式分别为：

所有账户本期借方发生额合计＝所有账户本期贷方发生额合计

所有账户期末借方余额合计＝所有账户期末贷方余额合计

由于每笔交易或事项是按照“有借必有贷，借贷必相等”的记账规则记账，因此，每笔交易或事项所涉及的对应账户的借方发生额等于贷方发生额。将一定时期内全部交易或事项所涉及的账户的借方发生额与贷方发生额分别累加，若干等量加等量的结果，必然是所有账户本期借方发生额合计等于所有账户本期贷方发生额合计。

同时，在借贷记账法下，若账户期末余额在借方，则表示该账户为资产性质；若账户期末余额在贷方，则表示该账户为负债或所有者权益性质。根据“资产＝负债＋所有者权益”会计方程式的恒等关系，必然有所有账户期末借方余额合计等于所有账户期末贷方余额合计。

试算平衡是用来检查账户记录是否正确的一种方法。经过试算，若不平衡，则说明账户记录肯定存在错误；若平衡，只能说明账户记录基本而非完全正确，因为有些账户记录错误并不影响试算结果的平衡，比如，漏记或重记一笔交易或事项，记录一笔交易或事项时借方和贷方同时多记或少记相等的金额。

（2）借贷记账法运用实例。下面以某商业银行发生的有关业务为例，说明借贷记账法的具体运用。

【例1-1】 某商业银行受理红枫公司签发的现金支票，从其活期存款账户中支取备用现金26 000元。

该笔业务涉及“吸收存款”和“库存现金”两个科目。“吸收存款”为负债类科目，减少数应记入其借方；“库存现金”为资产类科目，减少数应记入其贷方。会计分录为：

借：吸收存款——单位活期存款——红枫公司　　26 000

　贷：库存现金　　26 000

【例1-2】 某商业银行向红叶日化厂发放一笔流动资金贷款，金额180 000元，期限3个月，年利率5.22%，已办妥贷款发放手续。

该笔业务涉及“贷款”和“吸收存款”两个科目。“贷款”为资产类科目，增加数应记入其借方；“吸收存款”为负债类科目，增加数应记入其贷方。会计分录为：

借：贷款——短期贷款——红叶日化厂　　180 000

　贷：吸收存款——单位活期存款——红叶日化厂　　180 000

【例1-3】 某商业银行签发现金支票，从其中央银行准备金存款账户提取现金500 000元。

该笔业务涉及“库存现金”和“存放中央银行款项”两个科目。“库存现金”为资产类科目，增加数应记入其借方；“存放中央银行款项”也为资产类科目，减少数应记入其贷方。会计分录为：

借：库存现金　　500 000

　贷：存放中央银行款项——准备金存款　　500 000

【例1-4】 某商业银行收到开户单位亚贸商场签发的转账支票，金额36 000元，向其另一开户单位红星制鞋厂支付购货款，款项转入收款单位账户。

该笔业务涉及“吸收存款”科目下两个不同的明细科目，即亚贸商场和红星制鞋厂。“吸收存款”为负债类科目，由于是将亚贸商场活期存款账户的款项划转到红星制鞋厂的活期存款账户，因此，商业银行对亚贸商场的吸收存款减少，减少数应记入“吸收存款（亚贸商场）”的借方；同时，商业银行对红星制鞋厂的吸收存款增加，增加数应记入“吸收存款（红星制鞋厂）”的贷方。会计分录为：

借：吸收存款——单位活期存款——亚贸商场　　36 000

　贷：吸收存款——单位活期存款——红星制鞋厂　　36 000

【例1-5】 某商业银行收兑黄金一份，价格为12 800元，以现金支付给客户。

该笔业务涉及“贵金属”和“库存现金”两个科目。“贵金属”为资产类科目，增加数应记入其借方；“库存现金”也为资产类科目，减少数应记入其贷方。会计分录为：

借：贵金属——黄金　　12 800

　贷：库存现金　　12 800

【例1-6】 某商业银行经批准将资本公积80 000元转增资本金。

该笔业务涉及“资本公积”和“实收资本”两个科目。“资本公积”为所有者权益类科目，减少数应记入其借方；“实收资本”也为所有者权益类科目，增加数应记入其贷方。会计分录为：

借：资本公积　　80 000

　贷：实收资本　　80 000

假设某商业银行本日发生的经济业务为以上6笔（实务中远不止6笔），根据这些资料编制的试算平衡表如表1-2所示。

表 1-2 试算平衡表

年 月 日　　　　单位：元

会计科目	上日余额		本日发生额		本日余额	
	借方	贷方	借方	贷方	借方	贷方
库存现金	480 000		500 000	38 800	941 200	
存放中央银行款项	9 000 000			500 000	8 500 000	
贵金属	800 000		12 800		812 800	
贷款	1 550 000		180 000		1 730 000	
应收利息	360 000				360 000	
固定资产	5 000 000				5 000 000	
吸收存款		8 136 000	62 000	216 000		8 290 000
实收资本		8 000 000		80 000		8 080 000
资本公积		600 000	80 000			520 000
利息收入		454 000				454 000
合计	17 190 000	17 190 000	834 800	834 800	17 344 000	17 344 000

3. 单式记账法运用实例

金融企业采用单式记账法对表外科目进行核算时，是以“收”和“付”作为记账符号，登记簿设收入、付出和余额三栏。当表外科目涉及的业务事项发生或增加时，记收入；销账或减少时，记付出；余额表示结存或尚未结清的业务事项。表外科目的记账金额，一般为业务实际发生额或凭证票面金额，有些控制实物数量的表外科目则按假定价格记账，如“重要空白凭证”科目，以每份 1 元的假定价格记账。表外科目的核算也可以采用复式记账法，具体在第 8 章“外汇业务的核算”中阐述。

【例 1-7】 某商业银行受理客户李平代保管有价单证，票面金额为 800 000 元，已按规定办理各种手续。

商业银行进行表外核算的会计分录为：

收：代保管有价值品——李平　　800 000

李平到期提取代保管有价单证时，应提交委托代保管有价单证收据和有效身份证件。商业银行经审核无误后，办理提取手续，同时，销记表外科目账。会计分录为：

付：代保管有价值品——李平　　800 000

1.5.3 会计凭证

会计凭证是记录交易或事项，明确经济责任，具有法律效力的书面证明，也是金融企业办理资金收付、登记账簿、核对账务和事后查考的依据。

1. 会计凭证的种类

会计凭证按照编制程序和用途的不同，分为原始凭证和记账凭证。

（1）原始凭证。原始凭证是在交易或事项发生时，直接取得或编制的会计凭证。原始凭证作为交易或事项发生或完成情况的证明，是编制记账凭证、登记账簿的原始依据。

原始凭证按取得的来源不同，分为自制原始凭证和外来原始凭证。自制原始凭证是金融企业自行制作，并由其在执行或完成某项交易或事项时自行编制的会计凭证，如存款利息通知单、工资表等；外来原始凭证是金融企业在交易或事项发生或完成时，直接从企业外部取得的会计凭证，如各种发票、车船票等。

（2）记账凭证。记账凭证是根据审核无误的原始凭证或业务事项编制的，可以直接作为记账依据的会计凭证。对商业银行而言，具备记账凭证基本要素的原始凭证，也可以作为记账凭证使用；若根据原始凭证另外生成记账凭证，则将原始凭证附在记账凭证的后面，作为记账凭证的附件。商业银行的记账凭证可以按照不同的标准进行分类。

1）按外表形式分为单式凭证和复式凭证。

单式凭证将一笔交易或事项所涉及的会计科目分别填制在几张凭证上，每张凭证上只填列一个会计科目，填列的对方科目仅供参考，不作为登记账簿的依据。其中，记录借方科目的凭证称为借方凭证；记录贷方科目的凭证称为贷方凭证。在传统手工操作下，商业银行由于业务量大，单式凭证便于在各柜组之间传递、分工记账和按会计科目汇总发生额，因此，实务中一般采用单式凭证。

复式凭证将一笔交易或事项所涉及的所有会计科目集中填制在一张凭证上，既作为借方科目的记账依据，又作为贷方科目的记账依据。复式凭证在金融企业会计核算中广泛采用。目前，采取计算机联网操作和综合柜员制的商业银行，表内业务的核算采用复式凭证，单讫记账时可采用单式凭证；表外业务的核算采用单式凭证，一记双讫时可采用复式凭证。其中，一记双讫是指一笔交易同时处理借、贷方账务；单讫是指一笔交易只处理借方或贷方账务，必须同时使用另一单边交易或计算机批量补充方式以确保账务的借贷平衡。

2）按格式和用途分为基本凭证和特定凭证。

基本凭证是根据有关原始凭证或业务事项编制产生的凭证，分为通用记账凭证、特种转账凭证等。其中，通用记账凭证是指未印有固定要素的凭证，主要用于商业银行发生的未设特定凭证的内部现金收付业务、内部转账业务及表外科目核算的业务事项，这类凭证只在银行内部使用，不对外销售和传递；特种转账凭证主要用于没有特定凭证，但又涉及客户资金收付的转账业务，一般是银行在主动为客户收款进账或扣款出账时填制打印，作为付款或收款通知，这类凭证在银行内部使用，也可对外填发，但不对外销售，其格式如表1－3所示。

表1－3　××银行　特种转账凭证

年　月　日

<table>
<tr><td rowspan="3">付款人</td><td>全称</td><td colspan="3"></td><td rowspan="3">收款人</td><td>全称</td><td colspan="10"></td></tr>
<tr><td>账号或地址</td><td colspan="3"></td><td>账号或地址</td><td colspan="10"></td></tr>
<tr><td>开户银行</td><td></td><td>行号</td><td></td><td>开户银行</td><td colspan="4"></td><td>行号</td><td colspan="5"></td></tr>
<tr><td rowspan="2">金额</td><td colspan="5" rowspan="2">人民币（大写）</td><td>千</td><td>百</td><td>十</td><td>万</td><td>千</td><td>百</td><td>十</td><td>元</td><td>角</td><td>分</td></tr>
<tr><td></td><td></td><td></td><td></td><td></td><td></td><td></td><td></td><td></td><td></td></tr>
<tr><td>原凭证金额</td><td colspan="2"></td><td>赔偿金</td><td colspan="2"></td><td colspan="10" rowspan="3">会计　复核　记账　制票</td></tr>
<tr><td>原凭证名称</td><td colspan="2"></td><td>号码</td><td colspan="2"></td></tr>
<tr><td>转账原因</td><td colspan="5">银行盖章</td></tr>
</table>

特定凭证是根据某项业务的特殊需要制定的、具有专门格式和用途的凭证。这类凭证的专用性较强，凭证上印有固定的格式和主要要素，由系统按照要求将核算内容打印在相应的位置，如个人业务存款凭证、个人业务转账凭证、存单、行内汇划贷方补充报单、支付系统专用凭证等。

3）按生成方式分为手工凭证和机制凭证。

手工凭证是指根据原始凭证或业务事项采用手工录入方式在系统中编制的记账凭证。机制凭证是指系统在对交易或事项进行处理后自动生成的记账凭证，以及根据程序和设置固定自动生成的记账凭证。

机制凭证根据生成时机的不同，又分为实时打印凭证和批量打印凭证。其中，实时打印凭证是指柜员在办理业务时，使用相关交易成功后系统实时生成输出打印的记账凭证，如个人业务存款凭证、存单等；批量打印凭证是指系统日终批量后，按照业务种类逐笔生成的记账凭证，如存款利息通知单、贷款利息通知单、资金清算汇总记账凭证、表外科目汇总记账凭证等。

2. 会计凭证的处理

会计凭证的处理是指从受理或编制凭证开始，经过审核、传递、记账，直至整理、装订、保管为止的整个过程。编制会计凭证，是会计核算工作的起点；只有经审核无误的会计凭证，才能作为办理资金收付、款项划转和登记账簿的依据；会计凭证登账后应按规定整理、装订和归档保管，以备核对账务和事后查考。

（1）会计凭证的编制。正确编制会计凭证对于如实反映金融企业交易或事项的内容、确保会计核算的质量至关重要。金融企业编制会计凭证必须做到标准化、规范化，要素齐全、数字正确、字迹清晰、不错漏、不潦草，防止涂改。

（2）会计凭证的审核。金融企业对自制或受理的会计凭证，必须根据会计规范和有关业务的具体要求认真审核，以保证会计凭证的真实性、完整性、正确性和合法性。只有经审核无误的会计凭证，才能作为金融企业处理业务、制证或登账的依据。

经过审核，对内容记载不准确、不完整或填写有差错的凭证，应退回补填或重新填制；对伪造、变造会计凭证的违法行为，应认真追究有关单位、部门和人员的责任，严肃处理。会计凭证经审核无误后，应及时处理和科学传递。

（3）会计凭证的传递。会计凭证的传递是指金融企业为了办理业务和处理账务的需要，而将编制或受理的会计凭证，在金融企业内部以及金融企业之间按照规定的时间、程序进行传送流转。金融企业记录不同交易或事项的凭证在具体传递时间和程序上存在差别，但总的来说，必须做到准确及时、手续严密、办妥交接、先外后内、先急后缓。比如，商业银行为了保证资金安全，会计凭证的传递必须遵守以下记账顺序：1）现金收入业务，先收款后记账；2）现金付出业务，先记账后付款；3）转账业务，先借后贷，即先记借方账（付款人账），后记贷方账（收款人账）；4）代收他行票据，收妥抵用。

金融企业会计凭证除另有规定外，一律通过邮局、专业快递公司或金融企业内部指定专人传递，并建立严格的登记签收制度。

（4）会计凭证的整理、装订和保管。会计凭证是重要的经济档案和历史资料，为了保证会计资料的安全、完整和便于事后查考，金融企业对已办完会计核算手续的凭证，应按规定整理、装订成册，并归档保管。

1.5.4 账务组织

账务组织又称会计核算形式，是以账簿体系为核心，运用一定的账务处理程序和账务核对程序，将会计凭证、账表等有机结合起来的技术组织方式。这里以商业银行为例进行阐述。

商业银行的账务组织包括明细核算和综合核算，两种核算依据相同的会计凭证进行账务处理，在信息反映上相互补充，在会计数据上相互核对和制约。其中，明细核算是综合核算的具体化，对综合核算起补充说明作用；综合核算是明细核算的概括，对明细核算起统驭控制作用。明细核算和综合核算共同构成商业银行完整的账务组织体系。

1. 明细核算

明细核算根据总账科目的具体核算内容和实际需要，设立分户账，详细反映各项资金增减变化的情况及其结果，主要包括分户账、登记簿和余额表等。

（1）分户账。分户账是在总账科目下，按单位或资金性质分户独立设账，具体反映各项资金增减变动详细情况及其结果的明细分类账簿。分户账由系统自动提取凭证数据生成，是商业银行明细核算的主要形式和与客户进行内外账务核对的重要工具。

分户账一般采用三栏式账页，即设借方发生额、贷方发生额和余额三栏，其格式如表 1-4 所示，称甲种分户账。同时，对于逐笔记账、逐笔销账的一次性业务，采用销账式账页，即设借方发生额、贷方发生额、余额和销账四栏，其格式如表 1-5 所示，称丁种分户账。

表 1-4　××银行

____账

本账总页数	
本户页数	

户名：　　　　　　　账号：　　　　　领用凭证记录：

年		摘要	凭证号码	对方科目代号	借方	贷方	借或贷	余额	复核盖章
月	日				（位数）	（位数）		（位数）	

会计　　　　　　　　　　　　　　　　　记账

表 1-5　××银行

____账

本账总页数	
本户页数	

户名：　　　　　　　账号：　　　　　领用凭证记录：

年		账号	户名	摘要	凭证号码	对方科目代号	贷方	销账			借方	借或贷	余额	复核盖章
月	日						（位数）	年	月	日	（位数）		（位数）	

会计　　　　　　　　　　　　　　　　　记账

在手工操作下，对于需要在账页上计息的账户，采用计息式账页，即设借方发生额、贷方发生额、余额和积数四栏，称乙种分户账。乙种分户账的格式及运用在第 2 章“存款业务的核算”中阐述。

（2）登记簿。登记簿用来登记在分户账中未能记载而又需要查考的业务事项，是一种辅助性账簿，如发出（收到）委托收款凭证登记簿、银行承兑汇票登记簿、有价单证登记簿、重要物品保管登记簿、存贷款开销户登记簿、现金箱登记簿等。登记簿的格式由商业银行根据具体业务的需要自行设计。

现金箱登记簿是指柜员在系统中办理现金收付业务时开设的、与现金实物保管箱相对应的系统现金箱。现金箱登记簿的格式如表 1－6 所示。

表 1－6 ××银行

现金箱登记簿

年 月 日 第 页共 页

<table>
<tr><th>项目</th><th colspan="2">金额</th><th colspan="3">本日箱内库存现金</th></tr>
<tr><td>昨日箱内库存</td><td colspan="2"></td><td>券别</td><td>张数</td><td>金额</td></tr>
<tr><td>本日收入</td><td colspan="2"></td><td>壹佰元</td><td></td><td></td></tr>
<tr><td>本日付出</td><td colspan="2"></td><td>伍拾元</td><td></td><td></td></tr>
<tr><td>从业务库出库</td><td colspan="2"></td><td>贰拾元</td><td></td><td></td></tr>
<tr><td>交业务库入库</td><td colspan="2"></td><td>拾元</td><td></td><td></td></tr>
<tr><td></td><td colspan="2"></td><td>伍元</td><td></td><td></td></tr>
<tr><td></td><td colspan="2"></td><td>贰元</td><td></td><td></td></tr>
<tr><td></td><td colspan="2"></td><td>壹元</td><td></td><td></td></tr>
<tr><td></td><td colspan="2"></td><td>伍角</td><td></td><td></td></tr>
<tr><td></td><td colspan="2"></td><td>贰角</td><td></td><td></td></tr>
<tr><td></td><td colspan="2"></td><td>壹角</td><td></td><td></td></tr>
<tr><td rowspan="2">本日箱内库存</td><td colspan="2">出纳员（交接）签章</td><td>伍分</td><td></td><td></td></tr>
<tr><td>初点</td><td>复点</td><td>贰分</td><td></td><td></td></tr>
<tr><td rowspan="3"></td><td rowspan="3"></td><td rowspan="3"></td><td>壹分</td><td></td><td></td></tr>
<tr><td>损伤券</td><td></td><td></td></tr>
<tr><td>合计</td><td></td><td></td></tr>
</table>

营业机构 负责人 柜员 打印

（3）余额表。余额表是反映各分户账当日最后余额的明细表，是核对总账与分户账余额是否相符的重要工具。余额表由系统于日终批量时在各营业网点产生，其同一总账科目各户余额合计数应与当日该科目总账余额相等。余额表的格式如表 1－7 所示，称一般余额表。

表 1－7 ××银行

一般余额表

年 月 日 第 页共 页

科目代号	户名	摘要	余额（位数）	科目代号	户名	摘要	余额（位数）

会计 复核 制表

在手工操作下，对于需要计息的科目，可以采用前述乙种分户账计息，也可以编制计息余额表计息。计息余额表的格式及运用在第2章“存款业务的核算”中阐述。

2. 综合核算

综合核算是按总账科目核算，综合、概括地反映各项资金增减变化的情况及其结果，主要包括科目日结汇总表、总账和日计表等。

（1）科目日结汇总表。科目日结汇总表反映本营业网点当日处理的各项业务（包括柜台、自助设备等）相应会计科目当天的借方、贷方发生额合计数及业务笔数。科目日结汇总表分为表内科目日结汇总表和表外科目日结汇总表，由系统于日终批量时在各营业网点产生。表内科目日结汇总表的格式如表1-8所示。

表1-8　××银行

科目日结汇总表

年　月　日　　　　第　页共　页

科目代号	昨日余额		今日发生额				今日余额	
	借方	贷方	借方		贷方		借方	贷方
			笔数	金额	笔数	金额		
合计								

签章　　　　打印

科目日结汇总表中，各科目借方发生额合计数应与各科目贷方发生额合计数相等，各科目借方余额合计数应与各科目贷方余额合计数相等。

（2）总账。总账是按总分类科目设户，综合、概括地反映各项资金增减变动情况及其结果的总分类账簿。总账以核算主体行（会计主体）为单位产生，由系统自动按总分类科目于每日晚间将流水过入生成，其各科目每日余额应与当日同科目分户账或余额表各户余额合计数相等。总账是统驭分户账的主要工具，也是生成会计报表的重要依据。

（3）日计表。日计表以核算主体行（会计主体）为单位产生，反映辖内所有营业网点当日业务变动情况。日计表中的会计科目按其代号顺序排列，设有借方、贷方发生额和借方、贷方余额四栏，其格式如表1-9所示。

表1-9　××银行

日计表

年　月　日　　　　第　页共　页

科目代号	科目名称	本日发生额		余额		科目代号
		借方（位数）	贷方（位数）	借方（位数）	贷方（位数）	
合计						

行长　　　　会计　　　　复核　　　　制表

日计表中，各科目借方发生额合计数应与各科目贷方发生额合计数相等，各科目借方余额合计数应与各科目贷方余额合计数相等。

3. 账务处理程序与账务核对

商业银行的账务处理程序为：根据发生的交易或事项的原始凭证或信息，编制记账凭证；按规定审核记账凭证；根据已审核的记账凭证，系统自动生成会计账表。商业银行的账务核对，按照核对期限要求分为每日核对和定期核对。

（1）每日核对。

1）柜员系统现金箱余额与现金实物保管箱实存现金金额核对相符；有价单证实物与有价单证登记簿相关余额核对相符。

2）柜员系统凭证箱余额与柜员重要空白凭证明细核对表余额、结存的重要空白凭证实物核对相符；柜员重要空白凭证销号表与当日使用的重要空白凭证核对相符。

3）记账凭证的各项记录与原始凭证逐笔核对相符。

4）柜员当日流水清单与记账凭证核对相符。

5）本营业网点重要空白凭证明细表余额与加计的柜员重要空白凭证明细核对表余额合计数核对相符；管库员清点库房现金，与营业网点现金余额统计表的库房现金余额核对相符。

在计算机操作下，系统每日还需进行总账自身平衡核对、分户账自身平衡核对，以及总账与分户账核对。在会计账表数据均由系统根据相同的凭证数据自动生成的情况下，总账与分户账核对已不再具有手工操作下双线核对的本来意义和效用，会计核算的质量主要取决于凭证要素输入的正确性。

（2）定期核对。

1）存折户应坚持账折见面，于办理业务的当时进行账折核对。

2）同业往来、系统内往来存放款项户按月，支票户、贷款户按季填发余额对账单与单位或存款人对账。

3）存放中央银行款项根据当地中国人民银行规定的对账期限和方式进行明细及余额核对。

4）定期及在年终决算前将固定资产、无形资产、低值易耗品等进行账实核对相符。

账务核对是防止账务差错、保证核算质量的重要措施。通过账务核对，要求做到账账、账款、账表、账实、内外账务相符。

思考题

1. 简述目前我国金融机构体系的构成。

2. 与其他专业会计相比，金融企业会计具有哪些特点？

3. 金融企业会计的基本假设有哪些？各项基本假设的提出有何意义？

4. 金融企业会计信息质量要求有哪些？以其中 4～5 个信息质量要求为例，谈谈你的理解和运用。

5. 金融企业会计要素包括哪些内容？如何对这些会计要素进行确认？

6. 简述会计要素的计量属性。查阅资料，试对公允价值计量属性进行评价。
7. 金融企业会计核算方法主要包括哪些内容?
8. 金融企业会计科目按经济内容可以分为哪几类?
9. 简述商业银行记账凭证的分类。商业银行记账凭证的使用有何特点?
10. 简述商业银行的明细核算和综合核算以及两者之间的关系。

2

PART TWO

| 第 2 篇 |

商业银行会计

第2章

存款业务的核算

学习目标

1. 了解存款的种类、银行结算账户的种类。

2. 理解积数计息法和逐笔计息法两种计息方法。

3. 掌握单位活期存款、单位定期存款、个人活期存款、定期储蓄存款的核算。

4. 了解单位通知存款、定活两便储蓄存款、个人通知存款的核算。

2.1 存款业务概述

2.1.1 存款的意义与种类

存款是商业银行以信用方式吸收的社会暂时闲置和待用的货币资金。存款是商业银行主要的负债业务，也是其筹集信贷资金的主要来源和办理支付结算的基本前提。商业银行通过吸收客户的存款，可以将国家财政渠道难以集中的大量分散的社会闲散资金聚集为巨额资金，形成巨大的货币力量，通过其信用中介作用，将资金有计划地贷放出去，对于平衡社会资金需求、满足社会各环节对资金的需要、促进经济发展、调节货币流通和稳定市场物价等具有十分重要的意义。

商业银行吸收的存款，根据管理的不同需要，可以采用不同的标准进行分类。

1. 按存款对象分为单位存款和个人存款

单位存款是商业银行吸收的企事业单位、机关、部队、社会团体、个体工商户及其他组织等暂时闲置的资金形成的存款；个人存款是商业银行吸收的城乡居民个人生活节余或待用的资金形成的存款。

2. 按存取方式分为活期存款、定期存款、定活两便存款和通知存款等

活期存款是存入时不约定存期，可以随时支取的存款，主要包括单位活期存款和个人活期存款；定期存款是存入时约定存期，到期支取的存款，主要包括单位定期存款和个人定期存款；定活两便存款是存入时不约定存期，可以随时支取，支取时根据实际存期按规定计算利息的存款；通知存款是存入时不约定存期，支取时需提前通知银行，约定支取日期和金额后方能到期支取的存款。

3. 按存款币种分为人民币存款和外币存款

人民币存款是商业银行吸收客户的人民币资金形成的存款；外币存款是商业银行吸收客户的外汇资金形成的存款。

4. 按资金性质分为一般性存款和财政性存款

一般性存款是商业银行吸收的单位和个人存入的并可由其自行支配的资金形成的存款；财政性存款是商业银行经办的各级财政拨入的预算资金、应上缴财政的各项资金以及财政安排的专项资金形成的存款。

商业银行吸收的一般性存款，通常应计付利息，并且应按照规定的比例，向中国人民银行缴存法定存款准备金；吸收的财政性存款，不计付利息，但应按规定全额就地缴存当地中国人民银行。

5. 按产生来源分为原始存款和派生存款

原始存款，也称现金存款或直接存款，是单位和个人将现金或现金支票送存银行而形成的存款；派生存款，也称转账存款或间接存款，是银行通过发放贷款、购买证券等资产业务创造的存款。派生存款的增加会导致全社会货币供应量的增加。商业银行派生存款的能力建立在原始存款的基础上。

2.1.2 银行结算账户的种类与管理

银行结算账户是指银行为存款人开立的办理资金收付结算的人民币活期存款账户。

1. 银行结算账户的种类

银行结算账户按存款人不同分为单位银行结算账户和个人银行结算账户。

（1）单位银行结算账户。单位银行结算账户是存款人以单位名称开立的银行结算账户。个体工商户凭营业执照以字号或经营者姓名开立的银行结算账户，纳入单位银行结算账户进行管理。单位银行结算账户按用途又可分为基本存款账户、一般存款账户、专用存款账户和临时存款账户。

1）基本存款账户。基本存款账户是存款人因办理日常转账结算和现金收付需要开立的银行结算账户。基本存款账户是存款人的主办账户，凡开立基本存款账户的单位必须是独立核算的单位。存款人日常经营活动的资金收付及其工资、奖金和现金的支取，应通过该账户办理。

基本存款账户的形式有支票户和存折户两种。支票户开立后，银行可向客户发售统一印制的各种专用空白凭证；存折户开立后，银行在客户第一次存入款项时发给存折。

2）一般存款账户。一般存款账户是存款人因借款或其他结算需要，在基本存款账户开户银行以外的银行营业机构开立的银行结算账户。该账户用于办理存款人借款转存、借款归还和其他结算的资金收付。存款人可以通过该账户办理现金缴存，但不得办理现金支取。

3）专用存款账户。专用存款账户是存款人按照法律、行政法规和规章，对其特定用途资金进行专项管理和使用而开立的银行结算账户。该账户用于办理各项专用资金的收付，具有专款专用、专项管理的特点，对资金使用的合理性进行较严格的监督。如基本建设资金、更新改造资金、财政预算外资金、粮棉油收购资金、证券交易结算资金、期货交易保证金及住房基金专户等。

4）临时存款账户。临时存款账户是存款人因设立临时机构、从事异地临时经营活动或因注册验资等临时需要，在规定期限内使用而开立的银行结算账户。该账户用于办理临时机构、临时经营活动发生的资金收付，以及按照国家现金管理的规定办理现金支取。注册验资的临时存款账户在验资期间只收不付。临时存款账户的有效期最长不得超过2年。

（2）个人银行结算账户。个人银行结算账户是存款人凭个人身份证件，以自然人名称开立的银行结算账户。

自然人因投资、消费、结算等需要，而使用支票、信用卡等信用支付工具，或办理汇兑、定期借记、定期贷记、借记卡等结算业务时，可以申请开立个人银行结算账户，或在已开立的储蓄账户中选择并向开户银行申请确认为个人银行结算账户。通过个人银行结算账户，存款人可以办理个人转账收付和现金存取。存款人的工资、奖金收入，稿费、演出费等劳务收入，债券、期货、信托等投资的本金和收益，个人债权或产权转让收益，个人贷款转存，证券交易结算资金和期货交易保证金，继承、赠与款项，保险理赔、保费退还等款项，纳税退还，农、副、矿产品销售收入等合法款项均可转入其个人银行结算账户。

2. 银行结算账户的管理

银行应对存款人银行结算账户的开立、使用和撤销加强管理，监督存款人按规定正确使用账户，以保护存款人、银行的合法权益和资金安全。

（1）单位银行结算账户的存款人只能在银行开立一个基本存款账户。

（2）存款人可以自主选择银行开立银行结算账户。除国家法律、行政法规和国务院规定外，任何单位和个人不得强令存款人到指定银行开立银行结算账户。

（3）存款人开立基本存款账户、临时存款账户和预算单位开立专用存款账户实行核准制度，经中国人民银行核准后由开户银行核发开户登记证，但存款人因注册验资需要开立的临时存款账户除外。

（4）银行结算账户的开立和使用应当遵守法律、行政法规，不得利用银行结算账户进行偷逃税款、逃废债务、套取现金及其他违法犯罪活动。

（5）存款人不得出租、出借银行结算账户，不得利用银行结算账户套取银行信用。

（6）银行应按规定对银行结算账户的开立、撤销进行审查，建立健全开销户登记制度，建立银行结算账户管理档案，并应按规定与存款人核对账务。

（7）存款人因解散、宣告破产、被吊销营业执照等原因，需要撤销银行结算账户时，必须与开户银行核对银行结算账户存款余额，交回各种重要空白票据及结算凭证和开户登记证，银行核对无误后方可办理销户手续。存款人未按规定交回各种重要空白票据及结算凭证的，应出具有关证明，造成损失的，由其自行承担。

2.1.3 吸收存款的确认与计量

吸收存款属于商业银行以摊余成本计量的金融负债，初始确认时，按照公允价值计量，相关交易费用计入初始确认金额；后续计量时，采用实际利率法，按摊余成本进行计量。实际利率法是指计算吸收存款的摊余成本以及将利息费用分摊计入各会计期间的方法。有关计算公式如下：

$$\text{摊余成本}=\text{初始确认金额}-\text{已偿还的本金}\pm\text{采用实际利率法将该初始确认金额与到期日金额之间的差额进行摊销形成的累计摊销额}$$

$$\text{各期利息费用}=\text{吸收存款摊余成本}\times\text{实际利率}$$

实际利率是指将吸收存款在预计存续期的估计未来现金流量，折现为该吸收存款摊余成本所使用的利率。其计算公式为：

$$V=\frac{CF_1}{(1+IRR)^1}+\frac{CF_2}{(1+IRR)^2}+\cdots+\frac{CF_n}{(1+IRR)^n}=\sum_{t=1}^{n}\frac{CF_t}{(1+IRR)^t}$$

式中，V 为吸收存款摊余成本；IRR 为实际利率；CF_t 为估计未来各期现金流量；n 为吸收存款的预计存续期。由该公式可知，影响实际利率的因素有估计未来现金流量、吸收存款摊余成本及计息期。

资产负债表日，商业银行应将按吸收存款摊余成本和实际利率计算的金额，确认为利息费用。若实际利率与合同利率差异较小，也可以采用合同利率计算利息费用。

通常情况下，除 1 年期以上（不含 1 年期）整存整取定期存款外，其他存款实际利率与合同利率差异较小，因此，对 1 年期以上（不含 1 年期）整存整取定期存款采用实际利率法，按摊余成本进行后续计量，对其他存款则以合同利率代替实际利率进行后续计量。其中，合同利率是指银行挂牌公告的利率。

2.1.4 会计科目的设置

1. “吸收存款”科目

该科目为负债类科目，核算商业银行吸收的除同业存放款项以外的其他各种存款，包括单位存款（企业、事业单位、机关、社会团体等）、个人存款、信用卡存款、特种存款、转贷款资金和财政性存款等。该科目可按存款类别及存款单位，分别设置“本金”“利息调整”等进行明细核算。

商业银行收到客户存入的款项时，应按实际收到的金额，借记“存放中央银行款项”等科目，贷记“吸收存款——本金”科目，如存在差额，借记或贷记“吸收存款——利息调整”科目。

资产负债表日，应按摊余成本和实际利率计算确定的存入资金的利息费用，借记“利息支出”科目，按合同利率计算确定的应付未付利息，贷记“应付利息”科目，按其差额，借记或贷记“吸收存款——利息调整”科目。实际利率与合同利率差异较小的，也可以采用合同利率计算确定利息费用。

支付的存入资金利息，借记“应付利息”科目，贷记“吸收存款”科目。支付的存款本金，借记“吸收存款——本金”科目，贷记“存放中央银行款项”“库存现金”等科目，按应转销的利息调整金额，贷记“吸收存款——利息调整”科目，按其差额，借记“利息支出”科目。

该科目期末贷方余额，反映商业银行吸收的除同业存放款项以外的其他各项存款。

2. “利息支出”科目

该科目为损益类科目，核算商业银行发生的利息支出，包括吸收的各种存款（单位存款、个人存款、信用卡存款、特种存款、转贷款资金等）、与其他金融机构（中央银行、同业等）之间发生资金往来业务、卖出回购金融资产等产生的利息支出。该科目可按利息支出项目进行明细核算。

资产负债表日，商业银行应按摊余成本和实际利率计算确定的利息费用，借记“利息支出”科目，按合同利率计算确定的应付未付利息，贷记“应付利息”科目，按其差额，借记或贷记“吸收存款——利息调整”等科目。实际利率与合同利率差异较小的，也可以采用合同利率计算确定利息费用。

期末，应将该科目余额转入“本年利润”科目，结转后该科目无余额。

3. “应付利息”科目

该科目为负债类科目，核算商业银行按照合同约定应支付的利息，包括吸收存款、发行债券等应支付的利息。该科目可按存款人或债权人进行明细核算。

资产负债表日，商业银行应按摊余成本和实际利率计算确定的利息费用，借记“利息支出”等科目，按合同利率计算确定的应付未付利息，贷记“应付利息”科目，按其差额，借记或贷记“吸收存款——利息调整”等科目。实际利率与合同利率差异较小的，也可以采用合同利率计算确定利息费用。

实际支付利息时，借记“应付利息”科目，贷记“吸收存款”等科目。

该科目期末贷方余额，反映商业银行应付未付的利息。

2.2 单位存款业务的核算

单位存款也称对公存款，包括单位活期存款、单位定期存款、单位通知存款和单位协定存款等。商业银行应在“吸收存款”科目下按存款类别分别设置“单位活期存款”“单位定期存款”“单位通知存款”等明细科目进行核算。

2.2.1 单位活期存款的核算

单位活期存款的存取主要有现金存取和转账存取两种方式，其中转账存取需采用一定的结算方式，运用一定的支付结算工具办理，其具体内容在第7章阐述。这里主要介绍现金存取方式下单位活期存款的核算。

1. 单位活期存款存取现金的核算

（1）支票户存取现金的核算。支票户是单位在银行开立的凭支票、进账单等结算凭证办理款项存取的账户，适合财务制度比较健全、存款金额大、经常发生存取款业务的单位使用。

1）存入现金的核算。柜员收到单位提交的现金、现金缴款单（一式二联），审查凭证和清点现金无误后，将实物券别录入系统现金箱，然后使用“单位活期存款续存”交易进行处理，打印记账凭证，现金缴款单第二联作记账凭证附件，第一联回单退存款单位。会计分录为：

借：库存现金

　　贷：吸收存款——单位活期存款——××单位

2）支取现金的核算。柜员收到单位提交的现金支票，审核支票真伪、是否应由本行付款、支票上加盖的预留印鉴是否正确等，审核无误后使用“单位活期存款支取”交易录入相关要素（大额取款需主管授权），交易成功后打印记账凭证，现金支票作记账凭证附件。柜员根据凭证金额配款，将实物券别录入系统现金箱，将现金交取款人。会计分录为：

借：吸收存款——单位活期存款——××单位

　　贷：库存现金

（2）存折户存取现金的核算。存折户是单位在银行开立的凭存折、存取款凭条办理款项存取的账户，适合业务规模小、存款金额少、不经常发生存款业务的单位使用。

1）存入现金的核算。柜员收到单位提交的存折、现金和结算存款凭证，审查凭证和清点现金无误后，将实物券别录入系统现金箱，然后使用“单位活期存款续存”交易进行处理，打印结算存款凭证和存折内页，将存折、回单交存款单位。其会计分录与支票户存入现金相同。

2）支取现金的核算。柜员收到单位提交的存折、结算取款凭证，审核存折真伪，结算取款凭证填写是否准确、完整，加盖的预留印鉴是否相符等，审核无误后使用“单位活期存款支取”交易录入相关要素（大额取款需主管授权），交易成功后打印结算取款凭证、存折内页。柜员根据凭证金额配款，将实物券别录入系统现金箱，将存折、回单和现金交取款人。其会计分录与支票户支取现金相同。

2. 单位活期存款利息的核算

（1）计息范围与计息规定。商业银行吸收的存款，除财政性存款、被法院判决为赃款的冻结户存款、贷记卡账户的存款及储值卡（含IC卡的电子钱包）内的币值等外，其他各种存款均应按规定计付利息。

单位活期存款的计息规定为：单位活期存款按日计息，按季结息，计息期间遇利率调整分段计息，每季末月 20 日为结息日，结出的利息于结息日次日入账。但若单位活期存款账户销户，则利息的结算应采取利随本清的方法，即于销户时将利息与存款单位结清。

（2）计息公式。

1）基本计息公式。利息计算的基本公式为：

利息＝本金×存期×利率

存期即存款单位两次存取款的时间间隔。存期的计算一般采取"算头不算尾"的方法，即存入日计算利息，支取日不计算利息，实际存期的计算应从存入日算至支取日的前一日止。但若遇结息日，则存期的计算应采取"算头又算尾"的方法，即实际存期的计算应从存入日算至结息日这一天为止。

利率分为年利率、月利率和日利率，具体使用时应与存期保持一致。年利率、月利率、日利率之间的换算公式为：

月利率(‰)＝年利率(%)÷12
日利率(‱)＝年利率(%)÷360
日利率(‱)＝月利率(‰)÷30

单位活期存款按以上公式及规则计算利息时，存期内如遇利率调整，应分段计息。

2）积数计息法计息公式。单位活期存款存取频繁，其余额经常发生变动，一般采用积数计息法计算利息。在积数计息法下，存期按每次存取款后余额的实存天数计算。这样，将每次存取款后的余额乘以按实存天数计算的存期，其乘积便为日积数。将一个计息期的日积数累加起来（若遇利率调整，应分段累加，分段计算累计日积数），将累计计息日积数乘以适用的日利率（或分段累计计息日积数分别乘以适用的日利率后求和），即为本计息期计算的利息。

累计计息日积数即本计息期内各存款账户每日最后余额的累计数，若遇利率调整，则为分段累计数。这种按实际天数每日累计账户余额，以累计计息日积数乘以日利率计算利息的方法，便称为积数计息法。其计息公式为：

①若计息期间无利率调整，则利息计算为：

利息＝累计计息日积数×日利率

②若计息期间遇利率调整，则利息计算为：

利息＝$\sum$(分段累计计息日积数×日利率)

累计计息日积数元位起息，元位以下不计息，计算的利息保留到分位，分位以下四舍五入。分段计息时，各段利息保留到厘位，各段利息加总求和后，再将厘位四舍五入。

（3）利息的核算。

1）资产负债表日计提利息的处理。商业银行以权责发生制为基础，于每月月末按月计提存款利息。

每月月末计提利息时，如果计息期间利率未调整，按计提日挂牌公告的活期存款利率计算利息；如果计息期间遇利率调整，则应分段计算利息。在计算机操作下，每月月末系统自动计算每笔存款从上一计提日（结息日或存入日）至本月末日应付利息的应有余额，与现有余额相比较，差额部分确认为当期利息支出。会计分录为：

借：利息支出——单位活期存款利息支出

　贷：应付利息——单位活期存款应付利息

在手工操作下，采用积数计息法具体可利用余额表和乙种账两种工具计算积数，并据以计算利息。

2）结息日结计利息的处理。单位活期存款按季结息，每季末月20日为结息日，由电脑自动结息，结出的利息于结息日次日批量入账。下面对手工操作下余额表和乙种账两种计息工具的具体运用进行介绍。

①余额表计息。余额表计息是采用计息余额表（见表2-1）计算累计计息日积数，并据以计算利息。采用该表计息时，每日营业终了，将需要计算利息的各分户账最后余额，按户抄至计息余额表各账户栏内，当日余额未变动的，则照抄上日余额。余额表上各户余额逐日相加之和即为累计日积数。若遇利率调整，则应分段计算累计日积数。错账冲正时，应调整积数，以调增或调减的余额乘以错账日数，计算出应调增或应调减的积数填入余额表中“应加应减积数”栏内。结息日计算出本计息期累计计息日积数后，乘以适用的日利率（或分段累计计息日积数分别乘以适用的日利率后求和），即为本计息期计算的利息。对于经常发生存取款业务、存款余额变动频繁的单位适合采用余额表计息。

②乙种账计息。乙种账计息是采用乙种账页（见表2-2）计算累计计息日积数，并据以计算利息。采用乙种账计息，当发生资金收付，引起单位存款账户的余额发生变动时，除了登记本次发生额并结出余额外，还应算出上次余额的实存天数，记入账页上相应的“日数”栏内，并将上次余额与实存天数的乘积记入账页上对应的“积数”栏内。若遇利率调整，应分段计算“日数”与“积数”。其中，实存天数按“算头不算尾”的方法计算，但若遇“尾”为结息日，在计算实存天数时则应“算头又算尾”。至结息日，将上季末月21日起至本季度结息日止的日数和积数累计起来（或分段累计起来），求出该计息期的累计日数（应与日历天数相符）与累计计息积数（或分段累计日数与分段累计计息积数）。如遇错账冲正，应调整积数。然后用累计计息积数乘以适用的日利率（或分段累计计息积数分别乘以适用的日利率后求和），即可计算出本计息期的利息。对于不经常发生存取款业务，存款余额变动不频繁的单位，适合采用乙种账计息。

采用乙种账计息时，结息日营业终了，该季每笔余额实存天数的合计数，即乙种账“日数”栏合计数，应与该季实际计息天数相符。其中，第一季度实际计息天数为90天（平年）或91天（闰年），第二季度和第三季度实际计息天数均为92天，第四季度实际计息天数为91天。

结息日结出利息后，应先将上一计提日至结息日的利息补提，然后将本计息期间所有应付利息于次日批量结入各单位活期存款账户。

补提利息时，会计分录为：

借：利息支出——单位活期存款利息支出

　贷：应付利息——单位活期存款应付利息

结息日次日，将应付利息批量结入各单位活期存款账户，批量打印记账凭证，会计分录为：

借：应付利息——单位活期存款应付利息

贷：吸收存款——单位活期存款——××单位

【例2-1】 某商业银行20××年6月计息余额表部分摘要如表2-1所示，本计息期内活期存款利率为0.3%，没有发生利率调整变化。

表2-1 ××银行

计息余额表

科目名称：单位活期存款　　20××年6月　　单位：元

科目代号：　　利率：0.3%　　第　页共　页

日期 \ 余额 \ 账号/户名	××001 红枫公司	××002 红叶公司	××003	××004	合计	复核盖章
1	367 000					
2	403 000					
3	475 000					
4	518 000					
5	462 000					
6	462 000					
7	539 000					
8	492 000					
9	688 000	略				
10	653 000					
10天小计	5 059 000					
11	617 000					
…	…					
…	…					
20天小计	9 968 000					
21	354 000					
…	…					
…	…					
本月合计	15 112 000					
至上月底未计息积数	53 761 000					
应加应减积数	−183 000					
至结息日累计计息积数	63 546 000					
至本月底累计未计息积数	5 144 000					
结息日计算利息数	529.55					

会计　　复核　　制表

表2-1中有关数据计算如下：

(1) 应减积数183 000元为错账冲正应调减的积数。银行在结息日（6月20日）核对账务时发现，6月10日其他公司的一笔转账收款业务，金额为18 300元，误记入红枫公司账户。银行于6月20日进行错账冲正时，应计算6月10日至6月19日共10天的应减积数，金额为183 000元（18 300×10）。

(2) 至结息日累计计息积数＝至上月底未计息积数＋6月1日至20日累计计息积数＋应加积数－应减积数

＝53 761 000＋9 968 000＋0－183 000＝63 546 000(元)

(3) 至本月底累计未计息积数＝本月合计－本月1日至20日累计计息积数

＝15 112 000－9 968 000＝5 144 000(元)

(4) 结息日(6月20日)计算利息数＝至结息日累计计息积数×(年利率÷360)

＝63 546 000×(0.3%÷360)＝529.55(元)

商业银行编制会计分录如下：

(1) 补提利息时：

补提利息＝529.55－53 761 000×(0.3%÷360)＝81.54(元)

借：利息支出——单位活期存款利息支出　　81.54

　贷：应付利息——单位活期存款应付利息　　81.54

(2) 结息日次日，将应付利息入账：

借：应付利息——单位活期存款应付利息　　529.55

　贷：吸收存款——单位活期存款——红枫公司　　529.55

(3) 6月末计提利息时：

计提利息＝至本月底累计未计息积数×(年利率÷360)

＝5 144 000×(0.3%÷360)＝42.87(元)

借：利息支出——单位活期存款利息支出　　42.87

　贷：应付利息——单位活期存款应付利息　　42.87

【例2-2】 某商业银行开户单位远足公司的单位活期存款分户账如表2-2所示。远足公司20××年3月21日至5月31日的累计积数为9 526 000元。假设20××年6月12日活期存款年利率由0.4%调整为0.35%。

表2-2 分户账

户名：远足公司　　账号：　　单位：元

20××年		摘要	借方	贷方	借或贷	余额	日数	积数	复核盖章
月	日								
6	1	承前页			贷	220 000	72 4	9 526 000 880 000	
6	5	现付	10 000		贷	210 000	3	630 000	
6	8	转贷		5 000	贷	215 000	4	860 000	
6	12	现收		8 000	贷	223 000			
6	12	转借	25 000		贷	198 000	1	198 000	

续表

20××年		摘要	借方	贷方	借或贷	余额	日数	积数	复核盖章
月	日								
6	13	转贷		14 000	贷	212 000	3	636 000	
6	16	转贷		20 500	贷	232 500	2	465 000	
6	18	转借	18 000		贷	214 500	1	214 500	
6	19	转借	23 000		贷	191 500	2	383 000	
6	21	转息		150.62	贷	191 650.62	92	13 792 500	

会计　　　　　　　　　　　　　　　　　　　　记账

(1) 远足公司20××年第二季度利息计算如下（由于计息期间利率调整，应分段计息）：

1) 20××年3月21日至6月11日活期存款年利率为0.4%，其中，20××年3月21日至5月31日的累计积数为9 526 000元，20××年6月1日至6月11日的累计积数为2 370 000元（880 000＋630 000＋860 000），则20××年3月21日至6月11日的利息为：

利息＝(9 526 000＋2 370 000)×(0.4%÷360)＝132.178(元)

2) 20××年6月12日至6月20日活期存款年利率为0.35%，累计积数为1 896 500元（198 000＋636 000＋465 000＋214 500＋383 000），则20××年6月12日至6月20日的利息为：

利息＝1 896 500×(0.35%÷360)＝18.438(元)

3) 远足公司20××年第二季度利息为：

第二季度利息＝132.178＋18.438＝150.62(元)

(2) 商业银行编制会计分录如下：

1) 补提利息时：

补提利息＝150.62－9 526 000×(0.4%÷360)＝44.78(元)

借：利息支出——单位活期存款利息支出　　44.78
　贷：应付利息——单位活期存款应付利息　　44.78

2) 结息日次日，将应付利息入账：

借：应付利息——单位活期存款应付利息　　150.62
　贷：吸收存款——单位活期存款——远足公司　　150.62

3) 6月末计提利息的会计分录略。

3. 单位活期存款内外账务核对

单位活期存款内外账务核对，是指商业银行的单位活期存款各分户账与各开户单位的银行存款账相互核对，以保证双方存款余额的一致。银行与单位之间由于双方记账时间有先有后，未达账项的存在会使双方存款余额在某一时点上不相符；同时，双方在记账过程中可能发生的差错也会导致双方存款余额不一致。因此，银行与单位之间应进行账务核对，以便查清未达账项，发现差错，保证双方账务准确无误和维护存款资金的安全。

（1）支票户内外账务核对。支票户内外账务核对可采取随时核对和定期核对相结合的方式。平时，在分户账满页时套打两联式账页，正页为银行的分户账，副页为给单位的对账单。银行应将套打的对账单及时交给单位核对账务。每月月末，对当月有业务发生的支票户，无论分户账是否满页，都应将套打的副页及时送交单位核对账务。每季末或11月末，银行应制作各单位存款余额对账单一式二联，并在第一联上加盖业务公章后，两联一起送交单位核对账务。单位核对无误后，将对账单第一联留存，第二联回单加盖预留银行印鉴后退还银行。如经核对发现不符，单位应在对账单回单上注明未达账项及借贷方金额，以便双方查明原因，及时处理。对于账务核对长期不符的单位，银行应采取必要的措施限期查清。对于单位退回的对账单回单，银行应按科目、账户顺序排列，装订保管，以备查考。

（2）存折户内外账务核对。存折户内外账务核对一般采取随时核对的方式，即银行在存折户每次办理存取款时，应坚持账折见面，随时将存折余额与银行分户账余额核对相符。

4. 单位活期存款销户的核算

单位活期存款销户时，应首先与销户单位核对存款账户余额，核对相符后，先计提上一计提日至销户日的利息，然后将所有本金与应付利息转入其他存款账户或其他地区金融机构。同时，收回开户登记证。对支票户，还应收回所有重要空白票据及结算凭证进行作废处理；对存折户，则应收回存折注销。

2.2.2 单位定期存款的核算

单位定期存款起存金额为1万元，多存不限，存期分为3个月、半年、1年、2年、3年、5年六个档次。

1. 单位定期存款利息的计算

（1）计息公式。单位定期存款利息的计算采用逐笔计息法，即在支取时，按预先确定的计息公式逐笔计算利息，利随本清。

1）计息期为整年或整月时，计息公式为：

$$利息=本金\times年(月)数\times年(月)利率 \tag{2-1}$$

2）计息期有整年或整月，又有零头天数时，计息公式为：

$$利息=本金\times年(月)数\times年(月)利率+本金\times零头天数\times日利率 \tag{2-2}$$

3）将计息期全部化为实际天数计算利息时，计息公式为：

$$利息=本金\times实际天数\times日利率 \tag{2-3}$$

上述式（2-1）和式（2-2）中“年（月）数”，按对年、对月、对日计算；式（2-2）中“零头天数”，按“算头不算尾”的方法计算实际天数；式（2-3）中“实际天数”，为公历实际天数，即每年为 365 天（闰年 366 天），每月为当月公历实际天数。年利率、月利率、日利率之间的换算同前述。

需要说明的是，若遇存款到期日为该月所没有的日期，则以月末日为到期日。比如，5 月 31 日存入半年期定期存款，到期日应为 11 月 30 日；8 月 29 日、30 日、31 日存入半年期定期存款，到期日均为次年 2 月 28 日（闰年为 29 日）；2 月 29 日存入（系月底日存入）半年期定期存款，则应以同年 8 月 29 日为到期日。

（2）计息规定。

1）单位定期存款在原定存期内的利息，按存入日（开户日）挂牌公告的利率计算，存期内遇利率调整，不分段计息。

2）单位定期存款全部提前支取时，按支取日挂牌公告的活期存款利率计算利息（不分段计息）。

3）单位定期存款部分提前支取时，若留存金额不低于起存金额，提前支取部分按支取日挂牌公告的活期存款利率计算利息（不分段计息），留存部分按原定存期及到期日另开新证实书，到期时按原存款开户日挂牌公告的利率计算利息；部分提前支取时，若留存金额低于起存金额，则对该项定期存款予以清户，按支取日挂牌公告的活期存款利率计算利息（不分段计息）。按规定，单位定期存款部分提前支取只能办理一次。

4）单位定期存款逾期支取时，逾期部分按支取日挂牌公告的活期存款利率计算利息（不分段计息）。

5）单位定期存款的到期日若为节假日，可于节假日前最后一个营业日办理支取手续，银行扣除提前支取天数后，按存入日挂牌公告的利率计算利息。节假日后支取的，按逾期支取计算利息。

2. 单位定期存款存入的核算

单位定期存款可以采取现金存入和转账存入两种方式。现金存入时，应填制单位定期存款缴款凭证，连同现金一起提交银行；转账存入时，应填制转账支票，连同进账单（一式二联，收账通知联和贷方凭证联）一起提交银行。柜员审核无误并收妥款项后，使用相关交易办理定期开户和款项存入，打印记账凭证和单位定期存款开户证实书。柜员在证实书上签章并加盖业务公章后，将证实书、进账单回单（即收账通知联）交存款单位，证实书第一联、进账单贷方凭证联作记账凭证附件。会计分录为：

现金存入时：

　借：库存现金　　　　　　　　　　　　　　　　　（实际收到的款项）

　　贷：吸收存款——单位定期存款——××单位（本金）

转账存入时：

　借：吸收存款——单位活期存款——××单位　　　　（实际收到的款项）

　　贷：吸收存款——单位定期存款——××单位（本金）

若柜员实际收到的款项与吸收存款的本金存在差额，则将差额借记或贷记“吸收存款——利息调整”科目。现行实务中，商业银行吸收客户存款实际收到的金额即为吸收存款的本金，且办理存款业务一般不会发生交易费用，因此，吸收存款初始确认时一般不考虑利息调整。

单位持他行支票办理定期存款时，应按票据交换的要求提出交换，待收妥后，先转入单位活期存款账户，然后通知单位办理定期存款手续。

单位办理定期存款时，可与银行约定办理到期自动转存。即定期存款到期日，单位若未支取，系统自动将定期存款利息计入本金，并按开户时的存期和转存日挂牌公告的相应档次定期存款利率自动进行转存处理。

3. 资产负债表日计提利息的核算

（1）约定存期内计提利息的处理。约定存期内每月月末计提利息时，对于1年期以上（不含1年期）单位定期存款，按照摊余成本乘以实际利率计算利息支出，按照合同本金乘以存入日（开户日）挂牌公告的相应档次定期存款利率（即合同利率，换算为月利率）计算应付利息，差额计入利息调整。会计分录为：

借：利息支出——单位定期存款利息支出

借或贷：吸收存款——单位定期存款——××单位（利息调整）

贷：应付利息——单位定期存款应付利息

对于其他单位定期存款，利息支出和应付利息均按合同本金乘以存入日（开户日）挂牌公告的相应档次定期存款利率（换算为月利率）计算。会计分录为：

借：利息支出——单位定期存款利息支出

贷：应付利息——单位定期存款应付利息

（2）逾期后计提利息的处理。逾期后每月月末计提利息时，按合同本金乘以计提日挂牌公告的活期存款利率（换算为月利率）计算应提利息。会计分录为：

借：利息支出——单位定期存款利息支出

贷：应付利息——单位定期存款应付利息

4. 单位定期存款支取的核算

单位定期存款只能以转账方式支取，不得从单位定期存款账户中支取现金或将单位定期存款账户用于结算。

（1）到期支取的处理。单位定期存款到期，存款单位应将证实书加盖预留印鉴，连同进账单一起提交银行。柜员审核无误后，使用相关交易办理支取，同时，系统自动将到期日应付利息的应有余额与现有余额进行比较，并将差额部分予以补提。交易成功后打印记账凭证、证实书和单位存款利息通知单，将证实书和进账单贷方凭证联作记账凭证附件，单位存款利息通知单、进账单回单交存款单位。

1）补提利息的会计分录为：

借：利息支出——单位定期存款利息支出

贷：应付利息——单位定期存款应付利息

对于采用实际利率法核算的单位定期存款，补提利息的会计分录为：

借：利息支出——单位定期存款利息支出

贷：应付利息——单位定期存款应付利息

吸收存款——单位定期存款——××单位（利息调整）

2）支付本息的会计分录为：

借：吸收存款——单位定期存款——××单位（本金）

　　应付利息——单位定期存款应付利息

　贷：吸收存款——单位活期存款——××单位

（2）提前支取的处理。单位定期存款可以全部或部分提前支取，但若办理部分提前支取，则以一次为限。部分提前支取时，若留存金额不低于起存金额，银行根据提前支取的规定计算利息，办理支取手续，并对留存金额开具新证实书；若留存金额低于起存金额，银行根据提前支取的规定计算利息，并对该项定期存款予以清户。

1）全部提前支取的处理。单位定期存款全部提前支取时，银行根据提前支取的规定计算全部提前支取的利息，并在证实书上加盖“提前支取”戳记，其余处理手续和账务处理与到期支取基本相同。

银行按提前支取规定计算的应支付给存款单位的利息，若小于已计提的利息，则应将差额部分予以冲销；反之，应将差额部分予以补提。对于采用实际利率法核算的单位定期存款，冲销时，还应将“吸收存款——利息调整”科目的余额全部冲销。会计分录为：

借：应付利息——单位定期存款应付利息　　　　（应予冲销的金额）

　贷：吸收存款——单位定期存款——××单位（利息调整）　　　　（账面余额）

　贷或借：利息支出——单位定期存款利息支出　　　　（借贷方差额）

支付本息的会计分录为：

借：吸收存款——单位定期存款——××单位（本金）

　　应付利息——单位定期存款应付利息

　贷：吸收存款——单位活期存款——××单位

2）部分提前支取的处理。单位定期存款部分提前支取时，若留存金额不低于起存金额，银行根据提前支取规定计算部分提前支取利息，并采取满付实收、更换新证实书的做法，即视同原证实书本金一次全部支取，对留存部分按原存期、原利率和到期日另开具新证实书，在原证实书上注明“部分支取××元”字样。

柜员使用相关交易办理部分提前支取，打印原证实书、新证实书、单位存款利息通知单和记账凭证。柜员在新证实书上签章并加盖业务公章，原证实书、进账单、新证实书第一联作记账凭证附件，新证实书、单位存款利息通知单、进账单回单交存款单位。

银行按提前支取规定计算的应支付给存款单位的部分提前支取利息，若小于支取部分已计提的利息，则应将差额部分予以冲销；反之，应将差额部分予以补提。对于采用实际利率法核算的单位定期存款，冲销时，还应将“吸收存款——利息调整”科目的余额按比例冲销，会计分录为：

借：应付利息——单位定期存款应付利息　　　　（应予冲销的金额）

　贷：吸收存款——单位定期存款——××单位（利息调整）

　　　　（账面余额的一定比例）

　贷或借：利息支出——单位定期存款利息支出　　　　（借贷方差额）

办理部分提前支取的会计分录为：

借：吸收存款——单位定期存款——××单位（本金）　（全部本金）
　　应付利息——单位定期存款应付利息　（提前支取部分利息）
　贷：吸收存款——单位活期存款——××单位　（提前支取部分本息和）
　　　　　　——单位定期存款——××单位（本金）　（留存金额）

单位定期存款部分提前支取时，若留存金额低于起存金额，则办理手续和账务处理与全部提前支取相同。

（3）逾期支取的处理。单位定期存款逾期支取时，银行除计算到期利息外，对逾期部分还应根据逾期支取的规定计算逾期利息，其办理手续和账务处理与到期支取基本相同。

银行办理单位定期存款支取时，若单位定期存款转入的收款单位在他行开户，则应先将定期存款本息转入该存款单位在本行的单位活期存款账户，然后按结算制度的规定办理。

定期存款到期后，若单位要求续存，则应结清旧户，并按开户手续另开新证实书，其办理手续和账务处理与前述定期存款的到期支取和存入相同。

【例2-3】 红枫公司2020年8月25日签发转账支票，将其活期存款账户60 000元转为定期存款，存期半年，存入时银行挂牌公告的半年期定期存款利率为1.5%，红枫公司没有与银行约定办理到期自动转存。要求：编制红枫公司定期存款存入的会计分录。

商业银行编制会计分录如下：

借：吸收存款——单位活期存款——红枫公司　60 000
　贷：吸收存款——单位定期存款——红枫公司　60 000

【例2-4】 中国工商银行北京海淀支行2020年8月31日计提利息费用时，飞亚公司3个月期定期存款30 000元，存入时年利率为1.3%；红枫公司半年期定期存款60 000元（接例2-3），存入时年利率为1.5%；冰川公司1年期定期存款120 000元，存入时年利率为1.7%。其中，飞亚公司和冰川公司存款均为2020年7月31日之前存入，存满本月，且均未逾期。资产负债表日，海淀支行对上述存款采用合同利率计算确定利息费用。要求：编制2020年8月31日计提利息费用的会计分录。

（1）计算应提利息费用。

飞亚公司应提利息费用＝30 000×1×(1.3%÷12)＝32.50(元)
红枫公司应提利息费用＝60 000×7×(1.5%÷360)＝17.50(元)
冰川公司应提利息费用＝120 000×1×(1.7%÷12)＝170(元)

（2）海淀支行编制会计分录如下：

借：利息支出——单位定期存款利息支出　220.00
　贷：应付利息——单位定期存款应付利息——飞亚公司　32.50
　　　　　　　　　　　　　　　　　　——红枫公司　17.50
　　　　　　　　　　　　　　　　　　——冰川公司　170.00

【例2-5】 2021年2月25日，红枫公司金额为60 000元的半年期定期存款到期，该公司来行办理支取手续。要求：编制红枫公司定期存款到期支取的会计分录。

（1）采用“利息＝本金×年（月）数×年（月）利率”计息公式时，到期利息为：

利息＝60 000×6×(1.5%÷12)＝450(元)

1）补提利息。将到期日应付利息的应有余额450元与现有余额（即已提利息）进行比较，并将差额部分予以补提。补提利息的会计分录略。

2）支付本息。

借：吸收存款——单位定期存款——红枫公司	60 000
应付利息——单位定期存款应付利息——红枫公司	450
贷：吸收存款——单位活期存款——红枫公司	60 450

（2）采用“利息＝本金×实际天数×日利率”计息公式时，到期利息为：

利息＝60 000×184×(1.5%÷360)＝460(元)

补提利息和支付本息的会计分录略。

【例2-6】 沿用例2-3的资料，假设红枫公司由于急需资金，于2021年2月1日提前支取本金30 000元，2021年2月1日银行挂牌公告的活期存款利率为0.3%。要求：编制红枫公司定期存款部分提前支取的会计分录。

（1）采用“利息＝本金×年（月）数×年（月）利率＋本金×零头天数×日利率”计息公式时，提前支取部分的利息为：

利息＝30 000×5×(0.3%÷12)＋30 000×7×(0.3%÷360)＝39.25(元)

1）冲销利息。将应支付给存款单位的提前支取部分的利息39.25元，小于提前支取部分已计提利息（即提前支取部分应付利息的账面余额）的差额予以冲销。冲销利息的会计分录略。

2）办理部分提前支取。

借：吸收存款——单位定期存款——红枫公司	60 000.00
应付利息——单位定期存款应付利息——红枫公司	39.25
贷：吸收存款——单位活期存款——红枫公司	30 039.25
——单位定期存款——红枫公司	30 000.00

（2）采用“利息＝本金×实际天数×日利率”计息公式时，提前支取部分的利息为：

利息＝30 000×160×(0.3%÷360)＝40(元)

冲销利息和办理部分提前支取的会计分录略。

【例2-7】 沿用例2-3的资料，假设红枫公司逾期于2021年4月10日来行支取，2021年4月10日银行挂牌公告的活期存款利率为0.3%。要求：编制红枫公司定期存款逾期支取的会计分录。

（1）原定存期内采用“利息＝本金×年（月）数×年（月）利率”计息公式，逾期部分采用“利息＝本金×年（月）数×年（月）利率＋本金×零头天数×日利率”计息公式时，逾期部分利息为：

逾期部分利息＝60 000×1×(0.3%÷12)＋60 000×16×(0.3%÷360)
　　　　　　＝23(元)

应付利息＝到期利息＋逾期部分利息＝450＋23＝473(元)

1）补提利息。将支取日应付利息的应有余额473元与其账面余额（即已提利息）进行比较，并将差额部分予以补提。补提利息的会计分录略。

2）支付本息。

借：吸收存款——单位定期存款——红枫公司　　60 000
　　应付利息——单位定期存款应付利息——红枫公司　　473
　贷：吸收存款——单位活期存款——红枫公司　　60 473

（2）原定存期内及逾期部分均采用“利息＝本金×实际天数×日利率”计息公式时，逾期部分利息为：

逾期部分利息＝60 000×44×(0.3％÷360)＝22(元)

应付利息＝到期利息＋逾期部分利息＝460＋22＝482(元)

补提利息和支付本息的会计分录略。

【例2-8】 20×1年3月1日，中国工商银行北京海淀支行收到白云公司签发的转账支票，要求将其活期存款账户100 000元转为定期存款，期限2年，当日银行挂牌公告的2年期定期存款年利率为4.68％，白云公司没有与银行约定办理到期自动转存。20×3年3月1日该定期存款到期，白云公司来行支取本息。北京海淀支行于每月月末计提存款利息。假设不考虑其他因素。

吸收存款初始确认金额＝100 000(元)

设吸收存款的实际月利率为 IRR，根据公式

$$V=\frac{CF_1}{(1+IRR)^1}+\frac{CF_2}{(1+IRR)^2}+\cdots+\frac{CF_n}{(1+IRR)^n}=\sum_{t=1}^{n}\frac{CF_t}{(1+IRR)^t}$$

得
$$100\,000=\frac{100\,000\times(1+2\times4.68\%)}{(1+IRR)^{24}}$$

$$IRR=0.373\,51\%$$

由计算结果可知，吸收存款实际月利率 $IRR=0.373\,51\%$，与名义月利率（4.68％÷12＝0.39％）不相等。银行办理吸收存款业务时，虽然没有发生交易费用和溢折价，但由于实际付息周期（到期一次单利付息）与计息周期（按月）不相同，因此，其实际利率与名义利率不相等。

采用实际利率法计算利息费用和吸收存款摊余成本的数据如表2-3所示。

表2-3　实际利率法计算利息费用和吸收存款摊余成本表　　单位：元

时间	期初摊余成本 ①	利息费用（实际月利率0.373 51％） ②＝①×0.373 51％	现金流出 ③	期末摊余成本 ④＝①＋②－③	利息调整
20×1年3月31日	100 000	373.51	0	100 373.51	借16.49
20×1年4月30日	100 373.51	374.91	0	100 748.42	借15.09
20×1年5月31日	100 748.42	376.31	0	101 124.73	借13.69

续表

时间	期初摊余成本 ①	利息费用（实际月利率0.373 51%） ②=①×0.373 51%	现金流出 ③	期末摊余成本 ④=①+②-③	利息调整
20×1年6月30日	101 124.73	377.71	0	101 502.44	借12.29
20×1年7月31日	101 502.44	379.12	0	101 881.56	借10.88
20×1年8月31日	101 881.56	380.54	0	102 262.10	借9.46
20×1年9月30日	102 262.10	381.96	0	102 644.06	借8.04
20×1年10月31日	102 644.06	383.39	0	103 027.45	借6.61
20×1年11月30日	103 027.45	384.82	0	103 412.27	借5.18
20×1年12月31日	103 412.27	386.26	0	103 798.53	借3.74
20×2年1月31日	103 798.53	387.70	0	104 186.23	借2.30
20×2年2月28日	104 186.23	389.15	0	104 575.38	借0.85
20×2年3月31日	104 575.38	390.60	0	104 965.98	贷0.60
20×2年4月30日	104 965.98	392.06	0	105 358.04	贷2.06
20×2年5月31日	105 358.04	393.52	0	105 751.56	贷3.52
20×2年6月30日	105 751.56	394.99	0	106 146.55	贷4.99
20×2年7月31日	106 146.55	396.47	0	106 543.02	贷6.47
20×2年8月31日	106 543.02	397.95	0	106 940.97	贷7.95
20×2年9月30日	106 940.97	399.44	0	107 340.41	贷9.44
20×2年10月31日	107 340.41	400.93	0	107 741.34	贷10.93
20×2年11月30日	107 741.34	402.42	0	108 143.76	贷12.42
20×2年12月31日	108 143.76	403.93	0	108 547.69	贷13.93
20×3年1月31日	108 547.69	405.44	0	108 953.13	贷15.44
20×3年2月28日	108 953.13	406.87*	0	109 360	贷16.87
20×3年3月1日	109 360	—	109 360	0	—
合计	—	9 360	109 360	—	余额0

* 考虑了小数点尾差。即406.87为倒挤求出（406.87=109 360－108 953.13），与108 953.13×0.373 51%=406.95存在0.08的小数点尾差。

根据表2-3的数据，海淀支行编制会计分录如下：

（1）20×1年3月1日，白云公司定期存款存入时：

借：吸收存款——单位活期存款——白云公司　　100 000

　贷：吸收存款——单位定期存款——白云公司（本金）　　100 000

（2）20×1年3月31日，计提利息时：

借：利息支出——单位定期存款利息支出　　373.51

　　吸收存款——单位定期存款——白云公司（利息调整）　　16.49

　贷：应付利息——单位定期存款应付利息——白云公司　　390.00

（3）20×1年4月30日，计提利息时：

借：利息支出——单位定期存款利息支出　　374.91

吸收存款——单位定期存款——白云公司（利息调整） 15.09

贷：应付利息——单位定期存款应付利息——白云公司 390.00

（4）20×1年5月31日、20×1年6月30日……20×3年1月31日，计提利息的会计分录略。

（5）20×3年2月28日（闰年29日），计提利息时：

借：利息支出——单位定期存款利息支出 406.87

贷：应付利息——单位定期存款应付利息——白云公司 390.00

吸收存款——单位定期存款——白云公司（利息调整） 16.87

（6）20×3年3月1日，到期支付本息时：

借：吸收存款——单位定期存款——白云公司（本金） 100 000

应付利息——单位定期存款应付利息——白云公司 9 360

贷：吸收存款——单位活期存款——白云公司 109 360

【例2-9】 沿用例2-8的资料，假设白云公司由于急需资金，于20×2年3月1日提前支取本金80 000元，剩余本金20 000元于20×3年3月1日到期支取。20×2年3月1日银行挂牌公告的活期存款利率为0.36%。

由例2-8的计算结果可知，吸收存款的初始确认金额为100 000元，实际月利率为0.373 51%。采用实际利率法计算利息费用和吸收存款摊余成本的数据如表2-4所示。

表2-4 实际利率法计算利息费用和吸收存款摊余成本表 单位：元

时间	期初摊余成本 ①	利息费用（实际月利率0.373 51%） ②=①×0.373 51%	现金流出 ③	期末摊余成本 ④=①+②-③	利息调整
20×1年3月31日	100 000	373.51	0	100 373.51	借16.49
20×1年4月30日	100 373.51	374.91	0	100 748.42	借15.09
20×1年5月31日	100 748.42	376.31	0	101 124.73	借13.69
20×1年6月30日	101 124.73	377.71	0	101 502.44	借12.29
20×1年7月31日	101 502.44	379.12	0	101 881.56	借10.88
20×1年8月31日	101 881.56	380.54	0	102 262.10	借9.46
20×1年9月30日	102 262.10	381.96	0	102 644.06	借8.04
20×1年10月31日	102 644.06	383.39	0	103 027.45	借6.61
20×1年11月30日	103 027.45	384.82	0	103 412.27	借5.18
20×1年12月31日	103 412.27	386.26	0	103 798.53	借3.74
20×2年1月31日	103 798.53	387.70	0	104 186.23	借2.30
20×2年2月28日	104 186.23	389.15	0	104 575.38	借0.85
20×2年3月1日	104 575.38	-3 372.31	80 288	20 915.07	贷83.69
20×2年3月31日	20 915.07	78.12	0	20 993.19	贷0.12
20×2年4月30日	20 993.19	78.41	0	21 071.60	贷0.41
20×2年5月31日	21 071.60	78.70	0	21 150.30	贷0.70
20×2年6月30日	21 150.30	79	0	21 229.30	贷1
20×2年7月31月	21 229.30	79.29	0	21 308.59	贷1.29

续表

时间	期初摊余成本 ①	利息费用（实际月利率 0.373 51%） ②=①×0.373 51%	现金流出 ③	期末摊余成本 ④=①+②-③	利息调整
20×2 年 8 月 31 日	21 308.59	79.59	0	21 388.18	贷 1.59
20×2 年 9 月 30 日	21 388.18	79.89	0	21 468.07	贷 1.89
20×2 年 10 月 31 日	21 468.07	80.19	0	21 548.26	贷 2.19
20×2 年 11 月 30 日	21 548.26	80.48	0	21 628.74	贷 2.48
20×2 年 12 月 31 日	21 628.74	80.79	0	21 709.53	贷 2.79
20×3 年 1 月 31 日	21 709.53	81.09	0	21 790.62	贷 3.09
20×3 年 2 月 28 日	21 790.62	81.38*	0	21 872	贷 3.38
20×3 年 3 月 1 日	21 872	—	21 872	0	—
合计	—	2 160	102 160	—	余额 0

* 考虑了小数点尾差。即 81.38 为倒挤求出（81.38=21 872−21 790.62），与 21 790.62×0.373 51%=81.39 存在 0.01 的小数点尾差。

根据表 2-4 的数据，海淀支行编制会计分录如下：

(1)～(3) 的会计分录同例 2-8。

(4) 20×1 年 5 月 31 日、20×1 年 6 月 30 日……20×2 年 2 月 28 日，计提利息的会计分录略。

(5) 20×2 年 3 月 1 日，白云公司定期存款部分提前支取时：

应付提前支取部分利息=80 000×1×0.36%=288(元)

借：吸收存款——单位定期存款——白云公司（本金）　　100 000
　　应付利息——单位定期存款应付利息——白云公司　　288
　贷：吸收存款——单位活期存款——白云公司　　100 288
借：吸收存款——单位活期存款——白云公司　　20 000
　贷：吸收存款——单位定期存款——白云公司（本金）　　20 000

由于原预期现金流量发生改变，银行应按初始实际利率重新计算新预期现金流量现值，重估吸收存款的账面价值，相关调整金额应计入当期损益。

$$\text{20×2 年 3 月 1 日银行重估前吸收存款的摊余成本}=104\ 186.23+389.15=104\ 575.38(\text{元})$$

$$\text{20×2 年 3 月 1 日银行重新计算新预期现金流量现值}=80\ 288+\frac{20\ 000\times(1+2\times4.68\%)}{(1+0.373\ 51\%)^{12}}=101\ 203.07(\text{元})$$

相关调整金额=101 203.07−104 575.38=−3 372.31(元)

借：应付利息——单位定期存款应付利息——白云公司

$$\left(390\times12\times\frac{80\ 000}{100\ 000}-288\right)\quad 3\ 456.00$$

　贷：利息支出——单位定期存款利息支出　　3 372.31

吸收存款——单位定期存款——白云公司（利息调整）

（账面余额 $104.62\times\frac{80\ 000}{100\ 000}$） 83.69

20×2年3月1日银行重估并办理部分提前支取后吸收存款的摊余成本 ＝101 203.07－80 288

＝20 915.07(元)

（6）20×2年3月31日，计提利息时：

借：利息支出——单位定期存款利息支出 78.12

贷：应付利息——单位定期存款应付利息——白云公司 78.00

吸收存款——单位定期存款——白云公司（利息调整） 0.12

（7）20×2年4月30日、20×2年5月31日……20×3年1月31日，计提利息的会计分录略。

（8）20×3年2月28日（闰年29日），计提利息时：

借：利息支出——单位定期存款利息支出 81.38

贷：应付利息——单位定期存款应付利息——白云公司 78.00

吸收存款——单位定期存款——白云公司（利息调整） 3.38

（9）20×3年3月1日，支付留存金额到期本息时：

借：吸收存款——单位定期存款——白云公司（本金） 20 000

应付利息——单位定期存款应付利息——白云公司 1 872

贷：吸收存款——单位活期存款——白云公司 21 872

【例2-10】 沿用例2-8的资料，假设白云公司逾期于20×3年4月21日要求支取本息，20×3年4月21日银行挂牌公告的活期存款利率为0.36%。

由例2-8的计算结果可知，吸收存款的初始确认金额为100 000元，实际月利率为0.373 51%。采用实际利率法计算利息费用和吸收存款摊余成本的数据如表2-3所示。

根据表2-3的数据，海淀支行编制会计分录如下：

（1）～（5）的会计分录同例2-8。

（6）20×3年3月31日计提利息时，由于该定期存款已逾期，因此，按合同本金乘以当日挂牌公告的活期存款利率（换算为月利率）计算应提利息。

利息＝100 000×1×0.36%÷12＝30(元)

借：利息支出——单位定期存款利息支出 30

贷：应付利息——单位定期存款应付利息——白云公司 30

（7）20×3年4月21日，支付本息时：

逾期部分利息＝100 000×1×0.36%÷12＋100 000×20×0.36%÷360

＝50(元)

应付利息＝到期利息＋逾期部分利息

＝100 000×2×4.68%＋50＝9 410(元)

1）补提利息。将支取日应付利息的应有余额9 410元与其账面余额（即已提利息）9 390元（9 360＋30）进行比较，并将差额部分20元（9 410－9 390）予以补提。补提利息时：

借：利息支出——单位定期存款利息支出　20
　贷：应付利息——单位定期存款应付利息——白云公司　20

2）支付本息：

借：吸收存款——单位定期存款——白云公司（本金）　100 000
　　应付利息——单位定期存款应付利息——白云公司　9 410
　贷：吸收存款——单位活期存款——白云公司　109 410

2.2.3　单位通知存款的核算

单位通知存款是存入时不约定存期，支取时需提前通知银行，约定支取日期和金额后方能到期支取的存款。通知存款的利率一般高于活期存款，低于定期存款，是一种比活期存款收益高、比定期存款支取灵活的大额存款方式。

1. 单位通知存款存入的核算

单位通知存款起存金额为人民币50万元，须一次存入，可以采取现金存入和转账存入两种方式。其存入可参照单位定期存款存入进行核算。

2. 资产负债表日计提利息的核算

通知存款采用积数计息法，每月月末计提利息时，按计提日挂牌公告的相应档次通知存款利率（换算为日利率）和累计积数（开户日至计提日）计算应提利息，并与已提利息相比较，对差额进行计提或冲销。计提时会计分录为：

借：利息支出——单位通知存款利息支出
　贷：应付利息——单位通知存款应付利息

冲销时会计分录相反。

3. 单位通知存款通知的处理

单位通知存款不论实际存期多长，一律按存款单位支取时提前通知的期限长短，划分为一天通知存款和七天通知存款两种。一天通知存款必须至少提前一天通知银行约定支取存款（存入当天不能进行通知），七天通知存款必须至少提前七天通知银行约定支取存款（存入当天即可进行通知）。

存款单位进行通知时，应填写通知存款通知书，提前一天或七天提交银行。柜员收到并审核无误后，使用相关交易对通知支取日期和金额进行设定，打印通知存款通知书，并在通知存款通知书上签章和加盖业务讫章。

4. 单位通知存款支取的核算

单位通知存款只能以转账方式一次或分次支取，不得从单位通知存款账户中支取现金或将单位通知存款账户用于结算；分次支取时，每次最低支取金额为人民币10万元，若部分支取后留存金额不低于起存金额，柜员按留存金额、原起存日期、原约定通知存款种类，开具新的单位通知存款开户证实书，办理续存手续；若部分支取后留存金额低于起存金额，则对该项通知存款予以清户。

单位通知存款支取时，系统自动计算存入日至支取日的应提利息，并与已提利息相比较，对差额进行补提或冲销，然后办理单位通知存款支取手续。单位通知存款支取可参照单位定期存款支取进行核算。

5. 单位通知存款计息规定

（1）通知存款采用积数计息法，即按实际天数每日累计账户余额，以累计积数乘以日利率计算利息。

（2）单位通知存款到期支取时，按实存天数和支取日挂牌公告的同档次通知存款利率计算利息，不分段计息。实存天数按“算头不算尾”的方法计算。

（3）单位通知存款在以下几种情况下，按活期存款利率计息：

1）未提前通知而支取的，支取部分按支取日挂牌公告的活期存款利率计息；

2）已办理通知手续而提前支取或逾期支取的，支取部分按支取日挂牌公告的活期存款利率计息；

3）支取金额不足最低支取金额（10万元）的，支取部分按支取日挂牌公告的活期存款利率计息；

4）支取金额超过约定金额的，超过部分按支取日挂牌公告的活期存款利率计息；

5）部分支取时留存金额低于起存金额的，应予以清户，按清户日挂牌公告的活期存款利率计息。

（4）支取金额不足约定金额的，支取部分按支取日挂牌公告的同档次通知存款利率计息，不足部分视同未通知处理。

（5）已办理通知手续而未支取或在通知期限内取消通知的，视同未通知处理。

需要说明的是，除活期存款和定期整存整取存款外，通知存款、协定存款、定活两便、存本取息、零存整取和整存零取等其他种类存款的计息、结息规则，由开办业务的金融机构法人，以不超过中国人民银行同期限档次存款利率上限为原则，自行制定。因此，对通知存款等其他种类存款，各行制定的具体计息规则存在差异。

【例2-11】 蓝天公司于20×2年7月12日在中国农业银行北京东单支行存入一笔通知存款，金额为80万元，与银行约定为七天通知存款，当日银行挂牌公告的七天通知存款年利率为1.62%。20×2年8月26日蓝天公司书面通知银行于20×2年9月2日支取通知存款80万元，20×2年9月2日蓝天公司来行支取存款。七天通知存款年利率从20×2年9月1日起调整为1.49%。

（1）资产负债表日计提利息。

1）20×2年7月31日，计提利息：

应提利息＝800 000×20×1.62%÷360＝720(元)

借：利息支出——单位通知存款利息支出	720	
贷：应付利息——单位通知存款应付利息		720

2）20×2年8月31日，计提利息：

应提利息＝800 000×51×1.62%÷360－720＝1 116(元)

借：利息支出——单位通知存款利息支出 1 116

　贷：应付利息——单位通知存款应付利息 1 116

（2）20×2 年 9 月 2 日，支付本息：

应付利息＝800 000×52×1.49%÷360＝1 721.78(元)

已提利息＝720＋1 116＝1 836(元)

冲销利息＝1 836－1 721.78＝114.22(元)

借：应付利息——单位通知存款应付利息 114.22

　贷：利息支出——单位通知存款利息支出 114.22

借：吸收存款——单位通知存款——蓝天公司 800 000.00

　　应付利息——单位通知存款应付利息——蓝天公司 1 721.78

　贷：吸收存款——单位活期存款——蓝天公司 801 721.78

2.3 个人存款业务的核算

个人存款也称对私存款，包括个人活期存款、定期储蓄存款、定活两便储蓄存款、个人通知存款等。商业银行应在“吸收存款”科目下按存款类别分别设置“个人活期存款”“定期储蓄存款”“个人通知存款”等明细科目进行核算。

2.3.1 个人活期存款的核算

个人活期存款账户分为个人银行结算账户和活期储蓄存款账户。个人活期存款包括个人结算存款和活期储蓄存款。活期储蓄存款的存取只能采用现金方式，不能采用转账方式；个人结算存款的存取既可以采用现金方式，也可以采用转账方式。其中，转账存取在第 7 章阐述，这里主要介绍现金存取下个人活期存款的核算。

1. 开户

存款人申请开立个人活期存款账户时，需持本人有效身份证件。开立个人银行结算账户的，需填写开立个人银行结算账户申请书；开立活期储蓄存款账户的，需填写个人业务存款凭证，并交存现金（活期储蓄存款 1 元起存），连同身份证件一并提交银行。柜员审核无误和清点现金后，将实物券别录入系统现金箱，然后使用“个人活期存款开户”和“个人活期存款续存”交易办理开户和存入，打印开立个人银行结算账户申请书和存折。柜员在存折、申请书上签章并加盖业务公章后，将身份证件、存折、申请书客户留存联交存款人，申请书银行留存联和身份证件复印件留存保管。会计分录为：

借：库存现金

　贷：吸收存款——个人活期存款——活期储蓄存款××人

2. 续存

柜员收到存款人提交的现金和存折，审查存折和清点现金无误后，将实物券别录入系统现金箱，然后使用“个人活期存款续存”交易进行处理，打印个人业务存款凭证和存折内页。柜员将个人业务存款凭证交存款人签字确认后收回，将回单、存折交存款人。会计分录为：

借：库存现金

贷：吸收存款——个人活期存款——活期储蓄存款××人

或　　贷：吸收存款——个人活期存款——个人结算存款××人

3. 支取

柜员收到存款人提交的存折，审查存折真伪，凭印鉴支取的，存款人还应在个人业务取款凭证上加盖预留印鉴。柜员审查无误后，使用“个人活期存款支取”交易进行处理，打印个人业务取款凭证和存折内页。柜员将个人业务取款凭证交存款人签字确认后收回，根据支取金额配款，将实物券别录入系统现金箱，将现金、回单、存折一并交存款人。会计分录为：

借：吸收存款——个人活期存款——活期储蓄存款××人

或　借：吸收存款——个人活期存款——个人结算存款××人

贷：库存现金

4. 利息的核算

（1）资产负债表日计提利息的处理。个人活期存款采用积数计息法，每月月末计提利息时，按计提日挂牌公告的活期存款利率与累计积数计算应提利息。会计分录为：

借：利息支出——个人活期存款利息支出

贷：应付利息——个人活期存款应付利息

（2）结息日结计利息的处理。个人活期存款按季结息，每季末月20日为结息日，按结息日挂牌公告的活期存款利率计息，计息期间遇利率调整，不分段计息。未到结息日清户的，按清户日挂牌公告的活期存款利率计息，利息算至清户的前一日止。

活期储蓄存款元位起息，元位以下不计息，计算的利息保留至分位，分位以下四舍五入。

结息日，按当日挂牌公告的活期存款利率与累计计息积数，计算本计息期间所有应付利息，并与已提利息相比较，对差额进行补提或冲销。补提时会计分录为：

借：利息支出——个人活期存款利息支出

贷：应付利息——个人活期存款应付利息

冲销时会计分录相反。

结息日次日，将本计息期间的利息批量结入各存款人活期存款账户，批量打印记账凭证。会计分录为：

借：应付利息——个人活期存款应付利息

贷：吸收存款——个人活期存款——活期储蓄（或个人结算）存款××人

5. 结清销户

柜员收到存款人提交的存折、有效身份证件、撤销银行结算账户申请书（个人银行结算账户销户的），审查无误后，使用“个人活期存款结清”交易进行结清处理，打印个人业务取款凭证、个人存款计息单和存折内页。

按当日挂牌公告的活期存款利率计算上一结息日次日至结清日应付利息，并与已提利息相比较，对差额进行补提或冲销。会计分录略。

个人活期存款结清的会计分录为：

借：吸收存款——个人活期存款——活期储蓄（或个人结算）存款××人

应付利息——个人活期存款应付利息

贷：库存现金

存款人存款账户内所有存款均已结清的，可进行销户处理，柜员使用“个人活期存款销户”交易进行销户处理，打印存折折底、个人存款销户凭证。柜员将个人业务取款凭证交存款人签字确认后收回，在撤销银行结算账户申请书上签章并加盖业务公章，根据取款金额配款，将实物券别录入系统现金箱，将申请书客户留存联、现金、回单交存款人，申请书银行留存联专夹保管，同时将已销户存折磁条信息破坏后留存。

2.3.2 定期储蓄存款的核算

定期储蓄存款按存取方式的不同，分为整存整取、零存整取、整存零取和存本取息四种。

1. 整存整取定期储蓄存款的核算

整存整取定期储蓄存款是存入时约定存期，一次存入一定数额的本金，到期时一次支取本金和利息的储蓄存款。整存整取定期储蓄存款 50 元起存，存期分为 3 个月、半年、1 年、2 年、3 年、5 年六个档次。存款人在存款时可与银行约定办理到期自动或约定转存。

自动转存是指整存整取定期储蓄存款到期日，存款人若未支取，系统自动将利息计入本金，并按开户时的存期和转存日挂牌公告的相应档次整存整取定期存款利率自动进行转存处理；约定转存是指整存整取定期储蓄存款到期日，存款人若未支取，系统自动将利息计入本金，并按预先与存款人约定的存期和转存日挂牌公告的相应档次整存整取定期存款利率自动进行转存处理。

（1）开户。柜员收到存款人提交的有效身份证件、现金和填写的个人业务存款凭证，审核无误和清点现金后，将实物券别录入系统现金箱，然后使用相关交易办理开户和存入，打印储蓄存单（存折）、个人业务存款凭证。柜员将个人业务存款凭证交存款人签字确认后收回，在储蓄存单（存折）上签章并加盖业务公章，将存单（存折）等交存款人。会计分录为：

借：库存现金

贷：吸收存款——定期储蓄存款——整存整取××人

（2）资产负债表日计提利息。

1）约定存期内计提利息的处理。约定存期内每月月末计提利息时，对于 1 年期以上（不含 1 年期）整存整取定期储蓄存款，按照摊余成本乘以实际利率计算利息支出，按照合同本金乘以存入日挂牌公告的相应档次整存整取定期存款利率（即合同利率，换算为月利率）计算应付利息，差额计入利息调整。会计分录为：

借：利息支出——定期储蓄存款利息支出

借或贷：吸收存款——定期储蓄存款——整存整取××人（利息调整）

贷：应付利息——定期储蓄存款应付利息

对于其他整存整取定期储蓄存款，利息支出和应付利息均按合同本金乘以存入日挂牌公告的相应档次整存整取定期存款利率（换算为月利率）计算。会计分录为：

借：利息支出——定期储蓄存款利息支出

贷：应付利息——定期储蓄存款应付利息

2）逾期后计提利息的处理。逾期后每月月末计提利息时，按合同本金乘以计提日挂牌公告的活期存款利率（换算为月利率）计算应提利息。会计分录为：

借：利息支出——定期储蓄存款利息支出

贷：应付利息——定期储蓄存款应付利息

（3）支取。

1）到期支取。整存整取定期储蓄存款到期，柜员收到存款人提交的储蓄存单（存折），审查无误后，使用相关交易办理支取，同时，系统自动将到期日应付利息的应有余额与现有余额进行比较，并将差额部分予以补提。交易成功后，打印个人业务取款凭证、个人存款计息单、存折内页。柜员将个人业务取款凭证交存款人签字确认后收回，根据取款金额配款，将实物券别录入系统现金箱，将现金、回单、存折等交存款人。

①补提利息的会计分录为：

借：利息支出——定期储蓄存款利息支出

贷：应付利息——定期储蓄存款应付利息

对于采用实际利率法核算的整存整取定期储蓄存款，补提利息的会计分录为：

借：利息支出——定期储蓄存款利息支出

贷：应付利息——定期储蓄存款应付利息

吸收存款——定期储蓄存款——整存整取××人（利息调整）

②支付本息的会计分录为：

借：吸收存款——定期储蓄存款——整存整取××人（本金）

应付利息——定期储蓄存款应付利息

贷：库存现金

2）逾期支取。整存整取定期储蓄存款逾期支取时，其处理手续与到期支取相同，只是在计算利息时，除了计算到期利息外，还应按规定计算逾期利息。

3）提前支取。整存整取定期储蓄存款可以全部或部分提前支取，但若办理部分提前支取，则以一次为限。部分提前支取时，若留存金额不低于起存金额，银行根据提前支取的规定计算利息，办理支取手续，并对留存金额开具新存单；若留存金额低于起存金额，银行根据提前支取的规定计算利息，并对该项整存整取定期储蓄存款予以清户。

①全部提前支取。整存整取定期储蓄存款全部提前支取时，存款人应将存单和本人有效身份证件提交银行。柜员审查无误后，使用相关交易进行处理，录入存款人开户时的证件种类和证件号码，并按提前支取规定计付利息。其余处理手续与到期支取基本相同。

银行按提前支取规定计算的应支付给存款人的利息，若小于已计提的利息，则应将差额部分予以冲销；反之，应将差额部分予以补提。对于采用实际利率法核算的整存整取定期储蓄存款，冲销时，还应将“吸收存款——利息调整”科目的余额全部冲销，会计分录为：

借：应付利息——定期储蓄存款应付利息　（应予冲销的金额）
　贷：吸收存款——定期储蓄存款——整存整取××人（利息调整）　（账面余额）
　贷或借：利息支出——定期储蓄存款利息支出　（借贷方差额）

支付本息的会计分录为：

借：吸收存款——定期储蓄存款——整存整取××人（本金）
　应付利息——定期储蓄存款应付利息
　贷：库存现金

②部分提前支取。整存整取定期储蓄存款部分提前支取时，银行查验存单和身份证件无误后，若留存金额不低于起存金额，银行根据提前支取规定计算部分提前支取利息，并采取满付实收、更换新存单的做法，将原存单本金视同全部支取并收回原存单，对留存部分按原存期、原利率和到期日另开新存单。

柜员使用相关交易进行处理，录入开户时的证件种类和证件号码、取款金额等，交易成功打印原存单、新存单、个人存款计息单和个人业务存款凭证。柜员将个人业务存款凭证交存款人签字确认后收回，在新存单上签章并加盖业务公章，按支取金额配款，将实物券别录入系统现金箱，将现金、回单、新存单等交存款人。

银行按提前支取规定计算的应支付给存款人的部分提前支取利息，若小于支取部分已计提的利息，则应将差额部分予以冲销；反之，应将差额部分予以补提。对于采用实际利率法核算的整存整取定期储蓄存款，冲销时，还应将“吸收存款——利息调整”科目的余额按比例冲销，会计分录为：

借：应付利息——定期储蓄存款应付利息　（应予冲销的金额）
　贷：吸收存款——定期储蓄存款——整存整取××人（利息调整）
　（账面余额的一定比例）
　贷或借：利息支出——定期储蓄存款利息支出　（借贷方差额）

办理部分提前支取的会计分录为：

借：吸收存款——定期储蓄存款——整存整取××人（本金）　（全部本金）
　应付利息——定期储蓄存款应付利息　（提前支取部分利息）
　贷：库存现金
借：库存现金
　贷：吸收存款——定期储蓄存款——整存整取××人（本金）　（留存本金）

整存整取定期储蓄存款部分提前支取时，若留存金额低于起存金额，则处理手续和账务处理与全部提前支取相同。

（4）计息规定。整存整取定期储蓄存款采用逐笔计息法，即在支取时，按照预先确定的计息公式逐笔计算利息，利随本清，其计息公式与单位定期存款的计息公式相同。整存整取定期储蓄存款的计息规定为：

1）整存整取定期储蓄存款在原定存期内的利息，按存入日挂牌公告的整存整取定期存款利率计算，存期内遇利率调整，不分段计息。

2）整存整取定期储蓄存款全部提前支取时，按支取日挂牌公告的活期存款利率计付利息。

3）整存整取定期储蓄存款部分提前支取时，若留存金额不低于起存金额，提前支取部分按支取日挂牌公告的活期存款利率计付利息，留存部分到期时，按原存入日挂牌公告的整存整取定期存款利率计付利息；若留存金额低于起存金额，则对该项整存整取定期存款予以清户，按支取日挂牌公告的活期存款利率计付利息。

4）整存整取定期储蓄存款逾期支取时，逾期部分按支取日挂牌公告的活期存款利率计付利息。

5）整存整取定期储蓄存款到期日如为法定节假日，可于节假日前最后一个营业日办理取款，手续上视同提前支取，利息按到期支取计算。节假日后支取的，按逾期支取计算利息。

2. 零存整取定期储蓄存款的核算

零存整取定期储蓄存款是开户时约定存期，按月存入定额本金，到期时一次支取本金和利息的储蓄存款。零存整取定期储蓄存款每月固定存额，5 元起存，多存不限，存期分为 1 年、3 年、5 年三个档次，按月存入时如中途漏存一次，应在次月补存，未补存者或漏存次数在一次以上者，视同违约，并在存折上打印违约标志，对违约后存入的金额，支取时按支取日挂牌公告的活期存款利率计付利息。

（1）开户。柜员收到存款人提交的现金及有效身份证件、开立个人银行账户申请书，审核无误和清点现金后，将实物券别录入系统现金箱，然后使用相关交易办理开户和存入，打印开立个人银行账户申请书、个人业务存款凭证、存折。柜员将个人业务存款凭证交存款人签字确认后收回，在存折上签章和加盖业务公章，将存折、身份证件交存款人。会计分录为：

借：库存现金

　贷：吸收存款——定期储蓄存款——零存整取××人

（2）资产负债表日计提利息。

1）约定存期内计提利息的处理。零存整取定期储蓄存款采用积数计息法，约定存期内每月月末计提利息时，按累计日积数乘以开户日挂牌公告的相应档次零存整取定期存款利率（换算为日利率）计算应提利息。会计分录为：

借：利息支出——定期储蓄存款利息支出

　贷：应付利息——定期储蓄存款应付利息

2）逾期后计提利息的处理。逾期后每月月末计提利息时，按累计日积数乘以计提日挂牌公告的活期存款利率（换算为日利率）计算应提利息。会计分录为：

借：利息支出——定期储蓄存款利息支出

　贷：应付利息——定期储蓄存款应付利息

（3）续存。柜员收到存款人提交的现金和零存整取存折，审核无误和清点现金后，将实物券别录入系统现金箱，然后使用相关交易办理续存，打印个人业务存款凭证、存折内页。柜员将个人业务存款凭证交存款人签字确认后收回，将存折、回单交存款人。会计分录与开户时相同。

（4）支取。

1）到期支取。零存整取定期储蓄存款到期，柜员收到存款人提交的存折，审查无误后，使用相关交易办理支取，同时，系统自动将到期日应提利息与已提利息进行比较，并将差额部分予以补提。交易成功后，打印个人业务取款凭证、个人存款计息单和存折内页。柜员将个人业务取款凭证交存款人签字确认后收回，根据取款金额配款，将实物券别录入系统现金箱，将现金、回单交存款人。

①补提利息的会计分录为：

借：利息支出——定期储蓄存款利息支出

　贷：应付利息——定期储蓄存款应付利息

②支付本息的会计分录为：

借：吸收存款——定期储蓄存款——零存整取××人

　　应付利息——定期储蓄存款应付利息

　贷：库存现金

2）逾期支取。零存整取定期储蓄存款逾期支取时，其处理手续与到期支取相同，只是在计算利息时，除了计算到期利息外，还应按规定计算逾期利息。

3）提前支取。零存整取定期储蓄存款可以全部提前支取，不能部分提前支取。存款人办理全部提前支取时，应将存折和本人有效身份证件提交银行。柜员审查无误后，使用相关交易进行处理，录入存款人开户时的证件种类和证件号码，并按提前支取规定计付利息。其余处理手续与到期支取基本相同。

银行按提前支取规定计算的应支付给存款人的利息，若小于已计提的利息，则应将差额部分予以冲销；反之，应将差额部分予以补提。补提时会计分录为：

借：利息支出——定期储蓄存款利息支出

　贷：应付利息——定期储蓄存款应付利息

冲销时会计分录相反。

支付本息的会计分录略。

（5）计息规定与计息公式。计算机操作下，零存整取定期储蓄存款采用积数计息法，利随本清。其计息规定与计息公式为：

1）到期支取利息计算。到期支取时，按开户日挂牌公告的相应档次零存整取定期存款利率计付利息，存期内遇利率调整，不分段计息。

将每次存款金额乘以按实存天数计算的存期（即从存款日至到期日前一日止），其乘积便为日积数；将零存整取定期存款约定存期内的日积数累加起来，即为累计计息日积数；以累计计息日积数乘以开户日挂牌公告的相应档次零存整取定期存款利率（换算为日利率），即为零存整取定期储蓄存款到期利息。公式为：

$$累计计息日积数=\sum(每次存款金额\times存期日数)$$

$$利息=累计计息日积数\times日利率$$

【例2-12】 储户刘东于2019年11月20日在中国农业银行北京西城支行开立1年期零存整取定期储蓄存款账户，约定每月固定存入1 000元，开户日银行挂牌公告的1年期零存整取定期储蓄存款年利率为1.3%，于2020年11月20日到期支取。该储户零存整取定期储蓄存款分户账如表2-5所示。

表2-5 零存整取定期储蓄存款分户账

户名：刘东　　　　账号：　　　　利率：1.3%

存款日期			次数	到款日期			存入	结存	到期日数	到期日积数
年	月	日		年	月	日	（位数）	（位数）		（位数）
2019	11	20	1	2020	11	20	1 000	1 000	366	366 000
2019	12	22	2	2020	11	20	1 000	2 000	334	334 000
2020	1	19	3	2020	11	20	1 000	3 000	306	306 000
2020	2	23	4	2020	11	20	1 000	4 000	271	271 000
2020	3	12	5	2020	11	20	1 000	5 000	253	253 000
2020	4	25	6	2020	11	20	1 000	6 000	209	209 000
2020	5	18	7	2020	11	20	1 000	7 000	186	186 000
2020	6	16	8	2020	11	20	1 000	8 000	157	157 000
2020	7	20	9	2020	11	20	1 000	9 000	123	123 000
2020	8	28	10	2020	11	20	1 000	10 000	84	84 000
2020	9	30	11	2020	11	20	1 000	11 000	51	51 000
2020	10	27	12	2020	11	20	1 000	12 000	24	24 000
累计计息积数										2 364 000

中国农业银行北京西城支行编制会计分录如下：

（1）2019年11月20日，开立零存整取账户：

借：库存现金　　1 000

　贷：吸收存款——定期储蓄存款——零存整取刘东　　1 000

（2）2019年11月30日，计提利息：

$$利息=1\,000\times11\times1.3\%\div360=0.40(元)$$

借：利息支出——定期储蓄存款利息支出　　0.40

　贷：应付利息——定期储蓄存款应付利息　　0.40

（3）2019年12月22日，储户续存：

借：库存现金　　1 000

　贷：吸收存款——定期储蓄存款——零存整取刘东　　1 000

（4）2019年12月31日，计提利息：

$$利息=(1\,000\times31+1\,000\times10)\times1.3\%\div360=1.48(元)$$

借：利息支出——定期储蓄存款利息支出　　1.48

　贷：应付利息——定期储蓄存款应付利息　　1.48

以下储户续存及每月月末计提利息的会计分录略。

(5) 2020年10月31日，计提利息：

$$利息=(11\,000\times31+1\,000\times5)\times1.3\%\div360=12.49(元)$$

会计分录略。

(6) 2020年11月20日，到期支取。

1) 补提利息：

$$到期利息=2\,364\,000\times1.3\%\div360=85.37(元)$$

将到期应付利息85.37元与已提利息的差额进行补提，会计分录略。

2) 支付本息：

借：吸收存款——定期储蓄存款——零存整取刘东	12 000
应付利息——定期储蓄存款应付利息	85.37
贷：库存现金	12 085.37

2) 逾期支取利息计算。逾期支取时，应当分别计算到期利息和逾期利息。到期利息按前述规定和方法计算；逾期利息按存款本金的最后余额与逾期日数及支取日挂牌公告的活期存款利率（换算为日利率）计算。公式为：

逾期利息＝存款本金最后余额×逾期日数×支取日活期日利率

应付利息＝到期利息＋逾期利息

【例2-13】 沿用例2-12的资料，假设储户刘东逾期于2021年1月18日来行支取，支取日银行挂牌公告的活期存款利率为0.3%。

中国农业银行北京西城支行编制会计分录如下：

(1)～(5) 的会计分录同例2-12。

(6) 2020年11月30日，计提利息：

$$利息=12\,000\times30\times0.3\%\div360=3(元)$$

会计分录略。

(7) 2020年12月31日，计提利息：

$$利息=12\,000\times31\times0.3\%\div360=3.10(元)$$

会计分录略。

(8) 2021年1月18日，逾期支取。

1) 补提利息：

$$逾期利息=12\,000\times59\times0.3\%\div360=5.90(元)$$

$$应付利息=到期利息+逾期利息=85.37+5.90=91.27(元)$$

将逾期支取应付利息91.27元与已提利息的差额进行补提，会计分录略。

2) 支付本息：

借：吸收存款——定期储蓄存款——零存整取刘东	12 000.00

应付利息——定期储蓄存款应付利息 91.27

贷：库存现金 12 091.27

3）提前支取利息计算。全部提前支取时，按照实际存期计算累计计息日积数，以累计计息日积数乘以支取日挂牌公告的活期存款利率（换算为日利率）计付利息。公式为：

$$累计计息日积数=\sum(每次存款金额\times存期日数)$$

$$利息=累计计息日积数\times支取日活期日利率$$

【例2-14】 沿用例2-12的资料，假设储户刘东于2020年6月8日来行办理全部提前支取，支取日银行挂牌公告的活期存款利率为0.3%。该储户零存整取定期储蓄存款分户账如表2-6所示。

表2-6 零存整取定期储蓄存款分户账

户名：刘东　　　　账号：　　　　利率：1.3%

存款日期			次数	到款日期			存入	结存	到期日数	到期日积数
年	月	日		年	月	日	(位数)	(位数)		(位数)
2019	11	20	1	2020	6	8	1 000	1 000	201	201 000
2019	12	22	2	2020	6	8	1 000	2 000	169	169 000
2020	1	19	3	2020	6	8	1 000	3 000	141	141 000
2020	2	23	4	2020	6	8	1 000	4 000	106	106 000
2020	3	12	5	2020	6	8	1 000	5 000	88	88 000
2020	4	25	6	2020	6	8	1 000	6 000	44	44 000
2020	5	18	7	2020	6	8	1 000	7 000	21	21 000
累计计息积数										770 000

中国农业银行北京西城支行编制会计分录如下：

(1)～(4) 的会计分录同例2-12。

(5) 2020年5月31日，计提利息：

$$利息=(6\,000\times31+1\,000\times14)\times1.3\%\div360=7.22(元)$$

会计分录略。

(6) 2020年6月8日，全部提前支取：

1）冲销利息：

$$应付利息=770\,000\times0.3\%\div360=6.42(元)$$

将全部提前支取应付利息6.42元与已提利息的差额进行冲销，会计分录略。

2）支付本息：

借：吸收存款——定期储蓄存款——零存整取刘东 7 000.00

应付利息——定期储蓄存款应付利息 6.42

贷：库存现金 7 006.42

3. 整存零取定期储蓄存款的核算

整存零取定期储蓄存款是存入时约定存期和支取期限，一次存入一定数额的本金，存期内分次等额支取本金，到期时一次支取剩余本金和利息的储蓄存款。整存零取定期储蓄存款 1 000 元起存，存期分为 1 年、3 年、5 年三个档次，支取期限可以为 1 个月、3 个月、半年一次或其他期限，但本金应能够被支取次数整除，即分次等额支取的本金应为整数，支取期限由存款人在存款时与银行约定。

（1）开户。整存零取定期储蓄存款开户时处理手续与零存整取存款基本相同。会计分录为：

借：库存现金

　贷：吸收存款——定期储蓄存款——整存零取××人

（2）资产负债表日计提利息。

1）约定存期内计提利息的处理。整存零取定期储蓄存款采用积数计息法，约定存期内每月月末计提利息时，按累计日积数乘以开户日挂牌公告的相应档次整存零取定期存款利率（换算为日利率）计算应提利息。会计分录为：

借：利息支出——定期储蓄存款利息支出

　贷：应付利息——定期储蓄存款应付利息

2）逾期后计提利息的处理。逾期后每月月末计提利息时，按累计日积数乘以计提日挂牌公告的活期存款利率（换算为日利率）计算应提利息。会计分录为：

借：利息支出——定期储蓄存款利息支出

　贷：应付利息——定期储蓄存款应付利息

（3）分次支取。柜员收到存款人提交的存折，审查无误后，使用相关交易办理支取，打印个人业务取款凭证和存折内页。柜员将个人业务取款凭证交存款人签字确认后收回，根据取款金额配款，将实物券别录入系统现金箱，将现金、回单和存折交存款人。会计分录为：

借：吸收存款——定期储蓄存款——整存零取××人

　贷：库存现金

整存零取定期储蓄存款可以全部提前支取，不能部分提前支取。全部提前支取时，应按提前支取的规定计付利息。银行将按提前支取规定计算的应付利息与已提利息进行比较，先将差额予以冲销或补提，然后办理本息支付。

（4）到期结清。柜员收到存款人提交的存折，审查无误后，使用相关交易进行处理，同时，系统自动将结清时应付利息与已提利息进行比较，并将差额部分予以补提。交易成功后，打印个人业务取款凭证、个人存款计息单和存折内页。柜员将个人业务取款凭证交存款人签字确认后收回，根据取款金额配款，将实物券别录入系统现金箱，将现金、回单交存款人。

1）补提利息的会计分录为：

借：利息支出——定期储蓄存款利息支出

　贷：应付利息——定期储蓄存款应付利息

2）支付剩余本金和利息的会计分录为：

借：吸收存款——定期储蓄存款——整存零取××人　　（最后取本金额）

　　应付利息——定期储蓄存款应付利息

贷：库存现金

整存零取定期储蓄存款逾期支取时，其处理手续与到期结清基本相同，只是在计算利息时，除了计算到期利息外，还应按规定计算逾期利息。

（5）计息规定与计息公式。计算机操作下，整存零取定期储蓄存款采用积数计息法，其基本计息公式为：

利息＝累计计息日积数×日利率

1）到期支取时，以到期日累计计息日积数乘以存入日挂牌公告的相应档次整存零取定期存款利率（换算为日利率）计付利息，存期内遇利率调整，不分段计息。

2）逾期支取时，应当分别计算到期利息和逾期利息。到期利息按前述规定计算；逾期利息按存款本金的最后余额与逾期日数及支取日挂牌公告的活期存款利率（换算为日利率）计算。

3）全部提前支取时，按照实际存期计算累计计息日积数，以累计计息日积数乘以支取日挂牌公告的活期存款利率（换算为日利率）计付利息。

4. 存本取息定期储蓄存款的核算

存本取息定期储蓄存款是存入时约定存期和取息期限，一次存入一定数额的本金，存期内分次支取利息，到期时一次支取本金和剩余利息的储蓄存款。存本取息定期储蓄存款5 000元起存，存期分为1年、3年、5年三个档次，取息期限可以为1个月或几个月一次，由存款人在存款时与银行约定。取息日一般为开户日的对日，无对日的为月末日。

（1）开户。存本取息定期储蓄存款开户时处理手续与零存整取存款基本相同。会计分录为：

借：库存现金

贷：吸收存款——定期储蓄存款——存本取息××人

（2）资产负债表日计提利息。

1）约定存期内计提利息的处理。存本取息定期储蓄存款采用逐笔计息法，约定存期内每月月末计提利息时，按合同本金乘以存入日挂牌公告的相应档次存本取息定期存款利率（换算为月利率）计算应提利息。会计分录为：

借：利息支出——定期储蓄存款利息支出

贷：应付利息——定期储蓄存款应付利息

2）逾期后计提利息的处理。逾期后每月月末计提利息时，按合同本金乘以计提日挂牌公告的活期存款利率（换算为月利率）计算应提利息。会计分录为：

借：利息支出——定期储蓄存款利息支出

贷：应付利息——定期储蓄存款应付利息

（3）分次支取利息。存本取息定期储蓄存款开户时，按开户日挂牌公告的相应档次存本取息定期存款利率算出到期应付利息总额，然后以到期应付利息总额除以约定取息次数，预先算出每次取息金额。其中，到期应付利息的计算与整存整取定期储蓄存款相同。每次取息额的计算公式为：

每次取息额=(本金×存期×利率)÷取息次数

存本取息定期储蓄存款分次支取利息的处理手续与整存零取存款分次支取本金基本相同。会计分录为：

借：应付利息——定期储蓄存款应付利息

贷：库存现金

取息日未到不得提前取息，取息日未取息，以后可随时取息，但不计复利。

(4) 到期支取本金。存本取息定期储蓄存款到期，存款人来行支取本金的同时支取最后一次利息，其处理手续与整存零取存款到期结清基本相同。

1) 补提利息。将到期支取时应付利息与已提利息进行比较，将差额予以补提。会计分录为：

借：利息支出——定期储蓄存款利息支出

贷：应付利息——定期储蓄存款应付利息

2) 支付本金和剩余利息。会计分录为：

借：吸收存款——定期储蓄存款——存本取息××人 (全部本金)

应付利息——定期储蓄存款应付利息 (最后一次利息)

贷：库存现金

(5) 逾期支取本金。存本取息定期储蓄存款逾期支取时，逾期部分按支取日挂牌公告的活期存款利率计付利息，其处理手续与到期支取基本相同。

(6) 提前支取本金。存本取息定期储蓄存款可以全部提前支取，不能部分提前支取。全部提前支取时，应按整存整取定期储蓄存款提前支取的规定计算存期内应付利息，并对已支付的利息予以冲销。冲销已支付利息的会计分录为：

借：库存现金

贷：应付利息——定期储蓄存款应付利息

将按提前支取规定计算的应付利息与已提利息进行比较，将差额予以冲销或补提。冲销时会计分录为：

借：应付利息——定期储蓄存款应付利息

贷：利息支出——定期储蓄存款利息支出

补提时会计分录相反。

按提前支取的规定计算应付利息，办理本息支取手续。会计分录为：

借：吸收存款——定期储蓄存款——存本取息××人

应付利息——定期储蓄存款应付利息

贷：库存现金

柜员办理全部提前支取付款时，应将已付给存款人的利息扣回，即将上述分录中“库存现金”科目贷方金额减去借方金额后的差额支付给存款人。

2.3.3 定活两便储蓄存款的核算

定活两便储蓄存款是存入时不约定存期，一次存入一定数额的本金，存款人可根据需要随时一次支取本息的储蓄存款。定活两便储蓄存款50元起存，通过“吸收存款——个人活期存款——定活两便储蓄存款××人”进行核算。这种储蓄存款兼具流动性和收益性，比定期储蓄存款支取灵活，在达到一定存期时又能获得比活期储蓄存款高的收益。

定活两便储蓄存款的计息规定为：存期不满3个月的，按实存天数计付活期利息；存期3个月（含）以上不满半年的，整个存期按支取日整存整取定期储蓄存款3个月期利率打六折计息；存期半年（含）以上不满1年的，整个存期按支取日整存整取定期储蓄存款半年期利率打六折计息；存期在1年（含）以上，无论存期多长，整个存期一律按支取日整存整取定期储蓄存款1年期利率打六折计息。

银行定期计算定活两便储蓄存款的平均付息率，每月月末计提利息时，按合同本金、实际存期和平均付息率计算应提利息，实际支取（只能全额支取）时，将应支付给存款人的利息与已提利息进行比较，对差额予以补提或冲销。

定活两便储蓄存款可比照整存整取定期储蓄存款进行核算。

【例2-15】 储户叶翔于2020年7月31日存入定活两便储蓄存款10 000元，于2021年3月10日全额支取。支取日银行挂牌公告的整存整取定期储蓄存款半年期利率为1.5%。

该笔定活两便储蓄存款的实际存期在半年以上不满1年，整个存期应按照支取日整存整取定期储蓄存款半年期利率打六折计息。其利息计算如下：

（1）采用“利息＝本金×年（月）数×年（月）利率＋本金×零头天数×日利率”计息公式时：

$$
\begin{aligned}
\text{应付利息} &= 10\,000\times7\times(1.5\%\times60\%\div12)+10\,000\times10\times(1.5\%\times60\%\div360)\\
&= 55(\text{元})
\end{aligned}
$$

（2）采用“利息＝本金×实际天数×日利率”计息公式时：

$$\text{应付利息}=10\,000\times222\times(1.5\%\times60\%\div360)=55.50(\text{元})$$

2.3.4 个人通知存款的核算

个人通知存款是存入时不约定存期，支取时需提前通知银行，约定支取日期和金额后方能到期支取本金和利息的储蓄存款。个人通知存款利率一般高于活期存款，且支取较灵活。

按提前通知的期限，个人通知存款分为一天通知存款和七天通知存款，其起存金额为人民币5万元，须一次存入，可一次或分次支取，分次支取时，每次最低支取金额为人民币5万元。部分支取后，留存金额不低于起存金额的，银行按留存金额、原起存日期、原约定通知存款种类，开具新储蓄存单，办理续存手续；留存金额低于起存金额的，则应全部支取，并对该项通知存款予以清户。

个人通知存款的计息规定及核算可参照单位通知存款。

思考题

1. 商业银行吸收的存款可以分为哪些种类?

2. 简述单位银行结算账户的种类及分别办理的业务范围。

3. 简述单位活期存款利息计算的规定与方法。

4. 简述单位定期存款的计息公式与计息规定。

5. 个人存款的种类有哪些?

练习题

1. 中国工商银行北京中关村支行开户单位红叶日化厂20×1年5月31日存款账户余额为60 000元，20×1年3月21日至5月31日的累计积数为5 366 000元，20×1年6月该公司存款户发生的业务如下，假设20×1年6月17日活期存款年利率由0.4%调整为0.5%。

(1) 6月8日，存入现金16 000元。

(2) 6月12日，转账存入5 000元。

(3) 6月15日，开具现金支票支取现金8 000元。

(4) 6月17日，签发转账支票支付存款12 000元。

(5) 6月19日，存入现金7 000元。

要求： 根据上述资料，对(1)和(3)两项业务编制会计分录，同时为该厂开立单位活期存款分户账(乙种账)，计算该厂20×1年第二季度利息，并编制结息日补提利息和办理利息入账的会计分录。

2. 2019年12月5日，雨田公司签发转账支票，将其在中国建设银行北京西单支行的活期存款80 000元转为在该行的定期存款，存期1年，存入时银行挂牌公告的1年期定期存款利率为1.7%，雨田公司在存款时与银行约定办理到期自动转存。

要求：

(1) 编制雨田公司定期存款存入的会计分录。

(2) 编制每月月末计提利息的会计分录。

(3) 假设雨田公司于2020年12月5日来行办理到期支取，编制有关会计分录。

(4) 假设雨田公司于2020年4月12日来行办理全部提前支取，当日银行挂牌公告的活期存款利率为0.3%，编制有关会计分录。

(5) 假设雨田公司于2020年6月26日来行部分提前支取50 000元，当日银行挂牌公告的活期存款利率为0.3%，编制有关会计分录。

(6) 假设雨田公司到期日未来行支取，编制有关到期自动转存的会计分录。

3. 交通银行北京王府井支行的开户人林轩2020年11月30日的活期储蓄存款账户余额为5 852.37元。该支行2020年12月活期储蓄存款科目计息余额表上列示：储户林轩至上月底累计未计息积数为326 000元。2020年12月储户林轩的活期储蓄存款账户发生如下业务：

(1) 3日，存入现金1 500元。

(2) 15日，支取现金3 000元。

(3) 19日，支取现金1 000元。

(4) 20日，银行结息，当日挂牌公告的活期存款利率为0.3%，结计的利息于次日入账。

(5) 27日，储户林轩来行要求结清销户，当日银行挂牌公告的活期存款利率为0.3%。

要求：根据上述资料，编制会计分录。

4. 20×2年9月3日，储户谢菲在中国农业银行北京亚运村支行以现金存入半年期整存整取定期储蓄存款10 000元，存入时银行挂牌公告的半年期整存整取定期存款利率为3.15%，该储户在存款时没有与银行约定办理到期自动转存。20×3年间银行挂牌公告的活期存款利率为0.81%。

要求：

(1) 编制该储户整存整取定期储蓄存款存入的会计分录。

(2) 编制每月月末计提利息的会计分录。

(3) 假设该储户于20×3年3月3日来行办理到期支取，编制有关会计分录。

(4) 假设该储户于20×3年5月15日来行办理逾期支取，编制有关会计分录。

5. 20×1年11月12日，储户肖亮在中国工商银行北京清华园支行以现金存入2年期整存整取定期储蓄存款100 000元，于20×3年11月12日到期支取，存入时银行挂牌公告的2年期整存整取定期存款利率为4.68%。中国工商银行北京清华园支行对该整存整取定期储蓄存款采用实际利率法，按摊余成本进行后续计量。

要求：

(1) 编制该储户整存整取定期储蓄存款存入的会计分录。

(2) 编制每月月末计提利息的会计分录。

(3) 编制该储户办理到期支取的会计分录。

6. 20×1年1月15日，储户崔佳在中国工商银行北京金融街支行以现金存入1年期存本取息定期储蓄存款360 000元，每月15日支取利息，存入时银行挂牌公告的1年期存本取息定期存款利率为3.1%。

要求：

(1) 编制该储户存本取息定期储蓄存款存入的会计分录。

(2) 编制每月月末计提利息和每月15日支取利息的会计分录。

(3) 编制该储户办理到期支取的会计分录。

(4) 假设该储户于20×1年9月19日来行办理全部提前支取，当日银行挂牌公告的活期存款利率为0.5%，编制有关会计分录。

7. 20×1年3月10日，储户董娜在招商银行北京建国门支行以现金存入定活两便储蓄存款10 000元，于20×2年5月22日支取，支取日银行挂牌公告的1年期整存整取定期存款利率为3.5%，该支行近期计算的定活两便储蓄存款的平均付息率为1.8%。

要求：

（1）编制该储户定活两便储蓄存款存入的会计分录。

（2）编制每月月末计提利息的会计分录。

（3）编制该储户办理支取的会计分录。

8. 20×1年3月1日，储户沈峰在交通银行北京三元支行从其个人结算账户转存100 000元办理七天个人通知存款，20×1年5月3日该储户通知银行将于7日后支取50 000元，20×1年5月10日该储户如约支取约定金额通知存款，假设20×1年3月1日至4月5日期间银行挂牌公告的七天通知存款利率为1.62%，20×1年4月6日至5月10日期间七天通知存款利率为1.49%。

要求：

（1）编制该储户个人通知存款存入的会计分录。

（2）编制每月月末计提利息的会计分录。

（3）编制该储户办理支取的会计分录。

第3章

贷款与贴现业务的核算

学习目标

1. 了解贷款的种类、票据贴现的概念。

2. 理解贷款损失准备的计提范围、贷款减值损失的确认与计量、票据贴现利息的计算。

3. 掌握信用贷款、担保贷款的核算，贷款减值的核算，票据贴现的核算。

3.1 贷款业务的核算

3.1.1 贷款业务概述

1. 贷款的意义与种类

贷款是商业银行以一定的利率将资金提供给借款人，并按期收回贷款本息的信用行为。贷款是商业银行最为重要的资产业务，是商业银行获取收入的主要途径。科学地进行贷款的核算与管理，对商业银行防范、化解经营风险，提高获利和发展能力具有重要意义。商业银行发放的贷款可以按照不同的标准进行分类。

(1) 按贷款期限分为短期贷款、中期贷款和长期贷款。短期贷款是指贷款期限在1年以内（含1年）的贷款；中期贷款是指贷款期限在1年以上5年以下（含5年）的贷款；长期贷款是指贷款期限在5年以上的贷款。

(2) 按贷款有无担保分为信用贷款和担保贷款。信用贷款是指仅凭借款人的信用而发放的贷款；担保贷款是指以法律规定的担保方式作为还款保障而发放的贷款。担保贷款依担保方式的不同，又可以分为保证贷款、抵押贷款和质押贷款。

保证贷款是指按《中华人民共和国担保法》规定的保证方式，以第三人承诺在借款人不能偿还贷款时，按约定承担一般保证责任或连带责任而发放的贷款；抵押贷款是指按《中华人民共和国担保法》规定的抵押方式，以借款人或第三人的财产作为抵押物而发放的贷款；质押贷款是指按《中华人民共和国担保法》规定的质押方式，以借款人或第三人的动产或权利作为质物而发放的贷款。其中，抵押贷款的担保物不用移交给债权人，质押贷款的担保物则要移交给债权人。

（3）按贷款对象分为单位贷款和个人贷款。单位贷款是指银行向企事业单位及机关、团体等经济组织发放的贷款，主要包括流动资金贷款、固定资产贷款和其他对公贷款；个人贷款是指银行向消费者个人发放的贷款，主要包括个人房屋类贷款、个人汽车类贷款、个人助学类贷款、个人质押类贷款和个人其他贷款。

（4）按贷款的风险程度分为正常贷款、关注贷款、次级贷款、可疑贷款和损失贷款。正常贷款是指借款人能够履行合同，有充分把握按时、足额偿还本息的贷款；关注贷款是指尽管借款人目前有能力偿还本息，但是存在一些可能对偿还产生不利影响因素的贷款；次级贷款是指借款人的还款能力出现了明显问题，依靠其正常经营收入已无法保证足额偿还本息的贷款；可疑贷款是指借款人无法足额偿还本息，即使执行抵押或担保也肯定造成一定损失的贷款；损失贷款是指在采取所有可能的措施和一切必要的法律程序后，本息仍无法收回或只能收回极少部分的贷款。

这种分类法称为贷款五级分类法，其中次级贷款、可疑贷款和损失贷款合称为不良贷款。

（5）按贷款经营属性分为自营贷款和委托贷款。自营贷款是指银行以合法方式筹集的资金自主发放的贷款，其风险由银行承担，并由银行收回本金和利息；委托贷款是指由政府部门、企事业单位及个人等委托人提供资金，由银行根据委托人确定的贷款对象、用途、金额、期限、利率等代为发放、监督使用并协助收回的贷款，银行只收取手续费，不承担贷款风险。本章主要阐述自营贷款的核算。

2. 贷款的确认与计量

贷款属于商业银行的金融资产，银行应当根据其管理贷款的业务模式和贷款的合同现金流量特征，将贷款分为以摊余成本计量的贷款、以公允价值计量且其变动计入其他综合收益的贷款和以公允价值计量且其变动计入当期损益的贷款。

银行向企业客户发放的固定利率贷款，在没有其他特殊安排的情况下，通常可能符合本金加利息的合同现金流量特征。如果银行管理该贷款的业务模式是以收取合同现金流量为目标，则该贷款属于以摊余成本计量的贷款。本章主要讲述以摊余成本计量的贷款的核算。

以摊余成本计量的贷款，初始计量时，按公允价值计量，相关交易费用计入初始确认金额；后续计量时，采用实际利率法，按摊余成本计量。实际利率法是指计算贷款的摊余成本以及将利息收入分摊计入各会计期间的方法。

（1）摊余成本的计算。

摊余成本＝初始确认金额－已偿还的本金±采用实际利率法将该初始确认金额与到期日金额之间的差额进行摊销形成的累计摊销额－累计计提的损失准备

（2）利息收入的计算。

1）未发生信用减值的贷款。

各期利息收入＝贷款账面余额×实际利率

账面余额＝初始确认金额－已偿还的本金±采用实际利率法将该初始确认金额与到期日金额之间的差额进行摊销形成的累计摊销额

2）已发生信用减值的贷款。

①对于购买或源生时未发生信用减值但在后续期间发生信用减值的贷款，商业银行应当在发生减值的后续期间，按照该贷款的摊余成本（即账面余额减已计提损失准备）乘以实际利率（初始确认时确定的实际利率，不因减值的发生而变化）的金额确定其利息收入。即属于此种情况的贷款，在发生减值的后续期间，各期利息收入的计算公式为：

各期利息收入＝贷款摊余成本×实际利率

银行按照上述规定对发生信用减值的贷款计算利息收入后，若贷款在后续期间因其信用风险有所改善而不再存在信用减值，并且这一改善在客观上可与应用上述规定之后发生的某一事件相联系（如债务人的信用评级被上调），银行应当转按实际利率乘以贷款账面余额来计算确定利息收入。

②对于购买或源生时已发生信用减值的贷款，商业银行应当自初始确认起，按照该贷款的摊余成本乘以经信用调整的实际利率（即购买或源生时将减值后的预计未来现金流量折现为摊余成本的利率）的金额确定其利息收入。即属于此种情况的贷款，自初始确认起，各期利息收入的计算公式为：

各期利息收入＝贷款摊余成本×经信用调整的实际利率

（3）实际利率和经信用调整的实际利率的计算。

1）实际利率的计算。实际利率是指将贷款在预计存续期的估计未来现金流量折现为该贷款账面余额所使用的利率。在确定实际利率时，应当在考虑贷款所有合同条款（如提前还款、展期等）的基础上估计预期现金流量，但不应当考虑预期信用损失。其计算公式为：

$$V=\frac{CF_1}{(1+IRR)^1}+\frac{CF_2}{(1+IRR)^2}+\cdots+\frac{CF_n}{(1+IRR)^n}=\sum_{t=1}^{n}\frac{CF_t}{(1+IRR)^t}$$

式中，V 为贷款账面余额；IRR 为实际利率；CF_t 为估计未来各期现金流量；n 为贷款的预计存续期。由该公式可知，影响实际利率的因素有估计未来现金流量、贷款账面余额及计息期。

2）经信用调整的实际利率的计算。经信用调整的实际利率，是指将购入或源生的已发生信用减值的贷款在预计存续期的估计未来现金流量，折现为该贷款摊余成本的利率。在确定经信用调整的实际利率时，应当在考虑贷款的所有合同条款（如提前还款、展期等）以及初始预期信用损失的基础上估计预期现金流量。

3. 会计科目的设置

（1）“贷款”科目。该科目为资产类科目，核算以摊余成本计量的、商业银行按规定发放的各种客户贷款，包括质押贷款、抵押贷款、保证贷款、信用贷款等。该科目可按贷款类别、客户，分别设置“本金”“利息调整”“已减值”等进行明细核算。其运用在本节贷款业务具体核算中加以介绍。

该科目期末余额在借方，反映商业银行按规定发放尚未收回贷款的摊余成本。

（2）“利息收入”科目。该科目为损益类科目，核算商业银行确认的利息收入，包括发放的各类贷款、与其他金融机构（中央银行、同业等）之间发生资金往来业务、买入返售金融资产等实现的利息收入。该科目可按业务类别进行明细核算。

资产负债表日，商业银行应按合同利率计算确定的应收未收利息，借记“应收利息”科目，按账面余额和实际利率计算确定的利息收入，贷记“利息收入”科目，按其差额，借记或贷记“贷款——利息调整”等科目。

期末，应将该科目余额转入“本年利润”科目，结转后该科目无余额。

（3）“应收利息”科目。该科目为资产类科目，核算商业银行发放的贷款、各类债权投资、存放中央银行款项、拆出资金、买入返售金融资产等应收取的利息。商业银行购入的一次还本付息的债权投资持有期间取得的利息，在“债权投资”科目核算。该科目可按借款人或被投资单位进行明细核算。

商业银行发放的贷款，应于资产负债表日按贷款的合同本金和合同利率计算确定的应收未收利息，借记“应收利息”科目，按贷款的账面余额和实际利率计算确定的利息收入，贷记“利息收入”科目，按其差额，借记或贷记“贷款——利息调整”科目。

应收利息实际收到时，借记“存放中央银行款项”等科目，贷记“应收利息”科目。

该科目期末余额在借方，反映商业银行尚未收回的利息。

（4）“贷款损失准备”科目。该科目为资产类科目，同时也是“贷款”科目的备抵科目，核算商业银行以摊余成本计量的贷款以预期信用损失为基础计提的损失准备。计提贷款损失准备的资产包括客户贷款、拆出资金、贴现资产、银团贷款、贸易融资、协议透支、信用卡透支、转贷款和垫款等。该科目可按计提贷款损失准备的资产类别进行明细核算。

资产负债表日，商业银行计算贷款的预期信用损失。如果预期信用损失大于贷款当前损失准备的账面金额，应当将其差额确认为减值损失，借记“信用减值损失”科目，贷记“贷款损失准备”科目；如果资产负债表日计算的预期信用损失小于贷款当前损失准备的账面金额，则应当将差额确认为减值利得，做相反的会计分录。

商业银行实际发生信用损失，认定相关贷款无法收回，经批准予以核销的，应当根据批准的核销金额，借记“贷款损失准备”科目，贷记“贷款”科目。若核销金额大于已计提的损失准备，还应按其差额借记“信用减值损失”科目。

该科目期末余额在贷方，反映商业银行已计提但尚未核销的贷款损失准备。

（5）“信用减值损失”科目。该科目为损益类科目，核算商业银行计提金融工具确认和计量准则（2017）要求的各项金融工具减值准备所形成的预期信用损失。该科目可按信用减值损失的项目进行明细核算。

资产负债表日，商业银行计算贷款的预期信用损失。如果预期信用损失大于贷款当前损失准备的账面金额，应当将其差额确认为减值损失，借记“信用减值损失”科目，贷记“贷款损失准备”科目；如果资产负债表日计算的预期信用损失小于贷款当前损失准备的账面金额，则应当将差额确认为减值利得，做相反的会计分录。

期末，应将该科目余额转入“本年利润”科目，结转后该科目无余额。

3.1.2 信用贷款的核算

1. 信用贷款发放的核算

银行信贷部门收到借款人提交的借款申请书和相关资料，按规定进行审批后，与借款人签订借款合同，约定贷款的金额、利率、期限、用途及违约责任等。信贷部门完成信贷审批流程后，将授权通知传递给会计部门。柜员收到并审查无误后，使用相关交易进行贷款发放，打印贷转存凭证，并由借款人在贷转存凭证上签章。柜员将贷转存凭证第一联作记账凭证，授权通知作记账凭证附件，第二联交业务部门留存，第三联作借款人回单，第四联作收款人收账通知。

商业银行初始确认贷款，按照公允价值计量。对于以摊余成本计量的贷款，相关交易费用（不含可以抵扣的增值税进项税额）计入初始确认金额。例如，商业银行按当前市场条件发放的以摊余成本计量的贷款，应当按照发放贷款的本金与扣除可以抵扣的进项税额后的相关交易费用之和作为贷款的初始确认金额。

交易费用，是指可直接归属于发放贷款的增量费用。增量费用是指银行没有发生发放贷款的情形就不会发生的费用，包括支付给代理机构、咨询公司等的手续费、佣金及其他必要支出。

商业银行发放以摊余成本计量的贷款的会计分录为：

借：贷款——××贷款——××户（本金）　　　　（贷款的合同本金）
　　　　　　　　　——××户（利息调整）　　　　（借贷方差额）
　　应交税费——应交增值税（进项税额）　　（可以抵扣的增值税进项税额）
　贷：吸收存款——××存款——××户　　　　（实际支付的金额）

【例3-1】 2021年10月20日，招商银行武汉武昌支行向其开户单位华冠电子公司发放1年期流动资金贷款，合同本金200万元，合同年利率4.35%，利息按季收取，到期收回本金。要求：编制招商银行武汉武昌支行发放贷款的会计分录。

招商银行武汉武昌支行编制会计分录如下：

借：贷款——流动资金贷款——华冠电子公司（本金）　　2 000 000
　贷：吸收存款——单位活期存款——华冠电子公司　　2 000 000

【例3-2】 沿用例3-1的资料，假设招商银行武汉武昌支行在对华冠电子公司发放贷款的过程中，聘请某中介机构对该公司的财务状况和经营情况进行了调查和分析，该中介机构也在该行开户，银行向其支付咨询费53 000元（包括准予抵扣的增值税进项税额3 000元）。要求：编制招商银行武汉武昌支行发放贷款的会计分录。

招商银行武汉武昌支行编制会计分录如下：

借：贷款——流动资金贷款——华冠电子公司（本金）　2 000 000
　　　　　　　　　　　　——华冠电子公司（利息调整）　50 000
　　应交税费——应交增值税（进项税额）　3 000
　贷：吸收存款——单位活期存款——华冠电子公司　2 000 000
　　　　　　　　　　　　　　——××中介机构　53 000

2. 资产负债表日计提利息的核算

资产负债表日计提利息时，按照合同本金和合同利率计算应收利息，按照账面余额和实际利率计算利息收入，差额计入利息调整。会计分录为：

借：应收利息——××贷款应收利息——××户
借或贷：贷款——××贷款——××户（利息调整）
　贷：利息收入——××贷款利息收入

商业银行按合同约定应收取的利息，按规定应缴纳增值税的，还应计算增值税销项税额，并进行账务处理。商业银行按照合同本金和合同利率计算的应收利息为含增值税应收利息。

不含税应收利息＝含税应收利息÷(1＋税率)
增值税销项税额＝不含税应收利息×税率

会计分录为：

借：应收利息——××贷款应收利息——××户
借或贷：贷款——××贷款——××户（利息调整）
　贷：利息收入——××贷款利息收入
　　　应交税费——应交增值税（销项税额）

若按照国家统一的会计制度确认利息收入的时点早于按照增值税制度确认增值税纳税义务发生时点，则应将相关增值税销项税额先记入“应交税费——待转销项税额”科目，待实际发生纳税义务时再转入“应交税费——应交增值税（销项税额）”科目。

采用实际利率法，按摊余成本对贷款进行后续计量，实际上是通过差异摊销对贷款的名义利息进行调整。

3. 信用贷款收回的核算

（1）借款人主动还款。借款人出具支付凭证主动还款时，柜员审核无误后使用相关交易收回应偿还贷款，打印贷款还款记账凭证、贷款还款通知单，贷款还款通知单第一联作记账凭证附件，第二联交借款人。同时，系统自动将到期日应收利息的应有余额与现有余额进行比较，并将差额部分予以补提。

1）补提利息的会计分录为：

借：应收利息——××贷款应收利息——××户

借或贷：贷款——××贷款——××户（利息调整）
　贷：利息收入——××贷款利息收入
　　　应交税费——应交增值税（销项税额）

2）收回本息的会计分录为：

借：吸收存款——××存款——××户
　贷：应收利息——××贷款应收利息——××户
　　　贷款——××贷款——××户（本金）

（2）银行主动扣收。贷款到期，借款人未能主动还款而其账户中又有足够金额时，银行可主动扣收。柜员收到信贷部门的扣款通知书，经会计主管审核签字后，使用相关交易收回贷款，打印贷款还款记账凭证和贷款还款通知单，扣款通知书、贷款还款通知单第一联作记账凭证的附件，贷款还款通知单第二联交信贷部门。同时，系统自动将到期日应收利息的应有余额与现有余额进行比较，并将差额部分予以补提。会计分录同借款人主动还款。

贷款到期，借款人因客观情况变化，经过努力仍不能归还贷款的，可以向银行提出展期申请，短期贷款必须在到期日10日之前，中长期贷款必须在到期日1个月之前提出。每笔贷款只能展期一次，短期贷款展期不得超过原贷款期限，中长期贷款展期不得超过原贷款期限的一半，最长不得超过3年。展期申请经信贷部门审查同意并签注意见后，一联留存备查，另两联作贷款展期通知交会计部门办理贷款展期手续。会计部门收到并审查无误后，一联加盖业务公章退借款人，一联附在原借据后保管，无须进行账务处理。

【例3-3】 2020年12月1日，中国工商银行北京海淀支行向其开户单位天意公司发放1年期流动资金贷款，合同本金100万元，合同年利率12%，每月付息一次，并于2021年12月1日到期收回本金。中国工商银行北京海淀支行于每月月末计提利息。假设不考虑贷款减值。

贷款初始确认金额＝1 000 000(元)

设贷款的实际利率为IRR，根据公式：

$$V=\frac{CF_1}{(1+IRR)^1}+\frac{CF_2}{(1+IRR)^2}+\cdots+\frac{CF_n}{(1+IRR)^n}=\sum_{t=1}^{n}\frac{CF_t}{(1+IRR)^t}$$

得

$$1\,000\,000=\frac{1\,000\,000\times 12\%\div 12}{(1+IRR)}+\frac{1\,000\,000\times 12\%\div 12}{(1+IRR)^2}+\cdots+\frac{1\,000\,000\times 12\%\div 12}{(1+IRR)^{12}}+\frac{1\,000\,000}{(1+IRR)^{12}}$$
$$=10\,000\times(P/A,IRR,12)+1\,000\,000\times(P/F,IRR,12)$$

采用逐步测试法，首先用$IRR=1\%$进行测试：

$$10\,000\times(P/A,1\%,12)+1\,000\,000\times(P/F,1\%,12)$$
$$=10\,000\times 11.255\,1+1\,000\,000\times 0.887\,4=1\,000\,000$$

由测试结果可知，实际月利率$IRR=1\%$，与合同月利率相等。由于贷款发放时没有发生交易费用和溢折价，并且实际付息周期与计息周期相同，因此，其实际利率与合同利率相等。

中国工商银行北京海淀支行的有关账务处理如下：

（1）2020年12月1日，发放贷款时：

借：贷款——流动资金贷款——天意公司（本金）	1 000 000	
贷：吸收存款——单位活期存款——天意公司		1 000 000

（2）2020年12月31日，计提和收到贷款利息时：

$$\begin{aligned}\text{应交增值税} &= \text{含税应收利息}\div(1+\text{税率})\times\text{税率}\\ &=10\,000\div(1+6\%)\times6\%=566(\text{元})\end{aligned}$$

借：应收利息——流动资金贷款应收利息——天意公司	10 000	
贷：利息收入——流动资金贷款利息收入（10 000－566）		9 434
应交税费——应交增值税（销项税额）		566
借：吸收存款——单位活期存款——天意公司	10 000	
贷：应收利息——流动资金贷款应收利息——天意公司		10 000

（3）2021年1—11月每月月末计提和收到贷款利息的会计分录同上。

（4）2021年12月1日，收回贷款本金时：

借：吸收存款——单位活期存款——天意公司	1 000 000	
贷：贷款——流动资金贷款——天意公司（本金）		1 000 000

【例3-4】 2020年12月1日，中国工商银行北京海淀支行向其开户单位天意公司发放1年期流动资金贷款，合同本金100万元，合同年利率12%，到期一次还本付息，并于2021年12月1日到期收回本金和利息。中国工商银行北京海淀支行于每月月末计提利息。假设不考虑贷款减值。

$$\text{贷款初始确认金额}=1\,000\,000(\text{元})$$

设贷款的实际利率为 IRR，则有

$$1\,000\,000=\frac{1\,000\,000\times(1+12\%)}{(1+IRR)^{12}}$$

$$IRR=0.948\,9\%$$

由计算结果可知，实际月利率 $IRR=0.948\,9\%$，与合同月利率不相等。贷款发放时虽然没有发生交易费用和溢折价，但由于实际付息周期（按年）与计息周期（按月）不相同，因此，其实际利率与合同利率不相等。采用实际利率法计算贷款利息收入的数据如表3-1所示。

表3-1　采用实际利率法计算贷款利息收入表　　单位：元

时间	期初账面余额 ①	利息收入（实际月利率0.948 9%） ②=①×0.948 9%	现金流入 ③	期末账面余额 ④=①+②-③	利息调整
2020年12月31日	1 000 000	9 489	0	1 009 489	贷511
2021年1月31日	1 009 489	9 579	0	1 019 068	贷421

续表

时间	期初账面余额 ①	利息收入（实际月利率0.948 9%） ②=①×0.948 9%	现金流入 ③	期末账面余额 ④=①+②-③	利息调整
2021年2月28日	1 019 068	9 670	0	1 028 738	贷330
2021年3月31日	1 028 738	9 761	0	1 038 499	贷239
2021年4月30日	1 038 499	9 854	0	1 048 353	贷146
2021年5月31日	1 048 353	9 948	0	1 058 301	贷52
2021年6月30日	1 058 301	10 042	0	1 068 343	借42
2021年7月31日	1 068 343	10 137	0	1 078 480	借137
2021年8月31日	1 078 480	10 233	0	1 088 713	借233
2021年9月30日	1 088 713	10 331	0	1 099 044	借331
2021年10月31日	1 099 044	10 429	0	1 109 473	借429
2021年11月30日	1 109 473	10 527	0	1 120 000	借527
2021年12月1日	1 120 000	—	1 120 000	0	—
合计	—	120 000	1 120 000	—	余额0

根据表3-1中的数据，中国工商银行北京海淀支行编制会计分录如下：

(1) 2020年12月1日，发放贷款时：

借：贷款——流动资金贷款——天意公司（本金） 1 000 000

贷：吸收存款——单位活期存款——天意公司 1 000 000

(2) 2020年12月31日，计提利息时：

含税利息收入=期初账面余额×实际利率=1 000 000×0.948 9%=9 489(元)

应交增值税=含税应收利息÷(1+税率)×税率

=10 000÷(1+6%)×6%=566(元)

借：应收利息——流动资金贷款应收利息——天意公司 10 000

贷：利息收入——流动资金贷款利息收入（9 489-566） 8 923

应交税费——待转销项税额 566

贷款——流动资金贷款——天意公司（利息调整） 511

本例中，中国工商银行发放贷款的付息方式是到期一次还本付息，每月月末计提应收利息时，计提的应收利息因未到贷款合同约定的结息日期，故增值税纳税义务尚未发生。若按照国家统一的会计制度确认利息收入的时点早于按照增值税制度确认增值税纳税义务发生时点，则应将相关增值税销项税额记入“应交税费——待转销项税额”科目，待实际发生纳税义务时再转入“应交税费——应交增值税（销项税额）”科目。

(3) 2021年1月31日，计提利息时：

借：应收利息——流动资金贷款应收利息——天意公司 10 000

贷：利息收入——流动资金贷款利息收入 9 013

应交税费——待转销项税额 566

贷款——流动资金贷款——天意公司（利息调整） 421

（4）2021年2月28日、2021年3月31日……2021年10月31日，计提利息的会计分录略。

（5）2021年11月30日，计提利息时：

借：应收利息——流动资金贷款应收利息——天意公司	10 000	
贷款——流动资金贷款——天意公司（利息调整）	527	
贷：利息收入——流动资金贷款利息收入		9 961
应交税费——待转销项税额		566

（6）2021年12月1日，收回贷款本息时：

借：吸收存款——单位活期存款——天意公司	1 120 000	
贷：贷款——流动资金贷款——天意公司（本金）		1 000 000
应收利息——流动资金贷款应收利息——天意公司		120 000
借：应交税费——待转销项税额（566×12）	6 792	
贷：应交税费——应交增值税（销项税额）		6 792

3.1.3 担保贷款的核算

1. 保证贷款的核算

借款人申请保证贷款，应向银行提供由保证人签署的保证书，经银行审查同意后与保证人签订保证合同。其他手续与信用贷款基本相同。保证贷款的发放、收回等可参照信用贷款进行核算。保证贷款到期，若借款人不能按期归还贷款，应由保证人根据保证合同的约定承担一般保证责任或连带责任。

2. 抵押贷款的核算

借款人申请抵押贷款，应以借款人或第三人的财产作抵押。根据《中华人民共和国担保法》的规定，可以作为抵押物的财产有：（1）抵押人所有的房屋和其他地面附着物；（2）抵押人所有的机器、交通运输工具和其他财产；（3）抵押人依法有权处置的国有土地使用权、房屋和其他地面附着物；（4）抵押人依法有权处置的国有机器、交通运输工具和其他财产；（5）抵押人依法承包并经发包方同意抵押的荒山、荒沟、荒丘、荒滩等荒地的土地使用权；（6）依法可以抵押的其他财产。但土地所有权、耕地、宅基地及自留地、公益单位的社会公益设施、所有权或使用权不明或有争议的财产，以及依法被查封、扣押、监管的财产不能作为抵押物。

抵押贷款不是按抵押物价值全额发放，而是按一定比例进行折扣，一般按抵押物现值的50%～70%确定贷款金额。抵押贷款到期，借款人不能按期归还贷款本息的，银行有权依法处置抵押物，从所得价款中优先收回贷款本息，或以抵押物折价充抵贷款本息。

（1）抵押贷款发放的核算。借款人申请抵押贷款，应向银行信贷部门提交抵押贷款申请书和抵押物清单、所有权证明等相关资料。信贷部门审批同意后，与借款人签订抵押贷款合同，同时，借款人应将有关抵押物或抵押物权利证明移交银行。完成信贷审批流程后，信贷部门将授权通知和相关资料传递给会计部门。

1）收妥抵押物。柜员收到信贷部门传递的授权通知、抵押清单及权利证明等，审查无误并由抵押物保管员填写有价单证、抵质押有价物品和抵债资产权证出入库单，入库保管。柜员使用相关交易记录抵押有价物品表外科目，打印表外记账凭证。出入库单第一联作表外记账凭证附件，第二联专夹保管，第三联退业务部门，并登记抵（质）押品登记簿。会计分录为：

收：抵押有价物品——××户

2）贷款发放。柜员使用相关交易进行贷款发放，打印贷转存凭证，由借款人在贷转存凭证上签章。柜员将贷转存凭证第一联作记账凭证，授权通知作记账凭证附件，第二联交业务部门留存，第三联作借款人回单，第四联作收款人收账通知。会计分录为：

借：贷款——××贷款——抵押贷款××户（本金）　　　（贷款的合同本金）
借或贷：贷款——××贷款——抵押贷款××户（利息调整）　　（借贷方差额）
　贷：吸收存款——××存款——××户　　　（实际支付的金额）

（2）资产负债表日计提利息的核算。资产负债表日计提利息时，按照合同本金和合同利率计算应收利息，按照账面余额和实际利率计算利息收入，差额计入利息调整。会计分录为：

借：应收利息——××贷款应收利息——××户
借或贷：贷款——××贷款——抵押贷款××户（利息调整）
　贷：利息收入——××贷款利息收入

商业银行按合同约定应收取的利息，按规定应缴纳增值税的，还应计算增值税销项税额，并进行账务处理。商业银行按照合同本金和合同利率计算的应收利息为含增值税应收利息。

不含税应收利息＝含税应收利息÷(1＋税率)
增值税销项税额＝不含税应收利息×税率

会计分录为：

借：应收利息——××贷款应收利息——××户
借或贷：贷款——××贷款——抵押贷款××户（利息调整）
　贷：利息收入——××贷款利息收入
　　　应交税费——应交增值税（销项税额）

若增值税纳税义务尚未发生，则将相关增值税销项税额记入“应交税费——待转销项税额”科目。

（3）抵押贷款收回的核算。借款人出具支付凭证归还借款时，柜员审核无误后使用相关交易进行贷款收回处理，其办理手续及核算与信用贷款基本相同。

贷款结清后，柜员将业务部门提交的有价单证、抵质押有价物品和抵债资产权证出入库单第三联与留存联进行核对，无误后使用相关交易付出抵押物，打印表外记账凭证。柜员将保管员取出的抵押物交业务部门经办人员，并由其在出入库单第二联签收，登记抵（质）押品登记簿，将出入库单第二、第三联作表外记账凭证附件。会计分录为：

付：抵押有价物品——××户

抵押贷款到期，如借款人未按期偿还贷款本息，或借款人被解散、宣布破产、依法撤销等，银行可以依法处置抵押物收回贷款。银行处置抵押物的方式主要有作价入账和出售两种。

3. 质押贷款的核算

质押贷款的发放，必须以质物为基础。质物可以是出质人的动产，也可以是出质人的权利。银行（质权人）与出质人应以书面形式订立质押合同，质押合同自质物移交质权人占有时生效。

以动产做质押的，必须将动产移交发放贷款的银行占有。以权利做质押的，可以作为质押的权利包括：汇票、支票、本票、债券、存款单、仓单和提货单，依法可转让的股份、股票，依法可转让的商标专用权、专利权、著作权中的财产权及可质押的其他权利。其中，以汇票、支票、本票、债券、存款单、仓单和提货单做质物的，应当在合同约定的期限内将权利凭证交付发放贷款的银行；以依法可转让的股票做质物的，应向证券登记机构办理出质登记；以依法可转让的商标专用权、专利权、著作权中的财产权做质物的，应向有关管理部门办理出质登记。

质押贷款发放、收回等的核算与抵押贷款基本相同。

3.1.4　贷款减值的核算

为了提高商业银行抵御和防范风险的能力，正确核算其经营损益，各商业银行应当按照谨慎性原则的要求，在每个资产负债表日评估贷款的信用风险自初始确认后是否已显著增加，并根据不同情形分别计量贷款损失准备。

1. 贷款损失准备的计提范围

贷款损失准备是指对贷款的预期信用损失计提的准备。计提贷款损失准备的资产是指商业银行承担风险和损失的资产。具体包括：贴现资产、拆出资金、客户贷款、银团贷款、贸易融资、协议透支、信用卡透支、转贷款和垫款（如银行承兑汇票垫款、担保垫款、信用证垫款）等。商业银行对不承担风险和还款责任的委托贷款等，不计提贷款损失准备。

2. 贷款减值损失的确认与计量

（1）预期信用损失法。资产负债表日，商业银行对于以摊余成本计量的贷款，应当按照预期信用损失法计提损失准备。预期信用损失法是以未来可能的违约事件造成的损失的期望值（即预期信用损失）来计量当前资产负债表日应当确认的损失准备的方法。

1）预期信用损失的计量。预期信用损失，是指以发生违约的风险（概率）为权重的贷款信用损失的加权平均值。

信用损失是商业银行业按照原实际利率折现的、根据贷款合同应收的所有合同现金流量与预期收取的所有现金流量之间的差额（即全部现金短缺）的现值。其中，对于商业银行购买或源生的已发生信用减值的贷款，应按照该贷款经信用调整的实际利率折现。对于资产负债表日已发生信用减值但并非购买或源生已发生信用减值的贷款，信用损失应为该贷款账面余额与按原实际利率折现的估计未来现金流量的现值之间的差额。

由于预期信用损失考虑付款的金额和时间分布，因此即使商业银行预计可以全额收款但收款时间晚于合同规定的到期期限，也会产生信用损失。

2）预期信用损失三阶段模型。对于购买或源生时未发生信用减值的贷款，商业银行应当在后续每个资产负债表日评估贷款的信用风险自初始确认后是否已显著增加，并按照以下三个阶段计量其损失准备、确认预期信用损失及其变动。

第一阶段：信用风险自初始确认后未显著增加。对处于该阶段的贷款，商业银行应当按照未来12个月（若贷款的预计存续期少于12个月，则为预计存续期）的预期信用损失计量损失准备，并按其账面余额（即未扣除损失准备）和实际利率计算利息收入。

这里所说的12个月的预期信用损失，是指因资产负债表日后12个月内（若贷款的预计存续期少于12个月，则为预计存续期）可能发生的违约事件导致的贷款在整个存续期内的预期信用损失，而非发生在12个月内的预期信用损失。

第二阶段：信用风险自初始确认后已显著增加但尚未发生信用减值。对处于该阶段的贷款，商业银行应当按照该贷款整个存续期的预期信用损失计量损失准备，并按其账面余额和实际利率计算利息收入。

第三阶段：初始确认后发生信用减值。对处于该阶段的贷款，商业银行应当按照该贷款整个存续期的预期信用损失计量损失准备。同时，由于该贷款已发生信用减值，对于已发生信用减值的贷款，银行应当按其摊余成本（即账面余额减已计提损失准备，也即账面价值）和实际利率计算利息收入。

商业银行按照以上三个阶段分别计量贷款损失准备时，由此形成的损失准备的增加或转回金额，应当作为减值损失或利得计入当期损益。

商业银行在前一会计期间已经按照相当于贷款整个存续期内预期信用损失的金额计量损失准备，但在当期资产负债表日，该贷款已不再属于自初始确认后信用风险显著增加的情形的，银行应当在当期资产负债表日，按照相当于未来12个月内预期信用损失的金额计量该贷款的损失准备，由此形成的损失准备的转回金额应当作为减值利得计入当期损益。

预期信用损失三阶段模型适用于购买或源生时未发生信用减值的贷款。对于购买或源生时已发生信用减值的贷款，商业银行应当在每个资产负债表日仅将自初始确认后整个存续期内预期信用损失的变动确认为损失准备，作为减值损失或利得计入当期损益（即使该资产负债表日确定的整个存续期内预期信用损失小于初始确认时估计现金流量所反映的预期信用损失的金额，银行也应当将预期信用损失的有利变动确认为减值利得），并按其摊余成本和经信用调整的实际利率计算利息收入。

（2）预期信用损失法的实务应用。实务中，预期信用损失法的应用分为两步：一是在每个资产负债表日，以贷款分类评级为基础，采用触发机制识别相关贷款所处的信用减值阶段；二是对处于不同信用减值阶段的贷款，选用不同的计量模型测算预期信用损失，并进行账务处理。

1）贷款所处信用减值阶段的识别。识别贷款所处的信用减值阶段，可以参照以下标准，标准的制定应与银行贷款的信用风险管理目标保持一致。

①当触发表3-2中一个或多个定量和定性标准时，认定贷款的信用风险已显著增加。

表 3-2　贷款信用风险显著增加的确认标准

定量标准	定性标准
在资产负债表日，剩余存续期间的违约概率较初始确认时增加超过一定比例	五级分类为关注级别
借款人合同付款（包括本金和利息）逾期超过 30 天（含）	借款人经营或财务情况出现重大不利变化
	预警客户清单

②当触发表 3-3 中一个或多个定量和定性标准时，认定贷款已经发生信用减值损失。

表 3-3　贷款已发生信用减值损失的确认标准

定量标准	定性标准
借款人合同付款（包括本金和利息）逾期超过 90 天（含）	借款人发生重大财务困难
	借款人违反合同，如偿付利息或本金违约或逾期等
	银行出于与借款人财务困难有关的经济或合同考虑，给予借款人在任何其他情况下都不会做出的让步
	借款人很可能破产或进行其他财务重组
	以大幅折扣发放贷款，该折扣反映了发生信用损失的事实

2）预期信用损失计量模型。

①风险参数模型。对于分类到信用减值第一和第二阶段的贷款，即未发生信用减值的贷款，预期信用损失的计量多采用风险参数模型法，关键参数包括违约概率、违约损失率及违约风险敞口，即预期信用损失为违约概率、违约损失率和违约风险敞口三者的乘积。计算公式为：

预期信用损失＝违约概率×违约损失率×违约风险敞口

在数据支持和计量条件许可的情况下，计量预期信用损失时尽可能考虑货币的时间价值，即预期信用损失为三者的乘积折现后的结果。

其中，违约概率是指借款人在未来 12 个月内或整个剩余存续期间，难以履行其还款义务的可能性；违约损失率是指贷款在发生违约的情况下，预期损失金额占违约风险敞口的比例；违约风险敞口是指在未来 12 个月内或整个剩余存续期间，违约发生时银行应被偿还的金额。

②现金流折现模型。对于分类到信用减值第三阶段的贷款，即已发生信用减值的贷款，采用现金流折现模型计量预期信用损失，即预期信用损失为贷款账面余额与按原实际利率折现的估计未来现金流量的现值之间的差额。

【例 3-5】 A 银行发放了一笔 100 万元的 3 年期分期还本贷款。考虑到对具有相似信用风险的其他金融工具的预期、借款人的信用风险以及未来 12 个月的经济形势前景，A 银行估计初始确认时，该贷款在后续 12 个月内的违约概率为 0.5%。此外，为确定自初始确认后信用风险是否已显著增加，A 银行还认定未来 12 个月的违约概率变动合理近似于整个存续期的违约概率变动。A 银行预计，如果该贷款违约，将会损失账面余额的 25%（即违约损失率为 25%）。

在初始确认后首个资产负债表日，A 银行预计该贷款未来 12 个月的违约概率无变化，因此认为自初始确认后该贷款信用风险并无显著增加。A银行按照未来12个月的违约概率0.5%计量该贷款未来12个月的预期信用损失，并据此相应确认损失准备。

因此，在该资产负债表日，12个月内的预期信用损失为：

预期信用损失＝1 000 000×0.5%×25%＝1 250(元)

3. 贷款损失准备计提与转回的核算

商业银行应当在资产负债表日计算贷款预期信用损失。如果该预期信用损失大于该贷款（或贷款组合）当前损失准备的账面金额，银行应当将其差额确认为减值损失，借记“信用减值损失”科目，贷记“贷款损失准备”科目。会计分录为：

借：信用减值损失——贷款准备支出

　贷：贷款损失准备

如果资产负债表日计算的预期信用损失小于该贷款（或贷款组合）当前损失准备的账面金额，则应当将差额确认为减值利得，做相反的会计分录。

4. 不同信用减值阶段贷款利息收入的核算

（1）未发生信用减值的贷款。资产负债表日，对于处于信用减值第一和第二阶段的贷款，即未发生信用减值的贷款，商业银行应当按照该贷款的账面余额（即未扣除损失准备，不考虑减值影响）乘以实际利率的金额确定其利息收入。会计分录为：

借：应收利息——××贷款应收利息——××户　　（合同本金×合同利率）

借或贷：贷款——××贷款——××户（利息调整）　　（借贷方差额）

　贷：利息收入——××贷款利息收入　　（账面余额×实际利率）

商业银行按合同约定应收取的利息，按规定应缴纳增值税的，还应计算增值税销项税额，并进行账务处理。会计分录为：

借：应收利息——××贷款应收利息——××户

借或贷：贷款——××贷款——××户（利息调整）

　贷：利息收入——××贷款利息收入

　　　应交税费——应交增值税（销项税额）

若增值税纳税义务尚未发生，则将相关增值税销项税额记入“应交税费——待转销项税额”科目。

（2）已发生信用减值的贷款。资产负债表日，对于处于信用减值第三阶段的贷款，即已发生信用减值的贷款，商业银行应将“贷款（本金、利息调整）”科目余额转入“贷款（已减值）”科目，会计分录为：

借：贷款——××贷款——××户（已减值）

　贷：贷款——××贷款——××户（本金）　　（账面余额）

　　　　　　　　——××户（利息调整）　　（账面余额）

　　　应收利息——××贷款应收利息——××户　　（账面余额）

同时，按照贷款的摊余成本（即账面余额减已计提减值，也即账面价值）和实际利率（初始确认时确定的实际利率，不因减值的发生而变化）计算由于折现价值上升需转回的损失准备（即折现回拨），确认利息收入。会计分录为：

借：贷款损失准备　　　　　　　　　　　　　（摊余成本×实际利率）
　贷：利息收入——××贷款利息收入　　　　　　（摊余成本×实际利率）

商业银行按合同约定应收取的利息，按规定应缴纳增值税的，还应计算增值税销项税额，并进行账务处理。会计分录为：

借：贷款损失准备
　贷：利息收入——××贷款利息收入
　　　应交税费——应交增值税（销项税额）

若增值税纳税义务尚未发生，则将相关增值税销项税额记入"应交税费——待转销项税额"科目。

对于贷款发生信用减值后产生的合同应收利息，包括逾期本金产生的罚息和逾期利息产生的复利，进行表外核算。会计分录为：

收：应收未收利息——××户

商业银行发放贷款后，自结息日起90天内发生的应收未收利息按规定缴纳增值税，自结息日起90天后发生的应收未收利息暂不缴纳增值税，待实际收到利息时按规定缴纳增值税。

资产负债表日已发生信用减值的贷款，按照贷款的摊余成本和实际利率确认利息收入后，在后续期间因其信用风险有所改善而不再存在信用减值时，应当转按实际利率乘以贷款账面余额来计算确定利息收入。

已发生信用减值的贷款如以后又收到利息，则于收到时，按实际收到的金额：

借：吸收存款——××存款——××户
　贷：贷款——××贷款——××户（已减值）

5. 收回已发生信用减值贷款的核算

收回已发生信用减值贷款时，会计分录为：

借：吸收存款——××存款——××户　　　　　　（实际收到的金额）
　　贷款损失准备　　　　　　　　　　　　　　　（账面余额）
　贷：贷款——××贷款——××户（已减值）　　　　（账面余额）
　　　信用减值损失——贷款准备支出　　　　　　（借贷方差额）

同时，销记表外登记的应收未收利息：

付：应收未收利息——××户

6. 核销已发生信用减值贷款的核算

商业银行实际发生信用减值损失，认定相关贷款无法收回，经批准予以核销的，应当根据批准的核销金额，借记"贷款损失准备"科目，贷记"贷款"科目。若核销金额大于已计提的损失准备，还应按其差额借记"信用减值损失"科目。会计分录为：

借：贷款损失准备
　　信用减值损失　　　　　（核销金额大于已计提损失准备的金额）
　贷：贷款——××贷款——××户（已减值）

按管理权限报经批准后核销表外应收未收利息，会计分录为：

付：应收未收利息——××户

7. 已发生信用减值贷款核销后又收回的核算

已发生信用减值贷款核销后又收回的，按原核销的已发生信用减值贷款余额恢复原核销的贷款，同时，办理收回贷款入账。

（1）恢复原核销的贷款，会计分录为：

借：贷款——××贷款——××户（已减值）　　（原核销的已减值贷款余额）
　贷：贷款损失准备

（2）收回贷款，会计分录为：

借：吸收存款等　　（实际收到的金额）
　　贷款损失准备　　（账面余额）
　贷：贷款——××贷款——××户（已减值）　　（原核销的已减值贷款余额）
　　　信用减值损失——贷款准备支出　　（借贷方差额）

【例3-6】 20×1年12月31日，中国工商银行北京海淀支行向其开户单位天意公司发放1年期流动资金贷款，合同本金100万元，合同年利率12%，于20×2年12月31日到期一次还本付息，同时发生交易费用1.06万元（包括准予抵扣的增值税进项税额600元），支付给在该行开户的M咨询公司。中国工商银行北京海淀支行于每月月末计提利息，并于每季季末评估该贷款的信用风险自初始确认后是否已显著增加。

（1）20×2年3月31日，中国工商银行北京海淀支行评估认为该贷款信用风险自初始确认后无显著增加，并按未来12个月的预期信用损失计量损失准备6万元。

（2）20×2年6月30日，中国工商银行北京海淀支行评估认为该贷款信用风险自初始确认后已显著增加，并按整个存续期的预期信用损失计量损失准备30万元。

（3）20×2年8月31日，中国工商银行北京海淀支行了解到天意公司面临严重财务困难，认定对天意公司的贷款已发生减值，并预期将于20×3年8月31日收到现金60万元。中国工商银行北京海淀支行对于已发生信用减值的贷款，采用现金流折现模型计算存续期的预期信用损失。

（4）20×2年9月30日，中国工商银行北京海淀支行评估认为对该贷款回收金额和回收时间的预期未发生改变，即预期信用损失变动为零。

（5）20×2年12月31日、20×3年3月31日及20×3年6月30日，中国工商银行北京海淀支行均评估认为对该贷款回收金额和回收时间的预期未发生改变，即预期信用损失变动为零。

（6）20×3年8月31日，中国工商银行北京海淀支行与天意公司结算贷款，实际收到现金62万元。

贷款逾期后，对逾期本金计收罚息和逾期利息计收复利，罚息利率在贷款合同利率水平上加收30%。

贷款初始确认金额＝1 000 000＋10 000＝1 010 000(元)

设贷款的实际利率为 IRR，则有

$$1\ 010\ 000=\frac{1\ 000\ 000\times(1+12\%)}{(1+IRR)^{12}}$$

$$IRR=0.865\ 2\%$$

采用实际利率法计算贷款利息收入的数据，如表3-4所示。

表3-4　采用实际利率法计算贷款利息收入表

单位：元

时间	期初账面余额 ①	期初摊余成本 ②	利息收入 ③=①×0.865 2%	现金流入 ④	减值损失/利得 ⑤	期末账面余额 ⑥=①+③-④	累计计提的损失准备 ⑦	期末摊余成本 ⑧=⑥-⑦
20×2年1月31日	1 010 000		8 739	0		1 018 739		
20×2年2月28日	1 018 739		8 814	0		1 027 553		
20×2年3月31日	1 027 553		8 890	0	(60 000)*	1 036 443	60 000	976 443
20×2年4月30日	1 036 443	976 443	8 968	0		1 045 411	60 000	985 411
20×2年5月31日	1 045 411	985 411	9 045	0		1 054 456	60 000	994 456
20×2年6月30日	1 054 456	994 456	9 123	0	(240 000)	1 063 579	300 000	763 579
20×2年7月31日	1 063 579	763 579	9 202	0		1 072 781	300 000	772 781
20×2年8月31日	1 072 781	772 781	9 282	0	(240 991)	1 082 063	540 991	541 072
小计	—	—	72 063	0	(540 991)	—	—	—
时间	期初账面余额 ①	期初摊余成本 ②	利息收入（折现回拨） ③=②×0.865 2%	现金流入 ④	减值损失/利得 ⑤	期末账面余额 ⑥=①-④	累计计提的损失准备** ⑦	期末摊余成本 ⑧=⑥-⑦
20×2年9月30日	1 082 063	541 072	4 681	0		1 082 063	536 310	545 753
20×2年10月31日	1 082 063	545 753	4 722	0		1 082 063	531 588	550 475
20×2年11月30日	1 082 063	550 475	4 763	0		1 082 063	526 825	555 238
20×2年12月31日	1 082 063	555 238	4 804	0		1 082 063	522 021	560 042
20×3年1月31日	1 082 063	560 042	4 845	0		1 082 063	517 176	564 887
20×3年2月28日	1 082 063	564 887	4 887	0		1 082 063	512 289	569 774
20×3年3月31日	1 082 063	569 774	4 930	0		1 082 063	507 359	574 704
20×3年4月30日	1 082 063	574 704	4 972	0		1 082 063	502 387	579 676
20×3年5月31日	1 082 063	579 676	5 015	0		1 082 063	497 372	584 691
20×3年6月30日	1 082 063	584 691	5 059	0		1 082 063	492 313	589 750
20×3年7月31日	1 082 063	589 750	5 103	0		1 082 063	487 210	594 853
20×3年8月31日	1 082 063	594 853	5 147	600 000		482 063	482 063	0
合计	—	—	130 991	600 000	(540 991)	—	—	—

* 括号内的金额表示损失。

** 累计计提的损失准备⑦=上期累计计提的损失准备-折现回拨③。

根据表3-4中的数据，中国工商银行北京海淀支行编制会计分录如下：

(1) 20×1年12月31日，发放贷款时：

借：贷款——流动资金贷款——天意公司（本金）　　1 000 000
　　　　　　　　　　　——天意公司（利息调整）　　10 000
　　应交税费——应交增值税（进项税额）　　600
　贷：吸收存款——单位活期存款——天意公司　　1 000 000
　　　　　　　　　　　　　　——M咨询公司　　10 600

(2) 20×2年1月31日，计提利息时：

含税利息收入＝期初账面余额×实际利率＝1 010 000×0.865 2%＝8 739(元)

应交增值税＝含税应收利息÷(1＋税率)×税率
　　　　　＝10 000÷(1＋6%)×6%＝566(元)

借：应收利息——流动资金贷款应收利息——天意公司　　10 000
　贷：利息收入——流动资金贷款利息收入（8 739－566）　　8 173
　　　应交税费——待转销项税额　　566
　　　贷款——流动资金贷款——天意公司（利息调整）　　1 261

(3) 20×2年2月28日（闰年29日），计提利息时：

含税利息收入＝期初账面余额×实际利率＝1 018 739×0.865 2%＝8 814(元)

借：应收利息——流动资金贷款应收利息——天意公司　　10 000
　贷：利息收入——流动资金贷款利息收入（8 814－566）　　8 248
　　　应交税费——待转销项税额　　566
　　　贷款——流动资金贷款——天意公司（利息调整）　　1 186

(4) 20×2年3月31日，计提利息时：

含税利息收入＝期初账面余额×实际利率＝1 027 553×0.865 2%＝8 890(元)

借：应收利息——流动资金贷款应收利息——天意公司　　10 000
　贷：利息收入——流动资金贷款利息收入（8 890－566）　　8 324
　　　应交税费——待转销项税额　　566
　　　贷款——流动资金贷款——天意公司（利息调整）　　1 110

计提贷款损失准备时：

借：信用减值损失——贷款准备支出　　60 000
　贷：贷款损失准备　　60 000

(5) 20×2年4月30日，计提利息时：

含税利息收入＝期初账面余额×实际利率＝1 036 443×0.865 2%＝8 968(元)

借：应收利息——流动资金贷款应收利息——天意公司　　10 000
　贷：利息收入——流动资金贷款利息收入（8 968－566）　　8 402
　　　应交税费——待转销项税额　　566
　　　贷款——流动资金贷款——天意公司（利息调整）　　1 032

(6) 20×2 年 5 月 31 日，计提利息时：

含税利息收入=期初账面余额×实际利率=1 045 411×0.865 2%=9 045(元)

借：应收利息——流动资金贷款应收利息——天意公司　10 000
　贷：利息收入——流动资金贷款利息收入 (9 045−566)　8 479
　　应交税费——待转销项税额　566
　　贷款——流动资金贷款——天意公司 (利息调整)　955

(7) 20×2 年 6 月 30 日，计提利息时：

含税利息收入=期初账面余额×实际利率=1 054 456×0.865 2%=9 123(元)

借：应收利息——流动资金贷款应收利息——天意公司　10 000
　贷：利息收入——流动资金贷款利息收入 (9 123−566)　8 557
　　应交税费——待转销项税额　566
　　贷款——流动资金贷款——天意公司 (利息调整)　877

补提贷款损失准备时：

贷款损失准备计提金额=300 000−60 000=240 000(元)

借：信用减值损失——贷款准备支出　240 000
　贷：贷款损失准备　240 000

(8) 20×2 年 7 月 31 日，计提利息时：

含税利息收入=期初账面余额×实际利率=1 063 579×0.865 2%=9 202(元)

借：应收利息——流动资金贷款应收利息——天意公司　10 000
　贷：利息收入——流动资金贷款利息收入 (9 202−566)　8 636
　　应交税费——待转销项税额　566
　　贷款——流动资金贷款——天意公司 (利息调整)　798

(9) 20×2 年 8 月 31 日，计提利息时：

含税利息收入=期初账面余额×实际利率=1 072 781×0.865 2%=9 282(元)

借：应收利息——流动资金贷款应收利息——天意公司　10 000
　贷：利息收入——流动资金贷款利息收入 (9 282−566)　8 716
　　应交税费——待转销项税额　566
　　贷款——流动资金贷款——天意公司 (利息调整)　718

计提贷款损失准备时：

20×2 年 8 月 31 日未发生信用减值前贷款的账面余额=1 072 781+9 282=1 082 063(元)

20×2 年 8 月 31 日预计未来现金流量的现值=600 000×(1+0.865 2%)$^{-12}$=541 072(元)

20×2 年 8 月 31 日确认的贷款预期信用损失=未发生信用减值前贷款的账面余额−预计未来现金流量的现值

=1 082 063−541 072=540 991(元)

补提贷款损失准备金额=540 991−300 000=240 991(元)

借：信用减值损失——贷款准备支出　240 991
　贷：贷款损失准备　240 991
借：贷款——流动资金贷款——天意公司（已减值）　1 082 063
　贷：贷款——流动资金贷款——天意公司（本金）　1 000 000
　　　　　　　　　　　——天意公司（利息调整）　2 063
　　应收利息——流动资金贷款应收利息——天意公司　80 000

(10) 20×2年9月30日，确认已发生信用减值贷款利息收入时：

已发生信用减值贷款利息收入(含税)=贷款摊余成本×实际利率
=541 072×0.865 2%=4 681(元)

借：贷款损失准备　4 681
　贷：利息收入——流动资金贷款利息收入（4 681−566）　4 115
　　应交税费——待转销项税额　566
收：应收未收利息　10 000

(11) 20×2年10月31日，确认已发生信用减值贷款利息收入时：

已发生信用减值贷款利息收入(含税)=贷款摊余成本×实际利率
=545 753×0.865 2%=4 722(元)

借：贷款损失准备　4 722
　贷：利息收入——流动资金贷款利息收入（4 722−566）　4 156
　　应交税费——待转销项税额　566
收：应收未收利息　10 000

(12) 20×2年11月30日，确认已发生信用减值贷款利息收入时：

已发生信用减值贷款利息收入(含税)=贷款摊余成本×实际利率
=550 475×0.865 2%=4 763(元)

借：贷款损失准备　4 763
　贷：利息收入——流动资金贷款利息收入（4 763−566）　4 197
　　应交税费——待转销项税额　566
收：应收未收利息　10 000

(13) 20×2年12月31日，确认已发生信用减值贷款利息收入时：

已发生信用减值贷款利息收入(含税)=贷款摊余成本×实际利率
=555 238×0.865 2%=4 804(元)

借：贷款损失准备　4 804
　贷：利息收入——流动资金贷款利息收入（4 804−566）　4 238
　　应交税费——应交增值税（销项税额）　566

收：应收未收利息　10 000

借：应交税费——待转销项税额（566×11）　6 226

　贷：应交税费——应交增值税（销项税额）　6 226

（14）20×3 年 1 月 31 日，由于该贷款已经逾期，本息均未收回，计算逾期贷款应收的罚息和复利，并进行表外核算。

罚息和复利＝1 000 000×(1＋12%)×12%×(1＋30%)÷12＝14 560(元)

收：应收未收利息　14 560

确认已发生信用减值贷款利息收入时：

已发生信用减值贷款利息收入(含税)＝贷款摊余成本×实际利率
＝560 042×0.865 2%＝4 845(元)

应交增值税＝含税应收利息÷(1＋税率)×税率
＝14 560÷(1＋6%)×6%＝824(元)

借：贷款损失准备　4 845

　贷：利息收入——流动资金贷款利息收入（4 845－824）　4 021

　　应交税费——应交增值税（销项税额）　824

（15）20×3 年 2 月 28 日，计算逾期贷款应收的罚息和复利，并进行表外核算。

罚息和复利＝1 000 000×(1＋12%)×12%×(1＋30%)÷12＝14 560(元)

收：应收未收利息　14 560

确认已发生信用减值贷款利息收入时：

已发生信用减值贷款利息收入(含税)＝贷款摊余成本×实际利率
＝564 887×0.865 2%＝4 887(元)

借：贷款损失准备　4 887

　贷：利息收入——流动资金贷款利息收入（4 887－824）　4 063

　　应交税费——应交增值税（销项税额）　824

（16）20×3 年 3 月 31 日，计算逾期贷款应收的罚息和复利，并进行表外核算。

收：应收未收利息　14 560

确认已发生信用减值贷款利息收入时：

已发生信用减值贷款利息收入(含税)＝贷款摊余成本×实际利率
＝569 774×0.865 2%＝4 930(元)

借：贷款损失准备　4 930

　贷：利息收入——流动资金贷款利息收入（4 930－824）　4 106

　　应交税费——应交增值税（销项税额）　824

（17）20×3 年 4 月 30 日，计算逾期贷款应收的罚息和复利，并进行表外核算。

收：应收未收利息　14 560

确认已发生信用减值贷款利息收入时：

已发生信用减值贷款利息收入(含税)＝贷款摊余成本×实际利率

＝574 704×0.865 2%＝4 972(元)

借：贷款损失准备　4 972

　贷：利息收入——流动资金贷款利息收入　4 972

该贷款到期一次还本付息，还本付息日为20×2年12月31日，自结息日起90天后发生的应收未收利息暂不缴纳增值税，待实际收到利息时按规定缴纳增值税。

(18) 20×3年5月31日，计算逾期贷款应收的罚息和复利，并进行表外核算。

收：应收未收利息　14 560

确认已发生信用减值贷款利息收入时：

已发生信用减值贷款利息收入＝贷款摊余成本×实际利率

＝579 676×0.865 2%＝5 015(元)

借：贷款损失准备　5 015

　贷：利息收入——流动资金贷款利息收入　5 015

(19) 20×3年6月30日，计算逾期贷款应收的罚息和复利，并进行表外核算。

收：应收未收利息　14 560

确认已发生信用减值贷款利息收入时：

已发生信用减值贷款利息收入＝贷款摊余成本×实际利率

＝584 691×0.865 2%＝5 059(元)

借：贷款损失准备　5 059

　贷：利息收入——流动资金贷款利息收入　5 059

(20) 20×3年7月31日，计算逾期贷款应收的罚息和复利，并进行表外核算。

收：应收未收利息　14 560

确认已发生信用减值贷款利息收入时：

已发生信用减值贷款利息收入＝贷款摊余成本×实际利率

＝589 750×0.865 2%＝5 103(元)

借：贷款损失准备　5 103

　贷：利息收入——流动资金贷款利息收入　5 103

(21) 20×3年8月31日，计算逾期贷款应收的罚息和复利，并进行表外核算。

收：应收未收利息　14 560

确认已发生信用减值贷款利息收入时：

已发生信用减值贷款利息收入＝贷款摊余成本×实际利率

＝594 853×0.865 2%＝5 147(元)

借：贷款损失准备　5 147

　贷：利息收入——流动资金贷款利息收入　5 147

与天意公司结算贷款时：

借：吸收存款——单位活期存款——天意公司　620 000
　　贷款损失准备　482 063
　贷：贷款——流动资金贷款——天意公司（已减值）　1 082 063
　　　信用减值损失　20 000
付：应收未收利息　156 480

3.1.5　贷款计息规定与计息方式

1. 计息规定

（1）商业银行发放的贷款，期限在 1 年（含）以内的，贷款期内按合同利率计息，若遇利率调整，不分段计息；期限在 1 年以上的，若遇利率调整，应从次年 1 月 1 日开始按调整后的利率计息。贷款逾期后，按逾期贷款利率计算利息。

（2）单位贷款到期日为节假日的，若在节假日前一日归还，应扣除相应提前天数，按前述规定的利率计算利息；节假日后第一个营业日归还，应加收相应后移的天数，按前述规定的利率计算利息；节假日后第一个营业日未归还，应从节假日后第一个营业日开始，按逾期贷款利率计算利息。个人贷款不执行到期日遇节假日顺延的规定。

2. 计息方式

贷款利息的计算有定期结息和逐笔结息两种方式。

（1）定期结息。定期结息是指银行按规定的结息期结计利息，一般为按季结息或按月结息，每季末月 20 日或每月 20 日为结息日，结计的利息于结息日次日由系统自动扣收。其利息的计算与活期存款利息的计算基本相同，具体可采用计息余额表和乙种账两种计息工具，于结息日计算出本计息期累计计息日积数后，乘以适用的日利率，即为本计息期间的利息。结息日次日，系统自动扣收利息时，会计分录为：

借：吸收存款——××活期存款——××户
　贷：应收利息——××贷款应收利息——××户

若借款人存款账户无款支付或不足支付，对未收回的利息，应按前述规定的利率计收复息。

若贷款到期（含展期后到期）未收回，则从逾期之日起至款项还清前一日止，按规定的逾期贷款利率计息，对未收回的利息，应按逾期贷款利率计收复息。

对纳入表外核算的“应收未收利息”，应按期计算复息，计算的复息也在“应收未收利息”表外科目核算。

（2）逐笔结息。逐笔结息是指银行在贷款到期、收回贷款的同时逐笔计收利息，利随本清。在逐笔结息方式下，贷款利息计算的基本公式为：

贷款利息＝贷款本金×期限×利率

贷款逐笔结息方式下采用的具体计息公式与单位定期存款计息公式相同。

3. 复利与罚息

（1）复利。复利分为贷款期内复利和贷款逾期后复利。

贷款期内复利是指贷款合同期内，对借款人不能按期支付的利息按贷款合同确定的利率计收的利息。计算公式为：

复利＝应收利息×合同利率×违约天数

贷款逾期后复利是指贷款逾期后，对借款人尚未归还的利息按罚息利率计收的利息。计算公式为：

复利＝应收利息×罚息利率×逾期天数

（2）罚息。贷款逾期后，对借款人尚未归还的贷款本金按罚息利率计收罚息。计算公式为：

罚息＝逾期贷款未归还本金×罚息利率×逾期天数

罚息利率在贷款合同利率水平上加收30%～50%。

【例3-7】 2020年10月31日，A银行向其开户单位开普公司发放1年期流动资金贷款，合同本金100万元，合同年利率5.8%，到期一次还本付息。2021年10月31日贷款到期，开普公司尚未归还本息。2021年11月30日，开普公司仍未归还本息。假设罚息利率在贷款合同利率水平上加收30%。要求：计算2021年11月30日A银行应向开普公司收取的复利和罚息。

2021年11月30日A银行应向开普公司收取的复利和罚息为：

年罚息利率＝5.8%×(1＋30%)＝7.54%

复利＝1 000 000×5.8%×7.54%÷12＝364(元)

罚息＝1 000 000×7.54%÷12＝6 283(元)

3.2 票据贴现的核算

3.2.1 票据贴现概述

票据贴现是商业汇票的持票人在票据到期前，为取得资金，向银行贴付利息而将票据转让给银行，以此融通资金的行为。除另有规定外，商业汇票的贴现银行必须是贴现申请人的开户银行。

票据贴现是商业银行的资产业务，在贴现放款时就扣收利息，贴现期限从贴现之日起至票据到期日止，最长不得超过6个月，可以通过再贴现和转贴现提前收回资金。贴现利息和实付贴现金额的计算公式如下：

汇票到期值＝汇票票面金额×(1＋汇票到期天数×年利率÷360)

＝汇票票面金额×(1＋汇票到期月数×年利率÷12)

贴现利息＝汇票到期值×贴现天数×(年贴现率÷360)

实付贴现金额＝汇票到期值－贴现利息

公式中的“贴现天数”按实际天数计算，从贴现之日起算至汇票到期的前一日止。承兑人在异地的，贴现天数的计算应另加3天的划款期。对于无息汇票而言，汇票到期值即为其面值。

3.2.2 会计科目的设置

商业银行办理票据贴现业务，应设置“贴现资产”科目，该科目属于资产类科目，核算商业银行办理商业票据的贴现、转贴现等业务所融出的资金。商业银行买入的即期外币票据，也通过该科目核算。该科目可按贴现类别和贴现申请人，分别“面值”“利息调整”进行明细核算。对于带息票据，还应在该科目下增设“已贴现票据到期利息”明细科目，核算带息票据到期值和面值之间的差额。

商业银行办理贴现时，按贴现票面金额，借记“贴现资产——面值”科目，如为带息票据，还应借记“贴现资产——已贴现票据到期利息”科目，按实际支付的金额，贷记“吸收存款”等科目，按其差额，贷记“贴现资产——利息调整”科目。

资产负债表日，商业银行按计算确定的贴现利息收入，借记“贴现资产——利息调整”科目，贷记“利息收入”科目。

贴现票据到期，商业银行计算上一资产负债表日至贴现票据到期日的贴现利息收入，借记“贴现资产——利息调整”科目，贷记“利息收入”科目。同时，按实际收到的金额，借记“清算资金往来”等科目，按贴现的票面金额，贷记“贴现资产——面值”科目，如为带息票据，还应贷记“贴现资产——已贴现票据到期利息”科目。

该科目期末余额在借方，反映商业银行办理的贴现、转贴现等业务融出的资金。

3.2.3 贴现银行办理贴现的核算

柜员收到业务部门传递的票据授权书、贴现票据信息清单及商业汇票等，审核无误后，使用相关交易进行贴现放款，打印贴现凭证，贴现凭证第一联作记账凭证，第二联交申请人作收账通知，第三联和商业汇票专夹保管。

如为无息票据，会计分录为：

借：贴现资产——××承兑汇票贴现——××户（面值）　　（贴现票面金额）
　贷：吸收存款——单位活期存款——××贴现申请人　　（实际支付的金额）
　　　贴现资产——××承兑汇票贴现——××户（利息调整）　　（借贷方差额）

如为带息票据，会计分录为：

借：贴现资产——××承兑汇票贴现——××户（面值）　　（贴现票面金额）
　　　　　　　　　　　　　　——××户（已贴现票据到期利息）
　　　　　　　　　　　　　　　　（票据到期值和面值之间的差额）
　贷：吸收存款——单位活期存款——××贴现申请人　　（实际支付的金额）
　　　贴现资产——××承兑汇票贴现——××户（利息调整）　　（借贷方差额）

3.2.4　贴现利息调整摊销的核算

贴现利息调整采用直线法于每月月末摊销，计算公式为：

当月摊销金额＝贴现利息÷票据贴现天数×本月应摊销天数

资产负债表日和到期收回日，系统自动计算本期贴现利息调整应摊销的金额，并确认为贴现利息收入。同时，根据《财政部 税务总局关于建筑服务等营改增试点政策的通知》（财税〔2017〕58 号）的规定，商业银行办理贴现业务，应以其实际持有票据期间取得的利息收入作为贷款服务销售额计算缴纳增值税。会计分录为：

借：贴现资产——××承兑汇票贴现——××户（利息调整）

　贷：利息收入——贴现利息收入

　　　应交税费——应交增值税（销项税额）

3.2.5　贴现汇票到期收回票款的核算

1. 商业承兑汇票贴现到期收回的核算

贴现银行作为收款人，应在汇票到期前匡算至付款行的邮程，提前填制托收凭证，将托收凭证第三、第四、第五联连同汇票一并寄往付款人开户行，第二联专夹保管。

（1）付款人开户行的处理。付款人开户行收到托收凭证和汇票后，应于汇票到期日将票款从付款人账户划出。会计分录为：

借：吸收存款——单位活期存款——××付款人

　贷：待清算辖内往来、清算资金往来等

若付款人账户无款支付或不足支付，付款人开户行应填制付款人未付款项通知书，连同汇票、托收凭证等退回贴现银行；若付款人拒绝付款，付款人开户行应将拒付理由书、汇票及托收凭证等退回贴现银行。

（2）贴现银行的处理。贴现银行收到划回的票款，使用相关交易结清贴现款项，打印记账凭证，贴现凭证第三联和托收凭证第一、第二联作记账凭证附件。会计分录为：

1）摊销贴现利息调整：

借：贴现资产——商业承兑汇票贴现——××户（利息调整）

　贷：利息收入——贴现利息收入

　　　应交税费——应交增值税（销项税额）

2）收到划回的票款：

借：待清算辖内往来、清算资金往来等

　贷：贴现资产——商业承兑汇票贴现——××户（面值）

　　　　　　　　　　　　　　　　　——××户（已贴现票据到期利息）

（如为带息汇票）

若贴现银行收到付款人开户行寄来的付款人未付款项通知书或拒付理由书，以及退回的托收凭证、汇票，对已贴现的票款应从贴现申请人账户中收取。会计分录为：

借：吸收存款——单位活期存款——××贴现申请人

　贷：贴现资产——商业承兑汇票贴现——××户（面值）

　　　　　　　　　　　　　　　　——××户（已贴现票据到期利息）

（如为带息汇票）

如贴现申请人账户不足支付票款，则不足部分作为逾期贷款。会计分录为：

借：吸收存款——单位活期存款——××贴现申请人

　　贷款——逾期贷款——××贴现申请人

　贷：贴现资产——商业承兑汇票贴现——××户（面值）

　　　　　　　　　　　　　　　　——××户（已贴现票据到期利息）

（如为带息汇票）

2. 银行承兑汇票贴现到期收回的核算

贴现银行在汇票到期前匡算至承兑行的邮程，提前填制托收凭证，将托收凭证第三、第四、第五联连同汇票一并寄往承兑行，第二联专夹保管。

（1）承兑银行的处理。汇票到期日，承兑行应向承兑申请人收取票款并专户储存。会计分录为：

借：吸收存款——单位活期存款——××承兑申请人

　贷：吸收存款——应解汇款——××承兑申请人

如承兑申请人账户不足支付，则不足部分作为逾期贷款。会计分录为：

借：吸收存款——单位活期存款——××承兑申请人

　　贷款——逾期贷款——××承兑申请人

　贷：吸收存款——应解汇款——××承兑申请人

承兑行收到贴现银行寄来的托收凭证和汇票后，应于汇票到期日或到期日后的见票当日将票款划出。会计分录为：

借：吸收存款——应解汇款——××承兑申请人

　贷：待清算辖内往来、清算资金往来等

（2）贴现银行的处理。贴现银行收到划回的票款，使用相关交易结清贴现款项，打印记账凭证，贴现凭证第三联和托收凭证第一、第二联作记账凭证附件。会计分录为：

1）摊销贴现利息调整：

借：贴现资产——银行承兑汇票贴现——××户（利息调整）

　贷：利息收入——贴现利息收入

　　　应交税费——应交增值税（销项税额）

2）收到划回的票款：

借：待清算辖内往来、清算资金往来等

　贷：贴现资产——银行承兑汇票贴现——××户（面值）

　　　　　　　　　　　　　　　　——××户（已贴现票据到期利息）

（如为带息汇票）

【例3-8】 2021年3月10日，开户单位三禾公司持无息商业承兑汇票到HKB银行申请办理贴现，该商业承兑汇票于2021年3月5日签发并承兑，期限4个月，票面金额100万元，HKB银行的贴现率为4.5%。付款人开户行在异地，2021年7月8日，HKB银行收到付款人开户行寄来的付款人未付款项通知书及退回的托收凭证、汇票，从贴现申请人三禾公司账户收取票款，但三禾公司账户只有60万元。

HKB银行编制会计分录如下：

（1）2021年3月10日，办理贴现时：

贴现天数应从2021年3月10日算至7月4日，再另加3天的划款期，共120天。

贴现利息＝1 000 000×120×4.5%÷360＝15 000(元)

实付贴现金额＝1 000 000－15 000＝985 000(元)

借：贴现资产——商业承兑汇票贴现——三禾公司（面值） 1 000 000
　贷：吸收存款——单位活期存款——三禾公司 985 000
　　贴现资产——商业承兑汇票贴现——三禾公司（利息调整） 15 000

（2）2021年3月31日，摊销贴现利息调整时：

当月摊销金额＝15 000÷120×22＝2 750(元)

借：贴现资产——商业承兑汇票贴现——三禾公司（利息调整） 2 750
　贷：利息收入——贴现利息收入 2 594
　　应交税费——应交增值税（销项税额）(2 750÷(1＋6%)×6%) 156

（3）2021年4月30日，摊销贴现利息调整时：

当月摊销金额＝15 000÷120×30＝3 750(元)

借：贴现资产——商业承兑汇票贴现——三禾公司（利息调整） 3 750
　贷：利息收入——贴现利息收入 3 538
　　应交税费——应交增值税（销项税额）(3 750÷(1＋6%)×6%) 212

（4）2021年5月31日，摊销贴现利息调整时：

当月摊销金额＝15 000÷120×31＝3 875(元)

借：贴现资产——商业承兑汇票贴现——三禾公司（利息调整） 3 875
　贷：利息收入——贴现利息收入 3 656
　　应交税费——应交增值税（销项税额）(3 875÷(1＋6%)×6%) 219

（5）2021年6月30日，摊销贴现利息调整时：

当月摊销金额＝15 000÷120×30＝3 750(元)

借：贴现资产——商业承兑汇票贴现——三禾公司（利息调整） 3 750
　贷：利息收入——贴现利息收入 3 538
　　应交税费——应交增值税（销项税额）(3 750÷(1＋6%)×6%) 212

（6）2021年7月8日，收回票款时：

1）摊销贴现利息调整：

当月摊销金额＝15 000÷120×7＝875(元)

借：贴现资产——商业承兑汇票贴现——三禾公司（利息调整） 875
　贷：利息收入——贴现利息收入 825
　　应交税费——应交增值税（销项税额）（875÷(1+6%)×6%） 50

2）收回票款：

借：吸收存款——单位活期存款——三禾公司 600 000
　贷款——逾期贷款——三禾公司 400 000
　贷：贴现资产——商业承兑汇票贴现——三禾公司（面值） 1 000 000

【例3-9】 2021年3月10日，招商银行北京分行为其开户单位和风公司办理银行承兑汇票贴现，该银行承兑汇票为带息汇票，票面利率3%，于2021年3月5日签发并承兑，票面金额100万元，期限4个月，招商银行北京分行的贴现率为4.5%，承兑银行在异地，招商银行北京分行到期收回票款。

招商银行北京分行编制会计分录如下：

（1）2021年3月10日，办理贴现时：

贴现天数应从2021年3月10日算至7月4日，再另加3天的划款期，共120天。

汇票到期值＝1 000 000×(1＋4×3%÷12)＝1 010 000(元)
贴现利息＝1 010 000×120×4.5%÷360＝15 150(元)
实付贴现金额＝1 010 000－15 150＝994 850(元)

借：贴现资产——银行承兑汇票贴现——和风公司（面值） 1 000 000
　　　　——和风公司（已贴现票据到期利息）
　　　　　10 000
　贷：吸收存款——单位活期存款——和风公司 994 850
　　贴现资产——银行承兑汇票贴现——和风公司（利息调整） 15 150

（2）2021年3月31日，摊销贴现利息调整时：

当月摊销金额＝15 150÷120×22＝2 777.50(元)

借：贴现资产——银行承兑汇票贴现——和风公司（利息调整） 2 777.50
　贷：利息收入——贴现利息收入 2 620.50
　　应交税费——应交增值税（销项税额）（2 777.50÷(1+6%)×6%）
　　　157.00

（3）2021年4月30日，摊销贴现利息调整时：

当月摊销金额＝15 150÷120×30＝3 787.50(元)

借：贴现资产——银行承兑汇票贴现——和风公司（利息调整） 3 787.50
　贷：利息收入——贴现利息收入 3 573.50
　　应交税费——应交增值税（销项税额）（3 787.50÷(1+6%)×6%）
　　　214.00

（4）2021年5月31日，摊销贴现利息调整时：

当月摊销金额＝15 150÷120×31＝3 913.75(元)

借：贴现资产——银行承兑汇票贴现——和风公司（利息调整） 3 913.75
　贷：利息收入——贴现利息收入 3 691.75
　　应交税费——应交增值税（销项税额）（3 913.75÷(1+6%)×6%）
222.00

（5）2021年6月30日，摊销贴现利息调整时：

当月摊销金额＝15 150÷120×30＝3 787.50(元)

借：贴现资产——银行承兑汇票贴现——和风公司（利息调整） 3 787.50
　贷：利息收入——贴现利息收入 3 573.50
　　应交税费——应交增值税（销项税额）（3 787.50÷(1+6%)×6%）
214.00

（6）2021年7月8日，收到划回的票款时：

1）摊销贴现利息调整：

当月摊销金额＝15 150－2 777.50－3 787.50－3 913.75－3 787.50
＝883.75(元)

借：贴现资产——银行承兑汇票贴现——和风公司（利息调整） 883.75
　贷：利息收入——贴现利息收入 833.75
　　应交税费——应交增值税（销项税额）（883.75÷(1+6%)×6%） 50.00

2）收到划回的票款：

借：待清算辖内往来 1 010 000
　贷：贴现资产——银行承兑汇票贴现——和风公司（面值） 1 000 000
　　——和风公司（已贴现票据到期利息）
10 000

思考题

1. 贷款的种类有哪些？
2. 商业银行的哪些资产应计提贷款损失准备？
3. 认定贷款已发生信用减值损失的标准有哪些？
4. 资产负债表日已发生信用减值的贷款的利息应如何核算？
5. 贴现银行办理贴现时应如何计算贴现利息？

练习题

1. 2020年12月1日，中国工商银行北京海淀支行向其开户单位天意公司发放1年期流动资金贷款，合同本金100万元，合同年利率12%，到期一次还本付息，同时发生交易费用1.06万元（包括准予抵扣的增值税进项税额600元），支付给在该行开户的环亚咨询公司。中国工商银行北京海淀支行于每月月末计提利息，并于2021年12月1日到期收回本息。假设不考虑贷款减值。

要求：

（1）编制发放贷款的会计分录。

（2）编制每月月末计提利息的会计分录。

（3）编制到期收回本息的会计分录。

2. 2020年1月1日，中国工商银行北京海淀支行以折价方式向其开户单位天意公司发放1年期流动资金贷款，合同本金100万元，实际发放给天意公司的款项为969 530元，合同季复利率为3%，到期一次还本付息。假设中国工商银行北京海淀支行于每季季末计提利息，并于2021年1月1日到期收回本息。不考虑贷款减值。

要求：

（1）编制发放贷款的会计分录。

（2）编制每季季末计提利息的会计分录。

（3）编制到期收回本息的会计分录。

3. 20×1年1月1日，H银行以折价方式向迪克公司发放一笔5年期贷款5 000万元，实际发放给迪克公司的款项为4 900万元，合同年利率为10%，利息按年收取，初始确认该贷款时确定的实际利率为10.53%，假设H银行于每年年末计提利息，并评估该贷款的信用风险自初始确认后是否已显著增加。

（1）20×1年12月31日，迪克公司按约支付利息。H银行评估认为该贷款信用风险自初始确认以来未显著增加，并计算其未来12个月预期信用损失为80万元。

（2）20×2年12月31日，迪克公司按约支付利息。H银行评估认为该贷款信用风险自初始确认以来已经显著增加，并计算其整个存续期预期信用损失为300万元。

（3）20×3年12月31日，迪克公司按约支付利息。H银行了解到迪克公司发生严重财务困难，H银行据此认定对迪克公司的贷款发生了减值，并预期20×4年12月31日将收到利息500万元，20×5年12月31日将收到本金2 500万元。

（4）20×4年12月31日，迪克公司按约支付利息。H银行评估认为对该贷款回收金额和回收时间的预期未发生改变，即预期信用损失变动为零。

（5）20×5年12月31日，H银行与迪克公司结算贷款，实际收到本金2 600万元。

要求：根据上述资料，编制有关会计分录。

4. 20×1年1月1日，R银行向其开户单位A公司发放一笔贷款15 000 000元。贷款合同年利率为10%，期限6年，利息按年收取，借款人到期一次偿还本金。假定该贷款的实际利率为10%，R银行于每年年末计提利息并评估该贷款的信用风险自初始确认后是否已显著增加。其他有关资料如下：

（1）20×1年12月31日，R银行及时从A公司收到贷款利息，但评估认为该贷款信用风险自初始确认以来已显著增加，并计算其整个存续期预期信用损失为2 500 000元。

（2）20×2年12月31日，因A公司经营出现异常，R银行评估认定对A公司的贷款发生了减值，预计难以及时收到利息。R银行根据当前掌握的资料，对贷款合同现金流量重新做了估计。具体如表3-5和表3-6所示。

表 3－5　贷款合同现金流量

时间	预期现金流量（元）	复利现值系数	现值（元）
20×3 年 12 月 31 日	1 500 000	0.909 1	1 363 650
20×4 年 12 月 31 日	1 500 000	0.826 4	1 239 600
20×5 年 12 月 31 日	1 500 000	0.751 3	1 126 950
20×6 年 12 月 31 日	16 500 000	0.683 0	11 269 500
合计	21 000 000	—	14 999 700

表 3－6　新预计的现金流量

时间	预期现金流量（元）	复利现值系数	现值（元）
20×3 年 12 月 31 日	0	0.909 1	0
20×4 年 12 月 31 日	10 000 000	0.826 4	8 264 000
20×5 年 12 月 31 日	2 000 000	0.751 3	1 502 600
20×6 年 12 月 31 日	0	0.683 0	0
合计	12 000 000	—	9 766 600

(3) 20×3 年 12 月 31 日，R 银行评估认为原先预期的现金流量不会改变，即预期信用损失变动为零。假设对应收未收的利息不考虑罚息，下同。

(4) 20×4 年 12 月 31 日，R 银行评估认定对 A 公司的贷款发生了减值，实际收到现金 9 000 000 元，但认为未来的现金流量不会改变。

(5) 20×5 年 12 月 31 日，R 银行评估认为原先预期的现金流量发生改变，预计 20×6 年将收回现金 1 500 000 元，当年实际收到的现金为 1 000 000 元。

(6) 20×6 年 12 月 31 日，R 银行将贷款结算，实际收到现金 2 000 000 元。

要求：根据上述资料，编制有关会计分录。

5. 2021 年 5 月 4 日，开户单位海天公司将持有的一张无息商业承兑汇票向 A 银行申请办理贴现，该商业承兑汇票票面金额为 200 000 元，出票日期为 2021 年 3 月 1 日，票据期限为 6 个月，即 2021 年 9 月 1 日到期。付款人开户行为同城系统内某行处，A 银行于汇票到期日收到付款人开户行划回的票款。假定 A 银行的贴现率为 4.8%。

要求：

(1) 编制 A 银行办理贴现的会计分录。

(2) 编制 A 银行每月月末摊销贴现利息调整、确认利息收入的会计分录。

(3) 编制 A 银行到期收回票款的会计分录。

6. 2021 年 7 月 12 日，开户单位中天公司将持有的一张带息银行承兑汇票向 A 银行申请办理贴现，该银行承兑汇票票面金额为 400 000 元，票面利率为 4%，于 2021 年 5 月 6 日签发并承兑，票据期限为 6 个月，即 2021 年 11 月 6 日到期。承兑行为同城系统内某行处，A 银行于汇票到期日收到承兑行划回的票款。假定 A 银行的贴现率为 6%。

要求：

(1) 编制 A 银行办理贴现的会计分录。

(2) 编制 A 银行每月月末摊销贴现利息调整、确认利息收入的会计分录。

(3) 编制 A 银行到期收回票款的会计分录。

第4章

商业银行系统内往来的核算

学习目标

1. 了解系统内往来的含义、系统内资金清算的含义。
2. 理解资金汇划清算系统的业务范围及处理流程。
3. 掌握汇划款项与资金清算的核算、系统内备付金存款的核算。

4.1 商业银行系统内往来核算概述

4.1.1 系统内往来的含义

单位、个人在社会经济活动中所发生的商品交易、劳务供应和资金调拨等经济往来款项，绝大部分都需要通过银行办理转账结算来实现收付款双方之间的货币给付与资金清算。银行在办理转账结算业务时，除收付款双方在同一行处开户可由同一行处办理外，其余都要在两个不同的行处之间进行，若这两个行处属于同一个银行系统（即共同隶属于一个总行），则它们之间的资金账务往来称为系统内往来。

系统内往来是指同一银行系统内各行处之间由于办理支付结算、资金调拨等业务，相互代收、代付而发生的资金账务往来，包括商业银行系统内往来和中国人民银行系统内往来。系统内往来是银行不同行处之间资金账务往来的基础，各商业银行之间的跨系统往来往往需要借助系统内往来实现。

4.1.2 商业银行系统内资金清算

系统内不同行处之间发生系统内往来业务时，往来资金并没有实际划拨，而是通过相互记往来账反映往来行处间应收、应付资金的方式来实现收付款方资金的划拨。由于各分支行处均为独立核算单位，因系统内往来导致的相互资金存欠必须及时清算。

系统内资金清算是指对由系统内资金调拨、划拨支付结算款项等业务引起的系统内行处间的资金往来，按照一定的清算模式进行实际资金划转的过程。系统内资金清算通过各级行处在上级管辖行开立的备付金存款账户办理。

商业银行系统内往来与资金清算通常使用各行自己开发的系统内资金汇划清算系统，未建立系统内资金汇划清算系统的商业银行及非银行金融机构的资金划拨，通过中国人民银行的现代化支付系统或由建有系统内资金汇划清算系统的商业银行转汇办理。商业银行系统内资金汇划清算系统在支付清算体系中处于基础地位，是银行业金融机构办理结算资金和银行内部资金往来清算的渠道，是集汇划业务、清算业务、结算业务等功能于一体的综合性应用系统。

4.2 系统内资金汇划与清算的核算

4.2.1 业务范围与处理流程

1. 资金汇划清算系统的业务范围

资金汇划清算系统处理的汇划业务是由社会支付、银行内部资金调拨与清算等引起的，具体包括：汇兑、委托收款（含商业汇票、国内信用证、储蓄委托收款等）、托收承付、银行汇票、银行卡、储蓄旅行支票、内部资金划拨、其他款项汇划及其资金清算，对公、储蓄、银行卡异地通存通兑业务的资金清算，以及有关的查询、查复业务。

2. 资金汇划清算系统的业务处理流程

资金汇划清算系统处理的汇划业务，其信息从发报经办行发起，经发报清算行、总行清算中心、收报清算行，至收报经办行止。

经办行是办理结算和资金汇划业务的行处。发报经办行为汇划业务的发生行；收报经办行为汇划业务的接收行。

清算行是在总行清算中心开立备付金存款账户的行，各直辖市分行和二级分行（包括省区分行营业部）均为清算行，清算行负责办理辖属行处汇划款项的清算。

省区分行也在总行清算中心开立备付金存款账户，但不用于汇划款项的清算，只用于办理系统内资金调拨和内部资金利息的汇划。

总行清算中心主要办理系统内各经办行之间的资金汇划、各清算行之间的资金清算及资金拆借、账户对账等账务的核算与管理。

资金汇划清算系统处理汇划业务的流程为：各发报经办行根据发生的结算等资金汇划业务录入数据，全部及时发送至发报清算行；发报清算行将辖属各发报经办行的资金汇划信息传输给总行清算中心；总行清算中心对发报清算行传输来的汇划数据及时传输给收报清算行；收报清算行当天或次日将汇划数据传输给收报经办行，从而实现资金汇划业务。其中，清算行处于信息中转的地位，既要向总行清算中心传输发报经办行的汇划信息，又要向收报经办行传输总行清算中心发来的汇划业务信息，资金汇划的出口、入口均反映在清算行，使其可以控制辖属经办行的资金汇划与清算。资金汇划清算系统处理汇划业务流程如图4-1所示。

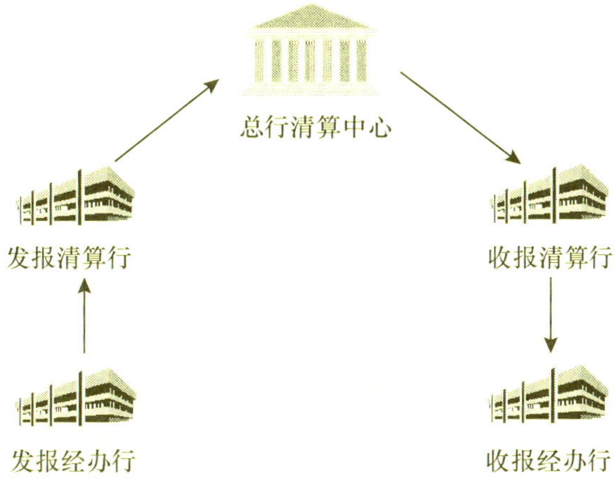

图4-1　资金汇划清算系统处理汇划业务流程图

资金汇划清算系统以清算行为单位在总行清算中心开立备付金存款账户，用于汇划款项的资金清算。发报经办行通过其清算行经总行清算中心将款项汇划给收报经办行，总行清算中心每天根据各行汇出汇入资金情况，从各清算行备付金存款账户付出资金或存入资金，从而实现各清算行之间的资金清算。各清算行在总行清算中心开立的备付金存款账户，应保证足额的存款。同样，各支行应在上级管辖分行清算中心开立备付金存款账户，用于经办行与清算行或清算行辖内其他支行之间的资金清算。

4.2.2　会计科目的设置

1. “上存系统内款项”科目

该科目属于资产类科目，下级行用以核算其存放在上级行的资金。各清算行和省区分行在总行开立的备付金账户以及二级分行在省区分行开立的调拨资金账户均使用该科目进行核算。

各清算行包括直辖市分行、总行直属分行和二级分行均应在“上存系统内款项”科目下设置“上存总行备付金”账户，用以核算资金调拨和清算辖属行处的汇划款项；二级分行还需设置“上存省区分行调拨资金”账户，用以核算在辖内集中调拨资金。

2. “系统内款项存放”科目

该科目属于负债类科目，与“上存系统内款项”科目相对应，上级行用以核算其下级行上存的备付金存款和调拨资金。总行在“系统内款项存放”科目下按清算行和省区分行设置“××行备付金”，用以核算各清算行和省区分行在总行的备付金存款的增减变动情况；省区分行在该科目下按二级分行设置“××行调拨资金”，用以核算二级分行的调拨资金存款的增减变动情况。

3. “待清算辖内往来”科目

该科目属于资产负债共同类科目，用以核算各发报经办行、收报经办行与清算行之间的资金汇划往来与清算情况，余额轧差反映。

4. “上存辖内款项”科目

该科目属于资产类科目，各支行、网点用以核算其存放在上级行的备付金存款。

5. “辖内款项存放”科目

该科目属于负债类科目，各分行、支行用以核算其所辖支行、网点上存的备付金存款。

4.2.3 汇划款项与资金清算的核算

发报经办行是发起汇划业务、向发报清算行发送汇划信息的行处，其发起的汇划业务分为两类：划收款业务和划付款业务。

划收款业务是发报经办行发起的代收报经办行向付款客户收款的汇划业务，主要包括汇兑、委托收款划回、托收承付划回等结算业务及系统内资金划拨等。发报经办行发起划收款业务，应记入“待清算辖内往来”科目的贷方，因此也称为贷方报单业务（简称贷报业务）。

划付款业务是发报经办行发起的代收报经办行向收款客户付款的汇划业务，主要包括银行汇票的解付、信用卡的解付及定期借记业务等。发报经办行发起划付款业务，应记入“待清算辖内往来”科目的借方，因此也称为借方报单业务（简称借报业务）。

1. 发报经办行的处理

发报经办行根据客户提交的原始凭证，将业务数据录入计算机，经复核、授权后实时或批量发送至发报清算行。若为贷报业务，则会计分录为：

借：吸收存款或其他科目

　贷：待清算辖内往来——××行

若为借报业务，则会计分录相反。

日终，对“待清算辖内往来”科目轧差，若为贷方余额（贷差），则为本行应付汇差，日终清算时，应减少本行在上级清算行的备付金存款。会计分录为：

借：待清算辖内往来——××行

　贷：上存辖内款项——存××行备付金

若“待清算辖内往来”科目为借方余额（借差），则为本行应收汇差，日终清算时，应增加本行在上级清算行的备付金存款。会计分录为：

借：上存辖内款项——存××行备付金

　贷：待清算辖内往来——××行

每日营业终了，发报经办行根据当天向发报清算行发出的汇划业务信息打印辖内往来汇总记账凭证、资金汇划业务清单，资金汇划业务清单及有关原始凭证作汇总记账凭证的附件。

2. 发报清算行的处理

（1）跨清算行汇划业务的处理。发报清算行收到发报经办行传输来的跨清算行汇划业务报文，系统自动进行账务处理，更新在总行清算中心的备付金存款账户，并将汇划数据加押后传输至总行清算中心。若为贷报业务，则会计分录为：

借：待清算辖内往来——××行

贷：上存系统内款项——上存总行备付金

若为借报业务，则会计分录相反。

日终，对“待清算辖内往来”科目按经办行轧差，若为借方余额（借差），则为本行应收汇差，日终清算时，应减少该经办行在本行的备付金存款。会计分录为：

借：辖内款项存放——××行备付金

贷：待清算辖内往来——××行

若为贷方余额（贷差），则为本行应付汇差，日终清算时，应增加该经办行在本行的备付金存款。会计分录为：

借：待清算辖内往来——××行

贷：辖内款项存放——××行备付金

（2）同一清算行辖内汇划业务的处理。若发报清算行收到发报经办行传输来的本清算行辖内汇划业务报文，系统直接将汇划数据加押后传输至收报经办行，并分别更新发报经办行和收报经办行在本行清算中心的备付金存款。若为贷报业务，则会计分录为：

借：辖内款项存放——××发报经办行备付金

贷：辖内款项存放——××收报经办行备付金

若为借报业务，则会计分录相反。

每日营业终了，发报清算行打印清算行辖内往来汇总记账凭证、清算行备付金汇总记账凭证、资金汇划业务清单等，并核对有关数据。

3. 总行清算中心的处理

总行清算中心收到各发报清算行上送的汇划业务报文，系统自动登记后，传输至收报清算行。日终，系统自动更新各清算行在总行的备付金存款账户。若为贷报业务，则会计分录为：

借：系统内款项存放——××发报清算行备付金

贷：系统内款项存放——××收报清算行备付金

若为借报业务，则会计分录相反。

每日营业终了，系统自动生成总行清算中心的资金汇划日报表和相应的对账信息，下发清算行和经办行对账。

4. 收报清算行的处理

收报清算行收到总行清算中心传来的汇划业务报文，系统自动更新在总行清算中心的备付金存款账户，并根据分散式、集中式管理模式（确定后在汇划系统中设定）自动进行账务处理。实时业务即时处理并传输至收报经办行，批量业务处理后次日传输至收报经办行。

（1）集中式。集中式是指收报清算行作为业务处理中心，负责全辖汇划收报的集中处理及汇出汇款等内部账务的集中管理。

1）实时汇划业务核押无误后，由收报清算行一并处理自身及收报经办行的账务，记账信息传至收报经办行。若为贷报业务，则会计分录为：

借：上存系统内款项——上存总行备付金

贷：待清算辖内往来——××行

同时，代理收报经办行记账，会计分录为：

借：待清算辖内往来——××行

贷：吸收存款或其他科目

若为借报业务，则会计分录相反。

2）批量业务核押无误后，收报清算行当日进行挂账处理。若为贷报业务，则会计分录为：

借：上存系统内款项——上存总行备付金

贷：其他应付款——待处理汇划款项

若为借报业务，则会计分录为：

借：其他应收款——待处理汇划款项

贷：上存系统内款项——上存总行备付金

次日，由清算行代收报经办行逐笔确认后冲销“其他应付款”或“其他应收款”。若为贷报业务，则会计分录为：

借：其他应付款——待处理汇划款项

贷：待清算辖内往来——××行

若为借报业务，则会计分录为：

借：待清算辖内往来——××行

贷：其他应收款——待处理汇划款项

同时，代理收报经办行记账。若为贷报业务，则会计分录为：

借：待清算辖内往来——××行

贷：吸收存款或其他科目

若为借报业务，则会计分录相反。

（2）分散式。分散式是指收报清算行收到总行清算中心传来的汇划数据后均传至收报经办行处理。

1）实时汇划业务核押无误后，收报清算行及时传至收报经办行。若为贷报业务，则会计分录为：

借：上存系统内款项——上存总行备付金

贷：待清算辖内往来——××行

若为借报业务，则会计分录相反。

2）批量业务核押无误后，收报清算行当日先转入“其他应付款”或“其他应收款”进行挂账处理；次日，由收报经办行逐笔确认后冲销“其他应付款”或“其他应收款”，并通过“待清算辖内往来”科目传至收报经办行记账。会计分录与集中式批量处理相同。

（3）日终清算的处理。日终，对“待清算辖内往来”科目按经办行轧差，若为贷方余额（贷差），则为本行应付汇差，日终清算时，应增加该经办行在本行的备付金存款。会计分录为：

借：待清算辖内往来——××行

　贷：辖内款项存放——××行备付金

若为借方余额（借差），则为本行应收汇差，日终清算时，应减少该经办行在本行的备付金存款。会计分录为：

借：辖内款项存放——××行备付金

　贷：待清算辖内往来——××行

每日营业终了，收报清算行打印清算行辖内往来汇总记账凭证、清算行备付金汇总记账凭证、资金汇划业务清单等，并核对有关数据。

5. 收报经办行的处理

（1）分散式。分散管理模式下，收报经办行收到收报清算行传来的批量、实时汇划报文，经确认无误后，由系统自动记账，打印资金汇划补充凭证。若为贷报业务，则会计分录为：

借：待清算辖内往来——××行

　贷：吸收存款或其他科目

若为借报业务，则会计分录相反。

日终，对“待清算辖内往来”科目轧差，若为借方余额（借差），则为本行应收汇差，日终清算时，应增加本行在上级清算行的备付金存款。会计分录为：

借：上存辖内款项——存××行备付金

　贷：待清算辖内往来——××行

若为贷方余额（贷差），则为本行应付汇差，日终清算时，应减少本行在上级清算行的备付金存款。会计分录为：

借：待清算辖内往来——××行

　贷：上存辖内款项——存××行备付金

每日营业终了，收报经办行打印辖内往来汇总记账凭证、资金汇划业务清单，并进行数据核对。

（2）集中式。集中管理模式下，收报业务均由收报清算行代理记账，收报经办行只需于日终打印资金汇划补充凭证和有关记账凭证及清单，用于账务核对。集中模式下收报经办行日终清算的会计分录与分散模式相同。

【例4-1】 中国工商银行武汉武昌支行收到开户单位中百仓储公司提交的电汇凭证，向中国工商银行杭州西湖支行开户单位天泉饮料公司汇出货款8 000元。中国工商银行武汉武昌支行审核无误后，通过资金汇划清算系统办理款项汇划（批量），中国工商银行杭州西湖支行收到汇划信息，确认无误后，将货款收入开户单位天泉饮料公司账户。中国工商银行杭州分行采取分散管理模式。

各经办行、清算行及总行的账务处理如下：

（1）中国工商银行武汉武昌支行根据电汇凭证录入数据，经复核、授权后批量发送至中国工商银行武汉分行。

借：吸收存款——单位活期存款——中百仓储公司　　8 000

　贷：待清算辖内往来——武汉分行　　8 000

（2）中国工商银行武汉分行收到武昌支行传输来的跨清算行汇划业务报文，系统自动进行账务处理，并将汇划数据加押后传输至总行清算中心。

借：待清算辖内往来——武昌支行　8 000

　贷：上存系统内款项——上存总行备付金　8 000

（3）中国工商银行总行清算中心收到武汉分行上送的汇划业务报文，系统自动登记后，传输至中国工商银行杭州分行。日终，系统自动更新武汉分行和杭州分行在总行的备付金账户。

借：系统内款项存放——武汉分行备付金　8 000

　贷：系统内款项存放——杭州分行备付金　8 000

（4）中国工商银行杭州分行收到总行清算中心传来的汇划业务报文，系统自动更新在总行清算中心的备付金账户，并进行挂账处理。

借：上存系统内款项——上存总行备付金　8 000

　贷：其他应付款——待处理汇划款项　8 000

次日，经西湖支行逐笔确认后冲销挂账，并下划至西湖支行记账。

借：其他应付款——待处理汇划款项　8 000

　贷：待清算辖内往来——西湖支行　8 000

（5）中国工商银行杭州西湖支行收到杭州分行传来的汇划报文，确认无误后系统自动记账。

借：待清算辖内往来——杭州分行　8 000

　贷：吸收存款——单位活期存款——天泉饮料公司　8 000

4.2.4 系统内备付金存款的核算

1. 备付金存款账户的开立与资金存入的处理

清算行和省区分行在总行清算中心开立备付金存款账户时，可通过其在中国人民银行的备付金存款账户，以实汇资金的方式将款项存入总行清算中心。上存时，会计分录为：

借：其他应收款——待处理汇划款项

　贷：存放中央银行款项——准备金存款

待接到总行清算中心返回的成功信息后，进行账务处理。会计分录为：

借：上存系统内款项——上存总行备付金

　贷：其他应收款——待处理汇划款项

总行清算中心收到各清算行和省区分行上存的备付金后，进行账务处理。会计分录为：

借：存放中央银行款项——准备金存款

　贷：系统内款项存放——××行备付金

支行在管辖的清算行开立备付金存款账户时，可比照上述进行处理。上存时，会计分录为：

借：其他应收款——待处理汇划款项

　　贷：存放中央银行款项——准备金存款

待接到管辖清算行返回的成功信息后，进行账务处理。会计分录为：

借：上存辖内款项——存××行备付金

　　贷：其他应收款——待处理汇划款项

管辖清算行收到所辖各支行上存的备付金后，进行账务处理。会计分录为：

借：存放中央银行款项——准备金存款

　　贷：辖内款项存放——××行备付金

各行在上级行的备付金存款不足时，通过中国人民银行汇款补足的处理同上。

2. 通过中国人民银行调回备付金的处理

总行清算中心通过其在中国人民银行的备付金存款账户，以实汇资金的方式将款项调出时，会计分录为：

借：系统内款项存放——××行备付金

　　贷：存放中央银行款项——准备金存款

清算行和省区分行接到总行清算中心发来的信息后，进行账务处理。会计分录为：

借：其他应收款——待处理汇划款项

　　贷：上存系统内款项——上存总行备付金

待收到调回的备付金后，进行账务处理。会计分录为：

借：存放中央银行款项——准备金存款

　　贷：其他应收款——待处理汇划款项

管辖清算行通过其在中国人民银行的备付金存款账户，以实汇资金的方式将款项调出时，会计分录为：

借：辖内款项存放——××行备付金

　　贷：存放中央银行款项——准备金存款

支行接到管辖清算行发来的信息后，进行账务处理。会计分录为：

借：其他应收款——待处理汇划款项

　　贷：上存辖内款项——存××行备付金

待收到调回的备付金后，进行账务处理。会计分录为：

借：存放中央银行款项——准备金存款

　　贷：其他应收款——待处理汇划款项

思考题

1. 系统内往来和系统内资金清算的含义是什么？
2. 简述资金汇划清算系统的业务范围。
3. 简述资金汇划清算系统的业务处理流程。
4. 什么是划收款（贷报）业务和划付款（借报）业务？分别列举2～3种具体业务予以说明。

练习题

1. 中国工商银行南京江浦支行收到开户单位立辉涂料公司提交的银行汇票，出票金额20 000元，实际结算金额与出票金额一致，该汇票系中国工商银行广州粤秀支行签发，经审核无误后，通过资金汇划清算系统办理款项汇划（批量）。中国工商银行广州粤秀支行收到银行汇票已兑付的电子汇划信息，经确认无误办理转账。中国工商银行广州分行采取集中管理模式。

要求：编制各经办行、清算行及总行的会计分录。

2. 中国工商银行西安长安支行收到中国工商银行济南高新支行寄来的委托收款凭证和商业承兑汇票，金额16 000元，系本行开户单位友邦商贸公司向济南开心文具公司支付货款，经该公司同意，通过资金汇划清算系统办理款项汇划（实时）。中国工商银行济南高新支行收到电子汇划信息，确认无误后，将划回的货款收入开户单位开心文具公司账户。中国工商银行济南分行采取集中管理模式。

要求：编制各经办行、清算行及总行的会计分录。

3. 3月2日，中国工商银行武汉分行通过中国人民银行向中国工商银行总行存入备付金1 200 000元；5月8日，中国工商银行武汉分行通过中国人民银行从中国工商银行总行调回备付金500 000元。

要求：编制中国工商银行武汉分行和中国工商银行总行的会计分录。

第5章

金融机构往来的核算

学习目标

1. 了解金融机构往来的定义、再贷款的种类、再贴现的种类、同城票据交换与同业拆借的定义、转贴现的定义与种类。

2. 理解向中央银行缴存存款的核算、同城票据交换的基本原理、存放同业款项及同业存放款项的核算。

3. 掌握向中央银行存取现金、向中央银行借款及办理再贴现的核算，同城票据交换的核算，同业拆借的核算。

5.1 金融机构往来核算概述

金融机构往来是指各金融机构相互之间的资金账务往来。我国的金融机构体系是以中央银行为核心、商业银行为主体、其他金融机构并存发展的多元化结构，在这种体系下，商业银行为办理跨系统转账结算业务、与其他银行和非银行金融机构相互拆借资金，以及中央银行在运用货币政策工具行使其职能和为各商业银行提供资金清算服务的过程中，会引起商业银行、中央银行、非银行金融机构相互之间的资金账务往来。本章围绕商业银行业务，主要阐述商业银行与中央银行之间，以及商业银行跨系统行处之间，由于办理存贷款、资金拆借和支付结算等业务而引起的资金账务往来。

5.2 商业银行与中央银行往来的核算

商业银行与中央银行往来是指商业银行与中央银行之间由于领缴现金、缴存存款、融通资金、汇划款项以及通过中央银行存款账户进行资金清算等业务而引起的资金账务往来。主要包括：向中央银行存取现金、向中央银行缴存存款、向中央银行借款、向中央银行再贴现，以及通过中央银行办理汇划款项等。其中，通过中央银行办理汇划款项的核算在第 6 章阐述。

5.2.1 向中央银行存取现金及缴存存款的核算

1. 会计科目的设置

商业银行应设置“存放中央银行款项”科目，该科目属于资产类科目，核算商业银行存放于中央银行的各种款项，包括业务资金的调拨、办理同城票据交换和异地跨系统资金汇划、提取或缴存现金等。商业银行按规定缴存的法定准备金和超额准备金存款，也通过该科目核算。

商业银行增加在中央银行的存款，借记“存放中央银行款项”科目，贷记“吸收存款”“清算资金往来”等科目；减少在中央银行的存款做相反的会计分录。该科目期末借方余额，反映商业银行存放在中央银行的各种款项。

该科目可按存放款项的性质设置“准备金存款”“缴存财政性存款”等进行明细核算。

（1）“准备金存款”。核算商业银行按规定缴存中央银行的法定存款准备金和超额存款准备金的增减变动情况。商业银行增加在中央银行的准备金存款时记入该账户的借方，减少在中央银行的准备金存款时记入该账户的贷方。期末借方余额，反映商业银行存放在中央银行的准备金存款余额。

由于商业银行的法定存款准备金由其总行（法人）统一向中央银行缴存，中央银行按法人统一考核商业银行法定存款准备金的缴存情况。因此，商业银行总行在中央银行开立的准备金存款户，属于法定准备金存款与超额准备金存款合一的账户，除用以考核法定存款准备金以外，还用于向中央银行存取现金、调拨资金、清算资金以及其他日常支付款项。该账户余额应大于或等于规定的法定存款准备金余额。商业银行分支机构在中央银行开立的准备金存款户，为超额准备金存款账户，不用于考核法定存款准备金，仅用于向中央银行存取现金、调拨资金、清算资金和其他日常支付款项，不允许透支，如果账户资金不足，可以通过向上级行调入资金或向同业拆借补充。“准备金存款”是核算商业银行与中央银行往来业务的基本账户。

（2）“缴存财政性存款”。核算商业银行按规定缴存中央银行的财政性存款的增减变动情况。商业银行向中央银行缴存或调增财政性存款时记入该账户的借方，调减财政性存款时记入该账户的贷方。期末借方余额反映商业银行缴存中央银行的财政性存款余额。

商业银行各级机构吸收的财政性存款采取全额就地缴存中央银行的办法，因此，商业银行各级行处均应在“存放中央银行款项”科目下设置该明细账户。

2. 向中央银行存取现金的核算

根据货币发行制度的规定，商业银行需核定各行处业务库必须保留的现金限额，并报开户中央银行发行库备案。当库存现金超过规定的限额时，需缴存开户中央银行发行库；当库存现金不足限额时，可以签发现金支票到中央银行发行库提取。

（1）向中央银行缴存现金的核算。商业银行向中央银行缴存现金时，填制现金缴款单一式两联，连同现金一并送缴开户中央银行发行库。商业银行根据中央银行退回的现金缴款单回单，使用相关交易进行处理，打印记账凭证，现金缴款单回单联作记账凭证附件。会计分录为：

借：存放中央银行款项——准备金存款

　贷：库存现金

（2）向中央银行支取现金的核算。商业银行向中央银行支取现金时，签发现金支票送交中央银行。商业银行取回现金后，使用相关交易进行处理，打印记账凭证，现金支票存根作记账凭证附件。会计分录为：

借：库存现金

　贷：存放中央银行款项——准备金存款

3. 向中央银行缴存存款的核算

缴存存款是指商业银行将吸收的财政性存款和一般性存款按规定的比例上缴中央银行。缴存财政性存款和缴存一般性存款性质不同，应严格划分，不得混淆。

（1）缴存存款的范围。财政性存款主要有中央预算收入、地方财政金库存款和代理发行国债款项等。其缴存范围是：国家金库款轧减中央经费限额支出数；待结算财政款项轧减借方数；财政发行期票款项轧减应收期票款项；财政发行的国库券及各项债券款项，轧减已兑付国库券及各项债券款项数。

一般性存款的缴存范围是：各商业银行吸收的企业存款；储蓄存款；农村存款；基建单位存款；机关团体存款；财政预算外存款；委托存款轧减委托贷款、委托投资后的贷方余额及其他一般存款。

（2）缴存存款的比例。财政性存款是商业银行代中央银行吸收的存款，属于中央银行的信贷资金来源，商业银行各级机构吸收的财政性存款应全额即100%缴存当地中央银行。

一般性存款属于商业银行的信贷资金来源，缴存一般性存款也称缴存法定存款准备金。中央银行为了控制贷款规模和限制派生存款，扩大商业银行的提存准备，规定商业银行应将吸收的一般性存款按规定的比例即法定存款准备金率向中央银行缴存法定存款准备金。法定存款准备金率由中央银行规定，并根据放松或紧缩银根的需要进行调整。2021年7月15日我国法定存款准备金率调整后，大型存款类金融机构为12%，中小型存款类金融机构为10%。法定存款准备金制度是中央银行实施宏观调控的货币政策工具之一，也是对金融机构进行监督管理的重要手段。

（3）缴存财政性存款的核算。

1）初次缴存财政性存款的核算。商业银行营业机构开业后，第一次向中央银行缴存财政性存款时，应根据有关科目余额，填制缴存财政性存款科目余额表一式两份，并按比例100%计算出应缴金额，向中央银行申请缴存。待收到中央银行回单后使用相关交易进行记账，打印记账凭证，中央银行退回的回单作记账凭证附件，退回的一份缴存财政性存款科目余额表专夹保管。会计分录为：

借：存放中央银行款项——缴存财政性存款

贷：存放中央银行款项——准备金存款

2）调整缴存财政性存款的核算。商业银行初次缴存财政性存款后，还应根据其吸收的财政性存款余额的增减变动，对缴存中央银行的财政性存款按旬调整。即每旬末根据缴存科目余额，按比例100%计算出应缴金额，与缴存财政性存款账户余额进行比较。若缴存财政性存款账户余额小于应缴金额，则应按差额调增补缴，否则应按差额调减退回。

初次缴存金额及调整缴存金额均以千元为单位，千元以下四舍五入。调整缴存应于旬后5日内办理，如遇调整日最后一天为节假日，则可顺延。调整缴存的处理手续与初次缴存基本相同，调增补缴的会计分录与初次缴存一致，调减退回的会计分录与初次缴存相反。

【例5-1】 中国银行上海分行9月20日财政性存款科目余额为77 921 000元。经查，该行9月20日在中央银行的缴存财政性存款账户余额为85 467 000元。

本旬应缴金额＝77 921 000－85 467 000＝－7 546 000(元)

本旬应调减退回财政性存款7 546 000元，会计分录为：

借：存放中央银行款项——准备金存款　　7 546 000

贷：存放中央银行款项——缴存财政性存款　　7 546 000

3）欠缴财政性存款的核算。商业银行调增补缴财政性存款时，若其准备金存款账户余额不足又没有按规定及时调入资金，其不足部分即为欠缴。

商业银行发生欠缴时，也应填制缴存财政性存款科目余额表，对本次能实缴的金额按前述调增补缴的手续办理。对欠缴金额，应及时调入资金进行补缴。中央银行对欠缴金额按欠缴天数和规定比例扣收罚款，欠缴天数从最后调整日起算至欠款收回日的前一日止。

商业银行收到中央银行转来的扣收罚款的特种转账凭证，办理支付罚款转账的会计分录为：

借：营业外支出——罚款支出

贷：存放中央银行款项——准备金存款

（4）缴存法定存款准备金的处理。

1）缴存法定存款准备金的核算。商业银行的法定存款准备金由总行统一向中央银行缴存。由于商业银行总行的法定存款准备金与超额存款准备金同存放于中央银行的准备金存款账户，因此，商业银行总行旬末只要确保准备金存款账户余额高于旬末应缴存的法定存款准备金金额即可，而不必进行账务处理。

2）存款准备金制度的有关规定。

①商业银行法人法定存款准备金按旬调整，于旬后5日内办理。中央银行对商业银行法定存款准备金按旬按法人统一考核，商业银行当旬第五日至下旬第四日每日营业终了时，各行按法人统一存入的准备金存款余额与上旬末该行全行一般性存款余额之比，不得低于法定准备金率。

②商业银行日终按法人统一存入中央银行的法定准备金存款低于上旬末一般性存款余额的法定准备金率，中央银行对其不足部分按每日万分之六的利率处以罚息。

③商业银行法人每日应将汇总的全系统一般性存款余额表和日计表，报送中央银行。

④商业银行法人旬后未按法定准备金率存入法定准备金和未及时向中央银行报送有关报表的，中央银行按有关规定予以处罚。

⑤商业银行法人在中央银行的存款，中央银行于每日日终考核其存款准备金率；日间，只控制其存款账户的透支行为。商业银行分支机构在中央银行的存款，中央银行不考核存款准备金率，只控制其存款账户的透支行为。

⑥商业银行分支机构在中央银行的准备金存款账户出现透支，中央银行按有关规定予以处罚。

5.2.2 向中央银行借款的核算

商业银行在经营过程中资金头寸不足时，可以向中央银行借款。从中央银行来讲，其对商业银行的贷款，称为再贷款。再贷款是中央银行重要的货币政策工具之一，通过对商业银行发放再贷款，既可以支持商业银行的业务发展，又可以达到实施金融宏观调控的目的。

1. 再贷款的种类

再贷款由中国人民银行总行直接向商业银行总行办理，由商业银行总行集中管理，统借统还，在系统内统一安排使用。再贷款分为年度性贷款、季节性贷款和日拆性贷款。年度性贷款是指商业银行因经济合理增长，引起年度性信贷资金不足，而向中央银行申请的贷款，贷款期限一般为1年，最长不超过2年。季节性贷款是指商业银行因存款季节性下降、贷款季节性上升或信贷资金先支后收等引起暂时资金不足，而向中央银行申请的贷款，贷款期限一般为2个月，最长不超过4个月。日拆性贷款是指商业银行因汇划款项未达和清算资金不足等发生临时性资金短缺，而向中央银行申请的贷款，贷款期限一般为7～10天，最长不超过20天。

2. 会计科目的设置

商业银行应设置“向中央银行借款”科目，该科目属于负债类科目，核算商业银行向中央银行借入的款项。该科目可按借款性质进行明细核算。

商业银行向中央银行借入款项时，应按实际收到的金额，借记“存放中央银行款项”科目，贷记“向中央银行借款”科目；归还借款时做相反的会计分录。

资产负债表日，应按计算确定的向中央银行借款的利息费用，借记“利息支出”科目，贷记“应付利息”科目。

该科目期末贷方余额，反映商业银行尚未归还中央银行借款的余额。

3. 向中央银行借款的核算

（1）借入款项的处理。商业银行向中央银行申请再贷款时，应提交再贷款申请书，经中央银行批准后，填制借款凭证提交中央银行。待收到中央银行退回的借款凭证回单及收账通知后，使用相关交易进行记账，打印记账凭证，中央银行退回的借款凭证回单及收账通知作记账凭证附件。会计分录为：

借：存放中央银行款项——准备金存款

　贷：向中央银行借款——××借款

（2）利息的处理。商业银行在资产负债表日和到期还款日，按计算确定的利息费用计提利息支出。会计分录为：

借：利息支出——向中央银行借款

　贷：应付利息——××行

中央银行对借款一般按季结息，每季收到中央银行的利息回单时，使用相关交易记账，打印记账凭证，利息回单作记账凭证附件。会计分录为：

借：应付利息——××行

　贷：存放中央银行款项——准备金存款

（3）到期归还的处理。借款到期，商业银行应填制转账支票或当地央行规定的转账凭证，提交中央银行主动办理借款归还手续。待收到中央银行退回的借款凭证和还款证明后，使用相关交易记账，打印记账凭证，中央银行退回的借款凭证、还款证明和转账支票存根等作记账凭证附件。会计分录为：

借：向中央银行借款——××借款

　　应付利息——××行

　贷：存放中央银行款项——准备金存款

借款到期，商业银行未主动办理还款手续时，若其存款账户有足够的资金，中央银行可以在征得商业银行同意后，填制特种转账凭证收回贷款；若商业银行存款账户余额不足，中央银行应于到期日将贷款转入逾期贷款户，并按规定计收逾期贷款利息。

5.2.3 向中央银行再贴现的核算

商业银行因办理贴现业务而引起暂时资金不足，以未到期的已贴现商业汇票向中央银行办理的贴现，称为再贴现。再贴现是中央银行重要的货币政策工具之一，中央银行通过适时调整再贴现总量及利率，调节货币供应量，达到实施金融宏观调控的目的。

1. 再贴现的种类

中央银行办理再贴现的对象，是在中国人民银行及其分支机构开立准备金存款账户的商业银行。再贴现的金额以再贴现的票据到期值为准，扣除再贴现利息后，将其差额作为实付再贴现额支付给申请再贴现的商业银行。再贴现期限从再贴现之日起至汇票到期日止，最长不超过6个月。

对再贴现票据的处理，中央银行现有两种操作方式：一种是对再贴现票据进行买断；另一种是进行票据回购。

买断式再贴现是商业银行将未到期的已贴现商业汇票背书转让给中央银行融通资金的行为。再贴现利息按日计算，利率为中央银行发布的再贴现利率，再贴现天数从再贴现之日起至汇票到期的前一日止。汇票到期，中央银行作为票据的债权人向付款人收取票款。

回购式再贴现是商业银行将未到期的已贴现商业汇票质押给中央银行，并约定回购日及回购方式的融资行为。再贴现利息按日计算，利率为中央银行发布的再贴现利率，再贴现天数从再贴现之日起至汇票回购的前一日止。办理回购式再贴现，票据不做背书，不转移票据权利，商业银行于回购日将票据购回，并作为债权人向付款人收取票款。

2. 会计科目的设置

商业银行应设置“贴现负债”科目，该科目属于负债类科目，核算商业银行办理商业票据的再贴现、转贴现等业务所融入的资金。该科目可按贴现类别和贴现金融机构，分别设置“面值”“利息调整”进行明细核算。

商业银行持贴现票据向中央银行再贴现或向其他金融机构转贴现，应按实际收到的金额，借记“存放中央银行款项”等科目，按贴现票据的票面金额，贷记“贴现负债（面值）”科目，按其差额，借记“贴现负债（利息调整）”科目。

资产负债表日，按计算确定的利息费用，借记“利息支出”科目，贷记“贴现负债（利息调整）”科目。

贴现票据到期，应按贴现票据的票面金额，借记“贴现负债（面值）”科目，按实际支付的金额，贷记“存放中央银行款项”等科目，按其差额，借记“利息支出”科目。存在利息调整的，应同时结转。

该科目期末贷方余额，反映商业银行办理的再贴现、转贴现等业务融入的资金。

3. 买断式再贴现的核算

（1）办理买断式再贴现的处理。商业银行向中央银行申请买断式再贴现时，应填制一式五联再贴现凭证，与商业承兑汇票或银行承兑汇票一并提交中央银行。中央银行审核后按规定的再贴现率计算出再贴现利息和实付再贴现额。

再贴现利息＝再贴现汇票到期值×再贴现天数×(年再贴现率÷360)

实付再贴现额＝再贴现汇票到期值－再贴现利息

商业银行收到中央银行的再贴现款项及退回的第四联再贴现凭证后，使用相关交易记账，打印记账凭证，第四联再贴现凭证作记账凭证附件，并根据再贴现的商业汇票是否带有追索权分别采用不同的方法进行账务处理。

1）不带追索权的商业汇票再贴现的处理。将不带追索权的商业汇票再贴现，商业银行在转让票据所有权的同时，也将票据到期不能收回票款的风险一并转给了中央银行，商业银行对票据到期无法收回的票款不承担连带责任，即符合金融资产终止确认的条件。在我国，商业银行将银行承兑汇票再贴现，基本上不存在到期不能收回票款的风险，商业银行应将银行承兑汇票再贴现视为不带追索权的票据再贴现业务，按金融资产终止确认的原则进行处理。若为无息汇票，会计分录为：

借：存放中央银行款项——准备金存款　　　　（实际收到的金额）
　　贴现资产——银行承兑汇票贴现——××户（利息调整）　　（账面余额）
　　利息支出　　　　（借贷方差额，贷方大于借方时）
　贷：贴现资产——银行承兑汇票贴现——××户（面值）　　（票面金额）
　　　利息收入　　　　（借贷方差额，借方大于贷方时）

上述分录中若借贷方差额确认为利息收入，则还应按规定计算增值税销项税额，贷记“应交税费——应交增值税（销项税额）”科目。

若为带息汇票，会计分录为：

借：存放中央银行款项——准备金存款　　　　（实际收到的金额）
　　贴现资产——银行承兑汇票贴现——××户（利息调整）　　（账面余额）
　　利息支出　　　　（借贷方差额，贷方大于借方时）
　贷：贴现资产——银行承兑汇票贴现——××户（面值）　　（票面金额）
　　　——××户（已贴现票据到期利息）
　　　　（票据到期值和面值之间的差额）
　　利息收入　　　　（借贷方差额，借方大于贷方时）

若借贷方差额确认为利息收入，则还应贷记“应交税费——应交增值税（销项税额）”科目。

2）带追索权的商业汇票再贴现的处理。将带追索权的商业汇票再贴现，商业银行并未转嫁票据到期不能收回票款的风险，商业银行因背书而在法律上负有连带偿还责任，并且直至中央银行收到票款后方可解除。因此，将带追索权的商业汇票再贴现，不符合金融资产终止确认的条件。在我国，商业银行将商业承兑汇票再贴现，是一种典型的带追索权的票据再贴现业务，会计上不应终止确认贴现资产，而应将实际收到的再贴现款确认为一项负债。若为无息汇票，会计分录为：

借：存放中央银行款项——准备金存款　　　　（实际收到的金额）
　　贴现负债——××行再贴现负债（利息调整）　　（借贷方差额）
　贷：贴现负债——××行再贴现负债（面值）　　（票面金额）

若为带息汇票，会计分录为：

借：存放中央银行款项——准备金存款　　　　（实际收到的金额）
　　贴现负债——××行再贴现负债（利息调整）　　（借贷方差额）
　贷：贴现负债——××行再贴现负债（面值）　　（票面金额）
　　　——××行再贴现负债（已贴现票据到期利息）
　　　　（票据到期值和面值之间的差额）

（2）再贴现利息调整摊销的处理。再贴现利息调整采用直线法于每月月末摊销，计算公式为：

当月摊销金额＝再贴现利息÷再贴现天数×本月应摊销天数

对于带追索权的商业汇票再贴现业务，商业银行应于资产负债表日和到期收回日，计算本期再贴现利息调整应摊销的金额，并确认为再贴现利息支出。会计分录为：

借：利息支出——再贴现利息支出
　贷：贴现负债——××行再贴现负债（利息调整）

（3）买断式再贴现到期收回的处理。买断式再贴现汇票到期，再贴现中央银行作为持票人直接向付款人收取票款。中央银行填制委托收款凭证与汇票一并交付款人办理收款。付款人在异地的，应在汇票到期前，匡算付款人的邮程，提前办理委托收款。第二联委托收款凭证与再贴现凭证一并暂存，待款项划回后，据以处理账务。

对于不带追索权的商业汇票再贴现业务，由于商业银行于再贴现款发放时已终止确认贴现资产，因此，汇票到期时商业银行无须进行账务处理。对于带追索权的商业汇票再贴现业务，票据到期时商业银行应根据不同的情况进行账务处理。

1）票据的付款人于汇票到期日将票款足额付给再贴现中央银行，商业银行未收到有关追索债务的通知，则商业银行因票据再贴现而产生的负债责任解除，应将贴现负债和与之对应的贴现资产对冲。有关账务处理如下：

①将尚未摊销完的再贴现利息调整摊销，会计分录为：

借：利息支出——再贴现利息支出

　贷：贴现负债——××行再贴现负债（利息调整）

②将贴现负债和与之对应的贴现资产对冲，会计分录为：

若为无息汇票：

借：贴现负债——××行再贴现负债（面值）　　（票面金额）

　贷：贴现资产——商业承兑汇票贴现——××户（面值）　　（票面金额）

若为带息汇票：

借：贴现负债——××行再贴现负债（面值）　　（票面金额）

　——××行再贴现负债（已贴现票据到期利息）

　　（票据到期值和面值之间的差额）

　贷：贴现资产——商业承兑汇票贴现——××户（面值）　　（票面金额）

　　——××户（已贴现票据到期利息）

　　（票据到期值和面值之间的差额）

③将“贴现资产——商业承兑汇票贴现——××户（利息调整）”科目余额予以结转，会计分录为：

借：贴现资产——商业承兑汇票贴现——××户（利息调整）

　贷：利息收入——贴现利息收入

　　应交税费——应交增值税（销项税额）

2）如果票据的付款人于汇票到期日未能向再贴现中央银行足额支付票款，再贴现中央银行收到付款人开户银行退回的委托收款凭证、汇票和拒付理由书或付款人未付款项通知书后，应追索票款，从申请再贴现的商业银行账户收取（若商业银行存款账户不足支付，则不足部分作为逾期贷款），办理转账后将收款通知连同汇票和拒付理由书或付款人未付票款通知书交给商业银行。商业银行收到中央银行从其存款账户中收取再贴现票款的通知，审核无误后进行账务处理。

①将尚未摊销完的再贴现利息调整摊销，会计分录为：

借：利息支出——再贴现利息支出

　贷：贴现负债——××行再贴现负债（利息调整）

②收到中央银行从其存款账户中收取再贴现票款的通知时，会计分录为：

借：贴现负债——××行再贴现负债（面值）　　（票面金额）

　——××行再贴现负债（已贴现票据到期利息）（如为带息汇票）

贷：存放中央银行款项——准备金存款　　　　　　　　　　　　　（可支付部分）
　　向中央银行借款——逾期贷款　　　　　　　　　　　　　　（不足支付部分）

商业银行应继续向贴现申请人追索票款，先从其存款账户中收取，存款账户不足支付的，不足支付部分做逾期贷款处理。会计分录为：

借：吸收存款——单位活期存款——××单位　　　　　　　　　　（可支付部分）
　　贷款——逾期贷款——××户　　　　　　　　　　　　　　（不足支付部分）
　贷：贴现资产——商业承兑汇票贴现——××户（面值）　　　　　（票面金额）
　　　　　　　　　　　　　　　　　　——××户（已贴现票据到期利息）
　　　　　　　　　　　　　　　　　　　　　　　　　　　　　（如为带息汇票）

同时，将“贴现资产——商业承兑汇票贴现——××户（利息调整）”科目余额予以结转，会计分录为：

借：贴现资产——商业承兑汇票贴现——××户（利息调整）
　贷：利息收入——贴现利息收入
　　　应交税费——应交增值税（销项税额）

4. 回购式再贴现的核算

（1）办理回购式再贴现的处理。商业银行办理回购式再贴现的处理手续与买断式再贴现基本相同。中央银行对商业银行的回购式再贴现申请审批同意后，应与申请再贴现的商业银行签订回购合同，约定票据回购日，票据回购日不得为法定节假日，且不得超过汇票到期日前7天。

办理回购式再贴现，票据不需要背书给中央银行，票据权利人仍为申请再贴现的商业银行，因此，商业银行不应终止确认贴现资产，而应将实际收到的再贴现款确认为一项负债。若为无息汇票，会计分录为：

借：存放中央银行款项——准备金存款　　　　　　　　　　（实际收到的金额）
　　贴现负债——××行再贴现负债（利息调整）　　　　　　　（借贷方差额）
　贷：贴现负债——××行再贴现负债（面值）　　　　　　　　　（票面金额）

若为带息汇票，会计分录为：

借：存放中央银行款项——准备金存款　　　　　　　　　　（实际收到的金额）
　　贴现负债——××行再贴现负债（利息调整）　　　　　　　（借贷方差额）
　贷：贴现负债——××行再贴现负债（面值）　　　　　　　　　（票面金额）
　　　　　　——××行再贴现负债（已贴现票据到期利息）
　　　　　　　　　　　　　　　　　　　　　（票据到期值和面值之间的差额）

（2）再贴现利息调整摊销的处理。再贴现利息调整采用直线法于每月月末摊销，商业银行应于资产负债表日和到期收回日，计算本期再贴现利息调整应摊销的金额，并确认为再贴现利息支出。会计分录为：

借：利息支出——再贴现利息支出
　贷：贴现负债——××行再贴现负债（利息调整）

（3）回购式再贴现回购的处理。回购日，根据回购合同约定的回购方式，由商业银行主动向中央银行送交转账支票及进账单回购再贴现的商业汇票，或由中央银行直接从再贴现商业银行的准备金存款账户划收票款（商业银行未主动送交支票的，也可由中央银行从其存款账户直接扣收），并将再贴现票据交还商业银行。中央银行划（扣）收票款时，若商业银行存款账户余额不足，则不足部分做逾期贷款处理。有关账务处理如下：

1）将尚未摊销完的再贴现利息调整摊销，会计分录为：

借：利息支出——再贴现利息支出

　贷：贴现负债——××行再贴现负债（利息调整）

2）商业银行回购再贴现票据时，会计分录为：

借：贴现负债——××行再贴现负债（面值）　（票面金额）

　　——××行再贴现负债（已贴现票据到期利息）　（如为带息汇票）

　贷：存放中央银行款项——准备金存款　（可支付部分）

　　向中央银行借款——逾期贷款　（不足支付部分）

商业银行回购再贴现票据后，作为收款人向付款人办理托收的处理，在第 3 章介绍票据贴现的核算时已阐述。

同时，商业银行将“贴现资产——××承兑汇票贴现——××户（利息调整）”科目余额予以结转，会计分录为：

借：贴现资产——××承兑汇票贴现——××户（利息调整）

　贷：利息收入——贴现利息收入

　　应交税费——应交增值税（销项税额）

【例 5－2】 2021 年 3 月 10 日，开户单位三禾公司持无息银行承兑汇票到 HKB 银行申请办理贴现，该银行承兑汇票于 2021 年 3 月 5 日签发并承兑，票面金额 100 万元，期限 4 个月，于 2021 年 7 月 5 日到期，HKB 银行的贴现率为 4.5%。承兑银行在异地。2021 年 4 月 1 日，HKB 银行将该已贴现尚未到期的银行承兑汇票向中央银行申请办理买断式再贴现，再贴现率为 3.6%。

HKB 银行编制会计分录如下：

（1）2021 年 3 月 10 日，办理贴现时：

贴现天数应从 2021 年 3 月 10 日算至 7 月 4 日，再另加 3 天的划款期，共 120 天。

贴现利息＝1 000 000×120×4.5%÷360＝15 000(元)

实付贴现金额＝1 000 000－15 000＝985 000(元)

借：贴现资产——银行承兑汇票贴现——三禾公司（面值）　1 000 000

　贷：吸收存款——单位活期存款——三禾公司　985 000

　　贴现资产——银行承兑汇票贴现——三禾公司（利息调整）　15 000

（2）2021 年 3 月 31 日，摊销贴现利息调整时：

当月摊销金额＝15 000÷120×22＝2 750(元)

借：贴现资产——银行承兑汇票贴现——三禾公司（利息调整）　2 750

　贷：利息收入——贴现利息收入　2 594

　　应交税费——应交增值税（销项税额）（2 750÷(1＋6%)×6%）　156

（3）2021年4月1日，办理买断式再贴现时：

再贴现天数应从2021年4月1日算至7月4日，再另加3天的划款期，共98天。

再贴现利息＝1 000 000×98×3.6%÷360＝9 800(元)

实付再贴现金额＝1 000 000－9 800＝990 200(元)

应交增值税＝含税利息收入÷(1＋6%)×6%

＝(990 200＋12 250－1 000 000)÷(1＋6%)×6%＝139(元)

借：存放中央银行款项——准备金存款户 990 200
　贴现资产——银行承兑汇票贴现——三禾公司（利息调整） 12 250
　贷：贴现资产——银行承兑汇票贴现——三禾公司（面值） 1 000 000
　　利息收入 2 311
　　应交税费——应交增值税（销项税额） 139

【例5-3】 沿用例5-2的资料，假设2021年3月10日，开户单位三禾公司持无息商业承兑汇票到HKB银行申请办理贴现。付款人开户行在异地。2021年4月1日，HKB银行将该已贴现尚未到期的商业承兑汇票向中央银行申请办理买断式再贴现，中央银行到期收回票款。其他资料不变。

HKB银行编制会计分录如下：

（1）和（2）会计分录的编制参考例5-2。

（3）2021年4月1日，办理买断式再贴现时：

借：存放中央银行款项——准备金存款 990 200
　贴现负债——××行再贴现负债（利息调整） 9 800
　贷：贴现负债——××行再贴现负债（面值） 1 000 000

（4）2021年4月30日，摊销再贴现利息调整时：

当月摊销金额＝9 800÷98×30＝3 000(元)

借：利息支出——再贴现利息支出 3 000
　贷：贴现负债——××行再贴现负债（利息调整） 3 000

（5）2021年5月31日，摊销再贴现利息调整时：

当月摊销金额＝9 800÷98×31＝3 100(元)

借：利息支出——再贴现利息支出 3 100
　贷：贴现负债——××行再贴现负债（利息调整） 3 100

（6）2021年6月30日，摊销再贴现利息调整时：

当月摊销金额＝9 800÷98×30＝3 000(元)

借：利息支出——再贴现利息支出 3 000
　贷：贴现负债——××行再贴现负债（利息调整） 3 000

（7）2021年7月8日，中央银行到期收回票款，HKB银行因票据再贴现而产生的负债责任解除，应将贴现负债和与之对应的贴现资产对冲。有关账务处理如下：

1）将尚未摊销完的再贴现利息调整摊销：

当月摊销金额＝9 800÷98×7＝700（元）

借：利息支出——再贴现利息支出 700
　贷：贴现负债——××行再贴现负债（利息调整） 700

2）将贴现负债和与之对应的贴现资产对冲：

借：贴现负债——××行再贴现负债（面值） 1 000 000
　贷：贴现资产——商业承兑汇票贴现——三禾公司（面值） 1 000 000

同时，将“贴现资产——商业承兑汇票贴现——三禾公司（利息调整）”科目余额予以结转：

应交增值税＝含税利息收入÷（1＋6％）×6％
＝（12 250－9 800）÷（1＋6％）×6％＝139（元）
或 ＝［990 200－（985 000＋2 750）］÷（1＋6％）×6％＝139（元）

借：贴现资产——商业承兑汇票贴现——三禾公司（利息调整） 12 250
　贷：利息收入——贴现利息收入 12 111
　　应交税费——应交增值税（销项税额） 139

【例5－4】 沿用例5－3的资料，假设2021年4月1日，HKB银行将该已贴现尚未到期的商业承兑汇票向中央银行申请办理买断式再贴现。付款人开户行在异地。2021年7月8日，中央银行收到付款人开户行寄来的付款人未付款项通知书及退回的托收凭证、汇票，从再贴现申请人HKB银行账户收取票款，但HKB银行准备金存款账户只有80万元。HKB银行收到中央银行从其存款账户中收取再贴现票款的通知，审核无误后进行账务处理。同时，HKB银行向贴现申请人三禾公司追索票款，但其存款账户只有60万元。其他资料不变。

HKB银行编制会计分录如下：

（1）～（6）会计分录的编制同例5－3。

（7）2021年7月8日，HKB银行收到中央银行从其存款账户中收取再贴现票款的通知，审核无误后进行账务处理。

1）将尚未摊销完的再贴现利息调整摊销：

当月摊销金额＝9 800÷98×7＝700（元）

借：利息支出——再贴现利息支出 700
　贷：贴现负债——××行再贴现负债（利息调整） 700

2）收到中央银行从其存款账户中收取再贴现票款的通知时：

借：贴现负债——××行再贴现负债（面值） 1 000 000
　贷：存放中央银行款项——准备金存款 800 000
　　向中央银行借款——逾期贷款 200 000

3）向贴现申请人三禾公司追索票款，先从其存款账户中收取，存款账户不足支付的，不足支付部分做逾期贷款处理：

借：吸收存款——单位活期存款——三禾公司　600 000
　　贷款——逾期贷款——三禾公司　400 000
　贷：贴现资产——商业承兑汇票贴现——三禾公司（面值）　1 000 000

同时，将“贴现资产——商业承兑汇票贴现——三禾公司（利息调整）”科目余额予以结转：

借：贴现资产——商业承兑汇票贴现——三禾公司（利息调整）　12 250
　贷：利息收入——贴现利息收入　12 111
　　　应交税费——应交增值税（销项税额）　139

【例5-5】 沿用例5-3的资料，假设2021年3月10日，开户单位三禾公司持带息商业承兑汇票到HKB银行申请办理贴现，汇票票面利率为3%。付款人开户行在异地。2021年4月1日，HKB银行将该已贴现尚未到期的商业承兑汇票向中央银行申请办理回购式再贴现，双方约定票据回购日为2021年6月21日，HKB银行于票据回购日主动向中央银行回购再贴现的商业承兑汇票。HKB银行回购再贴现汇票后，在汇票到期前作为收款人向付款人办理托收，并于2021年7月8日收到划回的票款。其他资料不变。

HKB银行编制会计分录如下：

（1）2021年3月10日，办理贴现时：

贴现天数应从2021年3月10日算至7月4日，再另加3天的划款期，共120天。

汇票到期值=1 000 000×(1+4×3%÷12)=1 010 000(元)

贴现利息=1 010 000×120×4.5%÷360=15 150(元)

实付贴现金额=1 010 000－15 150=994 850(元)

借：贴现资产——商业承兑汇票贴现——三禾公司（面值）　1 000 000
　　　　　　　　　　　　　　——三禾公司（已贴现票据到期利息）　10 000
　贷：吸收存款——单位活期存款——三禾公司　994 850
　　　贴现资产——商业承兑汇票贴现——三禾公司（利息调整）　15 150

（2）2021年3月31日，摊销贴现利息调整时：

当月摊销金额=15 150÷120×22=2 777.50(元)

借：贴现资产——商业承兑汇票贴现——三禾公司（利息调整）　2 777.50
　贷：利息收入——贴现利息收入　2 620.50
　　　应交税费——应交增值税（销项税额）(2 777.50÷(1+6%)×6%)　157.00

（3）2021年4月1日，办理回购式再贴现时：

回购天数从2021年4月1日算至6月20日，共81天。

回购利息=1 010 000×81×3.6%÷360=8 181(元)

实付票据回购金额=1 010 000－8 181=1 001 819(元)

借：存放中央银行款项——准备金存款　　1 001 819
　　贴现负债——××行再贴现负债（利息调整）　　8 181
　贷：贴现负债——××行再贴现负债（面值）　　1 000 000
　　　　——××行再贴现负债（已贴现票据到期利息）　　10 000

（4）2021 年 4 月 30 日，摊销再贴现利息调整时：

当月摊销金额＝8 181÷81×30＝3 030(元)

借：利息支出——再贴现利息支出　　3 030
　贷：贴现负债——××行再贴现负债（利息调整）　　3 030

（5）2021 年 5 月 31 日，摊销再贴现利息调整时：

当月摊销金额＝8 181÷81×31＝3 131(元)

借：利息支出——再贴现利息支出　　3 131
　贷：贴现负债——××行再贴现负债（利息调整）　　3 131

（6）2021 年 6 月 21 日，HKB 银行回购再贴现的商业承兑汇票，有关账务处理如下：

1）将尚未摊销完的再贴现利息调整摊销：

当月摊销金额＝8 181÷81×20＝2 020(元)

借：利息支出——再贴现利息支出　　2 020
　贷：贴现负债——××行再贴现负债（利息调整）　　2 020

2）商业银行回购再贴现票据时：

借：贴现负债——××行再贴现负债（面值）　　1 000 000
　　——××行再贴现负债（已贴现票据到期利息）　　10 000
　贷：存放中央银行款项——准备金存款　　1 010 000

（7）2021 年 7 月 8 日，收到划回的票款时：

借：待清算辖内往来　　1 010 000
　贷：贴现资产——商业承兑汇票贴现——三禾公司（面值）　　1 000 000
　　　　——三禾公司（已贴现票据到期利息）
　　　　　　10 000

同时，将“贴现资产——商业承兑汇票贴现——三禾公司（利息调整）”科目余额予以结转：

应交增值税＝含税利息收入÷(1＋6%)×6%
　　＝(15 150－2 777.50－8 181)÷(1＋6%)×6%＝237(元)
或　＝[1 001 819－(994 850＋2 777.50)]÷(1＋6%)×6%＝237(元)

借：贴现资产——商业承兑汇票贴现——三禾公司（利息调整）　　12 372.50
　贷：利息收入——贴现利息收入　　12 135.50
　　　应交税费——应交增值税（销项税额）　　237.00

5.3 商业银行跨系统往来的核算

商业银行跨系统往来又称为同业往来，是指商业银行跨系统行处之间由于办理汇划款项、相互融通资金和代理货币结算等业务所引起的资金账务往来。主要有同业间存放款项、同城票据交换、跨系统汇划款项、同业拆借及跨系统转贴现等业务。其中，跨系统汇划款项的核算在第 6 章阐述。

中央银行作为我国为金融机构提供资金清算服务的中介，商业银行跨系统往来的资金清算，最终要通过各自在中央银行开立的准备金存款账户办理。

5.3.1 同业间存放款项的核算

1. 会计科目的设置

（1）“存放同业”科目。该科目属于资产类科目，核算商业银行存放于境内、境外银行和非银行金融机构的款项。商业银行存放于中央银行的款项，在“存放中央银行款项”科目核算。商业银行增加在同业的存款，借记“存放同业”科目，贷记“存放中央银行款项”等科目；减少在同业的存款做相反的会计分录。该科目期末借方余额，反映商业银行存放在同业的各种款项。该科目可按存放款项的性质和存放的金融机构进行明细核算。

（2）“同业存放”科目。该科目属于负债类科目，核算商业银行吸收的境内、境外金融机构的存款。同业增加在商业银行的存款时，商业银行应按实际收到的金额，借记“存放中央银行款项”等科目，贷记“同业存放”科目；同业减少在商业银行的存款时，商业银行做相反的会计分录。该科目期末贷方余额，反映商业银行吸收的同业存放款项。该科目可按存放的金融机构进行明细核算。

2. 存放同业款项的核算

存放同业款项是指商业银行因办理跨系统资金结算、理财投资或其他资金往来等业务需要，而存入境内、境外其他银行和非银行金融机构的款项。

（1）存出款项的处理。商业银行存出款项，在资金划拨后进行账务处理。会计分录为：

借：存放同业——存放××行××款项

　贷：存放中央银行款项——准备金存款

（2）利息的处理。资产负债表日、结息日及销户时，商业银行按计算确定的利息金额计提利息收入。会计分录为：

借：应收利息——××行

　贷：利息收入——存放同业利息收入

根据《财政部 国家税务总局关于金融机构同业往来等增值税政策的补充通知》（财税〔2016〕70 号）的规定，商业银行存放同业款项取得的利息收入属于金融同业往来利息收入，免征增值税。

结息日次日及销户时，实际收到存放同业款项利息的会计分录为：

借：存放同业——存放××行××款项

　　贷：应收利息——××行

(3) 支取款项的处理。商业银行支取款项，在收到划来的资金后进行账务处理。会计分录为：

借：存放中央银行款项——准备金存款

　　贷：存放同业——存放××行××款项

3. 同业存放款项的核算

同业存放款项是指境内、境外其他银行和非银行金融机构，因办理跨系统资金结算、理财投资或其他资金往来等业务需要，而存入商业银行的款项。

(1) 同业存入款项的处理。同业存入款项，商业银行在收到划来的资金后进行账务处理。会计分录为：

借：存放中央银行款项——准备金存款

　　贷：同业存放——××行存放××款项

(2) 利息的处理。资产负债表日、结息日及销户时，商业银行按计算确定的利息金额计提利息支出。会计分录为：

借：利息支出——同业存放利息支出

　　贷：应付利息——××行

结息日次日及销户时，实际支付同业存放款项利息的会计分录为：

借：应付利息——××行

　　贷：同业存放——××行存放××款项

(3) 同业支取款项的处理。同业支取款项，商业银行在资金划拨后进行账务处理。会计分录为：

借：同业存放——××行存放××款项

　　贷：存放中央银行款项——准备金存款

5.3.2 同城票据交换的核算

1. 同城票据交换的有关规定

同城票据交换是同城或同一票据交换区内各商业银行将相互代收、代付的票据，每日定时定点集中相互交换，并轧差清算资金的方式。主要处理实物票据不能截留的跨行支票、本票、银行汇票以及跨行代收、代付的其他纸质凭证。

同城票据交换由当地中央银行设立票据交换所，统一组织各商业银行集中进行票据交换，一般每日设置两场交换，上午和下午各一场，并规定具体交换时间。

参加票据交换的商业银行各行处应向当地中央银行申请同城票据交换号，经审查同意并核发交换号后，方可按规定时间参加交换。

同城票据交换的资金清算，可由参加票据交换的商业银行各行处分别在当地中央银行开立清算账户，分别与中央银行进行资金清算；也可以其管辖行作为清算行在中央银行开立清算账户，统一与中央银行进行资金清算，然后管辖行通过系统内往来与辖属各行处进行二次清算。

2. **同城票据交换的基本原理**

同城票据交换分为提出票据和提入票据，通过票据交换所向他行提出票据的银行为提出行，通过票据交换所从他行提入票据的银行为提入行（如图5－1所示）。参加票据交换的银行一般既是提出行又是提入行（如图5－2所示）。

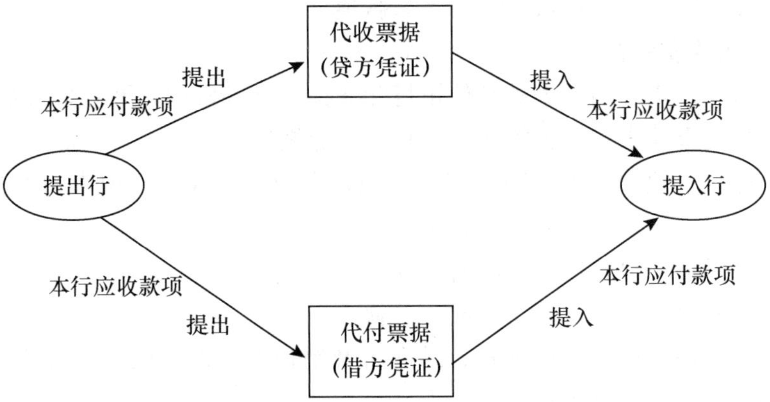

图5－1　同城票据交换的提出行和提入行

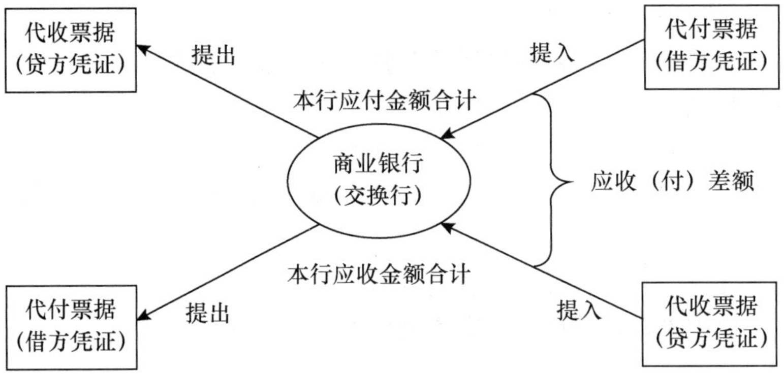

图5－2　同城票据交换差额的轧计

商业银行提出交换的票据可分为两类：（1）代收票据。代收票据也称贷方凭证，是指以本行开户单位为付款人，向他行开户单位付款的各种结算凭证。比如，持票人以本行开户单位为出票人的支票提示付款时提交给本行的进账单，以本行开户单位为付款人的代发工资凭证、划转税款凭证等。（2）代付票据。代付票据也称借方凭证，是指以本行开户单位为收款人，向他行开户单位收款的各种结算凭证。比如，以本行开户单位为收款人解入的支票、银行本票、银行汇票等。

提出行提出代收票据（贷方凭证）表示本行应付款项，与之相对应，提入行提入代收票据则表示本行应收款项；提出行提出代付票据（借方凭证）表示本行应收款项，提入行提入代付票据则表示本行应付款项（如图5－1所示）。由于参加票据交换的商业银行一般既是提出行又是提入行，因此，在每场票据交换中，各行应收和应付金额合计分别为：

应收金额合计＝提出的代付票据(借方凭证)金额＋提入的代收票据(贷方凭证)金额
应付金额合计＝提出的代收票据(贷方凭证)金额＋提入的代付票据(借方凭证)金额

各行在每场交换中应当场加计应收和应付金额合计，并轧计出应收或应付差额，如应收金额合计大于应付金额合计，则其差额为应收差额；如应付金额合计大于应收金额合计，则其差额为应付差额（如图 5－2 所示）。最后由票据交换所汇总轧平各行的应收、应付差额，并转交中央银行办理转账，清算差额。

3. 会计科目的设置

商业银行应设置“清算资金往来”科目，该科目属于资产负债共同类科目，核算商业银行间业务往来的资金清算款项。该科目可按资金往来单位，分别“同城票据清算”“信用卡清算”等进行明细核算。

该科目在同城票据清算业务中的具体运用在下面阐述。商业银行发生其他资金清算业务，收到清算资金时，借记“存放中央银行款项”等科目，贷记“清算资金往来”科目；划付清算资金时做相反的会计分录。该科目期末借方余额，反映商业银行应收的清算资金；期末贷方余额，反映商业银行应付的清算资金。

4. 同城票据交换的核算

目前，同城票据交换与清算业务所使用的同城票据清分清算系统，是利用清分机、影像设备、计算机网络等现代科学技术，实现多方信息共享的票据清分和资金清算自动化处理系统。

（1）提出票据的处理。柜员收到客户提交的需通过同城交换提出的票据，审核无误后，使用相关交易进行记账，汇划渠道选择“交换提出”。交易成功打印记账凭证，系统自动登记同城票据提出登记簿。每日定时，各柜员将提出交换的票据交票据交换员提出交换。

1）提出贷方凭证（如进账单）的会计分录为：

借：吸收存款——××存款——××付款人
　贷：清算资金往来——同城票据清算

2）提出借方凭证，根据“收妥入账”的原则，分别不同情况进行处理。

①对于即时抵用的票据，如银行本票、系统内银行汇票等，应及时将资金划入客户账内。会计分录为：

借：清算资金往来——同城票据清算
　贷：吸收存款——××存款——××收款人

②对于收妥抵用的票据，如转账支票、跨系统银行汇票等，先将应收票款记入“其他应付款”账户。会计分录为：

借：清算资金往来——同城票据清算
　贷：其他应付款——同城清算提出

若超过规定的退票时间，未发生退票，再将资金划入客户账内：

借：其他应付款——同城清算提出

贷：吸收存款——××存款——××收款人

（2）票据交换所的处理。票据交换所收到各提出行的提出票据后，由票据清分机自动按提入行进行清分，将票据放入各提入行的箱夹，并对通过票据清分机的票据进行数据清算，轧计出各行本场次票据交换中应收金额合计和应付金额合计以及应收或应付差额，并汇总轧平各行的应收、应付差额后产生交换差额报告单，打印出各交换行的提回明细清单。然后，票据交换所将各提入行箱夹中的票据连同交换差额报告单和提回明细清单，按提入行整理并封装交换包，待交换行在规定时间提回。

（3）提入票据的处理。票据交换员提回交换包，将提入票据、交换差额报告单及清单等移交柜员。柜员审核无误后，使用相关交易进行处理，打印记账凭证，系统自动登记同城票据提入登记簿。会计分录为：

1）提入贷方凭证时：

借：清算资金往来——同城票据清算

贷：吸收存款——××存款——××收款人

2）提入借方凭证时：

借：吸收存款——××存款——××付款人

贷：清算资金往来——同城票据清算

（4）交换轧差资金清算的处理。柜员进行交换轧差交易处理，将提入的票据头寸与提出的票据头寸进行轧差，并与当地中央银行清算差额。

1）若为应收差额，会计分录为：

借：存放中央银行款项——准备金存款

贷：清算资金往来——同城票据清算

2）若为应付差额，会计分录为：

借：清算资金往来——同城票据清算

贷：存放中央银行款项——准备金存款

（5）退票的处理。提入行误提他行票据、提入有错误的票据（如账号与户名不符、大小写金额不一致等）、提入付款人账户资金不足支付的票据等，均要办理退票。

1）提入票据退票的处理。提入行提入的票据由于各种原因不能办理转账，需要退票时，应在规定的退票时间内电话通知原提出行，等下次票据交换时进行实物退票，并将待退票据视同提出票据列入下次清算。由于待退票据款项已列入本次清算差额，为保持本次“清算资金往来”余额与清算差额一致，便于账务平衡和核查，对待退票款项应列入应收或应付科目核算。会计分录为：

①提入的贷方凭证（如进账单）需要退票时：

借：清算资金往来——同城票据清算

贷：其他应付款——同城清算退票

下次交换提出退票时：

借：其他应付款——同城清算退票

贷：清算资金往来——同城票据清算

②提入的借方凭证（如空头支票）需要退票时：

借：其他应收款——同城清算退票

　　贷：清算资金往来——同城票据清算

下次交换提出退票时：

借：清算资金往来——同城票据清算

　　贷：其他应收款——同城清算退票

2）提出票据退票的处理。提出行接到退票通知后，若查明确属本行提出的票据，在登记簿中注明退票的理由和时间，下次票据交换时将退回的票据视同提入票据处理。会计分录为：

①提出的贷方凭证发生退票，下次交换提入退票时：

借：清算资金往来——同城票据清算

　　贷：吸收存款——××存款——××付款人

②提出的借方凭证发生退票，下次交换提入退票时：

借：其他应付款——同城清算提出

　　贷：清算资金往来——同城票据清算

【例5-6】 8月6日，F市同城票据交换所纳入当日第一场票据交换轧差的各交换行提出和提入票据如下（假设未发生退票）：

（1）中国建设银行某分行提出转账支票金额567 000元，提出进账单金额216 000元；提入银行本票金额127 000元，提入进账单金额438 000元。

（2）招商银行某分行提出银行本票金额7 200元，提出进账单金额33 800元；提入转账支票金额21 600元，提入进账单金额8 600元。

（3）中国工商银行某分行提出银行汇票金额243 200元，提出进账单金额249 900元；提入转账支票金额738 600元，提入进账单金额122 900元。

假设各交换行均为清算行，且在中央银行的备付金存款账户有足够的资金清算票据交换差额。根据上述资料，编制各交换行的会计分录，计算各交换行应收（付）差额并与中央银行清算差额。

各交换行有关账务处理如下：

（1）编制各交换行的会计分录。

1）中国建设银行某分行编制会计分录如下：

①提出转账支票（借方票据、代付票据，收妥抵用）时：

借：清算资金往来——同城票据清算　　567 000

　　贷：其他应付款——同城清算提出　　567 000

超过退票时间，未发生退票时：

借：其他应付款——同城清算提出　　567 000

　　贷：吸收存款——××存款——××收款人　　567 000

②提出进账单（贷方票据、代收票据）时：

借：吸收存款——××存款——××付款人　　216 000

　　贷：清算资金往来——同城票据清算　　216 000

③提入银行本票（借方票据、代付票据）时：

借：吸收存款——××存款——××付款人　127 000
　贷：清算资金往来——同城票据清算　127 000

④提入进账单（贷方票据、代收票据）时：

借：清算资金往来——同城票据清算　438 000
　贷：吸收存款——××存款——××收款人　438 000

2）招商银行某分行编制会计分录如下：

①提出银行本票（借方票据、代付票据，即时抵用）时：

借：清算资金往来——同城票据清算　7 200
　贷：吸收存款——××存款——××收款人　7 200

②提出进账单（贷方票据、代收票据）时：

借：吸收存款——××存款——××付款人　33 800
　贷：清算资金往来——同城票据清算　33 800

③提入转账支票（借方票据、代付票据）时：

借：吸收存款——××存款——××付款人　21 600
　贷：清算资金往来——同城票据清算　21 600

④提入进账单（贷方票据、代收票据）时：

借：清算资金往来——同城票据清算　8 600
　贷：吸收存款——××存款——××收款人　8 600

3）中国工商银行某分行编制会计分录如下：

①提出银行汇票（借方票据、代付票据，即时抵用）时：

借：清算资金往来——同城票据清算　243 200
　贷：吸收存款——××存款——××收款人　243 200

②提出进账单（贷方票据、代收票据）时：

借：吸收存款——××存款——××付款人　249 900
　贷：清算资金往来——同城票据清算　249 900

③提入转账支票（借方票据、代付票据）时：

借：吸收存款——××存款——××付款人　738 600
　贷：清算资金往来——同城票据清算　738 600

④提入进账单（贷方票据、代收票据）时：

借：清算资金往来——同城票据清算　122 900
　贷：吸收存款——××存款——××收款人　122 900

（2）计算各交换行应收（付）差额。

1）中国建设银行某分行应收差额计算如下：

应收金额合计＝567 000＋438 000＝1 005 000(元)

应付金额合计＝216 000＋127 000＝343 000(元)

应收差额＝1 005 000－343 000＝662 000(元)

2）招商银行某分行应付差额计算如下：

应收金额合计＝7 200＋8 600＝15 800（元）

应付金额合计＝33 800＋21 600＝55 400（元）

应付差额＝55 400－15 800＝39 600（元）

3）中国工商银行某分行应付差额计算如下：

应收金额合计＝243 200＋122 900＝366 100（元）

应付金额合计＝249 900＋738 600＝988 500（元）

应付差额＝988 500－366 100＝622 400（元）

（3）各交换行与中央银行清算差额。

1）中国建设银行某分行与中央银行清算差额的会计分录为：

借：存放中央银行款项——准备金存款　662 000

　贷：清算资金往来——同城票据清算　662 000

2）招商银行某分行与中央银行清算差额的会计分录为：

借：清算资金往来——同城票据清算　39 600

　贷：存放中央银行款项——准备金存款　39 600

3）中国工商银行某分行与中央银行清算差额的会计分录为：

借：清算资金往来——同城票据清算　622 400

　贷：存放中央银行款项——准备金存款　622 400

5.3.3 同业拆借的核算

1. 同业拆借的有关规定

同业拆借是金融机构之间临时融通资金的一种短期资金借贷行为，是解决因跨系统汇划款项或票据交换等业务而产生的短期资金不足的一种有效方法。

同业拆借的资金清算涉及不同银行的，应直接或委托开户银行通过中央银行大额支付系统办理。同业拆借的资金清算可以在同一银行完成的，应以转账方式办理。任何同业拆借清算均不得使用现金支付。

2. 会计科目的设置

（1）“拆出资金”科目。该科目属于资产类科目，核算金融机构拆借给境内、境外其他金融机构的款项。金融机构拆出资金时，借记“拆出资金”科目，贷记“存放中央银行款项”“银行存款”等科目；收回资金时做相反的会计分录。该科目期末借方余额，反映金融机构按规定拆放给其他金融机构的款项。该科目可按拆放的金融机构进行明细核算。

（2）“拆入资金”科目。该科目属于负债类科目，核算金融机构从境内、境外金融机构拆入的款项。金融机构拆入资金时，应按实际收到的金额，借记“存放中央银行款项”“银行存款”等科目，贷记“拆入资金”科目；归还拆入资金时做相反的会计分录。资产负债表日，应按计算确定的拆入资金的利息费用，借记“利息支出”科目，贷记“应付利息”科目。该科目期末贷方余额，反映金融机构尚未归还的拆入资金余额。该科目可按拆入资金的金融机构进行明细核算。

3. 同业拆借的核算

（1）通过大额支付系统拆借的核算。同业拆借市场的资金清算采取由拆借双方全额直接清算的方式，即由拆出方或归还方在规定时间主动发送单笔汇划业务支付指令通过大额支付系统办理资金汇划和清算。支付系统赋予同业拆借业务特定报文和标识，每天营业终了向同业拆借中心下载拆借和归还资金支付信息。

1）拆借的处理。

①拆出行的处理。拆借双方签订合同后，拆出行主动发送银行间同业拆借支付报文，通过大额支付系统办理资金汇划。会计分录为：

借：拆出资金——××行

贷：存放中央银行款项——准备金存款

②中央银行的处理。大额支付系统国家处理中心收到同业拆借支付报文后，逐笔确认无误，提交支付系统的清算账户管理系统，由清算账户管理系统代理中央银行进行账务处理。

清算账户管理系统代理拆出行开户的中央银行进行账务处理的会计分录为：

借：××存款——××拆出行

贷：大额支付往来——××拆出行开户央行

清算账户管理系统代理拆入行开户的中央银行进行账务处理的会计分录为：

借：大额支付往来——××拆入行开户央行

贷：××存款——××拆入行

③拆入行的处理。拆入行收到清算成功同业拆借支付报文后，办理转账。会计分录为：

借：存放中央银行款项——准备金存款

贷：拆入资金——××行

2）利息的处理。

①计提利息的处理。资产负债表日，拆入行和拆出行应按照权责发生制基础计提利息，确认利息支出和利息收入。

拆入行计提利息的会计分录为：

借：利息支出——拆入资金

贷：应付利息——××行

拆出行计提利息的会计分录为：

借：应收利息——××行

贷：利息收入——拆出资金

根据规定，经中国人民银行批准，进入全国银行间同业拆借市场的金融机构之间通过全国统一的同业拆借网络进行的短期（1年以下含1年）无担保资金融通所取得的利息收入，属于金融同业往来利息收入，免征增值税。

②实际支付和收到利息的处理。拆入行实际支付利息时，会计分录为：

借：应付利息——××行

贷：存放中央银行款项——准备金存款

拆出行实际收到利息时，会计分录为：

借：存放中央银行款项——准备金存款

　　贷：应收利息——××行

3）到期归还的处理。

①拆入行的处理。拆借资金到期，拆入行主动发送银行间同业拆借支付报文，通过大额支付系统办理拆借资金的本息汇划。会计分录为：

借：拆入资金——××行　（拆入资金的本金）

　　应付利息——××行　（已计提未支付的利息）

　　利息支出——拆入资金　（借贷方差额）

　　贷：存放中央银行款项——准备金存款　（实际归还的金额）

②中央银行的处理。大额支付系统国家处理中心收到同业拆借支付报文后，逐笔确认无误，提交支付系统的清算账户管理系统，由清算账户管理系统代理中央银行进行账务处理。

清算账户管理系统代理拆入行开户的中央银行进行账务处理的会计分录为：

借：××存款——××拆入行

　　贷：大额支付往来——××拆入行开户央行

清算账户管理系统代理拆出行开户的中央银行进行账务处理的会计分录为：

借：大额支付往来——××拆出行开户央行

　　贷：××存款——××拆出行

③拆出行的处理。拆出行收到清算成功同业拆借支付报文后，办理转账。会计分录为：

借：存放中央银行款项——准备金存款　（实际收到的金额）

　　贷：拆出资金——××行　（拆出资金的本金）

　　　　应收利息——××行　（已计提未收到的利息）

　　　　利息收入——拆出资金　（借贷方差额）

（2）通过转账方式拆借的核算。若同业拆借的资金清算可以在同一银行完成，以转账方式进行拆借时，直接由拆出行向中央银行提交其备付金存款账户的转账支票，办理资金划转。中央银行收到拆出行提交的转账支票，审核无误办理划款的会计分录为：

借：××存款——××拆出行

　　贷：××存款——××拆入行

拆借资金到期，由拆入行主动向中央银行提交其备付金存款账户的转账支票，归还借款。中央银行收到拆入行提交的转账支票，审核无误办理划款的会计分录为：

借：××存款——××拆入行

　　贷：××存款——××拆出行

其他账务处理与通过大额支付系统拆借相同。

【例 5－7】 3 月 9 日，中国建设银行苏州分行因临时性资金周转需要，通过大额支付系统从中国工商银行上海分行拆入资金 10 000 000 元，双方约定拆借期限为 1 个月，拆借利率为 5.4%。中国建设银行苏州分行到期归还拆借资金本息。

（1）3月9日，拆借资金时，各行的账务处理如下：

1）中国工商银行上海分行：

借：拆出资金——中国建设银行苏州分行　　10 000 000

　贷：存放中央银行款项——准备金存款　　10 000 000

2）大额支付系统国家处理中心（清算账户管理系统代理中央银行进行账务处理）：

清算账户管理系统代理中国工商银行上海分行开户的中央银行进行账务处理：

借：商业银行存款——中国工商银行上海分行　　10 000 000

　贷：大额支付往来——中国人民银行上海分行　　10 000 000

清算账户管理系统代理中国建设银行苏州分行开户的中央银行进行账务处理：

借：大额支付往来——中国人民银行苏州中心支行　　10 000 000

　贷：商业银行存款——中国建设银行苏州分行　　10 000 000

3）中国建设银行苏州分行：

借：存放中央银行款项——准备金存款　　10 000 000

　贷：拆入资金——中国工商银行上海分行　　10 000 000

（2）3月31日，拆出行和拆入行计提利息的账务处理如下：

1）中国工商银行上海分行：

$$应提利息=10\ 000\ 000\times 23\times 5.4\%\div 360=34\ 500(元)$$

借：应收利息——中国建设银行苏州分行　　34 500

　贷：利息收入——拆出资金　　34 500

2）中国建设银行苏州分行：

借：利息支出——拆入资金　　34 500

　贷：应付利息——中国工商银行上海分行　　34 500

（3）4月9日，归还拆借资金时，各行的账务处理如下：

1）中国建设银行苏州分行：

$$利息=10\ 000\ 000\times 1\times 5.4\%\div 12=45\ 000(元)$$

已提未支付利息34 500元，确认利息支出10 500元（45 000－34 500），会计分录为：

借：拆入资金——中国工商银行上海分行　　10 000 000

　　应付利息——中国工商银行上海分行　　34 500

　　利息支出——拆入资金　　10 500

　贷：存放中央银行款项——准备金存款　　10 045 000

2）大额支付系统国家处理中心：

借：商业银行存款——中国建设银行苏州分行　　10 045 000

　贷：大额支付往来——中国人民银行苏州中心支行　　10 045 000

借：大额支付往来——中国人民银行上海分行　　10 045 000

　贷：商业银行存款——中国工商银行上海分行　　10 045 000

3）中国工商银行上海分行：

借：存放中央银行款项——准备金存款　　10 045 000

贷：拆出资金——中国建设银行苏州分行　　10 000 000
　　应收利息——中国建设银行苏州分行　　34 500
　　利息收入——拆出资金　　10 500

5.3.4　转贴现的核算

商业银行以其持有的已贴现未到期的商业汇票向其他商业银行办理的贴现，称为转贴现。转贴现是商业银行之间相互融通资金的一种方式，分为买断式转贴现和回购式转贴现。

买断式转贴现是指申请转贴现银行（贴出人）将票据权利转让给转贴现银行（贴入人），票据到期由转贴现银行作为票据债权人向付款人收取票款。

回购式转贴现是指申请转贴现银行将票据质押给转贴现银行，并约定回购日及回购方式，由申请转贴现银行于回购日将票据购回，并作为债权人向付款人收取票款。回购式转贴现不转移票据权利。

在转贴现核算中，申请转贴现银行的账务处理可比照本章中商业银行向中央银行再贴现的核算进行处理；转贴现银行（买断式）的账务处理可比照第3章的“票据贴现的核算”进行处理，转贴现银行（回购式）在申请转贴现银行回购票据时，账务处理如下：

（1）将尚未摊销完的转贴现利息调整摊销，并确认为转贴现利息收入。同时，根据《财政部 税务总局关于建筑服务等营改增试点政策的通知》（财税〔2017〕58号）的规定，自2018年1月1日起，商业银行办理转贴现业务，应以其实际持有票据期间取得的利息收入作为贷款服务销售额计算缴纳增值税。会计分录为：

借：贴现资产——××承兑汇票转贴现——××行（利息调整）　　（账面余额）
　　贷：利息收入——转贴现利息收入
　　　　应交税费——应交增值税（销项税额）

（2）申请转贴现银行回购票据，收回票款时，会计分录为：

借：存放中央银行款项——准备金存款　　（实际收到的金额）
　　贷：贴现资产——××承兑汇票转贴现——××行（面值）　　（票面金额）
　　　　——××行（已贴现票据到期利息）
　　　　（如为带息汇票）

账务处理完成后，转贴现银行（回购式）将转贴现票据交还申请转贴现银行。申请转贴现银行购回票据后，作为收款人向付款人办理托收的处理，在第3章的“票据贴现的核算”中已述。

思考题

1. 什么是金融机构往来？
2. 再贷款有哪些种类？
3. 什么是买断式再贴现？什么是回购式再贴现？二者有什么区别？

4. 什么是同城票据交换？简述同城票据交换的基本原理。

5. 什么是同业拆借？同业拆借应通过什么方式办理？

6. 简述转贴现的定义与种类。

练习题

1. 6月10日，中国工商银行武汉分行的财政性存款科目余额为99 386 000元，在中央银行的缴存财政性存款账户余额为61 975 000元。6月15日，该行在中央银行的准备金存款账户余额为25 610 000元。中国工商银行武汉分行于6月15日实缴25 610 000元，欠缴存款于6月19日补缴，并支付罚款28 322.40元。

要求：根据上述资料，编制有关会计分录。

2. 2021年5月9日，中国工商银行古田支行向中央银行申请季节性贷款1 000 000元，利率为6.3%，期限3个月，经审查予以办理。2021年8月9日，借款到期，中国工商银行古田支行办理借款归还手续，假设利息随本金一并归还。

要求：

（1）编制中国工商银行古田支行借入款项的会计分录。

（2）编制中国工商银行古田支行每月月末计提利息的会计分录。

（3）编制中国工商银行古田支行到期归还借款的会计分录。

3. 2021年6月10日，中国农业银行北京朝阳支行为开户单位长江公司办理无息商业承兑汇票贴现，汇票面额360 000元，于2021年4月7日签发并承兑，期限5个月，于2021年9月7日到期。中国农业银行北京朝阳支行的贴现率为5.8%。付款人开户行在同城。2021年7月16日，中国农业银行北京朝阳支行将该商业承兑汇票向中央银行申请办理买断式再贴现，再贴现率为4.3%，中央银行到期收回票款。

要求：

（1）编制中国农业银行北京朝阳支行办理贴现的会计分录。

（2）编制中国农业银行北京朝阳支行每月月末摊销贴现利息调整的会计分录。

（3）编制中国农业银行北京朝阳支行办理再贴现的会计分录。

（4）编制中国农业银行北京朝阳支行每月月末摊销再贴现利息调整的会计分录。

（5）编制中国农业银行北京朝阳支行汇票到期处理的会计分录。

4. 5月20日，中国工商银行武汉武昌支行纳入当日第一场票据交换轧差的提出和提入票据为：提出代收票据10张，金额63 000元；提出代付票据（为收妥抵用票据）2张，金额21 000元；提入代收票据5张，金额95 000元；提入代付票据3张，金额42 000元。在规定的退票时间内，接到交通银行雄楚支行的退票电话，本行开户单位硕美信息技术公司为收款人的一张提出代付票据（转账支票），由于交通银行雄楚支行开户单位广泉商贸公司为付款人的存款账户无款支付（空头支票）发生退票，金额为10 000元，待下场票据交换退回。

5月20日，中国工商银行武汉武昌支行纳入当日第二场票据交换轧差的提出和提入票据为：提出代收票据6张，金额78 000元；提出代付票据（为即时抵用票据）3张，金额 36 000 元；提入代收票据 8 张，金额 7 900 元；提入代付票据 2 张，金额 12 000 元，其中 1 张为退回的收款人为硕美信息技术公司的代付票据，金额 10 000 元。

要求：

（1）根据上述资料，编制中国工商银行武汉武昌支行的会计分录。

（2）计算中国工商银行武汉武昌支行应收（付）差额并与中央银行清算差额。

（3）编制交通银行雄楚支行提入空头支票及提出退票的会计分录。

5. 6 月 5 日，中国建设银行上海浦东分行签发转账支票提交当地中央银行，以转账方式向中国农业银行上海分行拆出资金 6 000 000 元，双方约定拆借期限为 7 天，拆借利率为 5.1%。假设中国建设银行上海浦东分行和中国农业银行上海分行同在当地中央银行开有准备金存款账户。中国农业银行上海分行将拆入资金用于弥补同城票据交换差额清算，并按期归还拆借资金本息。

要求：分别编制拆借资金及归还资金时，中国农业银行上海分行、当地中央银行及中国建设银行上海浦东分行的会计分录。

第6章

中国现代化支付系统的核算

学习目标

1. 了解中国现代化支付系统的主要应用系统及支撑的支付结算工具，大额支付系统、小额支付系统及网上支付跨行清算系统的体系结构、参与者。

2. 理解大额支付系统、小额支付系统及网上支付跨行清算系统处理的支付结算业务及基本业务处理流程。

3. 掌握大额支付系统一般普通贷记业务的核算，小额支付系统普通贷记、借记业务以及轧差和资金清算的核算。

4. 理解小额支付系统定期贷记、实时贷记、定期借记、实时借记、跨行通存通兑业务的核算，网上支付跨行清算系统的核算，中国人民银行内部转账业务的核算，同城票据交换轧差净额的清算。

6.1 中国现代化支付系统概述

中国现代化支付系统（China National Advanced Payment System，CNAPS）是中央银行根据我国支付清算的需要，利用现代计算机技术和通信网络开发建设的，能够高效、安全地处理各银行办理的异地、同城各种支付业务及其资金清算和货币市场交易资金清算的应用系统。

中国现代化支付系统是我国支付体系的中枢，目前我国已建成以中国现代化支付系统为核心，银行业金融机构行内业务系统为基础，票据支付系统、银行卡支付系统、地方同城支付系统等为重要组成部分的支付清算体系。

6.1.1　中国现代化支付系统的应用系统

中国现代化支付系统的应用系统以清算账户管理系统为核心，大额支付系统、小额支付系统、网上支付跨行清算系统、支票影像交换系统为业务应用子系统，支付管理信息系统为辅助支持系统，其架构如图 6-1 所示。

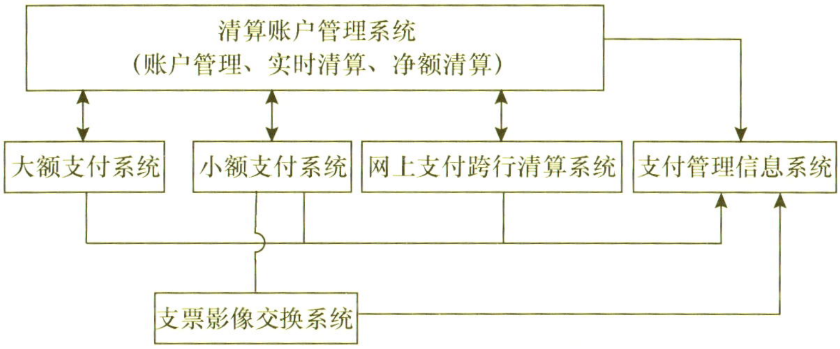

图 6-1　中国现代化支付系统应用系统架构图

清算账户管理系统（SAPS）是现代化支付系统的核心支持系统，通过集中存储和管理清算账户，处理大额支付系统、小额支付系统、网上支付跨行清算系统等业务系统的资金清算，以及中央银行会计核算系统发起的现金存取、再贷款、再贴现等单边业务和同城轧差净额业务。

大额支付系统（HVPS）采取逐笔实时发送支付指令，全额清算资金。该系统处理同城和异地商业银行跨行之间和行内的每笔金额在规定起点以上的大额贷记支付业务和紧急的小额贷记支付业务，中央银行会计和国库部门办理的贷记支付业务，以及公开市场操作、债券交易等的即时转账业务。

小额支付系统（BEPS）采取批量发送支付指令，轧差净额清算资金。该系统处理同城和异地纸凭证截留的商业银行跨行之间的借记支付业务及每笔金额在规定起点以下的小额贷记支付业务，中央银行会计和国库部门办理的借记支付业务。

网上支付跨行清算系统（IBPS）即网银互联系统，采取逐笔实时发送支付指令，轧差净额清算资金。该系统处理跨行（同行）网上支付、电话支付、手机支付等新兴电子支付业务，跨行账户信息查询以及在线签约等业务。网银互联系统实现了各商业银行网银系统互联互通，为社会提供更为高效、便捷的电子支付清算服务，同时作为大额支付系统、小额支付系统运行时序上的有益补充。

支票影像交换系统（CIS）综合运用影像技术和支付密码等技术，将纸质支票转换为影像和电子信息，实现纸质支票截留，利用网络技术将支票影像和电子清算信息传递至出票人开户行提示付款，付款回执通过小额支付系统返回，由小额支付系统统一纳入轧差并提交清算，实现支票的全国通用。该系统处理银行机构跨行和行内的支票影像信息交换。

支付管理信息系统（PMIS）是现代化支付系统的辅助支持系统，主要负责管理行名行号、统计分析、统计报表、监控业务运行、集中存储支付系统的基础数据和计费服务等。对支付信息和系统基础数据进行管理和统计监测，并进行数据挖掘和加工，为制定货币政策和维护金融稳定等提供可靠的信息支持和决策依据。

6.1.2 中国现代化支付系统支撑的支付结算工具

支付结算工具是资金转移的载体，人们形象地称支付结算工具为资金流通的“车”，称支付系统为资金流通的“路”。中国现代化支付系统的建成和在全国的推广应用，搭建了银行间跨行资金清算的“高速公路”，为各银行及清算服务组织提供了业务发展和创新的平台。目前，我国已基本形成以支票、汇票、本票和银行卡等非现金支付工具为主体，汇兑、托收承付、委托收款、定期借记、定期贷记等结算方式为补充，网上支付、手机支付等电子支付方式为新兴发展方向的非现金支付工具体系，为社会提供高效、便捷、安全、灵活的支付清算服务。

中国现代化支付系统支撑的国内使用的支付结算工具，主要有贷记支付工具、借记支付工具和其他支付工具，具体如表6-1所示。

表6-1 现代化支付系统支撑的支付结算工具（国内）分类表

类别	支付工具名称	使用范围与特点
贷记支付工具	汇兑	用于企业、政府、银行间及个人消费者异地、同城资金划拨和支付。
	委托收款	主要用于同城、异地的商业性支付，资金划回收款人时通过支付系统处理。
	托收承付	用于异地的商业性支付，资金划回收款人时通过支付系统处理。
	定期贷记	用于同城、异地的定期支付，如个人工资、保险金发放的支付。
	实时贷记	用于同城、异地通存业务、代收付中心发起的实时代付业务等。
	网银贷记	用于同城、异地客户或第三方支付服务组织依照客户委托，依托互联网发起的电子支付业务。
借记支付工具	银行汇票	用于异地的商业性、个人消费性或其他支付。
	国内信用证	用于异地商业性支付。
	银行本票	用于票据交换区域内的商业性和个人消费性支付。
	支票	用于全国范围内的商业性和个人消费性支付。
	旅行支票	未来提供给个人用于异地旅行时的消费性支付。
	定期借记	用于同城、异地的支付，如房租、水电费、电话费、税款的收取。
	实时借记	用于同城、异地通兑业务，代收付中心发起的实时代收业务等。
	网银借记	用于同城、异地客户依托互联网发起的电子支付业务。
其他工具	商业汇票	用于同城、异地的商业性支付，通过银行委托收款，资金划回时通过支付系统处理。
	银行卡	主要用于同城、异地的小额商业性、消费性支付。

6.2 大额支付系统的核算

6.2.1 大额支付系统概述

1. 大额支付系统的体系结构

大额支付系统采取“两级两层”结构，第一层为国家处理中心（NPC），第二层为城市处理中心（CCPC），NPC分别与各CCPC连接。

中央银行会计核算数据集中系统（ACS）和中央银行国库核算数据集中系统（TCBS）一点接入大额支付系统NPC处理相关支付业务。

商业银行行内业务系统由商业银行根据业务发展和系统数据集中情况，选择由其法人（总行、总部）一点接入大额支付系统NPC或所在地CCPC，也可由其分支机构分散接入所在地CCPC，处理商业银行的支付清算业务。

中央债券综合业务系统、中国银联银行卡跨行支付信息交换系统、电子商业汇票系统（ECDS）分别与大额支付系统NPC一点连接，全国银行间外汇交易系统和同业拆借系统与大额支付系统上海CCPC连接，城市商业银行银行汇票业务处理系统与大额支付系统上海CCPC连接。

2. 大额支付系统的参与者

办理支付结算业务的银行、城市信用社、农村信用社以及其他特许机构，经中央银行批准并申请支付系统行号后（大额支付系统行号与小额支付系统行号为同一行号），可以作为大额支付系统的参与者，通过该系统进行款项划拨与清算。大额支付系统的参与者分为直接参与者、间接参与者和特许参与者。

直接参与者是中国人民银行总行（库）以及在中国人民银行开设清算账户的银行业金融机构。银行业金融机构在中国人民银行开设的清算账户是指经中国人民银行批准经营支付结算业务的银行业金融机构在当地中国人民银行开设的准备金存款账户，该账户集中摆放在清算账户管理系统（SAPS）中，由SAPS集中存储管理和处理大额支付系统、小额支付系统、网上支付跨行清算系统等业务系统的资金清算。开设清算账户的银行业金融机构作为直接参与者通过支付系统办理支付业务，并使用其清算账户进行资金清算。

间接参与者是中国人民银行分支行（库）和未在中国人民银行开设清算账户而委托直接参与者办理资金清算的银行业金融机构。经中国人民银行批准经营支付结算业务的银行业金融机构，未在当地中国人民银行开设清算账户的，作为间接参与者通过支付系统办理支付业务，使用其委托的直接参与者的清算账户进行资金清算。作为间接参与者的银行业金融机构可以在当地中国人民银行开设非清算账户，该账户物理上不摆放在SAPS中，用于办理其现金存取、再贷款、再贴现业务和同城票据交换轧差净额的清算。

特许参与者是经中国人民银行批准通过大额支付系统办理特定业务的机构，如中国银联股份有限公司、中央国债登记结算有限责任公司、公开市场操作室、电子商业汇票运营机构、中国外汇交易中心、城市商业银行资金清算中心、香港人民币清算行、澳门人民币清算行及境外参与机构等。特许参与者在当地中国人民银行开设的专门用于办理人民币资金结算的存款账户，称为特许清算账户或特许账户。如中国银联股份有限公司作为特许参与者，在中国人民银行上海总部开立特许账户，用于人民币银行卡跨行交易资金结算；中央国债登记结算有限责任公司在中国人民银行北京营业管理部开立特许账户，用于债券发行、兑付和交易中人民币资金结算等。特许账户物理上集中摆放在SAPS中，用于通过大额支付系统办理相关业务。

直接参与者和特许参与者在当地中国人民银行会计营业部门开设的清算账户物理上

均在SAPS集中存储和处理资金清算，逻辑上仍由当地中国人民银行会计营业部门进行管理。SAPS日终后将各清算账户处理的账务数据下载至中国人民银行会计营业部门，将其纳入日终的平账和核算。

3. 清算账户的开设

中国人民银行会计营业部门收到直接参与者和特许参与者开立清算账户的申请，经审查同意后，向SAPS发出清算账户开户报文。SAPS收到报文，确认无误，自动进行开户处理，并将回执信息分别发送申请开户的各直接参与者、特许参与者及管理该清算账户的中国人民银行会计营业部门。SAPS接受开户申请的次日起，清算账户正式生效。

清算账户用于清算通过大额支付系统、小额支付系统、网上支付跨行清算系统等业务系统办理的支付结算款项。直接参与者和特许参与者应在其清算账户存有足够的资金，用于本机构及所属间接参与者支付业务的资金清算。若清算账户中资金不足，SAPS对清算账户中不足清算的支付业务，按错账冲正、特急大额支付（救灾、战备款）、日间透支利息和支付业务收费、票据交换及同城清算系统轧差净额、小额支付系统和网上支付跨行清算系统轧差净额、紧急大额支付、普通大额支付和即时转账支付级次分别排队清算。

4. 大额支付系统的接入及清算方式

银行业金融机构作为参与者接入大额支付系统，可采取“一点接入，一点清算”、“一点接入，多点清算”和“多点接入，多点清算”三种方式，由其根据自身实际情况灵活选择。其中，“一点接入，一点清算”是指银行业金融机构以其法人一点接入大额支付系统NPC或所在地CCPC，其通过支付系统处理的所有支付业务，均使用其摆放在SAPS的单一法人清算账户集中进行资金清算，该模式适用于对头寸集中管理要求较高的参与者；“一点接入，多点清算”是指一点接入大额支付系统的银行业金融机构，其法人及分支机构分别在SAPS开设清算账户，其支付业务通过统一接口发送、接收，资金清算则由SAPS根据支付指令分别从指定的清算账户中进行清算，该模式适用于对头寸进行分散管理的参与者；“多点接入，多点清算”是指银行业金融机构以其分支机构分散接入所在地CCPC，各直接分散接入的分支机构分别在SAPS开设清算账户，用于各自支付业务的资金清算，该模式适用于经营集约化程度低的参与者。

5. 大额支付系统处理的支付业务

大额支付系统的建成运行有效解决了中小金融机构通汇难的问题，实现了异地跨行资金实时到账，加快了资金周转速度。该支付系统已成为银行跨地区、跨行际结算的主渠道，大额支付系统处理的支付业务主要有：

（1）规定金额起点以上的跨行贷记支付业务；

（2）规定金额起点以下的紧急跨行贷记支付业务；

（3）各银行行内需要通过大额支付系统处理的贷记支付业务；

（4）中国人民银行会计营业部门和国库部门发起的贷记业务；

（5）城市商业银行银行汇票资金的移存和兑付资金的汇划业务；

（6）特许参与者发起的即时转账业务；

（7）中国人民银行规定的其他支付清算业务。

其中，第（1）至（5）项为普通贷记业务。目前大额支付系统规定的金额起点是0元，即所有的贷记支付业务都可以通过大额支付系统处理。

6.2.2 大额支付系统的核算

1. 大额支付系统一般普通贷记业务处理流程

大额支付系统处理的支付业务分为普通贷记业务和即时转账业务。普通贷记业务是指付款行向收款行主动发起的付款业务，包括汇兑、委托收款划回、托收承付划回、中国人民银行会计部门和国库部门办理的贷记汇划、银行间同业拆借、外汇交易人民币清算等一般普通贷记业务和城市商业银行银行汇票业务。即时转账业务由特许参与者（第三方），如中国银联股份有限公司、中央国债登记结算有限责任公司、公开市场操作室、电子商业汇票运营机构等发起，主要有银联卡跨行清算、债券交易资金清算、债券发行与兑付、公开市场操作资金清算、电子商业汇票资金清算等。这里以从CCPC接入的银行业金融机构发起的一般普通贷记业务为例，阐述其处理流程。

大额支付系统处理的一般普通贷记业务，其信息从发起行发起，经发起清算行、发报中心、国家处理中心、收报中心、接收清算行，至接收行止。其中，发起行是向发起清算行提交支付业务的参与者；发起清算行是向支付系统提交支付信息并开设清算账户的直接参与者，发起清算行也可以作为发起行直接向支付系统发起支付业务；发报中心是向国家处理中心转发发起清算行支付信息的城市处理中心；国家处理中心是接收、转发支付信息，并提交SAPS进行资金清算的机构；收报中心是向接收清算行转发国家处理中心支付信息的城市处理中心；接收清算行是向接收行转发支付信息并开设清算账户的直接参与者，接收清算行也可以作为接收行接收支付信息；接收行是从接收清算行接收支付信息的参与者。大额支付系统一般普通贷记业务处理流程为：

①发起行对发生的一般普通贷记业务进行账务处理后，将支付信息通过行内系统提交发起清算行；

②发起清算行逐笔实时发起贷记业务至其接入的CCPC（即发报中心）；

③发报中心将贷记业务实时转发NPC；

④NPC将贷记业务实时提交SAPS进行资金清算；

⑤SAPS清算成功后向NPC返回清算回执报文，若发起清算行为银行业金融机构，SAPS对清算账户余额不足或超过日间透支限额的进行排队处理；

⑥NPC收到后，将清算成功的贷记业务实时转发接收行所接入的CCPC（即收报中心）；

⑦收报中心收到后实时转发接收清算行；

⑧接收清算行收到后，将清算成功的贷记业务通过行内系统转发接收行进行账务处理。

大额支付系统一般普通贷记业务处理流程如图6-2所示。

商业银行以其法人一点接入大额支付系统NPC或所在地CCPC的，其跨行业务统一通过总行（总部）提交NPC或CCPC处理；以分支机构分散接入所在地CCPC的，其跨

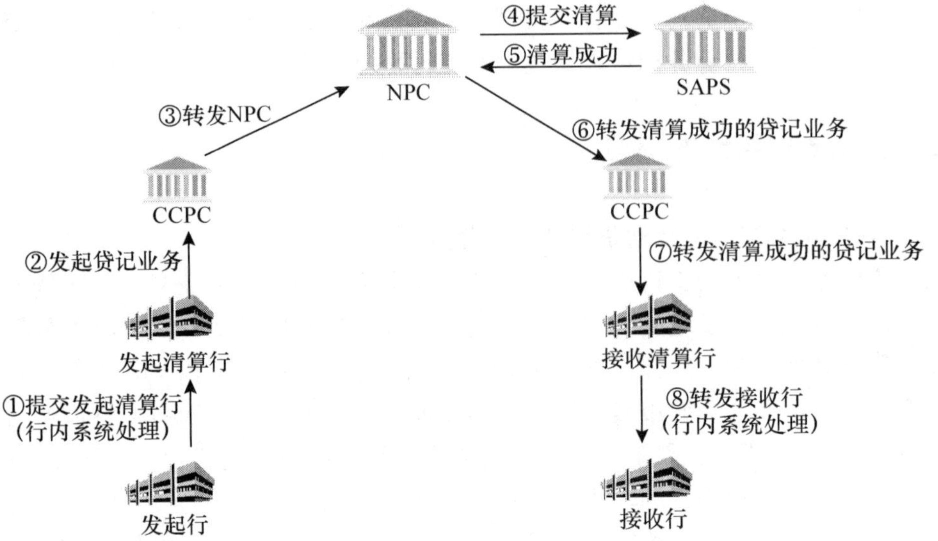

图6-2　一般普通贷记业务处理流程图

行业务通过分支机构提交CCPC处理。商业银行行内支付清算业务既可通过本行行内业务系统处理，也可比照跨行业务处理流程统一提交大额支付系统处理。

2. 会计科目的设置

（1）存款类科目。

1）“政策性银行存款”“商业银行存款”“信用社存款”“其他金融机构存款”科目。以上各存款类科目属于负债类科目，中国人民银行分支行用于核算银行业金融机构存放在中国人民银行的准备金和经批准后存放在中国人民银行的款项，包括银行业金融机构提取或缴存现金、办理支付往来资金清算款项、按规定缴存法定准备金和超额准备金存款等。银行业金融机构在中国人民银行的存款增加时贷记该存款类科目，减少时借记该存款类科目，期末余额在贷方。

该存款类科目可按直接参与者（不包括中国人民银行机构）分设账户进行明细核算。银行业金融机构法人准备金存款账户余额应大于或等于规定的法定存款准备金余额。

2）“其他存款”科目。该科目属于负债类科目，中国人民银行分支行用于核算特许参与者存放在中国人民银行的用于清算的资金和支付业务收费的归集、划拨等。特许参与者在中国人民银行的存款增加时贷记该科目，减少时借记该科目，期末余额在贷方。该科目可按特许参与者分设账户进行明细核算。

（2）联行类科目。

1）“大额支付往来”科目。该科目属于资产负债共同类科目，中国人民银行分支行用于核算支付系统发起清算行和接收清算行通过大额支付系统办理的支付结算往来款项，以及网上支付跨行清算系统参与者应缴纳的汇划费用。余额轧差反映，余额在借方时表示本行的债权，余额在贷方时表示本行的债务。年终，该科目余额全额由SAPS自动转入“支付清算资金往来”科目，结转后余额为零。

该科目可按中国人民银行分支行的会计营业部门、国库部门等机构分设账户进行明细核算。

2）“支付清算资金往来”科目。该科目属于资产负债共同类科目，中国人民银行分支行用于核算支付系统发起清算行和接收清算行通过大额支付系统、小额支付系统和网上支付跨行清算系统办理的支付结算汇差款项。年终，“大额支付往来”“小额支付往来”科目余额核对准确后，由SAPS全额自动结转至该科目，余额轧差反映。

该科目可按中国人民银行分支行的会计营业部门、国库部门等机构分设账户进行明细核算。

存款类科目和联行类科目是中国人民银行分支行的会计科目。日间，这些科目的账务处理由SAPS进行，日终SAPS将上述两类科目的上日余额、本日发生额和余额下载至中国人民银行会计营业部门；将联行类科目的上日余额、本日发生额和余额下载至中国人民银行国库部门，由其纳入本部门会计核算进行总体的账务平衡。

（3）汇总平衡科目（SAPS专用）。汇总平衡科目是为平衡SAPS代理中国人民银行分支行（库）账务处理而设置的，为SAPS所专用，不纳入中国人民银行（库）的核算。该科目用于核算三类业务：第一类为发起行或接收行为中国人民银行的不通过清算账户核算的支付清算业务，如国库资金汇划业务、中国人民银行会计营业部门自身汇划业务等；第二类为中国人民银行会计营业部门发起的只涉及一个清算账户的单边业务，如现金存取、缴存款、再贷款业务等；第三类为同城票据交换轧差净额的清算等业务。

该科目可按中国人民银行分支行的会计营业部门、国库部门等机构分设账户进行明细核算。

3. 一般普通贷记业务的核算

（1）发起（清算）行的处理。

1）银行业金融机构发起业务的处理。

①发起行的处理。发起行受理客户提交的一般普通贷记业务，审核无误进行账务处理后，将支付信息通过行内系统发送发起清算行。发起行的账务处理按各银行系统内往来的规定办理。会计分录为：

借：吸收存款——××存款——××户

　　贷：待清算辖内往来——××行

②发起清算行的处理。发起清算行收到后，审核无误，按系统内往来进行账务处理。会计分录为：

借：待清算辖内往来——××行

　　贷：存放中央银行款项——准备金存款

若发起清算行本身就是发起行，则其对自身发起的一般普通贷记业务进行账务处理的会计分录为：

借：××科目

　　贷：存放中央银行款项——准备金存款

完成账务处理后，根据发起人提交的原始凭证和要求，发起清算行行内业务处理系统将规定格式标准的支付报文发送前置机系统，系统自动逐笔加编地方密押后发送发报中心。待SAPS清算资金后接收回执。

其中，前置机是将银行业金融机构行内系统、ACS、TCBS、清算组织业务处理系统接入现代化支付系统的计算机系统。

2）中国人民银行（库）发起业务的处理。中国人民银行会计营业部门和国库部门对发起的普通贷记业务进行账务处理后，分别由中央银行会计核算数据集中系统（ACS）和中央银行国库核算数据集中系统（TCBS）将规定格式标准的支付报文发送前置机系统，系统自动逐笔加编全国密押后发送NPC。待SAPS清算资金后接收回执。

（2）发报中心（CCPC）的处理。发报中心收到发起清算行发来的支付信息，确认无误后，逐笔加编全国密押，实时发送国家处理中心。

（3）国家处理中心（NPC）的处理。国家处理中心收到发报中心发来的支付报文，逐笔确认无误后，提交SAPS进行资金清算。SAPS分不同情况进行账务处理：

1）发起清算行、接收清算行均为银行业金融机构的，会计分录为：

借：××存款——××行

　贷：大额支付往来——中国人民银行××行（即发起清算行所在地人行户）

借：大额支付往来——中国人民银行××行（即接收清算行所在地人行户）

　贷：××存款——××行

2）发起清算行为银行业金融机构，接收清算行为中国人民银行（会计营业部门或国库部门）的，会计分录为：

借：××存款——××行

　贷：大额支付往来——中国人民银行××行

借：大额支付往来——中国人民银行××行（库）

　贷：汇总平衡科目——中国人民银行××行（库）

3）发起清算行为中国人民银行（会计营业部门或国库部门），接收清算行为银行业金融机构的，会计分录为：

借：汇总平衡科目——中国人民银行××行（库）

　贷：大额支付往来——中国人民银行××行（库）

借：大额支付往来——中国人民银行××行

　贷：××存款——××行

4）发起清算行、接收清算行均为中国人民银行（会计营业部门或国库部门）的，会计分录为：

借：汇总平衡科目——中国人民银行××行（库）

　贷：大额支付往来——中国人民银行××行（库）

借：大额支付往来——中国人民银行××行（库）

　贷：汇总平衡科目——中国人民银行××行（库）

5）发起清算行为银行业金融机构的，其清算账户头寸不足时，SAPS将该笔支付业务进行排队处理。

SAPS账务处理完成后，将支付信息转发国家处理中心。国家处理中心收到后转发收报中心。

（4）收报中心（CCPC）的处理。收报中心接收国家处理中心发来的支付信息，确认无误后，逐笔加编地方密押，实时发送接收清算行。

（5）接收（清算）行的处理。

1）银行业金融机构接收业务的处理。

①接收清算行的处理。接收清算行前置机收到收报中心发来的支付信息，逐笔确认后发送至行内系统进行账务处理。会计分录为：

借：存放中央银行款项——准备金存款

贷：待清算辖内往来——××行

若接收清算行本身就是接收行，则会计分录为：

借：存放中央银行款项——准备金存款

贷：××科目

②接收行的处理。接收行收到接收清算行通过行内系统发来的支付信息，逐笔确认无误后，按各银行系统内往来的规定进行账务处理并通知接收人。会计分录为：

借：待清算辖内往来——××行

贷：吸收存款——××存款——××户

2）中国人民银行（库）接收业务的处理。ACS和TCBS收到NPC发来的支付信息，逐笔确认并核押无误后进行账务处理。

【例6-1】 4月7日，中国工商银行深圳A支行（间接参与者）收到开户单位久佳服装厂提交的电汇凭证，要求向中国农业银行北京B支行（间接参与者）开户单位华丽丝绸公司汇出货款82 000元。中国工商银行深圳A支行审核无误后，将支付信息经行内系统发往其所属的中国工商银行深圳分行（直接参与者），中国工商银行深圳分行收到后通过大额支付系统汇出资金。中国农业银行北京B支行收到其所属的中国农业银行北京分行（直接参与者）通过行内系统发来的支付信息，确认无误后，将货款收入开户单位华丽丝绸公司账户。

中国工商银行深圳A支行、中国工商银行深圳分行、SAPS、中国农业银行北京B支行及中国农业银行北京分行的账务处理如下：

（1）中国工商银行深圳A支行：

借：吸收存款——单位活期存款——久佳服装厂　82 000

贷：待清算辖内往来——中国工商银行深圳分行　82 000

（2）中国工商银行深圳分行：

借：待清算辖内往来——中国工商银行深圳A支行　82 000

贷：存放中央银行款项——准备金存款　82 000

（3）SAPS：

借：商业银行存款——中国工商银行深圳分行　82 000

贷：大额支付往来——中国人民银行深圳中心支行　82 000

借：大额支付往来——中国人民银行北京营业管理部　82 000

贷：商业银行存款——中国农业银行北京分行　82 000

（4）中国农业银行北京分行：

借：存放中央银行款项——准备金存款　82 000

贷：待清算辖内往来——中国农业银行北京B支行　82 000

（5）中国农业银行北京 B 支行：

借：待清算辖内往来——中国农业银行北京分行　　82 000

　贷：吸收存款——单位活期存款——华丽丝绸公司　　82 000

6.3 小额支付系统的核算

6.3.1 小额支付系统概述

1. 小额支付系统的体系结构

小额支付系统采取“两级两层”结构，第一层为国家处理中心（NPC），第二层为城市处理中心（CCPC），NPC 分别与各 CCPC 连接。

2. 小额支付系统的参与者

办理支付结算业务的银行、城市信用社、农村信用社以及其他特许机构，经中央银行批准并申请支付系统行号后（小额支付系统行号与大额支付系统行号为同一行号），可以作为小额支付系统的参与者，通过该系统进行款项划拨与清算。小额支付系统的参与者分为直接参与者、间接参与者和特许参与者。

直接参与者是中国人民银行总行（库）以及在中国人民银行开设清算账户的银行业金融机构。银行业金融机构在中国人民银行开设的清算账户为小额支付系统、大额支付系统和网上支付跨行清算系统共享清算账户。

间接参与者是中国人民银行分支行（库）和未在中国人民银行开设清算账户而委托直接参与者办理资金清算的银行业金融机构。

特许参与者是经中国人民银行批准通过小额支付系统办理特定支付业务的机构，如集中代收付中心。集中代收付中心是集中办理代收水电煤气费、代发工资、代付养老金及保险金等代收代付业务的非金融支付服务组织，通过其所运营的集中代收付系统与小额支付系统 CCPC 的接口办理集中代收付业务。

3. 小额支付系统处理的支付业务

小额支付系统实行 7×24 小时不间断运行，主要处理跨行同城、异地纸凭证截留的借记支付业务，以及每笔金额在规定起点以下的小额贷记支付业务，可以支撑各种支付工具的应用。它主要为社会提供低成本、大业务量的支付清算服务，满足社会各种经济活动的需要。银行业金融机构行内直接参与者之间的支付业务也可以通过小额支付系统办理。

其中，同城业务是指同一城市处理中心的参与者相互间发生的支付业务；异地业务是指不同城市处理中心的参与者相互间发生的支付业务。小额支付系统处理的支付业务主要有：

（1）普通贷记业务。指付款行向收款行主动发起的付款业务。包括规定金额起点以下（目前为 100 万元及以下）的汇兑、委托收款（划回）、托收承付（划回）、国库贷记汇划业务、网银贷记支付业务及中国人民银行规定的其他普通贷记支付业务。

（2）定期贷记业务。指付款行依据当事各方事先签订的协议，定期向指定收款行发起的批量付款业务。包括规定金额起点以下（目前为100万元及以下）的代付工资业务、代付保险金及养老金业务、中国人民银行规定的其他定期贷记支付业务。其特点是单个付款人同时向多个收款人发起付款指令。

（3）实时贷记业务。指付款行接受付款人委托发起的、将确定款项实时贷记指定收款人账户的业务。包括个人储蓄通存业务、中国人民银行规定的其他实时贷记支付业务。

（4）普通借记业务。指收款行向付款行主动发起的收款业务。包括中国人民银行机构间的借记业务、国库借记汇划业务、支票截留业务和中国人民银行规定的其他普通借记支付业务。

其中，支票截留业务是指持票人开户行收到客户提交的纸质支票后，不再将支票提出交换至出票人开户行，而是通过小额支付系统向出票人开户行发起一笔借记业务，出票人开户行根据借记业务指令中提供的支票信息、支付密码、支票影像等确认支票的真实性，并通过小额支付系统完成跨行资金清算的业务。

（5）定期借记业务。指收款行依据当事各方事先签订的协议，定期向指定付款行发起的批量收款业务。包括代收水、电、煤气等公用事业费业务，国库批量扣税业务，中国人民银行规定的其他定期借记支付业务。其特点是单个收款人同时向多个付款人发起收款指令。

（6）实时借记业务。指收款行接受收款人委托发起的、将确定款项实时借记指定付款人账户的业务。包括个人储蓄通兑业务、对公通兑业务、国库实时扣税业务及中国人民银行规定的其他实时借记支付业务。

（7）非金融支付服务组织发起的代收付业务。收付款单位通过集中代收付中心等非金融支付服务组织办理代收付业务时，需将收付款业务清单提交集中代收付中心业务处理系统；系统将代收、代付信息按收付款单位开户银行清分后，通过小额支付系统发送各收付款单位开户银行；开户银行根据业务要求通过小额支付系统分别发起定期、实时借贷记支付业务，待资金清算完成后，开户银行将收付款单位收付款结果通过小额支付系统通知集中代收付中心。集中代收付中心不在支付系统开立清算账户，代收付业务的资金清算通过各收付款单位的开户行办理。

（8）信息服务业务。指支付系统接收发起参与者发起的不需要支付系统提供清算服务的信息数据，经由所在CCPC（同城业务）或NPC（异地业务）实时转发接收参与者的业务。主要包括处理支票圈存信息、接收转发清算组织提交给商业银行的代收代付信息等非支付类信息。

支票圈存是指借助支付密码技术，由收款人在收受支票时，通过POS、网络、电话等受理终端，经由小额支付系统向出票人开户行发出圈存指令，预先从出票人账户上圈存支票金额，保证支票的及时足额支付。

6.3.2 小额支付系统的核算

1. 小额支付系统基本业务处理流程

（1）普通、定期贷记业务处理流程。

①付款（清算）行对普通、定期贷记业务进行账务处理后，批量组包并发送贷记报文至其接入的CCPC。

②付款清算行的CCPC将贷记报文实时转发NPC。

③NPC收到后提交SAPS进行净借记限额检查，将检查通过的进行轧差处理，并标记“已轧差”状态后转发收款清算行接入的CCPC，同时向付款清算行的CCPC返回已轧差信息；检查未通过的，做排队处理并向付款清算行的CCPC返回已排队信息。

④收款清算行的CCPC收到后转发收款清算行，收款（清算）行接收已轧差贷记支付报文后进行账务处理。

- NPC在设定的清算时点生成本场轧差净额清算报文提交SAPS进行资金清算。
- SAPS清算成功后向NPC返回轧差净额清算回执报文，对清算账户余额不足或超过日间透支限额的进行排队处理。
- NPC收到轧差净额清算回执报文后，转发至付款清算行和收款清算行的CCPC。
- 付款清算行和收款清算行的CCPC收到后，分别向付款清算行、收款清算行发送已清算通知。
- 付款（清算）行、收款（清算）行收到已清算通知后进行相应的账务处理。

小额支付系统的普通、定期贷记业务处理流程如图6-3所示。

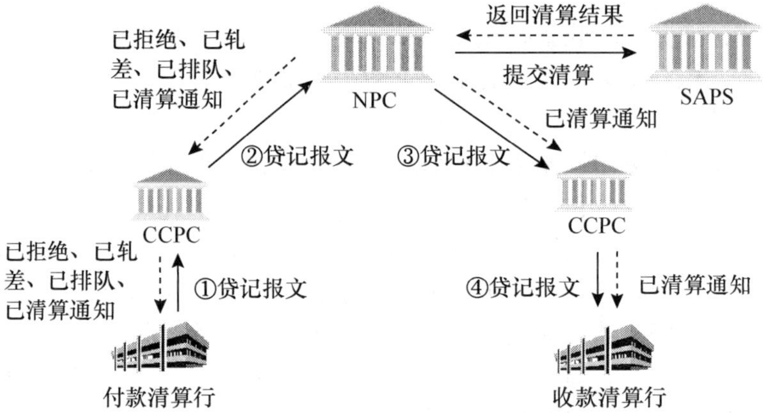

图6-3 普通、定期贷记业务处理流程图

（2）实时贷记业务处理流程。实时贷记业务的特点是逐笔发送、实时转发、即时回应、定时清算。其业务处理流程分为发起实时业务和处理业务回执两个阶段，NPC依据收款行返回的业务回执进行轧差处理。

1）发起实时业务阶段。

①付款行对发生的实时贷记业务进行账务处理后，将支付信息通过行内系统提交付款清算行。

②付款清算行将实时贷记业务单笔组包后，发送实时贷记报文至其接入的CCPC。

③付款清算行的CCPC接收实时贷记报文并实时转发NPC。

④NPC接收实时贷记报文转发收款清算行CCPC。

⑤收款清算行的CCPC收到后转发收款清算行。

⑥收款清算行将实时贷记报文转发收款行。

2）处理业务回执阶段。

⑦收款行对接收的实时贷记业务的收款人账号、户名进行检查后，返回受理成功或拒绝受理的实时回执。

⑧收款清算行将实时回执转发 CCPC。

⑨收款清算行的 CCPC 收到后转发 NPC。

⑩NPC 收到后，将拒绝受理回执实时转发付款清算行的 CCPC，将受理成功的回执提交 SAPS 进行付款清算行的净借记限额检查；检查通过的实时纳入轧差处理，并标记“已轧差”状态后转发付款清算行的 CCPC，同时向收款清算行的 CCPC 返回已轧差信息；检查未通过的做拒绝处理，并将处理结果发送付款清算行的 CCPC。

⑪付款清算行的 CCPC 收到拒绝受理回执或已轧差回执后转发付款清算行。

⑫付款清算行收到后转发付款行，付款行收到拒绝受理回执后进行相应的账务处理：

- 收款清算行的 CCPC 收到已轧差回执后转发收款清算行。
- 收款清算行收到后转发收款行，收款行收到已轧差回执后进行相应的账务处理。
- NPC 将本场轧差净额清算报文提交 SAPS 清算的处理与普通、定期贷记业务相同，清算成功后将已清算信息实时转发付款清算行和收款清算行，付款（清算）行和收款（清算）行收到已清算通知后进行相应的账务处理。

小额支付系统实时贷记业务处理流程如图 6-4 所示。

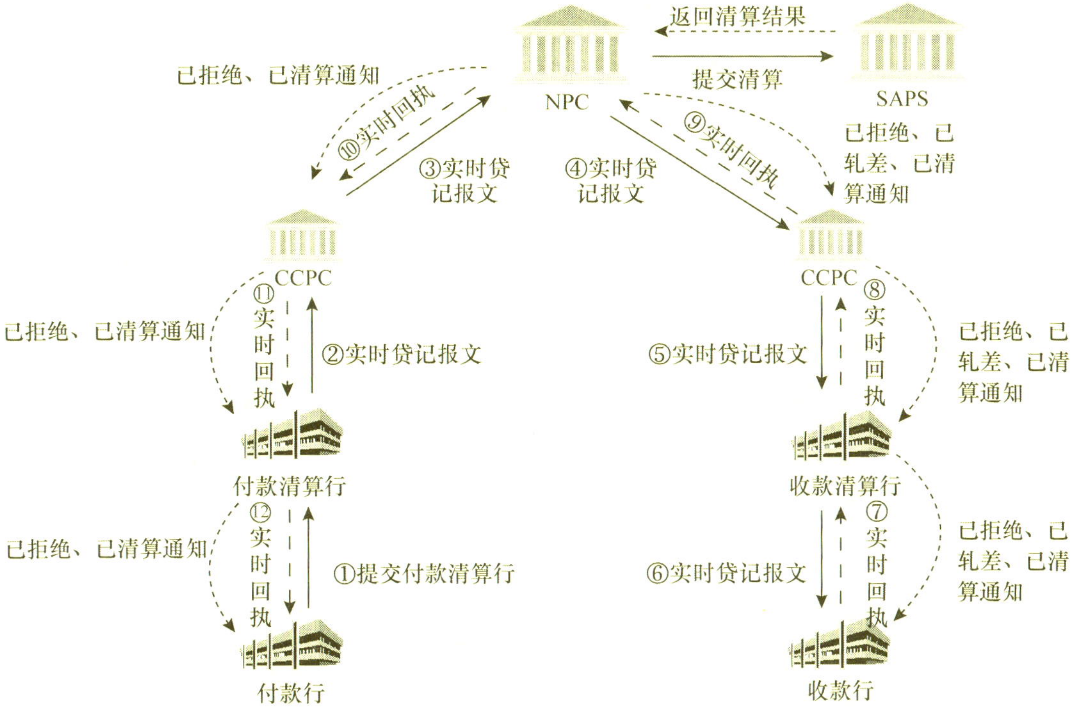

图 6-4　实时贷记业务处理流程图

（3）普通、定期借记业务处理流程。普通、定期借记业务处理流程分为发起借记业务和处理借记回执两个阶段。

1）发起借记业务阶段。

①收款清算行将普通、定期借记业务批量组包后，发送借记报文至 CCPC。

②收款清算行的 CCPC 接收借记报文后转发 NPC。

③NPC 接收借记报文转发付款清算行的 CCPC。

④付款清算行的 CCPC 收到后转发付款清算行。

2）处理借记回执阶段。

⑤付款（清算）行收到借记报文后执行扣款，对扣款成功的进行账务处理，并在规定时间内对扣款成功或失败的返回受理成功或拒绝受理借记回执。

⑥付款清算行的 CCPC 收到借记回执后转发 NPC。

⑦NPC 收到后，对借记回执中成功金额提交 SAPS 进行付款清算行的净借记限额检查；检查通过的实时纳入轧差处理，并标记“已轧差”状态后转发收款清算行的 CCPC；检查未通过的进行排队处理，并向付款清算行的 CCPC 返回已排队信息。

⑧收款清算行的 CCPC 收到已轧差借记回执后转发收款清算行。收款（清算）行收到已轧差借记回执后进行相应的账务处理。

NPC 在设定的清算时点，提交 SAPS 进行资金清算，清算成功后将已清算信息转发付款清算行和收款清算行，付款（清算）行和收款（清算）行收到已清算通知后进行相应的账务处理。

小额支付系统普通、定期借记业务处理流程如图 6-5 所示。

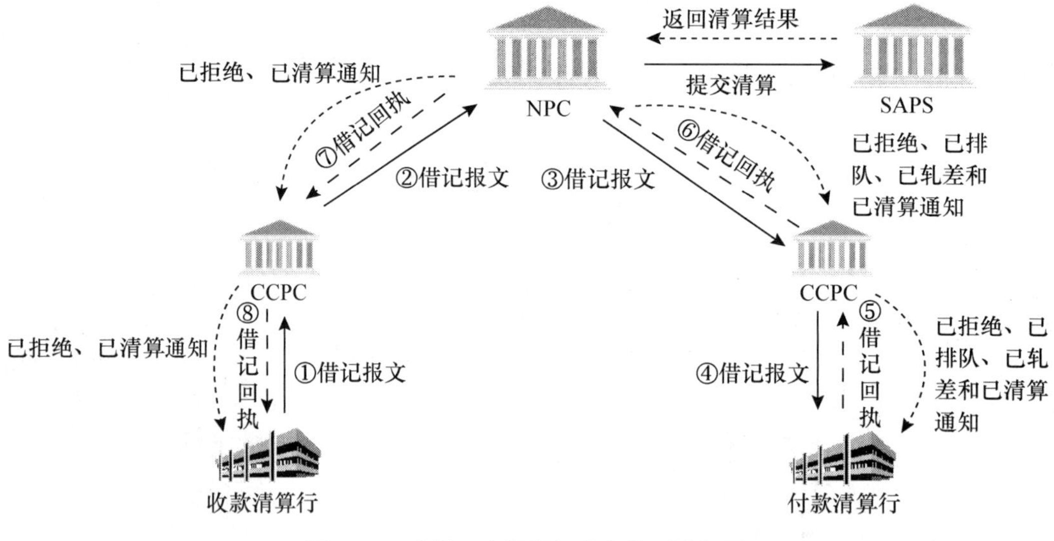

图 6-5 普通、定期借记业务处理流程图

（4）实时借记业务处理流程。收款（清算）行对实时借记业务单笔组包后发送实时借记报文至其 CCPC。付款（清算）行对扣款成功或失败的实时返回受理成功或拒绝受理实时借记回执。NPC 将受理成功的实时借记回执提交 SAPS 进行付款清算行的净借记限额检查。检查通过的纳入轧差处理，并标记“已轧差”状态后转发收款清算行 CCPC；检查未通过的直接拒绝给付款（清算）行，并将处理结果发送收款（清算）行，不做排队处理。

收款（清算）行、CCPC、NPC、付款（清算）行的其他业务处理流程与普通、定期借记业务类似，这里不再赘述。

2. 会计科目的设置

（1）存款类科目。

1）“政策性银行存款”“商业银行存款”“信用社存款”“其他金融机构存款”科目。以上各存款类科目属于负债类科目，中国人民银行分支行使用时，按直接参与者（不包括中国人民银行机构）分设账户进行明细核算，其具体核算内容在大额支付系统的核算中已述。

2）“其他存款”科目。该科目属于负债类科目，中国人民银行分支行用于核算特许参与者用于支付业务收费的归集、划拨等。该科目按特许参与者分设账户进行明细核算。

（2）联行类科目。

1）“小额支付往来”科目。该科目属于资产负债共同类科目，中国人民银行分支行用于核算支付系统发起清算行和接收清算行通过小额支付系统、网上支付跨行清算系统办理的支付结算往来款项。余额轧差反映，余额在借方时表示本行的债权，余额在贷方时表示本行的债务。年终，该科目余额全额由SAPS自动转入“支付清算资金往来”科目，结转后余额为零。

该科目可按中国人民银行分支行的会计营业部门、国库部门等机构分设账户进行明细核算。

2）“支付清算资金往来”科目。该科目属于资产负债共同类科目，中国人民银行分支行使用时，按中国人民银行分支行的会计营业部门、国库部门等机构分设账户进行明细核算，其具体核算内容在大额支付系统的核算中已述。

存款类科目和联行类科目是中国人民银行分支行的会计科目。日间，这些科目的账务处理由SAPS进行，日终SAPS将上述两类科目的上日余额、本日发生额和余额下载至中国人民银行会计营业部门；将联行类科目的上日余额、本日发生额和余额下载至中国人民银行国库部门，由其纳入本部门会计核算进行总体的账务平衡。

（3）汇总平衡科目（SAPS专用）。汇总平衡科目是为平衡SAPS代理中国人民银行分支行（库）账务处理而设置的，为SAPS所专用，不纳入中国人民银行（库）的核算。该科目按中国人民银行分支行的会计营业部门、国库部门等机构分设账户进行明细核算。其具体核算内容在大额支付系统的核算中已述。

3. 普通贷记业务的核算

（1）付款（清算）行的处理。

1）银行业金融机构发起业务的处理。

①付款行的处理。付款行受理客户提交的普通贷记业务，审核无误进行账务处理后，将支付信息通过行内系统发送付款清算行。付款行的账务处理按各银行系统内往来的规定办理。会计分录为：

借：吸收存款——××存款——××户

　　贷：待清算辖内往来——××行

②付款清算行的处理。付款清算行收到后，审核无误，按系统内往来进行账务处理。

会计分录为：

借：待清算辖内往来——××行

　贷：待清算支付款项

若付款清算行本身就是发起行，则其对自身发起的普通贷记业务进行账务处理的会计分录为：

借：××科目

　贷：待清算支付款项

完成账务处理后，付款清算行行内系统按收款清算行组包后发送前置机，前置机收到业务包审核无误后，逐包加编地方密押发送 CCPC。

小额支付系统采取“实时双边轧差，定时清算”的资金清算模式。清算行将业务包发送小额支付系统后，小额支付系统并不实时提交 SAPS 进行资金清算，而是由 SAPS 进行付款清算行的净借记限额检查后，NPC 将检查通过的业务包进行轧差处理并转发给收款清算行。待每一个清算时点，小额支付系统按照直接参与者（即清算银行）计算上一清算时点至本清算时点的轧差净额后，提交 SAPS 进行资金清算。由于小额支付系统业务转发在前、资金清算在后，因此，清算行需设置“待清算支付款项”科目，用于核算通过小额支付系统办理支付业务尚未提交 SAPS 进行清算的资金。

待付款清算行收到已清算通知，进行相应的账务处理。会计分录为：

借：待清算支付款项

　贷：存放中央银行款项——准备金存款

若付款清算行收到已拒绝通知，则会计分录为：

借：××科目　　（红字）

　贷：待清算支付款项　　（红字）

2）中国人民银行（库）发起业务的处理。中国人民银行会计营业部门和国库部门对发起的普通贷记业务进行账务处理后，分别在 ACS 和 TCBS 按收款清算行组包后发送前置机，前置机收到业务包审核无误后，逐包加编全国密押发送 NPC。

（2）付款清算行 CCPC 的处理。CCPC 收到业务包，检查核押无误后，加编全国密押后转发国家处理中心。

（3）NPC 的处理。NPC 收到业务包后，对检查核押无误的业务包提交 SAPS 进行净借记限额检查。将检查通过的纳入轧差处理并对业务包标记“已轧差”状态，转发收款清算行的 CCPC，同时向付款清算行的 CCPC 返回已轧差信息；检查未通过的，将业务包做排队处理并向付款清算行的 CCPC 返回已排队信息。

（4）收款清算行 CCPC 的处理。CCPC 收到 NPC 发来的业务包，核验全国密押无误后，加编地方密押转发收款清算行。

（5）收款（清算）行的处理。

1）银行业金融机构接收业务的处理。

①收款清算行的处理。收款清算行前置机收到 CCPC 发来的业务包，逐包确认并核押无误后，发送至行内系统拆包并进行账务处理。会计分录为：

借：待清算支付款项

　贷：待清算辖内往来——××行

若收款清算行本身就是收款行，则会计分录为：

借：待清算支付款项

　贷：××科目

待收款清算行收到已清算通知，进行相应的账务处理。会计分录为：

借：存放中央银行款项——准备金存款

　贷：待清算支付款项

②收款行的处理。收款行收到收款清算行通过行内系统发来的支付信息，确认无误后，按各银行系统内往来的规定进行账务处理并通知收款人。会计分录为：

借：待清算辖内往来——××行

　贷：吸收存款——××存款——××户

2）中国人民银行（库）接收业务的处理。ACS 和 TCBS 收到 NPC 发来的业务包，逐包确认并核押无误后进行相应的账务处理。

【例 6-2】 2月10日，中国工商银行天津分行（直接参与者）收到开户单位友谊商场提交的电汇凭证，要求向交通银行上海分行（直接参与者）开户单位光明乳业公司汇出货款 12 000 元。中国工商银行天津分行审核无误办理转账后，行内系统按收款清算行组包，通过小额支付系统汇出资金。交通银行上海分行收到业务包，经确认无误，由行内系统拆包，将货款收入开户单位光明乳业公司账户。中国工商银行天津分行和交通银行上海分行均收到了小额支付系统发来的已清算通知。

中国工商银行天津分行、交通银行上海分行的账务处理如下：

（1）中国工商银行天津分行。

1）发起业务时：

借：吸收存款——单位活期存款——友谊商场　　12 000

　贷：待清算支付款项　　12 000

2）收到已清算通知时：

借：待清算支付款项　　12 000

　贷：存放中央银行款项——准备金存款　　12 000

（2）交通银行上海分行。

1）接收业务时：

借：待清算支付款项　　12 000

　贷：吸收存款——单位活期存款——光明乳业公司　　12 000

2）收到已清算通知时：

借：存放中央银行款项——准备金存款　　12 000

　贷：待清算支付款项　　12 000

4. 定期贷记业务的核算

办理定期贷记业务前，付款（清算）行需要与企业签订双方合同或协议。付款（清算）行办理定期贷记业务时，受理企事业单位以联机或磁介质方式提交的业务数据，依据合同审核无误后进行相应的账务处理。付款（清算）行、CCPC、NPC、收款（清算）行的其他业务处理手续比照普通贷记业务办理。

5. 实时贷记业务的核算

（1）发起实时业务的处理。

1）付款（清算）行的处理。付款（清算）行根据客户提交的实时贷记业务，审核无误后进行账务处理。会计分录为：

借：库存现金或吸收存款——××存款——××户

贷：待清算支付款项

完成账务处理后，付款（清算）行行内系统按收款清算行单笔组包发送前置机。前置机对业务包进行检查后，登记实时业务登记簿并加编地方密押后发送CCPC。

2）付款清算行CCPC的处理。CCPC收到业务包，检查核押无误，加编全国密押后实时转发NPC。

3）NPC的处理。NPC收到业务包，检查核押无误后，登记实时业务登记簿并将业务包实时转发收款清算行的CCPC。

4）收款清算行CCPC的处理。CCPC收到NPC发来的业务包，核验全国密押无误后，将业务包加编地方密押后转发收款清算行。

5）收款（清算）行的处理。收款（清算）行前置机收到业务包，逐包确认并核押无误后，登记实时业务登记簿，并实时转发行内系统做相应处理。

（2）实时业务回执的处理。

1）收款（清算）行的处理。收款（清算）行行内系统对实时贷记业务的收款人账号、户名进行检查后，形成受理成功或拒绝受理的实时业务回执包发往前置机。前置机收到回执包，检查核对无误后，加编地方密押实时发送CCPC。

待收款（清算）行收到已轧差通知，进行相应的账务处理。会计分录为：

借：待清算支付款项

贷：吸收存款——××存款——××户

待收款（清算）行收到已清算通知，进行相应的账务处理。会计分录为：

借：存放中央银行款项——准备金存款

贷：待清算支付款项

2）收款清算行CCPC的处理。CCPC收到回执包，检查核押无误，加编全国密押后发送NPC。

3）NPC的处理。NPC收到回执包，检查核押无误后销记登记簿。其中，拒绝受理的回执包实时转发付款清算行的CCPC；受理成功的回执包提交SAPS进行付款清算行的净借记限额检查。检查通过的实时纳入轧差处理，标记“已轧差”状态后转发付款清算行的CCPC，同时向收款清算行的CCPC返回已轧差信息；检查未通过的做拒绝处理，并将处理结果发送付款清算行的CCPC。

4）付款清算行CCPC的处理。CCPC收到NPC发来的回执包，核验全国密押无误，加编地方密押后实时转发付款（清算）行。

5）付款（清算）行的处理。付款（清算）行前置机收到回执包，逐包确认并核押无误后销记登记簿，将回执包发送至行内系统进行相应处理，并通知付款人。付款（清算）行收到拒绝受理的回执包时，进行账务处理的会计分录为：

借：库存现金或吸收存款——××存款——××户　　（红字）

贷：待清算支付款项　　（红字）

对已轧差回执包，待付款清算行收到已清算通知时，进行相应的账务处理。会计分录为：

借：待清算支付款项

贷：存放中央银行款项——准备金存款

6. 普通借记业务的核算

（1）发起借记业务的处理。

1）收款（清算）行的处理。收款（清算）行行内系统根据客户提交的普通借记业务，确定每笔业务的借记回执信息最长返回时间 N 日（借记回执信息返回基准时间$\leqslant N\leqslant 5$），按规定组包后发送前置机。前置机对业务包进行检查核对后，登记借记业务登记簿并加编地方密押后发送CCPC。

2）收款清算行CCPC的处理。CCPC收到业务包，检查核押无误，加编全国密押后发送NPC。

3）NPC的处理。NPC收到业务包，检查核押无误后，登记借记业务登记簿并将业务包转发付款清算行CCPC。

4）付款清算行CCPC的处理。CCPC收到业务包，检查核押无误，加编地方密押后转发付款（清算）行。

5）付款（清算）行的处理。付款（清算）行前置机收到业务包，逐包确认并核押无误后，登记借记业务登记簿并发送至行内系统拆包和处理。

（2）借记业务回执的处理。

1）付款（清算）行的处理。付款（清算）行收到借记业务后执行扣款，对扣款成功的进行账务处理。会计分录为：

借：吸收存款——××存款——××户

贷：待清算支付款项

付款（清算）行应在规定时间内，对扣款成功或失败的形成受理成功或拒绝受理借记业务回执包发送前置机。前置机收到后，检查核对无误，加编地方密押发送CCPC。

待付款清算行收到已清算通知时，进行相应的账务处理。会计分录为：

借：待清算支付款项

贷：存放中央银行款项——准备金存款

若付款清算行收到已拒绝通知，则会计分录为：

借：吸收存款——××存款——××户　　（红字）

贷：待清算支付款项　　（红字）

2）付款清算行CCPC的处理。CCPC收到回执包，检查核押无误，加编全国密押后发往NPC。

3）NPC的处理。NPC收到回执包，对检查核押无误的回执包中成功金额提交

SAPS进行净借记限额检查。检查通过的实时纳入轧差处理，销记登记簿，并标记“已轧差”状态后转发收款清算行的CCPC；检查未通过的，进行排队处理并向付款清算行的CCPC返回已排队信息。

4）收款清算行CCPC的处理。CCPC收到回执包，核验全国密押无误，加编地方密押后转发收款（清算）行。

5）收款（清算）行的处理。收款（清算）行前置机收到回执包，逐包确认并核押无误后销记登记簿，发送行内系统拆包并进行账务处理。会计分录为：

借：待清算支付款项

　贷：吸收存款——××存款——××户

待收款（清算）行收到已清算通知，进行相应的账务处理。会计分录为：

借：存放中央银行款项——准备金存款

　贷：待清算支付款项

7. 定期借记业务的核算

办理定期借记业务前，付款（清算）行、付款人、收费单位需要签订办理代扣某类费用的三方合同或协议。定期借记业务分为发起业务阶段和处理借记回执阶段。在发起业务阶段，收款（清算）行收到收费单位以联机或磁介质方式提交的业务数据，检查无误后按规定组包。收款（清算）行、CCPC、NPC、付款（清算）行的其他业务处理手续比照普通借记业务办理。

8. 实时借记业务的核算

收款（清算）行根据客户提交的实时借记业务凭证或信息，按实时借记业务报文单笔组包。付款（清算）行对扣款成功或失败的需实时返回受理成功或拒绝受理的回执包。NPC将受理成功的回执包提交SAPS进行净借记限额检查。检查通过的纳入轧差处理，并标记“已轧差”状态后转发收款清算行；检查未通过的直接拒绝付款（清算）行，并将处理结果发送收款（清算）行，不做排队处理。收款（清算）行、CCPC、NPC、付款（清算）行的其他业务处理手续比照普通借记业务办理。

9. 跨行通存通兑业务的核算

跨行通存通兑业务依托小额支付系统，实现不同银行营业网点的资源共享，客户可以选择任何一家协议银行作为代理行，办理跨行存取款业务，该类业务是实时借（贷）记业务的具体业务种类。

小额支付系统跨行通兑业务包括个人储蓄通兑业务和对公通兑业务；小额支付系统跨行通存业务仅指个人储蓄通存业务。

银行办理跨行通存通兑业务，应按规定向客户收取手续费；对个人储蓄通存通兑，应逐笔实时实现代理行与开户行的手续费分润；代理行应向客户提供完整的交易金额和手续费信息。

（1）个人储蓄通兑业务的处理。

1）客户不用现金支付代理行手续费的处理。代理行收到客户取款凭条，按规定组实时借记业务包，金额为客户取款金额（交易金额）和代理行手续费之和。开户行收到实时借记业务包，确认无误后进行账务处理。会计分录为：

借：吸收存款——××存款——××户

（交易金额＋代理行手续费＋开户行手续费）

贷：待清算支付款项 （交易金额＋代理行手续费）

手续费及佣金收入 （开户行手续费）

账务处理完成后，开户行返回实时借记业务回执包。代理行收到回执后，为客户打印凭证，记载通兑业务发生额（交易金额＋代理行手续费＋开户行手续费），付现金（交易金额）给客户，同时打印手续费回单（代理行手续费＋开户行手续费）交给客户。

2）客户用现金支付代理行手续费的处理。代理行收到客户取款凭条，按规定组实时借记业务包，金额为客户取款金额（交易金额）。开户行收到实时借记业务包，确认无误后进行账务处理。会计分录为：

借：吸收存款——××存款——××户 （交易金额＋开户行手续费）

贷：待清算支付款项 （交易金额）

手续费及佣金收入 （开户行手续费）

账务处理完成后，开户行返回实时借记业务回执包。代理行收到回执后，为客户打印凭证，记载通兑业务发生额（交易金额＋开户行手续费），付现金（交易金额－代理行手续费）给客户，同时打印手续费回单（代理行手续费＋开户行手续费）交给客户。

（2）对公通兑业务的处理。代理行收到客户取款凭条，按规定组实时借记业务包，金额为客户取款金额（交易金额）。开户行收到实时借记业务包，确认无误后进行账务处理。会计分录为：

借：吸收存款——××存款——××户 （交易金额＋开户行手续费）

贷：待清算支付款项 （交易金额）

手续费及佣金收入 （开户行手续费）

账务处理完成后，开户行返回实时借记业务回执包。代理行收到回执包后，为客户打印进账回单，记载存款账户贷方发生额（交易金额－代理行手续费），同时打印手续费回单（金额为代理行手续费金额）交给客户。

（3）个人储蓄通存业务的处理。

1）客户不用现金支付代理行手续费的处理。代理行收到客户存款凭条，按规定组实时贷记业务包，金额为客户存款金额（交易金额）和代理行手续费之差。开户行收到实时贷记业务包，确认无误后进行账务处理。会计分录为：

借：待清算支付款项 （交易金额－代理行手续费）

贷：吸收存款——××存款——××户

（交易金额－代理行手续费－开户行手续费）

手续费及佣金收入 （开户行手续费）

账务处理完成后，开户行返回实时贷记业务回执包。代理行收到回执后，为客户打印存款回单，记载个人储蓄通存业务发生额（交易金额－代理行手续费－开户行手续费），同时打印手续费回单（代理行手续费＋开户行手续费）交给客户。

2）客户用现金支付代理行手续费的处理。代理行收到客户存款凭条，按规定组实时贷记业务包，金额为客户存款金额（交易金额）。开户行收到实时贷记业务包，确认无误后进行账务处理。会计分录为：

借：待清算支付款项　　（交易金额）

　贷：吸收存款——××存款——××户　　（交易金额－开户行手续费）

　　手续费及佣金收入　　（开户行手续费）

账务处理完成后，开户行返回实时贷记业务回执包。代理行收到回执后，为客户打印存款回单，记载个人储蓄通存业务发生额（交易金额－开户行手续费），同时打印手续费回单（代理行手续费＋开户行手续费）交给客户。

收款（清算）行、CCPC、NPC、付款（清算）行的其他业务处理手续比照实时贷记业务和实时借记业务办理。

10. 非金融支付服务组织代收、代付业务的处理

非金融支付服务组织办理定期借记业务，需与付款（清算）行、付款人、收费单位签订办理代扣某类费用的四方合同（协议）；办理定期贷记业务，需与付款（清算）行、付款人签订三方合同（协议）。

（1）发起代收、代付业务的处理。非金融支付服务组织根据委托人提交的代收、代付业务信息，分别代收业务、收款清算行或代付业务、付款清算行组信息包，加编密押发送CCPC。

（2）CCPC的处理。CCPC收到信息包，检查无误后，经NPC、收报CCPC转发收款清算行或付款清算行。

（3）收（付）款清算行的处理。收款清算行或付款清算行收到信息包，检查核押无误后，向非金融支付服务组织返回确认信息。收款清算行或付款清算行将信息包拆包，并按规定重新组包，发起普通贷记、定期贷记、实时贷记、普通借记、定期借记、实时借记业务，其业务处理手续如前所述。

（4）代收、代付业务信息的核对。收款清算行和付款清算行完成代收、代付业务后，将业务处理结果通过信息包经CCPC、NPC转发非金融支付服务组织。

11. 轧差和资金清算的处理

（1）净借记限额检查的处理。小额支付系统对收到的贷记支付指令和借记及实时贷记业务回执，均需以付款清算行为对象提交SAPS进行净借记限额检查。SAPS将贷记支付指令、借记及实时贷记业务回执中的成功金额与付款清算行的净借记限额可用额度进行比较。贷记支付指令、借记业务回执或实时贷记业务回执金额小于等于净借记限额可用额度的，该业务通过净借记限额检查，实时纳入轧差并转发；大于净借记限额可用额度的，净借记限额检查失败，该业务做排队或退回处理。

其中，净借记限额是指为开立清算账户的直接参与者设定的、对其发生支付业务的净借记差额进行控制的最高额度。净借记限额为直接参与者提供质押品所获取的质押额度、中国人民银行授予的信用额度和为保证支付业务的清算而在其清算账户中圈存的作为担保的资金之和。

$$\text{付款清算行净借记限额可用额度} = \text{付款清算行净借记限额} - \text{付款清算行已提交未清算业务净借记差额} - \text{付款清算行本场轧差场次的当前净借记差额} + \text{付款清算行本场轧差场次的当前净贷记差额}$$

小额支付系统和网上支付跨行清算系统共享净借记限额和可用额度。

（2）轧差处理。NPC对支付业务进行轧差时，普通贷记、定期贷记支付业务以贷记批量包为轧差依据，实时贷记、借记支付业务以回执包中的成功交易为轧差依据。NPC对通过净借记限额检查的贷记支付指令和借记及实时贷记业务回执，按付款清算行和收款清算行双边实时轧差。轧差公式为：

$$\begin{array}{c}\text{某清算行提交清算的贷方净额(+)}\\ \text{[或借方净额(-)]}\end{array}=\begin{array}{c}\text{贷记来账}\\ \text{金额}\end{array}+\begin{array}{c}\text{他行返回借记回执}\\ \text{成功交易金额}\end{array}-\begin{array}{c}\text{贷记往账}\\ \text{金额}\end{array}-\begin{array}{c}\text{发出借记回执}\\ \text{成功交易金额}\end{array}$$

小额支付系统处理的支付业务一经轧差即具有支付最终性，不可撤销。银行业金融机构收到已轧差的贷记支付业务信息或已轧差的借记支付业务回执信息时，应当贷记确定收款人账户。

（3）资金清算的处理。NPC根据中国人民银行的规定，设置日间轧差净额提交清算的场次和时间，在提交时点对本场轧差净额进行试算平衡检查，检查无误后自动提交SAPS进行资金清算。SAPS收到轧差净额清算报文，进行试算平衡检查无误后，自动完成相关账务处理。

1）属于中国人民银行（库）轧差净额的处理。属于中国人民银行（库）贷方差额的，会计分录为：

借：小额支付往来——中国人民银行××行（库）

　贷：汇总平衡科目——中国人民银行××行（库）

属于中国人民银行（库）借方差额的，会计分录相反。

2）属于清算行轧差净额的处理。属于清算行贷方差额的，会计分录为：

借：小额支付往来——中国人民银行××行

　贷：××存款——××行

属于清算行借方差额的，如清算账户可用头寸足以支付，则会计分录相反；如清算账户可用头寸不足支付，做排队处理。

完成账务处理后，小额支付系统自动生成清算通知发送至各参与者。各参与者根据清算通知变更业务状态，完成相应的账务处理。

【例6-3】 8月5日，小额支付系统NPC的一场轧差净额为：中国工商银行深圳分行贷方差额1 000 000元，中国农业银行北京分行借方差额500 000元，中国建设银行上海分行借方差额700 000元，中国人民银行武汉分行贷方差额200 000元。NPC进行试算平衡检查无误，生成轧差净额清算报文，提交SAPS进行资金清算。

SAPS的账务处理如下：

（1）对中国工商银行深圳分行贷方差额进行处理：

借：小额支付往来——中国人民银行深圳中心支行　　1 000 000

　贷：商业银行存款——中国工商银行深圳分行　　1 000 000

（2）对中国农业银行北京分行借方差额进行处理：

借：商业银行存款——中国农业银行北京分行　　500 000

贷：小额支付往来——中国人民银行北京营业管理部　　500 000

（3）对中国建设银行上海分行借方差额进行处理：

借：商业银行存款——中国建设银行上海分行　　700 000

贷：小额支付往来——中国人民银行上海分行　　700 000

（4）对中国人民银行武汉分行贷方差额进行处理：

借：小额支付往来——中国人民银行武汉分行　　200 000

贷：汇总平衡科目——中国人民银行武汉分行　　200 000

6.4 网上支付跨行清算系统的核算

6.4.1 网上支付跨行清算系统概述

1. 网上支付跨行清算系统的体系结构

网上支付跨行清算系统以网银互联处理中心为核心，各参与者以直联方式通过前置机集中一点接入网银互联处理中心。网银互联处理中心与大额支付系统国家处理中心、小额支付系统国家处理中心同位摆放，共享基础数据。网上支付跨行清算系统的体系结构如图6-6所示。

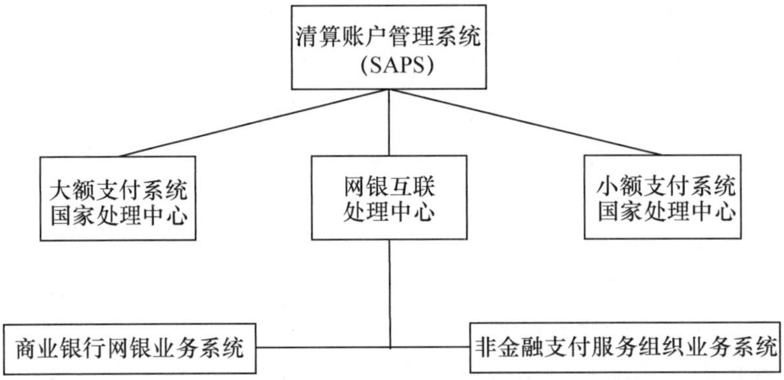

图6-6　网上支付跨行清算系统体系结构图

2. 网上支付跨行清算系统的参与者

网上支付跨行清算系统的参与者分为直接接入银行机构、直接接入非金融机构和代理接入银行机构。

直接接入银行机构是指与网上支付跨行清算系统连接，并在中国人民银行开设清算账户，直接通过网上支付跨行清算系统办理业务的银行业金融机构。银行业金融机构在中国人民银行开设的清算账户为小额支付系统、大额支付系统和网上支付跨行清算系统共享清算账户。

直接接入非金融机构是指与网上支付跨行清算系统连接，直接通过网上支付跨行清算系统办理业务的非金融支付服务组织。直接接入非金融机构不开设清算账户，而是在支付系统开设收费专户核算其业务费用收支。

代理接入银行机构是指委托直接接入银行机构通过网上支付跨行清算系统代为收发业务和清算资金的银行机构。

3. **网上支付跨行清算系统处理的支付业务**

网上支付跨行清算系统实行 7×24 小时不间断运行，采取逐笔发送、实时轧差、定时清算机制，发起方可实时获知业务的最终处理结果。其主要处理规定金额的网上支付业务和账户信息查询等业务，对畅通电子支付资金汇划清算渠道、满足社会公众最新支付需求及促进电子商务的健康发展具有重要意义。网上支付跨行清算系统处理的具体支付业务主要有网银贷记业务、网银借记业务、第三方贷记业务和中国人民银行规定的其他支付业务。其中，网银贷记业务规定的金额上限为 100 万元（含）。

6.4.2　网上支付跨行清算系统的核算

1. **网上支付跨行清算系统基本业务处理流程**

（1）网银贷记业务处理流程。网银贷记业务是指付款人通过付款行向收款行主动发起的付款业务。网银贷记业务可支持网银汇兑、网络购物、商旅服务、网银缴费、贷款还款、实时代付、投资理财、交易退款、慈善捐款等的资金支付。

网上支付跨行清算系统处理的贷记支付业务，其信息从付款清算行发起，经网银中心转发收款清算行；收款清算行实时向网银中心返回回执，网银中心轧差后分别通知付款清算行和收款清算行。网上支付跨行清算系统网银贷记业务处理流程如图 6-7 所示。

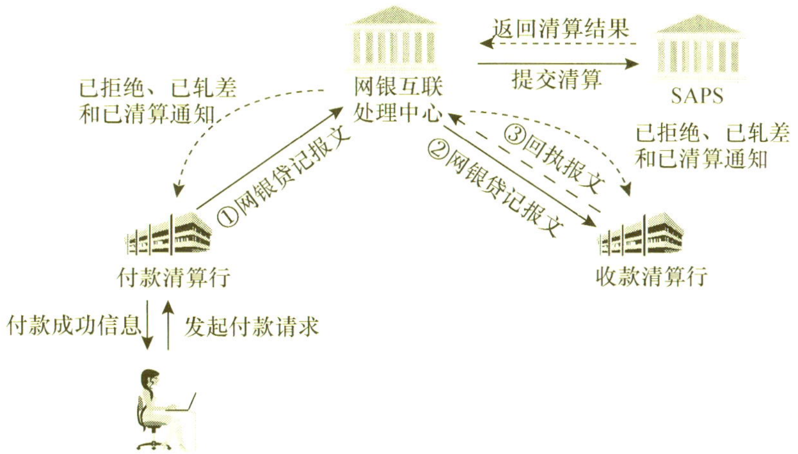

图 6-7　网银贷记业务处理流程图

（2）网银借记业务处理流程。网银借记业务是指收款人根据事先签订的协议，通过收款行向付款行发起的收款业务。网银借记业务可支持实时代收、贷款还款等的资金支付。

网上支付跨行清算系统处理的借记支付业务，其信息从收款清算行发起，经网银中心转发付款清算行；付款清算行实时向网银中心返回回执，网银中心轧差后分别通知付款清算行和收款清算行。

（3）第三方贷记业务处理流程。第三方贷记业务是指第三方机构接受付款人或收款人委托，通过网上支付跨行清算系统通知付款行向收款行付款的业务。第三方贷记业务可支持网络购物、商旅服务、网银缴费、贷款还款、实时代收、实时代付、投资理财、交易退款、慈善捐款等的资金支付。

网上支付跨行清算系统处理的第三方支付业务，其信息从第三方机构发起，经网银中心转发付款清算行；付款清算行实时向网银中心返回回执，经网银中心转发收款清算行；收款清算行实时向网银中心返回回执，网银中心轧差后分别通知第三方机构、付款清算行和收款清算行。其中，第三方机构是指提供第三方支付服务的直接接入银行机构和直接接入非金融机构。

2. 会计科目的设置

（1）存款类科目。

1）“政策性银行存款”“商业银行存款”“信用社存款”“其他金融机构存款”科目。以上各存款类科目属于负债类科目，中国人民银行分支行用于按直接接入银行机构分设账户进行明细核算，其具体核算内容在大额支付系统的核算中已述。

2）“其他存款”科目。该科目属于负债类科目，中国人民银行分支行用于核算直接接入非金融机构的业务费用收支。该科目按直接接入非金融机构分设账户进行明细核算。

（2）联行类科目。

1）“大额支付往来”科目。该科目属于资产负债共同类科目，中国人民银行分支行用于核算网上支付跨行清算系统参与者应缴纳的汇划费用，按中国人民银行分支机构的会计营业部门分设账户进行明细核算。年终，该科目余额全额由SAPS自动转入“支付清算资金往来”科目，结转后余额为零。

2）“小额支付往来”科目。该科目属于资产负债共同类科目，中国人民银行分支行用于核算网上支付跨行清算系统付款清算行和收款清算行通过网上支付跨行清算系统办理的支付结算往来款项，按中国人民银行分支机构的会计营业部门分设账户进行明细核算。余额轧差反映，年终，该科目余额全额由SAPS自动转入“支付清算资金往来”科目，结转后余额为零。

3）“支付清算资金往来”科目。该科目属于资产负债共同类科目，中国人民银行分支行用于核算网上支付跨行清算系统付款清算行和收款清算行通过网上支付跨行清算系统办理的支付结算汇差款项，按中国人民银行分支机构的会计营业部门分设账户进行明细核算。年终，“大额支付往来”“小额支付往来”科目余额核对准确后，结转至本科目，余额轧差反映。

3. 网银贷记业务的核算

（1）发起网银贷记业务的处理。

1）付款（清算）行的处理。付款（清算）行受理付款人的付款请求，检查付款人账户状态、余额，检查通过后进行账务处理。会计分录为：

借：吸收存款——××存款——××户

　　贷：待清算支付款项

付款清算行组网银贷记业务报文，加编数字签名后发送网银中心，并标记该业务状态为“已发送”。

待付款清算行收到各类通知时，相应修改业务状态，并进行以下处理：

①付款清算行收到“已拒绝”通知时，进行账务处理的会计分录为：

借：吸收存款——××存款——××户　（红字）

　贷：待清算支付款项　（红字）

账务处理完成后，通知付款人付款失败。

②付款清算行收到“已轧差”通知时，通知付款人付款成功。

③付款清算行收到“已清算”通知时，进行账务处理的会计分录为：

借：待清算支付款项

　贷：存放中央银行款项——准备金存款

2）网银中心的处理。网银中心收到付款清算行发来的网银贷记业务报文，检查并核验数字签名无误后，转发收款清算行，同时标记该业务状态为“已转发”；检查未通过的，做拒绝处理。

3）收款清算行的处理。收款清算行前置机收到网银中心转发的网银贷记业务报文，检查并核验数字签名无误后，转发行内业务处理系统；检查未通过的，做拒绝处理。

（2）网银贷记业务回执的处理。

1）收款清算行的处理。收款清算行行内业务处理系统收到网银贷记业务报文，实时核验数字签名并检查收款人账号、户名及账户状态，根据检查结果组“已确认”或“已拒绝”的网银贷记业务回执报文，加编数字签名后实时发送网银中心。

待收款清算行收到各类通知时，相应修改业务状态，并进行以下处理：

①收款清算行收到“已轧差”通知时，进行账务处理的会计分录为：

借：待清算支付款项

　贷：吸收存款——××存款——××户

②收款清算行收到“已清算”通知时，进行账务处理的会计分录为：

借：存放中央银行款项——准备金存款

　贷：待清算支付款项

2）网银中心的处理。网银中心收到收款清算行发来的网银贷记业务回执报文，检查并核验数字签名。对核验无误的“已确认”网银贷记业务回执报文，立即进行净借记限额检查；核验失败的，标记该业务状态为“已拒绝”，同时通知付款清算行和收款清算行。净借记限额检查通过的，实时纳入轧差处理，将该业务状态标记为“已轧差”后组轧差通知报文，加编数字签名后发送付款清算行、收款清算行；净借记限额检查未通过的，做拒绝处理，并将处理结果通知付款清算行和收款清算行。

网银中心收到“已拒绝”网银贷记业务回执报文，标记该业务状态为“已拒绝”，通知付款清算行。

网银中心在规定时点将本场轧差净额自动提交 SAPS 进行资金清算。待收到轧差净额“已清算”通知，标记该业务状态为“已清算”，并通知付款清算行和收款清算行。

4. 网银借记业务的核算

（1）发起网银借记业务的处理。

1）收款（清算）行的处理。收款（清算）行受理收款人的收款请求，检查业务要素无误后组网银借记业务报文，加编数字签名后发送网银中心，并标记该业务状态为“已发送”。

待收款清算行收到各类通知时，相应修改业务状态，并进行以下处理：

①收款清算行收到“已轧差”通知时，进行账务处理的会计分录为：

借：待清算支付款项

　　贷：吸收存款——××存款——××户

账务处理完成后，通知收款人收款成功。

②收款清算行收到“已清算”通知时，进行账务处理的会计分录为：

借：存放中央银行款项——准备金存款

　　贷：待清算支付款项

③收款清算行收到“已拒绝”通知时，通知收款人收款失败。

2）网银中心的处理。网银中心收到收款清算行发来的网银借记业务报文，检查并核验数字签名无误后，转发付款清算行，同时标记该业务状态为“已转发”；检查未通过的，做拒绝处理。

3）付款清算行的处理。付款清算行前置机收到网银中心发来的网银借记业务报文，检查并核验数字签名无误后，转发行内业务处理系统；检查未通过的，做拒绝处理。

（2）网银借记业务回执的处理。

1）付款清算行的处理。付款清算行行内业务处理系统收到网银借记业务报文，核验数字签名无误后立即进行协议核验。协议核验成功的，检查付款人账户状态及余额，检查通过的立即进行账务处理。会计分录为：

借：吸收存款——××存款——××户

　　贷：待清算支付款项

账务处理成功后，付款清算行组网银借记业务回执报文（业务状态为“已付款”），加编数字签名后实时发送网银中心。

付款清算行核验数字签名、协议不成功或检查账户状态及余额未通过的，组网银借记业务回执报文（业务状态为“已拒绝”），加编数字签名后实时发送网银中心。

待付款清算行收到各类通知时，相应修改业务状态，并进行以下处理：

①付款清算行收到“已拒绝”通知时，进行账务处理的会计分录为：

借：吸收存款——××存款——××户　　（红字）

　　贷：待清算支付款项　　（红字）

②付款清算行收到“已轧差”通知时，将该业务状态修改为“已轧差”。

③付款清算行收到“已清算”通知时，进行账务处理的会计分录为：

借：待清算支付款项

　　贷：存放中央银行款项——准备金存款

2）网银中心的处理。网银中心收到付款清算行发来的网银借记业务回执报文，检查并核验数字签名。对核验无误的“已付款”网银借记业务回执报文，立即进行净借记限额检查；核验失败的，标记该业务状态为“已拒绝”，同时通知付款清算行和收款清算行。净借记限额检查通过的，实时纳入轧差处理，将该业务状态标记为“已轧差”后组轧差通知报文，加编数字签名后发送付款清算行、收款清算行；净借记限额检查未通过的，做拒绝处理，并将处理结果通知付款清算行和收款清算行。

网银中心收到“已拒绝”网银借记业务回执报文，标记该业务状态为“已拒绝”，通知收款清算行。

网银中心在规定提交时点对本场轧差净额进行试算平衡检查，检查无误后自动提交SAPS进行资金清算。待收到轧差净额“已清算”通知，标记该业务状态为“已清算”，并通知付款清算行和收款清算行。

5. 第三方贷记业务的核算

第三方贷记业务处理包括第三方机构发起业务、付款清算行发出回执和收款清算行发出回执三个阶段。

（1）发起第三方贷记业务的处理。

1）第三方机构的处理。第三方机构受理客户的付款或收款请求，组第三方贷记业务报文，加编数字签名后发送网银中心，并标记该业务状态为“已发送”。

待第三方机构收到各类通知时，相应修改业务状态，并进行以下处理：

①第三方机构收到“已拒绝”通知时，通知客户业务处理失败。

②第三方机构收到“已轧差”通知时，通知客户业务处理成功。

③第三方机构收到“已清算”通知时，如通过网上支付跨行清算系统代收付款人手续费，则应进行相应的账务处理。会计分录为：

借：存放中央银行款项——准备金存款

　贷：手续费收入

2）网银中心的处理。网银中心收到第三方机构发来的第三方贷记业务报文，检查并核验数字签名无误后，转发付款清算行，同时标记该业务状态为“已转发”；检查未通过的，做拒绝处理。

3）付款清算行的处理。付款清算行前置机收到网银中心发来的第三方贷记业务报文，检查并核验数字签名无误后，转发行内业务处理系统；检查未通过的，做拒绝处理。

（2）付款清算行发出回执的处理。

1）付款清算行的处理。付款清算行行内业务处理系统收到第三方贷记业务报文，核验数字签名无误后，根据报文中的“认证方式”做相应处理。

对于在线方式认证的，付款清算行通过网银中心、第三方机构提示客户进行在线身份验证。经付款人确认付款后，付款清算行检查付款人账户状态及余额，检查通过的立即进行账务处理。

对于协议方式认证的，付款清算行立即进行协议核验。核验成功的，检查付款人账户状态及余额，检查通过的立即进行账务处理。会计分录为：

借：吸收存款——××存款——××户

　贷：待清算支付款项

账务处理成功后，付款清算行组第三方贷记业务回执报文（业务状态为“已付款”），加编数字签名后实时发送网银中心。

付款清算行核验数字签名、协议不成功或账户状态及余额检查未通过的，组第三方贷记业务回执报文（业务状态为“已拒绝”），加编数字签名后实时发送网银中心。

待付款清算行收到各类通知时，相应修改业务状态，并进行以下处理：

①付款清算行收到“已拒绝”通知时，进行账务处理的会计分录为：

借：吸收存款——××存款——××户（红字）

贷：待清算支付款项（红字）

②付款清算行收到“已轧差”通知时，将该业务状态修改为“已轧差”。

③付款清算行收到“已清算”通知时，进行账务处理的会计分录为：

借：待清算支付款项

贷：存放中央银行款项——准备金存款

2）网银中心的处理。网银中心收到付款清算行发来的第三方贷记业务回执报文，检查并核验数字签名。检查通过的，将“已付款”第三方贷记业务报文转发收款清算行；检查未通过的，标记业务状态为“已拒绝”，并通知付款清算行和第三方机构。

3）收款清算行的处理。收款清算行前置机收到网银中心转发的第三方贷记业务报文，检查并核验数字签名无误后，转发行内业务处理系统；检查未通过的，做拒绝处理。

（3）收款清算行发出回执的处理。

1）收款清算行的处理。收款清算行行内业务处理系统收到第三方贷记业务报文，实时核验数字签名并检查收款人账号、户名及账户状态，根据检查结果组“已确认”或“已拒绝”的第三方贷记业务回执报文，加编数字签名后实时发送网银中心。

待收款清算行收到各类通知时，相应修改业务状态，并进行以下处理：

①收款清算行收到“已轧差”通知时，进行账务处理的会计分录为：

借：待清算支付款项

贷：吸收存款——××存款——××户

②收款清算行收到“已清算”通知时，进行账务处理的会计分录为：

借：存放中央银行款项——准备金存款

贷：待清算支付款项

2）网银中心的处理。网银中心收到收款清算行发来的第三方贷记业务回执报文，检查并核验数字签名。对核验无误的“已确认”第三方贷记业务回执报文，立即进行净借记限额检查；核验失败的，标记该业务状态为“已拒绝”，同时通知付款清算行、收款清算行和第三方机构。净借记限额检查通过的，实时纳入轧差处理。如第三方机构未通过网上支付跨行清算系统代收付款人手续费，网银中心对收款清算行、付款清算行进行双边轧差；如第三方机构通过网上支付跨行清算系统代收付款人手续费，网银中心分别对收款清算行、付款清算行和第三方机构进行轧差。轧差完成后，标记该业务状态为“已轧差”，并组轧差通知报文，加编数字签名后发送付款清算行、收款清算行和第三方机构。净借记限额检查未通过的，做拒绝处理，并将处理结果通知付款清算行、收款清算行和第三方机构。

网银中心收到“已拒绝”第三方贷记业务回执报文，标记该业务状态为“已拒绝”，通知付款清算行和第三方机构。

网银中心在规定时点将本场轧差净额自动提交SAPS进行资金清算。待收到轧差净额“已清算”通知，标记该业务状态为“已清算”，并通知付款清算行、收款清算行和第三方机构。

6. 轧差和资金清算的处理

（1）轧差处理。网银中心对通过净借记限额检查的网银贷记业务回执、网银借记业务回执和第三方贷记业务回执，实时轧差。轧差公式为：

$$\begin{array}{c}\text{某清算行提交清算的贷方净额(+)}\\ \text{[或借方净额(−)]}\end{array} = \begin{array}{c}\text{网上支付跨行}\\ \text{清算系统贷记}\\ \text{来账金额}\end{array} + \begin{array}{c}\text{他行返回网上支付}\\ \text{跨行清算系统借记}\\ \text{回执成功交易金额}\end{array} - \begin{array}{c}\text{网上支付跨行}\\ \text{清算系统贷记}\\ \text{往账金额}\end{array} - \begin{array}{c}\text{发出网上支付跨行}\\ \text{清算系统借记回执}\\ \text{成功交易金额}\end{array}$$

网上支付跨行清算系统处理的支付业务一经轧差即具有支付最终性，不可撤销。收款行收到支付业务“已轧差”通知后应实时贷记指定收款人账户。

（2）资金清算的处理。网银中心根据中国人民银行的规定，设置日间轧差净额提交清算的场次和时间，在提交时点对本场轧差净额进行试算平衡检查，检查无误后自动提交SAPS进行资金清算。SAPS收到轧差净额清算报文，进行试算平衡检查无误后，自动完成相关账务处理。

1）属于清算行轧差净额的处理。属于清算行贷方差额的，会计分录为：

借：小额支付往来——中国人民银行××行

　贷：××存款——××行

属于清算行借方差额的，如清算账户可用头寸足以支付，则会计分录相反；如清算账户可用头寸不足支付，做排队处理。

完成账务处理后，网上支付跨行清算系统自动生成清算通知发送至各参与者。各参与者根据清算通知变更业务状态，完成相应的账务处理。

2）属于第三方机构轧差净额的处理。属于第三方机构轧差净额的，会计分录为：

借：小额支付往来——中国人民银行××行

　贷：××存款——××机构收费专户

6.5 清算账户管理系统的核算

清算账户管理系统（SAPS）是现代化支付系统的核心系统，通过集中存储和管理清算账户，处理大额支付系统、小额支付系统和网上支付跨行清算系统等业务系统的资金清算，以及中央银行会计核算数据集中系统（ACS）发起的现金存取、再贴现、再贷款等单边业务和同城票据交换轧差净额业务，支持各业务应用系统独立提交资金清算指令。

6.5.1 中国人民银行内部转账业务的处理

中国人民银行会计营业部门办理现金存取款、再贴现、再贷款、汇票资金移存、缴存款、利息收付等内部转账业务，涉及在本行开立的清算账户的，分两种情况处理。

1. 本行有关账户与所管理的清算账户之间发生对转关系的处理

（1）借记本行有关账户、贷记清算账户的，只对本行有关账户做借记处理，会计分录为：

借：××科目——××户

同时，生成贷记清算账户的单边业务报文，加编密押发送SAPS。SAPS收到报文，确认无误后，进行账务处理，会计分录为：

借：汇总平衡科目——中国人民银行××行

贷：××存款——××行

账务处理完成后，SAPS将“处理成功”信息发送管理该清算账户的中国人民银行会计营业部门。

（2）借记清算账户、贷记本行有关账户的，中国人民银行会计营业部门将借记清算账户的单边业务报文加编密押，发送SAPS。SAPS收到报文，确认无误后，进行账务处理，会计分录为：

借：××存款——××行

贷：汇总平衡科目——中国人民银行××行

账务处理完成后，SAPS将“处理成功”信息发送管理该清算账户的中国人民银行会计营业部门。中国人民银行会计营业部门收到“处理成功”信息后，贷记本行有关科目，会计分录为：

贷：××科目——××户

若清算账户头寸不足支付，SAPS向中国人民银行会计营业部门发送提示账户余额不足支付信息。中国人民银行收到信息后，通知商业银行筹措资金。待清算账户头寸足够支付时，再按上述程序进行处理。

【例6-4】 12月3日，中国工商银行天津分行向中国人民银行天津分行缴存现金1 000 000元，中国农业银行天津分行向中国人民银行天津分行支取现金600 000元。中国人民银行天津分行将有关单边业务报文加编密押后发送SAPS，收到SAPS返回的处理成功信息。

中国人民银行天津分行、SAPS有关账务处理如下：

（1）中国人民银行天津分行受理中国工商银行天津分行缴存现金时：

借：发行基金往来　　1 000 000

同时，生成贷记中国工商银行天津分行清算账户的单边业务报文，加编密押后发送SAPS。SAPS收到报文，确认无误后：

借：汇总平衡科目——中国人民银行天津分行　　1 000 000

贷：商业银行存款——中国工商银行天津分行　　1 000 000

（2）中国人民银行天津分行受理中国农业银行天津分行支取现金时，生成借记中国农业银行天津分行清算账户的单边业务报文，加编密押后发送SAPS。SAPS收到报文，确认无误后：

借：商业银行存款——中国农业银行天津分行　　600 000

　　贷：汇总平衡科目——中国人民银行天津分行　　600 000

中国人民银行天津分行收到SAPS返回的处理成功信息时：

　　贷：发行基金往来　　600 000

2. 本行所管理的清算账户之间发生对转关系的处理

中国人民银行会计营业部门将借记清算账户的单边业务报文加编密押，发送SAPS。SAPS收到报文，确认无误后，进行账务处理，会计分录为：

借：××存款——××行

　　贷：汇总平衡科目——中国人民银行××行

同时，通知管理该清算账户的中国人民银行会计营业部门，提示“处理成功”。中国人民银行会计营业部门收到“处理成功”信息后，再将贷记清算账户的单边业务报文加编密押，发送SAPS。SAPS收到报文，确认无误后，进行账务处理，会计分录为：

借：汇总平衡科目——中国人民银行××行

　　贷：××存款——××行

账务处理完成后，SAPS将“处理成功”信息发送管理该清算账户的中国人民银行会计营业部门。

如被借记清算账户头寸不足，SAPS向中国人民银行会计营业部门发送提示账户余额不足支付信息。中国人民银行收到信息后，通知商业银行筹措资金。待清算账户头寸足够支付时，再按上述程序进行处理。

6.5.2 同城票据交换轧差净额的清算

1. 同城票据交换轧差净额清算的基本原则

（1）一场同城票据交换轧差净额，不论借记方是否清算，对所有应贷记的清算账户都做贷记处理；

（2）一场同城票据交换轧差净额未全部清算完毕的，可以进行下一场同城票据交换轧差净额的发送和清算；

（3）日间透支限额可以在清算窗口开启前用于同城票据交换轧差净额的清算；

（4）已发送的同城票据交换轧差净额的清算不受清算账户借记控制的限制；

（5）清算窗口时间结束前，所有排队待清算的同城票据交换轧差净额必须全部清算。

2. 同城票据交换轧差净额的处理

票据交换所将同城票据交换轧差净额提交中国人民银行会计营业部门，中国人民银行会计营业部门将涉及清算账户（不涉及清算账户的，由中央银行会计核算数据集中系统处理）的同城票据交换轧差净额，通过中央银行会计核算数据集中系统向SAPS发送同城票据交换轧差净额清算报文。SAPS收到报文，检查无误后进行账务处理。

（1）属于贷记清算账户的，会计分录为：

1）中国人民银行会计营业部门：

借：同城票据交换

2）SAPS：

借：汇总平衡科目——中国人民银行××行

贷：××存款——××行

（2）属于借记清算账户且头寸足以支付的，SAPS立即进行账务处理，会计分录为：

1）SAPS：

借：××存款——××行

贷：汇总平衡科目——中国人民银行××行

2）中国人民银行会计营业部门：

贷：同城票据交换

头寸不足以支付的，做排队处理，通知该清算账户所属商业银行筹措资金，并通知中国人民银行当地分支行的会计营业部门。待该商业银行筹足资金后，立即借记该清算账户。清算窗口关闭时，仍未筹足资金的，由中国人民银行当地分支行按有关规定提供高额罚息贷款。

【例6-5】 4月17日，深圳市一场同城票据交换的轧差净额为：中国农业银行深圳分行借方差额500 000元，交通银行深圳分行借方差额400 000元，中国工商银行深圳分行贷方差额900 000元。中国人民银行深圳中心支行收到深圳票据交换所提交的同城票据交换轧差净额，生成同城票据交换轧差净额清算报文发送SAPS，并收到SAPS返回的已清算通知。

SAPS、中国人民银行深圳中心支行有关账务处理如下：

（1）对中国农业银行深圳分行借方差额进行处理。

1）SAPS：

借：商业银行存款——中国农业银行深圳分行　500 000

贷：汇总平衡科目——中国人民银行深圳中心支行　500 000

2）中国人民银行深圳中心支行：

贷：同城票据交换　500 000

（2）对交通银行深圳分行借方差额进行处理。

1）SAPS：

借：商业银行存款——交通银行深圳分行　400 000

贷：汇总平衡科目——中国人民银行深圳中心支行　400 000

2）中国人民银行深圳中心支行：

贷：同城票据交换　400 000

（3）对中国工商银行深圳分行贷方差额进行处理。

1）中国人民银行深圳中心支行：

借：同城票据交换　900 000

2）SAPS：

借：汇总平衡科目——中国人民银行深圳中心支行　900 000

贷：商业银行存款——中国工商银行深圳分行　900 000

思考题

1. 简述中国现代化支付系统的主要应用系统。
2. 大额支付系统、小额支付系统的参与者分为哪几种？分别描述其含义。
3. 什么是清算账户？由谁设置和管理？
4. 大额支付系统、小额支付系统的业务种类和处理方式有何不同？
5. 网上支付跨行清算系统处理的支付业务种类有哪些？

练习题

1. 9月2日，中国银行甲支行（间接参与者）收到中国建设银行乙分行（直接参与者）寄来的委托收款凭证，金额96 000元，向本行开户单位亮丽家具厂收取货款，承付期已到，经审核无误将支付信息经行内系统发往其所属的中国银行N分行（直接参与者），中国银行N分行收到后通过大额支付系统办理划款。中国建设银行乙分行收到划回的托收款，经确认无误收入开户单位立邦油漆厂账户。

要求：根据上述资料，编制中国银行甲支行及N分行、SAPS、中国建设银行乙分行的会计分录。

2. 3月19日，中国工商银行北京分行收到中国农业银行重庆分行寄来的委托收款凭证和商业承兑汇票，金额8 000元，向本行开户单位曙光箱包厂收取货款，经该公司同意办理转账后，行内系统按收款清算行组包，通过小额支付系统汇出资金。中国农业银行重庆分行收到业务包，经确认无误，由行内系统拆包，将划回的货款收入开户单位南岸皮革厂账户。中国工商银行北京分行和中国农业银行重庆分行均收到了小额支付系统发来的已清算通知。

要求：

（1）根据上述资料，编制中国工商银行北京分行和中国农业银行重庆分行的会计分录。

（2）若中国工商银行北京分行收到小额支付系统发来的已拒绝通知，编制有关会计分录。

3. 11月3日，小额支付系统NPC的一场轧差净额为：招商银行广州分行借方差额600 000元，中国人民银行杭州中心支行借方差额100 000元，中国银行重庆分行贷方差额200 000元，中国工商银行天津分行贷方差额500 000元。NPC进行试算平衡检查无误，生成轧差净额清算报文，提交SAPS进行资金清算。

要求：根据上述资料，编制SAPS进行账务处理的会计分录。

4. 6月20日，中国人民银行甲分行受理以下现金存取业务：

（1）交通银行某分行支取现金800 000元。

（2）中国农业银行某分行缴存现金300 000元。

（3）中国工商银行某分行支取现金650 000元。

中国人民银行甲分行将有关单边业务报文加编密押后发送SAPS，并收到SAPS返回的处理成功信息。

要求：根据上述资料，编制中国人民银行甲分行、SAPS进行账务处理的会计分录。

5. 12月7日，G市一场同城票据交换的轧差净额为：招商银行某分行贷方差额320 000元，民生银行某分行借方差额800 000元，中国建设银行某分行贷方差额480 000元。中国人民银行G市分行收到票据交换所提交的同城票据交换轧差净额，生成同城票据交换轧差净额清算报文发送SAPS，并收到SAPS返回的已清算通知。

要求：根据上述资料，编制SAPS、中国人民银行G市分行有关会计分录。

第7章

支付结算业务的核算

学习目标

1. 了解国内使用的支付结算工具及其适用范围、支付结算的原则与纪律。

2. 理解支付结算与资金清算的关系。

3. 掌握银行汇票、商业汇票、银行本票、支票业务的核算，信用卡业务的核算，汇兑、托收承付和委托收款业务的核算，支付结算业务收费和罚款的核算。

7.1 支付结算业务概述

支付结算即转账结算，是指单位、个人在社会经济活动中使用票据、信用卡和汇兑、托收承付、委托收款等结算方式进行货币给付及资金清算的行为。各单位经济活动中的往来款项，除少数按照国家现金管理制度的规定可以使用现金结算外，其余都必须通过银行办理转账结算，即采用一定的支付结算工具，通过银行将款项从付款单位账户划转到收款单位账户，实现收付款方之间的货币给付。支付结算建立在银行信用和商业信用的基础上，银行在支付结算中处于中介地位，是办理支付结算和资金清算的中介机构。支付结算业务是银行的中间业务，主要收入来源是手续费收入。

7.1.1 支付结算的种类

按使用的支付结算工具不同，支付结算分为票据结算、银行卡结算、结算方式结算和国内信用证结算，称为“三票、一卡、三式、一证”。“三票”是指汇票、银行本票和支票三种票据，其中汇票又分为银行汇票和商业汇票；“一卡”是指银行卡；“三式”是指汇兑、托收承付和委托收款三种结算方式；“一证”是指国内信用证。

按适用的区域范围不同，支付结算分为同城支付结算和异地支付结算。同城与异地一般以当地中国人民银行票据交换所的服务区域来界定，属于同一票据交换区域的货币收付为同城支付结算，否则为异地支付结算。其中，银行本票用于同城支付结算；银行汇票、托收承付、国内信用证用于异地支付结算；商业汇票、支票、银行卡、汇兑和委托收款既可用于同城支付结算，又可用于异地支付结算。我国支付结算的具体分类如图 7－1 所示。

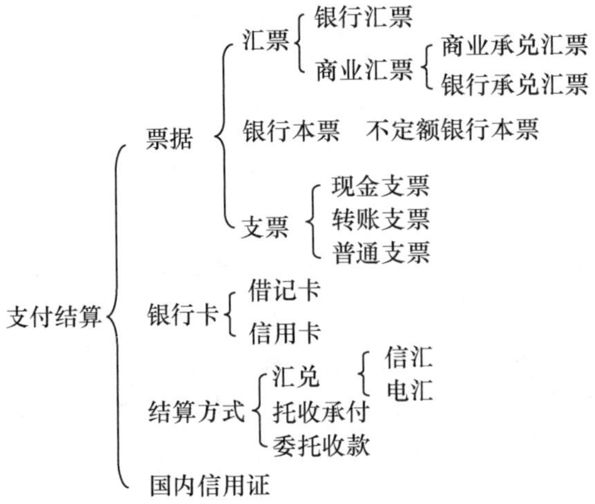

图 7－1 支付结算的种类

7.1.2 支付结算与资金清算

客户之间的资金往来通过银行进行划转，称为支付结算。银行之间将由客户资金转移所引起的相互资金账务往来和资金存欠进行结清称为资金清算。支付结算与资金清算紧密联系，相辅相成，银行为客户办理资金转移即支付结算业务的同时又引起了银行之间资金账务往来和资金存欠的清算。

支付结算的资金转移及其所引起的资金清算，需要借助一定的汇划渠道即支付清算系统实现。目前，我国商业银行办理支付结算与资金清算业务主要是通过中国现代化支付系统、商业银行行内系统及同城票据交换系统等进行资金的划转和清算。在具体选择汇划渠道时，应考虑结算对方银行所在地、是否为同系统银行、汇款金额大小、时限要求及资费高低等因素。当结算对方银行为同一系统银行时，可选择行内汇划渠道。当结算对方银行为跨系统银行时，若在同城，可选择现代化支付系统、同城票据交换汇划渠道；若在异地，可通过现代化支付系统实现异地跨行资金的结算与清算。

7.1.3 支付结算的原则与纪律

1. 支付结算的原则

支付结算的原则是银行和客户在办理结算的过程中必须共同遵守的行为准则。根据《支付结算办法》的规定，主要有以下三项基本原则：

（1）恪守信用，履约付款。这一原则是对办理支付结算业务当事人的约束，是维护经济合同秩序和保障当事人权利的重要原则。该原则要求支付结算当事人必须树立信用观念，共同遵守合同的规定，依法承担义务和行使权利，尤其是付款方必须按照规定的付款条件履行款项的支付，不得任意拖欠和无理拒付。

（2）谁的钱进谁的账，由谁支配。这一原则是在支付结算过程中维护存款人权益，保证存款人对其资金自主支配。银行作为支付结算的中介，在办理结算时必须遵循存款人的委托，按照其意志，准确、及时地为其收账和付款。对存款人的存款，除国家法律另有规定外，必须由存款人自主支配，其他任何单位、个人及银行本身都不得对其资金进行干预和侵犯。这一原则既保护了存款人对其资金的自主支配权，又明确了银行办理结算的责任。

（3）银行不垫款。这一原则旨在划清银行资金和存款人资金的界限，保证银行资金的安全。银行在支付结算活动中处于中介人地位，只是接受客户的委托进行资金的划拨，而不承担垫款的责任。为此，在支付结算过程中，银行必须坚持“先付后收、收妥抵用”，并且客户在支用款项时，应限制在其银行存款账户的余额内。

2. 支付结算的纪律

支付结算的纪律是支付结算业务正常进行的保证，包括客户应遵守的结算纪律和银行应遵守的结算纪律两个方面。

（1）客户应遵守的支付结算纪律：

1）不准签发没有资金保证的票据或远期支票，套取银行信用；

2）不准签发、取得和转让没有真实交易和债权债务的票据，套取银行和他人资金；

3）不准无理拒绝付款，任意占用他人资金；

4）不准违反规定开立和使用账户。

（2）银行应遵守的支付结算纪律：

1）不准以任何理由压票、任意退票、截留挪用客户和他行资金；

2）不准无理拒绝支付应由银行支付的票据款项；

3）不准受理无理拒付、不扣或少扣滞纳金；

4）不准违章签发、承兑、贴现票据，套取银行资金；

5）不准签发空头银行汇票、银行本票和办理空头汇款；

6）不准在支付结算制度之外规定附加条件，影响汇路畅通；

7）不准违反规定为单位和个人开立账户；

8）不准拒绝受理、代理他行正常结算业务；

9）不准放弃对企事业单位和个人违反结算纪律的制裁。

7.2 票据业务的核算

票据是出票人签发的、约定由自己或者委托他人无条件支付确定的金额给持票人的有价证券。广义的票据包括各种有价证券和商业凭证，如发票、提单、债券、股票、汇票、本票、支票等。《中华人民共和国票据法》规范的是狭义票据，包括银行汇票、商业汇票、银行本票和支票。

7.2.1 银行汇票业务的核算

1. 银行汇票的概念及有关规定

（1）银行汇票的概念。银行汇票是出票银行签发的，由其在见票时按照实际结算金额无条件支付给收款人或者持票人的票据。银行汇票建立在银行信用的基础上，为即期票据，其出票银行即为银行汇票的付款人，系统内银行汇票可即时抵用，跨系统银行汇票须收妥抵用。单位和个人异地各种款项结算，均可使用银行汇票。

（2）银行汇票的有关规定。

1）银行汇票的出票和付款，全国范围限于经中国人民银行批准具有办理银行汇票业务资格的银行机构。

2）银行汇票的代理付款人是代理本系统出票银行或跨系统签约银行审核支付汇票款项的银行。

3）跨系统银行签发的转账银行汇票的付款，应通过同城票据交换将银行汇票和解讫通知提交同城有关银行审核支付后抵用，代理付款人不得受理未在本行开户的为单位的持票人直接提交的银行汇票。

4）银行汇票可以用于转账；填明“现金”字样的银行汇票也可以用于支取现金，但申请人和收款人必须均为个人，且银行汇票上必须注明代理付款人名称。申请人或收款人为单位的，银行不得为其签发现金银行汇票。签发转账银行汇票，不得填写代理付款人名称。

5）银行汇票的提示付款期限自出票日起1个月。持票人超过付款期限提示付款的，代理付款人不予受理，但持票人可在票据权利时效内（自出票日起2年）向出票行请求付款。

6）转账银行汇票允许背书转让，但不得挂失；现金银行汇票不得背书转让，但可以挂失。转账银行汇票背书转让以不超过出票金额的实际结算金额为准。

7）银行汇票的实际结算金额不得更改，否则银行汇票无效。

8）银行汇票实际结算金额低于出票金额的，多余金额由出票银行退交申请人。

9）银行汇票丧失，失票人可凭人民法院出具的其享有票据权利的证明，向出票银行请求付款或退款。

2. 银行汇票业务的核算

银行汇票业务的处理程序分为出票、付款和结清三个阶段。

（1）银行汇票出票的处理。申请人需要使用银行汇票，应向出票银行填写银行汇票申请书。申请人和收款人均为个人，需要使用银行汇票向代理付款行支取现金的，申请人须在申请书上填明代理付款行名称，在“出票金额”栏先填写“现金”字样，然后填写汇票金额。申请人或者收款人为单位的，不得在申请书上填明“现金”字样。

出票行受理申请人提交的银行汇票申请书时，应认真审查其内容是否填写齐全、清晰，其签章是否为预留银行的签章；申请书填明“现金”字样的，申请人和收款人是否均为个人并交存现金。

经审核无误后，进行银行汇票签发交易处理，录入汇票信息，交易成功打印银行汇票（见图7-2）、记账凭证。银行汇票凭证一式四联，第一联为汇出汇款卡片，第二联为银行汇票，第三联为解讫通知，第四联为多余款收账通知。对需要支取现金的汇票，应在“出票金额”栏大写金额前打印“现金”字样。出票行将第二联银行汇票加盖汇票专用章和经办人名章后，连同第三联解讫通知和银行汇票申请书第三联一并交给申请人，银行汇票申请书第一、二联作记账凭证附件，银行汇票第一、四联专夹保管。会计分录为：

借：库存现金或吸收存款——××存款——××申请人

　　贷：吸收存款——汇出汇款——××银行汇票

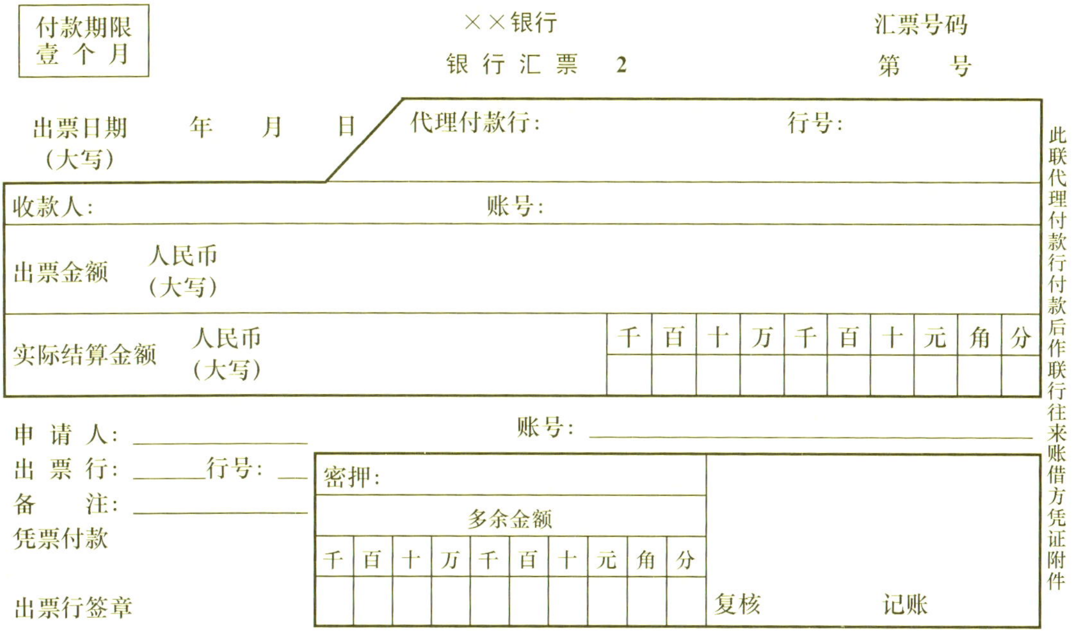
付款期限 壹个月
××银行
银行汇票　2
汇票号码 第　号
出票日期（大写）　年　月　日
代理付款行：　行号：
收款人：　账号：
出票金额　人民币（大写）
实际结算金额　人民币（大写）　千 百 十 万 千 百 十 元 角 分
申请人：　账号：
出票行：　行号：
备注：
凭票付款
出票行签章
密押：
多余金额　千 百 十 万 千 百 十 元 角 分
复核　记账
此联代理付款行付款后作联行往来账借方凭证附件

图7-2　银行汇票

收款人受理申请人交付的银行汇票时，应在出票金额以内，根据实际发生的金额办理结算，并将实际结算金额和多余金额填入银行汇票和解讫通知的有关栏内。未填明实际结算金额和多余金额或实际结算金额超过出票金额的，银行不予受理。

（2）银行汇票付款的处理。

1）本系统银行汇票付款的处理。

①持票人在代理付款行开有账户的核算。持票人向银行提示付款时，必须同时提交

银行汇票联和解讫通知联，缺少任何一联，银行不予受理。

代理付款行接到在本行开立账户的持票人直接交来的汇票、解讫通知和两联进账单，审核无误后，进行银行汇票解付交易处理，通过行内系统向出票行发起划付款业务，交易成功打印记账凭证。代理付款行将银行汇票和解讫通知及进账单贷方凭证联作记账凭证附件，进账单回单（即收账通知联）退持票人。会计分录为：

借：待清算辖内往来——××行　　　　（实际结算金额）

　贷：吸收存款——××存款——××持票人　　　　（实际结算金额）

②持票人未在代理付款行开立账户的核算。代理付款行接到未在本行开户的持票人为个人交来的汇票和解讫通知及两联进账单时，除按上述有关规定认真审查外，还必须审查持票人的身份证件等内容。审查无误后，以持票人姓名开立应解汇款账户，该账户只付不收，付完清户，不计付利息。代理付款行办理银行汇票解付的处理同上，银行汇票、解讫通知、进账单贷方凭证联及持票人身份证复印件作记账凭证附件。会计分录为：

借：待清算辖内往来——××行

　贷：吸收存款——应解汇款——××持票人

持票人需要一次或分次转账支付的，代理付款行根据持票人选择的支付结算方式和汇划渠道办理转账。会计分录为：

借：吸收存款——应解汇款——××持票人

　贷：待清算辖内往来、清算资金往来或其他科目

持票人需要支取现金的，代理付款行对填明“现金”字样的银行汇票进行审查后办理现金支付；对未填明“现金”字样的银行汇票，按国家现金管理规定审查后办理现金支付。会计分录为：

借：吸收存款——应解汇款——××持票人

　贷：库存现金

2）跨系统银行汇票付款的处理。银行接到在本行开户的持票人或未在本行开户的为个人的持票人交来的跨系统银行签发的汇票、解讫通知及两联进账单，按有关规定审查无误后，应通过同城票据交换将汇票和解讫通知提交同城有关的代理付款行审核支付后抵用。

①提出汇票和解讫通知时，会计分录为：

借：清算资金往来——同城票据清算

　贷：其他应付款——同城清算提出

②超过退票期未发生退票，将提出票据转销入账时，会计分录为：

借：其他应付款——同城清算提出

　贷：吸收存款——××存款——××持票人　　　　（持票人在本行开户）

或　贷：吸收存款——应解汇款——××持票人　　　　（持票人未在本行开户）

（3）银行汇票结清的处理。代理付款行付款后，行内系统自动做结清处理，次日营业开始直接打印银行汇票结清汇总凭证。具体分以下几种情况：

1）汇票全额付款的处理。汇票全额付款的，在汇票卡片的实际结算金额栏填入全部金额，在多余款收账通知的多余金额栏填写“—0—”，汇票卡片、多余款收账通知作汇

总凭证附件。会计分录为：

借：吸收存款——汇出汇款——××银行汇票

　贷：待清算辖内往来——××行

2）汇票有多余款的处理。

①申请人在本行开户的，在汇票卡片和多余款收账通知上填写实际结算金额，结出多余金额，汇票卡片作汇总凭证附件，多余款收账通知交申请人。会计分录为：

借：吸收存款——汇出汇款——××银行汇票　（出票金额）

　贷：待清算辖内往来——××行　（实际结算金额）

　　吸收存款——××存款——××申请人　（多余金额）

②申请人未在本行开户的，多余金额先转入“其他应付款”科目，会计分录为：

借：吸收存款——汇出汇款——××银行汇票

　贷：待清算辖内往来——××行

　　其他应付款——××申请人

同时，通知申请人持申请书存根及本人身份证件来行办理领取手续。申请人来行领取时，会计分录为：

借：其他应付款——××申请人

　贷：库存现金

（4）银行汇票特殊情况的处理。

1）银行汇票退款的处理。申请人因银行汇票超过提示付款期限或其他原因要求退款时，应将银行汇票和解讫通知同时提交出票行。单位客户还应出具证明说明原因，个人客户应出示身份证件。出票行审核并抽卡核对无误后，在汇票和解讫通知实际结算金额大写栏注明“未用退回”字样，多余金额栏填写原出票金额，然后进行银行汇票退票交易处理，打印记账凭证，汇票卡片、银行汇票和解讫通知作记账凭证附件，多余款收账通知退申请人。若为现金银行汇票，还应留存申请人身份证复印件。会计分录为：

借：吸收存款——汇出汇款——××银行汇票

　贷：吸收存款——××存款——××申请人　（转账退款）

或　贷：库存现金　（现金退款）

2）超过提示付款期付款的处理。持票人超过提示付款期限不获付款的，在票据权利时效内请求付款时，应将银行汇票和解讫通知同时提交出票行。单位客户还应出具证明说明原因，个人客户应出示身份证件。出票行审核并抽卡核对无误后，在汇票和解讫通知备注栏注明“逾期付款”字样，并一律通过“吸收存款——应解汇款”科目办理付款手续。

①汇票全额付款的处理。在汇票卡片的实际结算金额栏填入全部金额，在多余款收账通知的多余金额栏填写“—0—”，汇票卡片、银行汇票、解讫通知及多余款收账通知作汇总凭证附件。会计分录为：

借：吸收存款——汇出汇款——××银行汇票

　贷：吸收存款——应解汇款——××持票人

同时，根据持票人选择的支付结算方式和汇划渠道办理转账。若持票人委托银行签发银行汇票，则会计分录为：

借：吸收存款——应解汇款——××持票人

贷：吸收存款——汇出汇款——××银行汇票

②汇票有多余款的处理。在汇票卡片和多余款收账通知上填写实际结算金额，结出多余金额，汇票卡片、银行汇票和解讫通知作汇总凭证附件，多余款收账通知交申请人。会计分录为：

借：吸收存款——汇出汇款——××银行汇票	（出票金额）
贷：吸收存款——应解汇款——××持票人	（实际结算金额）
——××存款——××申请人	（多余金额）

向持票人办理付款的其余手续与汇票全额付款的处理相同。

若持票人提交的是现金汇票，可比照上述手续进行处理，只是持票人在填写银行汇票申请书或汇兑凭证时应注明"现金"字样。汇票有多余款的，应将多余金额转入"其他应付款——××申请人"，及时通知申请人来行办理取款手续。

3）丧失银行汇票付款或退款的处理。银行汇票丧失，失票人可凭人民法院出具的其享有该汇票票据权利以及实际结算金额的证明，向出票行请求付款或退款。出票行经审查确未支付的，方可办理付款或退款手续。出票行向丧失汇票的持票人付款时，比照超过提示付款期付款的手续进行处理；出票行向丧失汇票的申请人退款时，比照银行汇票退款的手续进行处理。

【例7-1】 3月7日，杭州百货商场提交银行汇票申请书，金额60 000元，委托开户行中国银行杭州中大支行签发银行汇票持往深圳购买货物，中国银行杭州中大支行审核无误后，签发银行汇票。

4月1日，中国工商银行深圳宝安支行收到开户单位艾特电器公司提交的银行汇票、解讫通知和进账单，出票金额60 000元，实际结算金额52 000元，该汇票系中国银行杭州中大支行签发，审核无误后，通过同城票据交换将汇票和解讫通知提交同城有关代理付款行审核支付，超过退票时间未收到退票通知。

4月3日，中国银行杭州中大支行收到该银行汇票已兑付的电子汇划信息，经审核无误办理转账。

根据上述资料，编制会计分录如下：

（1）3月7日，中国银行杭州中大支行签发银行汇票时：

借：吸收存款——单位活期存款——杭州百货商场	60 000	
贷：吸收存款——汇出汇款——杭州百货商场银行汇票		60 000

（2）4月1日，中国工商银行深圳宝安支行办理银行汇票付款时：

1）提出汇票和解讫通知：

借：清算资金往来——同城票据清算	52 000	
贷：其他应付款——同城清算提出		52 000

2）超过退票期未发生退票：

借：其他应付款——同城清算提出	52 000	
贷：吸收存款——单位活期存款——艾特电器公司		52 000

(3) 4 月 3 日，中国银行杭州中大支行结清银行汇票时：

借：吸收存款——汇出汇款——杭州百货商场银行汇票 60 000

贷：待清算辖内往来——××行 52 000

吸收存款——单位活期存款——杭州百货商场 8 000

7.2.2 商业汇票业务的核算

1. 商业汇票的概念及有关规定

（1）商业汇票的概念。商业汇票是出票人签发的、委托付款人在指定日期无条件支付确定的金额给收款人或者持票人的票据。在银行开立存款账户的法人以及其他组织之间，必须具有真实的交易关系或债权债务关系，才能使用商业汇票。商业汇票为远期票据，收妥抵用，适用于同城或异地结算，只能转账，不能支取现金。

商业汇票签发后，必须经过承兑。承兑就是承兑人同意按汇票载明事项到期付款而在票据上做文字记载或签章的票据行为。按承兑人的不同，商业汇票分为商业承兑汇票和银行承兑汇票。商业承兑汇票由银行以外的付款人承兑，以商业信用为基础；银行承兑汇票由银行承兑，以银行信用为基础。商业汇票的付款人为承兑人。

（2）商业汇票的有关规定：

1）商业承兑汇票可以由付款人签发并承兑，也可以由收款人签发交由付款人承兑。

2）银行承兑汇票由在承兑银行开立存款账户的存款人签发，交由其开户银行承兑。

3）商业汇票的付款期限，最长不得超过 6 个月。定日付款的汇票，付款期限自出票日起计算，并在汇票上记载具体的到期日；出票后定期付款的汇票，付款期限自出票日起按月计算，并在汇票上记载；见票后定期付款的汇票，付款期限自承兑或拒绝承兑日起按月计算，并在汇票上记载。

4）商业汇票的提示付款期限，自汇票到期日起 10 日。持票人超过提示付款期限提示付款的，持票人开户银行不予受理。商业汇票的权利时效自汇票到期日起 2 年。

5）商业汇票可以在出票时向付款人提示承兑后使用，也可以在出票后先使用再向付款人提示承兑。定日付款或者出票后定期付款的商业汇票，持票人应当在汇票到期日前向付款人提示承兑。见票后定期付款的汇票，持票人应当自出票日起 1 个月内向付款人提示承兑。汇票未按照规定期限提示承兑的，持票人丧失对其前手的追索权。

6）商业汇票的付款人接到提示承兑的汇票时，应当在自收到提示承兑的汇票之日起 3 日内承兑或者拒绝承兑。付款人承兑商业汇票，不得附有条件，并应在汇票正面记载“承兑”字样和承兑日期并签章；承兑附有条件的，视为拒绝承兑。

7）商业汇票允许贴现，并允许背书转让。

2. 商业承兑汇票的核算

（1）持票人开户行受理汇票的处理。商业承兑汇票凭证（见图 7－3）一式三联：第一联为卡片，由承兑人留存；第二联为汇票，由持票人作委托收款依据；第三联为存根，由出票人存查。持票人应在提示付款期限内通过开户银行委托收款（或直接向付款人提示付款），对异地委托收款的，持票人可匡算邮程，提前通过开户银行委托收款。

商业承兑汇票 2

出票日期 年 月 日　　　　汇票号码
（大写）　　　　　　　　　第 号

付款人	全 称			收款人	全 称												
	账 号				账 号												
	开户银行		行号		开户银行		行号										
出票金额		人民币（大写）						千	百	十	万	千	百	十	元	角	分
汇票到期日				交易合同号码													
本汇票已经承兑，到期无条件支付票款。 承兑人签章 承兑日期 年 月 日				本汇票请予以承兑，于到期日付款。 出票人签章													

此联持票人开户行随委托收款凭证寄付款人开户行作借方凭证附件

图 7-3 商业承兑汇票

持票人凭商业承兑汇票委托开户行收款时，应填制一式五联委托收款凭证，并在有关栏注明“商业承兑汇票”及汇票号码，连同汇票一并交开户行。银行按规定审核盖章并登记发出委托收款凭证登记簿后，将第一联委托收款凭证作回单退交持票人；第二联专夹保管；第三、四、五联连同商业承兑汇票寄付款人开户行。

（2）付款人开户行收到汇票的处理。付款人开户行收到寄来的委托收款凭证及商业承兑汇票，审查无误后，登记收到委托收款凭证登记簿，将第五联委托收款凭证交付款人通知其付款。

付款人接到开户银行的付款通知，应在当日通知银行付款。付款人在接到通知的次日起 3 日内（遇法定节假日顺延）未通知银行付款的，银行应于付款人接到通知的次日起第 4 日（法定节假日顺延）上午开始营业时，将票款划给持票人。付款人若提前收到由其承兑的商业汇票，并同意付款的，银行应于汇票到期日将票款划给持票人。

1）付款人账户有足够款项支付的处理。付款人开户行进行委托收款到期付款交易处理，打印记账凭证，将商业承兑汇票、委托收款凭证第三、四（同城交换时此联须提出）联作记账凭证附件，同时销记收到委托收款凭证登记簿。

①通过行内系统划款时，付款人开户行向持票人开户行发起划收款（贷记）业务，会计分录为：

借：吸收存款——单位活期存款——××付款人

　贷：待清算辖内往来——××行

②通过大小额支付系统划款时，付款人开户行（间接参与者、非清算账户行）应将贷记业务通过行内系统发往其所属的直接参与者（即清算账户行），由直接参与者通过大小额支付系统发往持票人开户行所属的直接参与者转持票人开户行。

付款人开户行的会计分录为：

借：吸收存款——单位活期存款——××付款人

　贷：待清算辖内往来——××行

付款人开户行所属直接参与者的会计分录为：

借：待清算辖内往来——××行

贷：存放中央银行款项——准备金存款　　（大额支付系统）

或　　贷：待清算支付款项　　（小额支付系统）

对受理单位和个人等外部客户提交的支付结算业务的商业银行基层行（间接参与者、非清算账户行）而言，其通过行内系统和大小额支付系统办理汇划的账务处理基本一致。行内汇划最高清算机关为总行，大小额汇划也以总行或一级分行（即清算账户行）为统一出口，由总行或一级分行统一与中国人民银行进行信息交换，并统一通过总行或一级分行在中国人民银行的备付金存款账户进行资金清算。因此，商业银行基层行及非清算账户行分行受理客户提交的支付结算业务，只是根据接收行所在地、汇划金额大小、时限要求及资费高低，在银行业务系统中选择行内汇划、大额实时或小额批量汇划等汇划信息的传递渠道，其业务处理程序和会计分录完全一致。

③通过同城票据交换划款时，付款人开户行将委托收款凭证第四联提出给持票人开户行，会计分录为：

借：吸收存款——单位活期存款——××付款人

贷：清算资金往来——同城票据清算

2）付款人账户无款支付或不足支付的处理。付款人开户行划款时，付款人账户无款支付或不足支付的，银行在委托收款凭证上注明"无款支付"字样，并填制三联付款人未付款项通知书，将第二、三联通知书连同第四联委托收款凭证及汇票一并寄持票人开户行转交持票人。

3）付款人拒绝付款的处理。付款人对已承兑的商业汇票，如果存在合法抗辩事由，应自接到通知的次日起3日内向银行提交四联拒付理由书，连同第五联委托收款凭证一起交开户行。银行收到并审核无误后，在委托收款凭证上注明"拒绝付款"字样，将第一联拒付理由书作回单退还付款人，第二联拒付理由书与第三联委托收款凭证一并留存备查，第三、四联拒付理由书连同第四、五联委托收款凭证及汇票一并寄持票人开户行转交持票人。

（3）持票人开户行收到划回票款或退回凭证的处理。持票人开户行收到通过同城票据交换提入的第四联委托收款凭证，或根据接收的行内系统、大小额支付系统的支付信息打印汇款来账专用凭证，与留存的第二联委托收款凭证进行核对，第二联委托收款凭证作来账凭证附件，来账凭证收账通知联交收款人。同时，持票人开户行进行委托收款销记交易处理，录入相关信息，系统自动销记发出委托收款凭证登记簿。

1）收到通过行内系统划回的票款时，会计分录为：

借：待清算辖内往来——××行

贷：吸收存款——单位活期存款——××持票人

2）收到其所属的直接参与者由行内系统转来的通过大小额支付系统划回的票款时，持票人开户行所属直接参与者的会计分录为：

借：存放中央银行款项——准备金存款　　（大额支付系统）

或　　借：待清算支付款项　　（小额支付系统）

贷：待清算辖内往来——××行

持票人开户行的会计分录为：

借：待清算辖内往来——××行

贷：吸收存款——单位活期存款——××持票人

3）收到通过同城票据交换划回的票款时，会计分录为：

借：清算资金往来——同城票据清算

贷：吸收存款——单位活期存款——××持票人

持票人开户行收到付款人未付款项通知书或拒付理由书和汇票及委托收款凭证，与留存的第二联委托收款凭证核对无误后，系统自动销记发出委托收款凭证登记簿，并将委托收款凭证、汇票及未付票款通知书第二联或拒付理由书第四联退给持票人，并由持票人签收。交易纠纷由持票人与付款人自行解决。

【例7-2】 2月16日，中国工商银行深圳友谊支行收到南京某中国农业银行寄来的商业承兑汇票及委托收款凭证，金额为30 000元，系本行开户单位深圳维康制药厂向南京某公司支付货款，已到汇票到期日，选择小额批量支付渠道办理资金汇划。

中国工商银行深圳友谊支行编制会计分录如下：

借：吸收存款——单位活期存款——深圳维康制药厂　　30 000

贷：待清算辖内往来——深圳分行　　30 000

3. 银行承兑汇票的核算

（1）承兑银行办理汇票承兑的处理。银行信贷部门与承兑申请人签署承兑协议后，将承兑协议等相关资料交经办柜员。经办柜员审核无误后，售出银行承兑汇票，并填制“重要空白凭证”表外科目付出传票。会计分录为：

付：重要空白凭证——银行承兑汇票——××承兑申请人

若根据承兑协议约定，需要承兑申请人存入一定比例的保证金作为银行承兑汇票到期付款保证，经办柜员根据与承兑申请人约定的期限，为其开立活期或定期保证金账户，办理保证金存入手续。会计分录为：

借：吸收存款——单位活期存款——××承兑申请人

贷：存入保证金——银行承兑汇票保证金——××承兑申请人

承兑申请人也可以抵押担保、质押担保、保证担保的方式作为银行承兑汇票到期付款的保证。承兑申请人是否需要提供银行承兑汇票到期付款保证，由银行根据承兑申请人的信用等级确定。

经办柜员受理承兑申请人签发的一式三联银行承兑汇票（见图7-4），审核无误后，进行银行承兑汇票承兑交易处理，系统自动冻结对应的保证金账户，并打印记账凭证。经办柜员在第二联汇票“承兑行签章”处加盖汇票专用章和个人名章，将第一联卡片和承兑协议副本等专夹保管，第二联汇票和第三联存根连同第一联承兑协议交承兑申请人。同时，按票面金额向承兑申请人收取万分之五的承兑手续费。会计分录为：

借：库存现金或吸收存款——单位活期存款——××承兑申请人

贷：手续费及佣金收入——银行承兑业务收入

应交税费——应交增值税（销项税额）

收：银行承兑汇票——××承兑申请人

银行承兑汇票 2

出票日期 年 月 日　　　　汇票号码

(大写)　　　　第 号

<table>
<tr><td>出票人全称</td><td colspan="3"></td><td rowspan="3">收款人</td><td>全 称</td><td colspan="11"></td></tr>
<tr><td>出票人账号</td><td colspan="3"></td><td>账 号</td><td colspan="11"></td></tr>
<tr><td>付款行全称</td><td></td><td>行号</td><td></td><td>开户行</td><td></td><td>行号</td><td colspan="9"></td></tr>
<tr><td rowspan="2">汇票金额</td><td colspan="6" rowspan="2">人民币
(大写)</td><td>千</td><td>百</td><td>十</td><td>万</td><td>千</td><td>百</td><td>十</td><td>元</td><td>角</td><td>分</td></tr>
<tr><td></td><td></td><td></td><td></td><td></td><td></td><td></td><td></td><td></td><td></td></tr>
<tr><td>汇票到期日</td><td colspan="3"></td><td colspan="3" rowspan="2">本汇票已经承兑，到期日由本行付款。

承兑行签章
承兑日期 年 月 日</td><td colspan="5">承兑协议编号</td><td colspan="5"></td></tr>
<tr><td colspan="4">本汇票请你行承兑，到期无条件付款。

出票人签章
年 月 日</td><td colspan="10" rowspan="2">复核 记账</td></tr>
<tr><td colspan="4"></td><td colspan="3">备注：</td></tr>
</table>

此联收款行随托收凭证寄付款行作借方凭证附件

图 7-4 银行承兑汇票

(2) 持票人开户行受理汇票的处理。持票人凭汇票委托开户行向承兑银行收取票款时，应填制一式五联委托收款凭证，并在有关栏注明“银行承兑汇票”及汇票号码，连同汇票一并交开户行。银行按规定审核盖章并登记发出委托收款凭证登记簿后，将第一联委托收款凭证作回单退交持票人，第二联专夹保管，第三、四、五联连同银行承兑汇票寄承兑银行。

(3) 汇票到期，承兑银行收取票款的处理。承兑银行应每天查看汇票到期情况，对到期的汇票，应于到期日（法定节假日顺延）向承兑申请人收取票款。

在银行承兑汇票到期日，承兑银行进行银行承兑汇票到期收款交易处理，系统自动按承兑申请人基本存款账户、保证金账户顺序扣款，如基本存款账户、保证金账户不足支付，系统自动进行垫款处理，交易成功打印记账凭证。具体账务处理分以下几种情况：

1) 承兑申请人账户有足够款项支付的处理。承兑申请人基本存款账户和保证金存款账户有足够款项支付的，承兑银行先从其基本存款账户扣收票款，不足部分再从保证金账户扣收。会计分录为：

借：吸收存款——单位活期存款——××承兑申请人

　　存入保证金——银行承兑汇票保证金——××承兑申请人

　贷：吸收存款——应解汇款——××承兑申请人

保证金账户扣收后尚有多余存款的，应转入承兑申请人基本存款账户。

2) 承兑申请人账户不足支付的处理。承兑申请人基本存款账户和保证金存款账户不足支付的，承兑银行按上述顺序扣款后，将不足支付的金额转入该承兑申请人的逾期贷款户，并按每日万分之五计收利息。会计分录为：

借：吸收存款——单位活期存款——××承兑申请人

　　存入保证金——银行承兑汇票保证金——××承兑申请人

贷款——逾期贷款——承兑垫款（××承兑申请人）

贷：吸收存款——应解汇款——××承兑申请人

3）承兑申请人账户无款支付的处理。承兑申请人账户无款支付的，承兑银行将承兑金额全额转入该承兑申请人的逾期贷款户，并按每日万分之五计收利息。会计分录为：

借：贷款——逾期贷款——承兑垫款（××承兑申请人）

贷：吸收存款——应解汇款——××承兑申请人

（4）承兑银行支付票款的处理。承兑银行收到持票人开户行寄来的第三、四、五联委托收款凭证及银行承兑汇票，登记收到委托收款凭证登记簿，并抽出专夹保管的汇票卡片和承兑协议副本，按规定认真审查。若审查不符或存在合法抗辩事由，应自接到银行承兑汇票的次日起3日内，将拒绝付款证明，连同第四、五联委托收款凭证及汇票寄持票人开户行转交持票人。

若审查无误，承兑银行应于汇票到期日或到期日之后的见票当日将票款划给持票人。承兑银行进行委托收款到期付款交易处理，根据情况选择大额支付、小额支付、行内汇划、同城交换等汇划渠道进行划款，交易成功打印记账凭证，将银行承兑汇票、银行承兑汇票卡片联、委托收款凭证第三、四（同城交换时此联须提出）、五联作记账凭证附件，同时销记收到委托收款凭证登记簿。会计分录为：

借：吸收存款——应解汇款——××承兑申请人

贷：待清算辖内往来或清算资金往来

付：银行承兑汇票——××承兑申请人

（5）持票人开户行收到划回款项的处理。持票人开户行收到通过同城票据交换提入的第四联委托收款凭证，或根据接收的行内系统、大小额支付系统的支付信息打印汇款来账专用凭证，与留存的第二联委托收款凭证进行核对，第二联委托收款凭证作来账凭证附件，来账凭证收账通知联交收款人。同时，持票人开户行进行委托收款销记交易处理，录入相关信息，系统自动销记发出委托收款凭证登记簿。会计分录为：

借：待清算辖内往来或清算资金往来

贷：吸收存款——单位活期存款——××持票人

【例7-3】 5月10日，承兑申请人为枫叶印刷厂的银行承兑汇票到期，金额为200 000元，中国工商银行北京中关村支行收取票款时，枫叶印刷厂基本存款账户只有20 000元，保证金账户金额为160 000元。5月12日，中国工商银行北京中关村支行收到西安某中国农业银行寄来的承兑申请人为枫叶印刷厂的银行承兑汇票及委托收款凭证，审查无误后，选择大额实时支付渠道办理资金汇划。

中国工商银行北京中关村支行编制会计分录如下：

（1）5月10日，向承兑申请人收取票款时：

借：吸收存款——单位活期存款——枫叶印刷厂	20 000
存入保证金——银行承兑汇票保证金——枫叶印刷厂	160 000
贷款——逾期贷款——承兑垫款（枫叶印刷厂）	20 000
贷：吸收存款——应解汇款——枫叶印刷厂	200 000

（2）5月12日，支付票款时：

借：吸收存款——应解汇款——枫叶印刷厂　　200 000
　贷：待清算辖内往来——北京分行　　200 000
付：银行承兑汇票——枫叶印刷厂　　200 000

7.2.3　银行本票业务的核算

1. 银行本票的概念及有关规定

（1）银行本票的概念。银行本票是银行签发的、承诺自己在见票时无条件支付确定的金额给收款人或者持票人的票据。银行本票以银行信用为基础，见票即付，不存在委托收款过程，即使跨行转账，也可即时抵用，在一定程度上可以等同现金使用。单位和个人在同一票据交换区域需要支付各种款项，均可以使用银行本票。

（2）银行本票的有关规定。

1）银行本票的出票人为经中国人民银行当地分支行批准办理银行本票业务的银行机构。

2）银行本票的代理付款人是代理出票银行审核支付银行本票款项的银行。

3）银行本票为不定额本票（见图 7－5），无金额起点限制。

××银行
本　票　2

付款期限 贰 个 月　　出票日期（大写）　年　月　日　　本票号码 第　号

收款人:			
凭票即付	人民币（大写）		
转账	现金	出票行签章	出纳　复核　经办
备注:			

此联出票行结清本票时作借方凭证

图 7－5　不定额银行本票

4）银行本票见票即付。跨系统银行本票的兑付，持票人开户银行可根据中国人民银行规定的金融机构同业往来利率，按实际垫付资金天数，向出票银行收取垫付资金利息（小额本票业务除外）。

5）银行本票可以用于转账；填明“现金”字样的银行本票可以用于支取现金，但申请人和收款人必须均为个人，且仅限系统内银行兑付，并应在银行本票上注明系统内代理付款人名称。申请人或收款人为单位的，银行不得为其签发现金银行本票。

6）银行本票的提示付款期限自出票日起最长不得超过 2 个月。持票人超过付款期限提示付款的，代理付款人不予受理，但持票人可在票据权利时效内（自出票日起 2 年）向出票行请求付款。

7）转账银行本票允许背书转让，但不得挂失；现金银行本票不得背书转让，但可以挂失。

8）银行本票丧失，失票人可凭人民法院出具的其享有票据权利的证明，向出票银行请求付款或退款。

2. 银行本票业务的核算

银行本票业务的处理程序分为出票、付款和结清三个阶段。银行本票业务主要通过同城票据交换系统、各行行内系统办理。2008年，依托小额支付系统办理银行本票业务（简称小额本票业务）在全国正式开通后，跨系统银行本票和系统内银行本票均可通过小额支付系统办理。

（1）银行本票出票的处理。申请人需要使用银行本票，应向出票银行填写银行本票申请书。申请人和收款人均为个人，需要支取现金的，申请人须在申请书上填明系统内代理付款行名称，在“人民币大写”栏先填写“现金”字样，然后填写大写金额。申请人或收款人为单位的，不得申请签发现金银行本票。

出票行受理申请人提交的银行本票申请书时，应认真审查其内容是否填写齐全、清晰；申请书填明“现金”字样的，应审查申请人和收款人是否均为个人并交存现金。

经审核无误后，进行银行本票出票交易处理，录入本票信息，交易成功打印银行本票、记账凭证。银行本票凭证一式两联，第一联为卡片，第二联为银行本票。用于转账的，在银行本票上划去“现金”字样；用于支取现金的，在银行本票上划去“转账”字样，并在“人民币大写”栏大写金额前打印“现金”字样。本票上未划去“现金”或“转账”字样的，一律按转账办理。出票行将第二联银行本票加盖本票专用章和经办人名章后，连同银行本票申请书第三联一并交给申请人，银行本票申请书第一、二联作记账凭证附件，银行本票第一联卡片专夹保管。会计分录为：

借：库存现金或吸收存款——××存款——××申请人

　　贷：吸收存款——开出本票——××银行本票

通过小额支付系统办理银行本票出票的，出票行若为小额支付系统的直接参与者，可直接办理银行本票出票；出票行若为小额支付系统的间接参与者，则应委托其所属的直接参与者（即代理清算行）代理办理。出票行应在银行本票上填写代理清算行的银行机构代码，加编本票密押，将银行本票出票信息实时录入本行业务处理系统，并于当日内传递至代理清算行。会计分录为：

借：库存现金或吸收存款——××存款——××申请人

　　贷：待清算辖内往来——××行

代理清算行收到后，进行银行本票出票处理。会计分录为：

借：待清算辖内往来——××行

　　贷：吸收存款——开出本票——××银行本票

（2）银行本票付款的处理。

1）代理付款行兑付银行本票的处理。现金银行本票的代理付款行应为出票行系统内营业机构，转账银行本票的代理付款行可为任一银行营业机构。其中，通过小额支付系统签发的银行本票，代理付款行还必须为小额支付系统的直接参与者，小额支付系统的间接参与者不能委托其所属的直接参与者办理银行本票的代理付款业务。

①代理付款行兑付转账银行本票的处理。

• 代理付款行接到在本行开户的单位持票人直接交来的转账银行本票和两联进账单，审核无误后，进行（小额）银行本票付款交易处理，打印记账凭证，进账单贷方凭证联、银行本票（同城交换时须提出）作记账凭证附件，进账单收账通知联退持票人。

通过行内汇划渠道解付时，会计分录为：

借：待清算辖内往来——××行　　　　　　　　（行内汇划解付，本票截留）

　贷：吸收存款——××存款——××持票人

通过小额支付渠道解付时，代理付款行通过小额支付系统向出票行发送实时借记业务包（单笔组包），在规定时间内（自发出业务包起 60 秒内）收到出票行返回的确认付款回执时，系统自动进行账务处理，打印记账凭证。银行本票截留在代理付款行作记账凭证附件。会计分录为：

借：待清算支付款项

　贷：吸收存款——××存款——××持票人

通过同城交换渠道解付时，会计分录为：

借：清算资金往来——同城票据清算　　　　　　（同城交换解付，本票提出）

　贷：吸收存款——××存款——××持票人

• 代理付款行接到个人持票人交来的转账银行本票时，还应审查持票人的身份证件等内容；持票人委托他人提示付款的，还应审查被委托人的身份证件等。审核无误后，选择相应汇划渠道办理解付。会计分录为：

借：待清算辖内往来、待清算支付款项或清算资金往来

　贷：吸收存款——××存款——××持票人　　　　　（持票人在本行开户）

或　贷：吸收存款——应解汇款——××持票人　　　　（持票人未在本行开户）

②代理付款行兑付现金银行本票的处理。代理付款行接到持票人为个人交来的现金银行本票时，对本票的真实性及持票人的身份证件等内容审核无误后，通过行内汇划渠道办理解付时，会计分录为：

借：待清算辖内往来——××行

　贷：库存现金

2）出票行兑付本行签发的银行本票的处理。出票行接到持票人交来的本行签发的银行本票时，抽出专夹保管的本票卡片进行核对，对个人持票人还应审查其身份证件等。审核无误后，办理解付。

出票行兑付本行签发的转账银行本票时，会计分录为：

借：吸收存款——开出本票——××银行本票

　贷：吸收存款——××存款——××持票人

或　贷：吸收存款——应解汇款——××持票人　　　（个人持票人未在本行开户）

出票行兑付本行签发的现金银行本票时，会计分录为：

借：吸收存款——开出本票——××银行本票

　贷：库存现金

出票行兑付本行签发的银行本票亦即结清银行本票。

（3）银行本票结清的处理。

1）出票行收到行内系统或小额支付系统发来的解付成功信息，系统自动做结清处理，次日营业开始直接打印银行本票结清汇总凭证，本票卡片作汇总凭证附件。会计分录为：

借：吸收存款——开出本票——××银行本票

贷：待清算辖内往来——××行 （行内系统）

或 贷：待清算支付款项 （小额支付系统）

2）出票行收到通过票据交换提入的银行本票，抽出专夹保管的本票卡片核对无误后，进行银行本票结清处理，打印记账凭证，银行本票、本票卡片作记账凭证附件。会计分录为：

借：吸收存款——开出本票——××银行本票

贷：清算资金往来——同城票据清算

（4）银行本票特殊情况的处理。

1）银行本票退款的处理。申请人因银行本票超过提示付款期限或其他原因要求退款时，应填制两联进账单（现金本票要求退款免填），连同银行本票提交出票行。出票行审核并抽卡核对无误后，在本票上注明“未用退回”字样，然后进行银行本票退款交易处理，打印记账凭证，进账单贷方凭证联、银行本票及本票卡片作记账凭证附件，进账单收账通知联退申请人。会计分录为：

借：吸收存款——开出本票——××银行本票

贷：吸收存款——××存款——××申请人 （转账退款）

或 贷：库存现金 （现金退款）

2）超过提示付款期付款的处理。持票人超过提示付款期限不获付款的，在票据权利时效内请求付款时，应将银行本票提交出票行。出票行审核并抽卡核对无误后，在本票上注明“逾期付款”字样，并按不同情况分别进行处理。

①持票人在本行开户的，应填制两联进账单，进账单贷方凭证联、银行本票及本票卡片作记账凭证附件，进账单收账通知联退持票人。会计分录为：

借：吸收存款——开出本票——××银行本票

贷：吸收存款——××存款——××持票人

②持票人未在本行开户的，出票行根据持票人的要求，选择相应汇划渠道，将本票款项划至持票人开户行。会计分录为：

借：吸收存款——开出本票——××银行本票

贷：待清算辖内往来、待清算支付款项或清算资金往来

③持票人提交现金银行本票的，将银行本票、本票卡片作记账凭证附件。会计分录为：

借：吸收存款——开出本票——××银行本票

贷：库存现金

3）丧失银行本票付款或退款的处理。银行本票丧失，失票人可凭人民法院出具的其享有该本票票据权利的证明，向出票行请求付款或退款。出票行经审查确未支付的，方

可办理付款或退款手续。出票行向丧失本票的持票人付款时，比照超过提示付款期付款的手续进行处理；出票行向丧失本票的申请人退款时，比照银行本票退款的手续进行处理。

【例 7-4】 11 月 27 日，中国工商银行青岛分行（直接参与者）收到开户单位百川海洋食品公司提交的银行本票和进账单，金额为 9 000 元，审查无误后，通过小额支付系统向出票行中国建设银行重庆分行发送实时借记业务包，在规定时间内收到了中国建设银行重庆分行返回的确认付款回执。

中国工商银行青岛分行编制会计分录如下：

借：待清算支付款项	9 000	
贷：吸收存款——单位活期存款——百川海洋食品公司		9 000

7.2.4 支票业务的核算

1. 支票的概念及有关规定

（1）支票的概念。支票是出票人签发的、委托办理支票存款业务的银行业金融机构在见票时无条件支付确定的金额给收款人或者持票人的票据。支票建立在商业信用的基础上，为即期票据，收妥抵用，主要用于单位和个人在同一票据交换区域的各种款项结算。2007 年，全国支票影像交换系统建成运行后，支票成为全国通用的支付结算工具。

支票分为现金支票（见图 7-6）、转账支票（见图 7-7）和普通支票三种。票面上印有“现金”字样的为现金支票，现金支票只能用于支取现金；票面上印有“转账”字样的为转账支票，转账支票只能用于转账；票面上未印有“现金”或“转账”字样的为普通支票，普通支票可以用于支取现金，也可以用于转账，在普通支票左上角画两条平行线的，为划线支票，划线支票只能用于转账，不得支取现金。

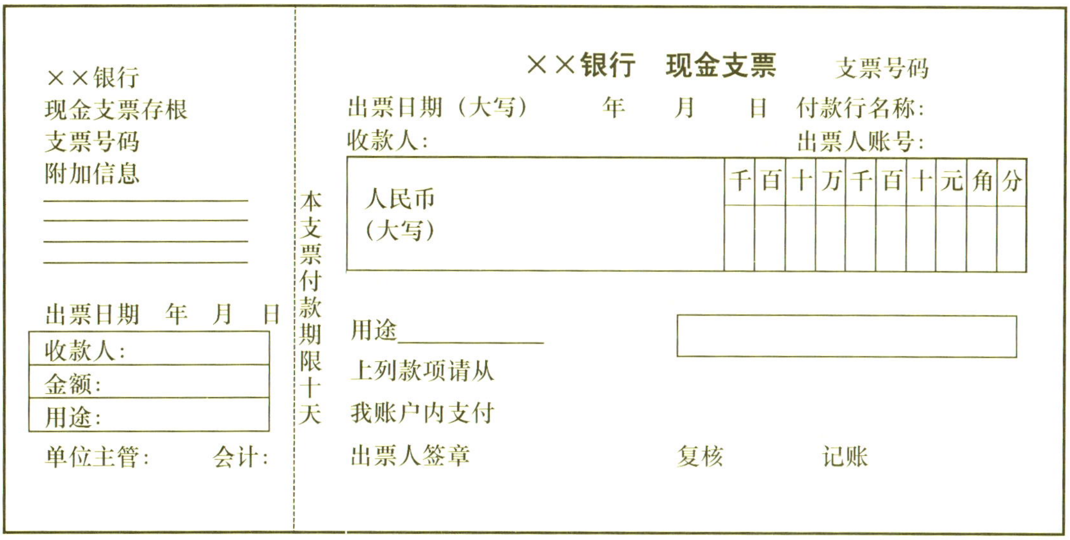

图 7-6　现金支票

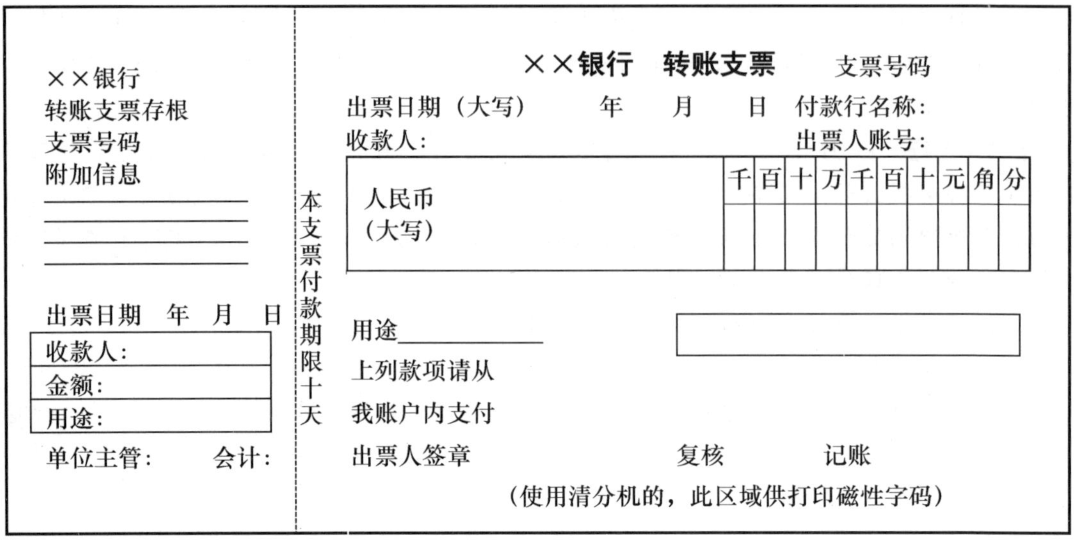
××银行
转账支票存根
支票号码
附加信息

出票日期 年 月 日
收款人：
金额：
用途：
单位主管： 会计：

本支票付款期限十天

××银行 转账支票 支票号码
出票日期（大写） 年 月 日 付款行名称：
收款人： 出票人账号：

人民币（大写）	千	百	十	万	千	百	十	元	角	分

用途
上列款项请从
我账户内支付
出票人签章 复核 记账
（使用清分机的，此区域供打印磁性字码）

图7-7 转账支票

（2）支票的有关规定。

1）支票的出票人为在经中国人民银行当地分支行批准办理支票业务的银行机构开立可以使用支票存款账户的单位和个人。

2）支票的付款人为支票上记载的出票人开户银行。

3）支票的金额、收款人名称可以由出票人授权补记。未补记前不得背书转让和提示付款。

4）支票的出票人预留银行签章是银行审核支票付款的依据。采用支付密码核验方式的，银行应与出票人签订协议约定使用支付密码作为审核支付支票金额的依据。

5）出票人签发空头支票、签章与预留银行签章不符的支票、支付密码错误的支票，银行应予以退票，并按票面金额处以5%但不低于1 000元的罚款；持票人有权要求出票人赔偿支票金额2%的赔偿金。对屡次签发的，银行应停止其签发支票。

6）支票无金额起点限制，提示付款期限自出票日起10日（中国人民银行另有规定的除外），到期日遇法定节假日顺延。超过提示付款期限提示付款的，持票人开户银行不予受理，付款人不予付款，但出票人在票据权利时效内（自出票日起6个月）仍应对持票人承担票据责任。

7）转账支票持票人可以委托开户银行收款（称为顺进账）或直接向付款人提示付款（称为倒进账）。现金支票持票人只能直接向付款人提示付款。转账支票持票人委托开户银行收款时，应做委托收款背书，开户银行收妥后入账。

8）转账支票可以背书转让。支票丧失，失票人可以向付款行挂失止付。挂失前已经支付的，银行不予受理。

2. 转账支票的核算

（1）持票人与出票人在同一行处开户的处理。持票人填制两联进账单，第一联收账通知，第二联贷方凭证，连同支票一并提交银行。银行收到审核无误后，进行相关交易处理，打印记账凭证，支票、第二联进账单作记账凭证附件，第一联进账单交持票人。

会计分录为：

借：吸收存款——××存款——××出票人

贷：吸收存款——××存款——××持票人

如为出票人向银行送交支票，则应填制三联进账单，银行受理后第一联进账单（回单联）交出票人，第二联进账单（贷方凭证联）、支票作记账凭证附件，第三联进账单（收账通知联）交收款人。会计分录同上。

（2）持票人与出票人在系统内不同行处开户的处理。

1）持票人开户行受理持票人送交支票的处理。持票人开户行接到持票人送交的支票和两联进账单，审核无误后，直接通过系统转账通兑，进行单位活期存款转账存入交易处理，录入支票相关信息，交易成功打印记账凭证，支票、第二联进账单作记账凭证附件，第一联进账单交持票人。会计分录为：

借：待清算辖内往来——××行

贷：吸收存款——××存款——××持票人

持票人开户行受理持票人送交支票和进账单付款后，系统联动出票人开户行对出票人账户扣款转账。会计分录为：

借：吸收存款——××存款——××出票人

贷：待清算辖内往来——××行

2）出票人开户行受理出票人送交支票的处理。出票人开户行接到出票人交来的支票和三联进账单，审核无误后，直接通过系统转账通兑，进行单位活期存款转账扣款交易处理，录入支票相关信息，交易成功打印记账凭证，支票、第二、三联进账单作记账凭证附件，第一联进账单交出票人。会计分录为：

借：吸收存款——××存款——××出票人

贷：待清算辖内往来——××行

出票人开户行受理出票人送交支票和进账单付款后，系统联动收款人开户行为收款人收款入账。会计分录为：

借：待清算辖内往来——××行

贷：吸收存款——××存款——××收款人

（3）持票人与出票人在跨系统行处开户的处理。持票人与出票人在跨系统行处开户的，可以通过小额支付系统或同城票据交换办理划款。

1）通过小额支付系统办理划款的处理。

①持票人开户行受理持票人送交支票的处理。持票人开户行接到持票人送交的支票和两联进账单，审核无误后，通过小额支付系统向出票人开户行发出普通借记业务包，第一联进账单交持票人，第二联进账单专夹保管，支票按同城票据交换规定及时提出交换。

出票人开户行（间接参与者）审核普通借记业务包及支票无误后，通过小额支付系统发出确认付款回执包。会计分录为：

借：吸收存款——××存款——××出票人

贷：待清算辖内往来——××行

持票人开户行（间接参与者）收到出票人开户行返回的确认付款回执包，使用一式两联中国人民银行支付系统专用凭证打印来账报文。第一联专用凭证作记账凭证，第二联进账单作记账凭证附件；第二联专用凭证作回单交持票人。会计分录为：

借：待清算辖内往来——××行

　贷：吸收存款——××存款——××持票人

②出票人开户行受理出票人送交支票的处理。出票人开户行（间接参与者）接到出票人交来的支票和三联进账单，审核无误后，通过大额支付系统向收款人开户行发出普通贷记支付报文，金额在100万元（含）以下的，也可以通过小额支付系统向收款人开户行发出普通贷记业务包。第一联进账单交出票人，第二、三联进账单不需提出交换，与支票一并留存。会计分录为：

借：吸收存款——××存款——××出票人

　贷：待清算辖内往来——××行

收款人开户行（间接参与者）收到出票人开户行发来的普通贷记报文，使用一式两联中国人民银行支付系统专用凭证打印来账报文。第一联专用凭证作记账凭证，第二联专用凭证作回单交收款人。会计分录为：

借：待清算辖内往来——××行

　贷：吸收存款——××存款——××收款人

2）通过同城票据交换办理划款的处理。

①持票人开户行受理持票人送交支票的处理。

● 持票人开户行的处理。持票人开户行接到持票人送交的支票和两联进账单，审核无误后，进行相关交易处理，汇划渠道选择“交换提出”，交易成功打印记账凭证，将支票按票据交换规定及时提出交换。提出支票的会计分录为：

借：清算资金往来——同城票据清算

　贷：其他应付款——同城清算提出

待退票时间过后，将款项划入持票人账内，第二联进账单作记账凭证附件，第一联进账单交持票人。会计分录为：

借：其他应付款——同城清算提出

　贷：吸收存款——××存款——××持票人

退票时间内，若收到对方银行的退票通知，下次交换提入退票时，会计分录为：

借：其他应付款——同城清算提出

　贷：清算资金往来——同城票据清算

同时，在第二联进账单上注明退票原因，连同支票一起退还收款人。

● 出票人开户行的处理。出票人开户行收到交换提入的支票，审核无误不予退票的，进行相关交易处理，打印记账凭证，支票作记账凭证附件。会计分录为：

借：吸收存款——××存款——××出票人

　贷：清算资金往来——同城票据清算

若审核发现支票透支、支票签章与其预留银行印鉴不符、支付密码错误等均应退票，出票人开户行应在规定的退票时间内电话通知持票人开户行。会计分录为：

借：其他应收款——同城清算退票

　贷：清算资金往来——同城票据清算

下次交换出票人开户行将支票提出退还持票人开户行时，会计分录为：

借：清算资金往来——同城票据清算

　贷：其他应收款——同城清算退票

出票人开户行对出票人签发的空头支票、签章与预留银行印鉴不符的支票或支付密码错误的支票，除办理退票外，还应按规定对出票人处以罚款。会计分录为：

借：吸收存款——××存款——××出票人

　贷：营业外收入——结算罚金收入

②出票人开户行受理出票人送交支票的处理。

- 出票人开户行的处理。出票人开户行接到出票人交来的支票和三联进账单，审核无误后，进行相关交易处理，汇划渠道选择"交换提出"，交易成功打印记账凭证，支票作记账凭证附件，第一联进账单交出票人，第二、三联进账单按票据交换规定及时提出交换。提出进账单的会计分录为：

借：吸收存款——××存款——××出票人

　贷：清算资金往来——同城票据清算

- 收款人开户行的处理。收款人开户行收到交换提入的第二、三联进账单，审核无误后进行相关交易处理，打印记账凭证，第二联进账单作记账凭证附件，第三联进账单交收款人。会计分录为：

借：清算资金往来——同城票据清算

　贷：吸收存款——××存款——××收款人

若收款人不在本行开户或进账单上的账号、户名不符等需要退票，应通过"其他应付款"科目核算，待下次交换时将第二、三联进账单提出退还出票人开户行。

【例7-5】 1月20日，中国工商银行武汉武昌支行收到开户单位英才科技公司提交的转账支票和进账单，金额为5 000元，该支票的签发人在同城汉口银行某支行开户。中国工商银行武汉武昌支行审查无误后，将转账支票提出交换，超过退票时间未收到退票通知。

中国工商银行武汉武昌支行编制会计分录如下：

(1) 提出支票时：

借：清算资金往来——同城票据清算	5 000	
贷：其他应付款——同城清算提出		5 000

(2) 超过退票时间未发生退票时：

借：其他应付款——同城清算提出	5 000	
贷：吸收存款——单位活期存款——英才科技公司		5 000

【例7-6】 1月22日，中国工商银行武汉武昌支行收到开户单位方圆家具厂签发的转账支票和进账单，金额为6 000元，支付同城招商银行某支行开户单位货款。中国工商银行武汉武昌支行审查无误后，将第二、三联进账单提出交换。

中国工商银行武汉武昌支行提出进账单时，会计分录为：

借：吸收存款——单位活期存款——方圆家具厂　　6 000
　贷：清算资金往来——同城票据清算　　6 000

3. **全国支票影像交换系统**

长期以来，我国支票主要在同一票据交换区域内使用，实物支票通过各地同城票据交换所传递。2007年，全国支票影像交换系统（CIS）建成运行后，改变了传统的实物票据交换模式，使支票的使用范围扩大到全国。银行业金融机构处理异地、同城跨行和行内支票业务，都可以通过支票影像交换系统进行支票影像信息交换，办理款项结算。

（1）支票影像交换系统的体系结构。支票影像交换系统综合运用影像技术和支付密码等技术，将实物支票转换为支票影像信息（即支票影像及其电子清算信息），实现实物支票截留，通过计算机及网络将支票影像信息传递至出票人开户行提示付款，付款回执通过小额支付系统返回，由小额支付系统统一纳入轧差并提交清算，实现支票的全国通用。

支票影像交换系统采取“两级两层”结构：第一层为全国支票影像交换中心（简称总中心），与支付系统国家处理中心（NPC）同位摆放，负责接收、转发跨分中心的支票影像信息；第二层为支票影像交换分中心（省中心或区域中心，简称分中心），与支付系统城市处理中心（CCPC）同位摆放，负责接收、转发同一分中心内的支票影像信息，并向总中心发送和从总中心接收跨分中心的支票影像信息。支票影像交换系统的体系结构如图7-8所示。

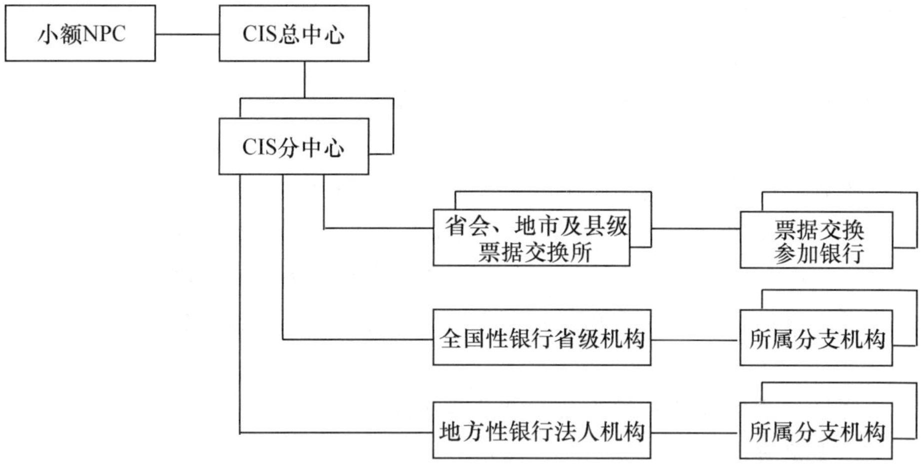

图7-8　支票影像交换系统体系结构图

支票影像交换系统的参与者包括办理支票结算业务的银行业金融机构和票据交换所。

银行业金融机构可以采用分散接入模式或集中接入模式通过影像交换系统处理支票业务。在分散接入模式下，银行业金融机构委托票据交换所提交和接收支票影像信息；在集中接入模式下，银行业金融机构与影像交换系统联网（即全国性银行省级机构和地方性银行法人机构通过影像交换系统前置机与当地CIS分中心连接），通过省级机构或法人机构集中提交和接收支票影像信息。选择集中接入模式的银行业金融机构应具备支票影像采集条件。

（2）支票影像交换系统的业务处理流程。影像交换系统处理的支票业务分为区域业务和全国业务。区域业务是指支票的提出行和提入行均属同一分中心并由分中心转发的业务；全国业务是指支票的提出行和提入行分属不同分中心并由总中心负责转发的业务。支票影像交换系统的业务处理流程为：

1）提出行（持票人开户的银行业金融机构）前置机或所在地票据交换所前置机将采集的支票影像和电子清算信息提交支票影像交换系统，分中心接收支票影像和电子清算信息后，属于区域业务的，转发至提入行前置机或所在地票据交换所前置机，属于全国业务的，经总中心、提入分中心，转发至提入行前置机或所在地票据交换所前置机。

2）提入行（出票人开户的银行业金融机构）在规定的回执返回期限内，按照同一收款清算行组支票业务回执包（含付款确认回执和退票回执）并送交小额支付系统处理。具体比照小额支付系统借记业务回执的手续进行处理。

（3）支票影像交换系统业务处理的有关规定。

1）支票全国通用后出票人签发的支票凭证不变，支票的提示付款期仍为10天。

2）银行业金融机构出售支票时，应在支票右下角支付密码栏下方加盖付款银行的银行机构代码。

3）支票影像交换系统处理规定金额以下（目前异地使用支票单笔金额上限为50万元）的支票业务。超过金额上限的支票，支票影像交换系统拒绝受理，收、付款人可约定采用其他支付方式。

4）支票影像业务处理遵循“先付后收、收妥抵用、全额清算、银行不垫款”的原则。

5）通过支票影像交换系统处理的支票影像信息与原实物支票具有同等的支付效力，出票人开户银行收到支票影像交换系统提交的支票影像信息，应视同实物支票提示付款。

6）提出行负责按照国家会计档案管理有关规定保管转换为支票影像信息的实物支票。

7）提入行可以采用印鉴核验方式或支付密码核验方式对支票影像信息进行付款确认。采用印鉴核验方式的，可使用电子验印系统，付款确认以签章为主，以支票影像其他要素为辅；采用支付密码核验方式的，应与出票人签订协议约定使用支付密码作为审核支付支票金额的依据。

（4）支票影像交换系统处理支票业务的核算。下面以商业银行采用集中接入模式处理影像支票业务为例，阐述通过支票影像交换系统处理支票业务的核算。

1）提出行发起支票影像信息的处理。持票人开户行收到持票人送交的支票和三联进账单时，应认真审查支票票面是否记载银行机构代码、金额是否超过中国人民银行规定的影像支票业务的金额上限、支票是否真实及是否超过提示付款期限、出票人的签章是否符合规定等内容。

经审查拒绝受理的，开户行制作一式二联拒绝受理通知书，加盖业务公章后一联连同支票和进账单一并退持票人，一联留存定期归档；经审查无误受理的，开户行在第一联进账单上签章作为回单退给持票人，第二联进账单加盖“收妥后入账”的戳记。

提出行在支票上加盖票据交换专用章；按规定采集支票影像；通过行内系统录入、

复核支票电子清算信息；将电子清算信息与影像匹配无误后，登记提出支票业务登记簿；按规定格式生成支票影像业务报文，经数字签名后，发送影像交换系统。

2）提出行分中心的处理。提出行分中心收到提出行前置机的支票影像业务报文后，进行合法性检查并对数字签名进行验证。检查和验证通过的，登记支票业务登记簿，对区域内支票业务，设置支票回执期限日期，将支票影像业务报文直接发送提入行前置机；对全国支票业务，将支票影像业务报文转发总中心。

检查和验证未通过的，返回拒绝回执至提出行前置机。

3）总中心的处理。总中心收到提出行分中心的支票影像业务报文后，进行合法性检查并对数字签名进行验证。检查和验证通过的，登记支票业务登记簿，设置支票回执期限日期，将支票影像业务报文转发提入行分中心。

检查和验证未通过的，返回拒绝回执至提出行分中心。

4）提入行分中心的处理。提入行分中心收到总中心的支票影像业务报文后，对数字签名进行验证，验证通过的，登记支票业务登记簿，将支票影像业务报文转发提入行前置机；数字签名验证未通过的，将错误信息写入支票影像业务报文并转发提入行前置机。

5）提入行接收核验支票的处理。提入行行内系统收到分中心发来的支票影像业务报文后，进行解析处理，并登记提入支票业务登记簿。

提入行对接收的支票影像业务报文进行印鉴核验或支付密码核验处理，若支票印鉴与预留印鉴相符或支付密码正确，则对支票的大小写金额是否一致、必须记载的事项是否齐全、持票人是否做委托收款背书、电子清算信息与支票影像内容是否相符、出票人账号户名是否相符、出票人账户是否有足够的款项支付等信息进行审核。审核无误的，进行确认付款处理；审核有误的，进行拒绝付款（退票）处理。

6）提入行发起回执的处理。提入行确认付款的，立即进行账务处理。会计分录为：

借：吸收存款——××存款——××户

　　贷：待清算支付款项

扣款成功后，提入行应在规定期限内，通过小额支付系统发起支票影像业务确认付款回执。

待提入行收到小额支付系统发来的已清算通知，进行相应的账务处理。会计分录为：

借：待清算支付款项

　　贷：存放中央银行款项——准备金存款

未参加小额支付系统的提入行，由其代理行通过小额支付系统发送确认付款回执，并进行相应的账务处理。

提入行拒绝付款（退票）的，应在规定期限内，通过小额支付系统发起支票影像业务拒绝付款回执。未参加小额支付系统的提入行，委托其代理行通过小额支付系统发送拒绝付款回执。

7）提出行收到小额支付系统支票业务回执的处理。提出行小额支付系统前置机收到CCPC发来的支票回执业务包，核验地方密押无误后向CCPC返回确认信息，若核押错误，则做拒绝处理。

提出行小额支付系统前置机将支票回执业务包发送至行内系统进行处理，打印来账清单。

①贷记持票人账户的处理。提出行对收到的确认付款回执，匹配并销记提出支票业务登记簿后，进行账务处理。会计分录为：

借：待清算支付款项

　贷：吸收存款——××存款——××户

来账清单作记账凭证，第二联进账单及支票作记账凭证附件，第三联进账单交持票人。

待提出行收到小额支付系统发来的已清算通知，进行相应的账务处理。会计分录为：

借：存放中央银行款项——准备金存款

　贷：待清算支付款项

②退票的处理。提出行对收到的拒绝付款回执，匹配并销记提出支票业务登记簿后，打印退票理由书一式二联，一联加盖业务公章连同支票和进账单一并退还持票人，并办理签收手续，一联留存归档。

8）提出行逾期未收到小额支付系统支票业务回执的处理。提出行在规定时间内未收到支票业务回执的，应主动通过影像交换系统向提入行发出查询；支票提示付款期届满仍未收到支票业务回执的，提出行可将实物支票退还持票人并办理签收登记。

支票退还持票人后收到支票业务回执，回执确认付款的，按来账贷记收款人账户，并通知持票人交回退还的支票；回执拒绝付款的，打印退票理由书交持票人。

【例7-7】 9月20日，中国建设银行北京分行收到中国工商银行上海分行发来的支票影像业务报文，为本行开户单位北京轮胎厂签发的转账支票，金额为150 000元，收款人为上海橡胶厂。中国建设银行北京分行对支票影像业务报文核验无误后，确认付款，并通过小额支付系统返回确认付款回执。中国工商银行上海分行收到确认付款回执，审核无误后，办理转账。

根据上述资料，编制会计分录如下：

（1）中国建设银行北京分行确认付款时：

借：吸收存款——单位活期存款——北京轮胎厂　　150 000

　贷：待清算支付款项　　150 000

（2）中国工商银行上海分行收到确认付款回执，办理转账时：

借：待清算支付款项　　150 000

　贷：吸收存款——单位活期存款——上海橡胶厂　　150 000

7.3 银行卡业务的核算

7.3.1 银行卡的概念与种类

1. 银行卡的概念

银行卡是指银行业金融机构经批准向社会发行的具有消费信用、转账结算、存取现金等全部或部分功能的信用支付工具。

2. **银行卡的种类**

银行卡按是否具有信用透支功能，分为信用卡和借记卡。

信用卡按是否向发卡银行交存备用金，分为贷记卡、准贷记卡。贷记卡是指发卡银行给予持卡人一定的信用额度，持卡人可在信用额度内先消费后还款的信用卡；准贷记卡是指持卡人须先按发卡银行要求交存一定金额的备用金，当备用金账户余额不足支付时，可在发卡银行规定的信用额度内透支的信用卡。

借记卡按功能不同，分为转账卡（含储蓄卡）、专用卡和储值卡。借记卡不具备透支功能。转账卡是实时扣账的借记卡，具有转账结算、存取现金和消费功能；专用卡是具有专门用途（指在百货、餐饮和娱乐行业以外的用途）、在特定区域使用的借记卡，具有转账结算、存取现金功能；储值卡是发卡银行根据持卡人要求将其资金转至卡内储存，交易时直接从卡内扣款的预付钱包式借记卡。

此外，银行卡按币种不同分为人民币卡和外币卡；按发行对象不同分为单位卡（商务卡）和个人卡；按信息载体不同分为磁条卡和芯片（IC）卡。

发卡银行对准贷记卡及借记卡（不含储值卡）账户内的存款，按照中国人民银行规定的同期同档次存款利率及计息办法计付利息；发卡银行对贷记卡账户内的存款是否计付利息及其利率标准，由发卡银行自主确定；发卡银行对储值卡（含IC卡的电子钱包）内的币值不计付利息。

7.3.2 信用卡的有关规定

信用卡是银行业金融机构经批准向个人和单位发行的，凭以向特约单位购物、消费和向银行存取现金，并且具有消费信用的支付工具。信用卡按使用对象分为单位卡和个人卡；按信誉等级分为金卡和普通卡。其有关规定如下：

（1）个人申领信用卡，应向发卡银行提供本人有效身份证件，经发卡银行审查合格后，为其开立记名账户；凡在中国境内金融机构开立基本存款账户的单位，应凭中国人民银行核发的开户许可证申领单位卡。

（2）单位卡账户的资金一律从其基本存款账户转账存入，不得存取现金，不得将销货收入存入单位卡账户。单位卡可办理商品交易和劳务供应款项的结算。

（3）个人卡账户的资金以其持有的现金存入或以其工资性款项及属于个人的劳务报酬等收入转账存入。严禁将单位的款项存入个人卡账户。

（4）同一持卡人单笔透支发生额个人卡不得超过2万元（含等值外币）、单位卡不得超过5万元（含等值外币）。同一账户月透支余额个人卡不得超过5万元（含等值外币），单位卡不得超过发卡银行对该单位综合授信额度的3%，无综合授信额度可参照的单位，其月透支余额不得超过10万元（含等值外币）。

（5）信用卡透支利率上限为日利率万分之五，下限为日利率万分之五的0.7倍。信用卡透支的计结息方式由发卡银行自主确定。

（6）贷记卡持卡人非现金交易享受如下优惠条件：

1）免息还款期待遇。银行记账日至发卡银行规定的到期还款日之间为免息还款期。持卡人在到期还款日前偿还所使用全部银行款项即可享受免息还款期待遇，无须支付非现金交易的利息。持卡人透支消费享受免息还款期待遇的条件和标准等，由发卡银行自主确定。

2）最低还款额待遇。持卡人在到期还款日前偿还所使用全部银行款项有困难的，可按照发卡银行规定的最低还款额还款。

（7）发卡银行对于持卡人违约逾期未还款的行为，应与持卡人通过协议约定是否收取违约金，以及相关收取方式和标准（一般为最低还款额未还部分的5%）。发卡银行向持卡人提供超过授信额度用卡服务的，不得收取超限费。发卡银行对向持卡人收取的违约金和年费、取现手续费、货币兑换费等服务费用不得计收利息。

（8）持卡人使用信用卡不得发生恶意透支。恶意透支是指持卡人超过规定限额或规定期限，并且经发卡银行催收无效的透支行为。

（9）信用卡丧失，持卡人应及时办理电话挂失或书面挂失。持卡人办理电话挂失后，应及时补办书面挂失手续。办妥书面挂失手续后，持卡人方可补领新卡。

（10）持卡人在还清全部交易款项、透支本息和有关费用后，可申请办理销户。销户时，单位人民币卡账户的资金应当转入其基本存款账户，单位外币卡账户的资金应当转回相应的外汇账户，不得提取现金。

7.3.3 信用卡业务的核算

1. 会计科目的设置

（1）“贷款——其他贷款”科目。该科目属于资产类科目，在该科目下分设“信用卡透支”和“贷记卡实际使用额度”两个明细科目。其中，“信用卡透支”明细科目核算准贷记卡发生的透支，该科目下按持卡人分设账户，准贷记卡存款账户发生透支时记该账户的借方，持卡人归还透支时记该账户的贷方；“贷记卡实际使用额度”明细科目核算贷记卡实际使用的额度，该科目下按持卡人分设账户，持卡人使用额度时记借方，持卡人归还使用额度时记贷方。

（2）“吸收存款——信用卡存款”科目。该科目属于负债类科目，在该科目下设置“单位卡存款”“个人卡存款”“单位贷记卡存款”“个人贷记卡存款”四个明细科目。其中，“单位卡存款”和“个人卡存款”明细科目核算单位、个人准贷记卡存入的备用金，其下按持卡人分设账户，持卡人存入款项时记贷方，持卡人支取款项时记借方；“单位贷记卡存款”和“个人贷记卡存款”明细科目核算单位、个人贷记卡多余还款时转入的款项，其下按持卡人分设账户，持卡人偿还使用额度后的多余款项转入该账户时记贷方，支取该款项时记借方。

2. 信用卡发卡的处理

（1）准贷记卡发卡的处理。

1）单位卡发卡的处理。单位申领信用卡，应按规定填写申请表，连同有关资料一并交发卡行。发卡行审查同意后，按规定向申请人收取备用金和手续费，办理开户手续。

①申请人在发卡行开户的处理。发卡行接到申请人送来的支票和进账单，审查无误后进行相关交易处理，打印记账凭证，支票、第二联进账单（贷方凭证联）作记账凭证附件，第一、三联进账单（回单联和收账通知联）交申请人。会计分录为：

借：吸收存款——单位活期存款——××申请人

贷：吸收存款——信用卡存款——单位卡存款（××持卡人）

按规定收取年费的，打印结算业务收费凭证，收费凭证回单交申请人。会计分录为：

借：吸收存款——信用卡存款——单位卡存款（××持卡人）

贷：手续费及佣金收入——银行卡年费收入

应交税费——应交增值税（销项税额）

②申请人不在发卡行开户的处理。发卡行接到申请人送来的支票和进账单，经审查无误，选择相应汇划渠道办理转账，交易成功打印记账凭证，第二联进账单、支票（同城交换需提出）等作记账凭证附件，第一、三联进账单交申请人。会计分录为：

借：待清算辖内往来、清算资金往来等

贷：吸收存款——信用卡存款——单位卡存款（××持卡人）

收取年费的会计处理与前述相同。

2）个人卡发卡的处理。个人申领信用卡，还需向发卡行交验身份证件，申领手续同单位卡。申请人交存现金的，发卡行收到清点无误后，将实物券别录入系统现金箱，然后使用相关交易进行处理，打印个人业务存款凭证。发卡行将个人业务存款凭证交申请人签字确认后收回，将回单及身份证件交申请人。会计分录为：

借：库存现金

贷：吸收存款——信用卡存款——个人卡存款（××持卡人）

收取年费的会计处理与前述相同。

申请人转账存入的，银行收到申请人交来的转账支票及进账单，审核无误后，比照单位卡的有关手续处理。

发卡行在办理信用卡发卡手续时，应登记信用卡账户开销户登记簿和发卡清单，并在发卡清单上记载领卡人身份证件号码，由领卡人签收。

（2）贷记卡发卡的处理。发卡行接到申请人的申请表及身份证等资料，审查无误后，在“贷款——其他贷款——贷记卡实际使用额度”科目下为持卡人开立账户，申请人领取贷记卡比照准贷记卡发卡的手续进行处理。

3. 信用卡存取现金的处理

（1）信用卡存入现金的处理。

1）在发卡行存入现金的处理。发卡行接到持卡人的信用卡和现金，审核无误后刷卡，打印个人业务存款凭证交持卡人签字确认后收回，将回单及信用卡交持卡人。会计分录为：

借：库存现金

贷：吸收存款——信用卡存款——个人卡存款（××持卡人）

2）在非发卡行存入现金的处理。受理行接到持卡人的信用卡和现金，比照前述手续进行处理，并根据情况选择相应渠道办理划款。在异地非发卡行存入现金的，还应按规定收取手续费。会计分录为：

借：库存现金

贷：待清算辖内往来或其他科目

手续费及佣金收入——信用卡手续费收入 （异地非发卡行存现）

应交税费——应交增值税（销项税额）

发卡行收到交易信息，实时进行账务处理，打印记账凭证和交易流水清单，交易流水清单作记账凭证附件。会计分录为：

借：待清算辖内往来或其他科目

贷：吸收存款——信用卡存款——个人卡存款（××持卡人）

（2）信用卡支取现金的处理。

1）在发卡行支取现金的处理。发卡行接到持卡人的信用卡和身份证（凭个人密码支取的免验身份证），审查无误后，打印个人业务取款凭证交取款人签字确认后收回，将现金、回单、信用卡及身份证交持卡人。会计分录为：

借：吸收存款——信用卡存款——个人卡存款（××持卡人）

贷：库存现金

2）在非发卡行支取现金的处理。受理行接到持卡人的信用卡，比照前述手续进行处理，并根据情况选择相应渠道办理转账。在异地非发卡行支取现金的，还应按规定收取手续费。会计分录为：

借：待清算辖内往来或其他科目

贷：库存现金

手续费及佣金收入——信用卡手续费收入 （异地非发卡行取现）

应交税费——应交增值税（销项税额）

发卡行收到交易信息，实时进行账务处理，打印记账凭证和交易流水清单，交易流水清单作记账凭证附件。会计分录为：

借：吸收存款——信用卡存款——个人卡存款（××持卡人）

贷：待清算辖内往来或其他科目

4. 信用卡购物消费的处理

持卡人可持信用卡到接受信用卡付款的商场、酒店等特约商户 POS 机上刷卡购物消费。特约商户受理信用卡，经审查无误，在 POS 机上刷卡并打印签购单交持卡人签名确认后，将第一联签购单交持卡人。

（1）特约商户开户行的处理。特约商户开户行（收单行）接到特约商户按净计金额填制的进账单、按发卡行分别填制的汇计单及签购单，或收到 POS 交易信息并打印 POS 交易流水清单后，按不同情况分别进行账务处理：

1）发卡行为本行的，会计分录为：

借：吸收存款——信用卡存款——单位（个人）卡存款（××持卡人）

贷：吸收存款——单位活期存款——××特约商户 （净计金额）

手续费及佣金收入——商户回扣收入

应交税费——应交增值税（销项税额）

2）发卡行为他行的，根据情况选择相应渠道办理转账。会计分录为：

借：待清算辖内往来或其他科目

贷：吸收存款——单位活期存款——××特约商户

手续费及佣金收入——商户回扣收入

应交税费——应交增值税（销项税额）

（2）发卡行的处理。发卡行收到交易信息，实时进行账务处理，打印记账凭证和交易流水清单，交易流水清单作记账凭证附件。会计分录为：

借：吸收存款——信用卡存款——单位（个人）卡存款（××持卡人）

贷：待清算辖内往来或其他科目

5. 贷记卡使用额度及准贷记卡透支本金的处理

（1）贷记卡使用额度的处理。

1）持卡人使用额度的处理。持卡人使用贷记卡额度时比照前述有关取现（单位卡除外）、POS消费等手续处理，会计分录为：

借：贷款——其他贷款——贷记卡实际使用额度（××持卡人）

贷：××科目

2）还款的处理。持卡人还款时，发卡行按各种费用、利息、取现金额、消费额的顺序扣款。扣除各种费用、利息后的剩余款项，分以下情况进行处理：

①剩余款项小于或等于实际使用额度时，会计分录为：

借：××科目

贷：贷款——其他贷款——贷记卡实际使用额度（××持卡人）

②剩余款项大于实际使用额度时，会计分录为：

借：××科目

贷：贷款——其他贷款——贷记卡实际使用额度（××持卡人）

吸收存款——信用卡存款——单位（个人）贷记卡存款（××持卡人）

3）收取违约金的处理。收取违约金时，打印业务收费凭证，收费凭证回单交持卡人。会计分录为：

借：库存现金或其他科目

贷：营业外收入——违约金收入

（2）准贷记卡透支的处理。

1）透支的处理。

①若信用卡存款账户为贷方余额，透支时会计分录为：

借：吸收存款——信用卡存款——单位（个人）卡存款（××持卡人）

贷款——其他贷款——信用卡透支（××持卡人）

贷：库存现金或其他科目

②若信用卡存款账户为借方余额，或其余额为零，透支时会计分录为：

借：贷款——其他贷款——信用卡透支（××持卡人）

贷：库存现金或其他科目

2）偿还透支的处理。持卡人归还透支时，发卡行扣除应收利息、催收贷款利息和当期利息后，剩余款项偿还透支本金。会计分录为：

借：库存现金或其他科目

贷：贷款——其他贷款——信用卡透支（××持卡人）

吸收存款——信用卡存款——单位（个人）卡存款（××持卡人）

由于储蓄卡等借记卡可视同为存款卡，其核算可比照存款业务和信用卡业务的有关手续进行处理，这里不再赘述。

【例7-8】 6月10日，中国工商银行K支行收到开户单位新世界百货提交的汇计单、签购单及进账单，净计金额为160 000元，发卡行均为他行。中国工商银行K支行审查无误后，办理转账，并收取手续费800元。

应交增值税＝含税手续费及佣金收入÷(1＋税率)×税率

＝800÷(1＋6%)×6%＝45(元)

中国工商银行K支行编制会计分录如下：

借：待清算辖内往来——××分行	160 800	
贷：吸收存款——单位活期存款——新世界百货		160 000
手续费及佣金收入——商户回扣收入（800－45）		755
应交税费——应交增值税（销项税额）		45

7.4 其他结算业务的核算

其他结算业务包括《支付结算办法》所规定的汇兑、托收承付和委托收款三种结算方式及国内信用证业务。结算方式是指单位或个人填写结算凭证，直接提交银行委托收款或付款的结算手段。这里主要介绍汇兑、托收承付和委托收款三种结算方式的核算。

7.4.1 汇兑业务的核算

1. 汇兑的概念及有关规定

（1）汇兑的概念。汇兑是汇款人委托银行将其款项支付给收款人的结算方式。单位和个人的各种款项结算均可使用汇兑结算方式。这种结算方式便于汇款人向收款人主动付款，分为电汇和信汇两种。

（2）汇兑的有关规定。

1）汇兑无金额起点限制，同城、异地均可使用。

2）汇兑凭证上记载的收款人为个人的，收款人需要到汇入银行领取汇款，汇款人应在汇兑凭证上注明“留行待取”字样。

3）汇款人和收款人均为个人，需要在汇入银行支取现金的，汇款人应在汇兑凭证的“汇款金额”大写栏，先填写“现金”字样，后填写汇款金额。未填明“现金”字样需要支取现金的，由汇入银行按照国家现金管理规定审查支付。

4）汇款人确定不得转汇的，应在汇兑凭证备注栏注明“不得转汇”字样。

5）汇款人对汇出银行尚未汇出的款项可以申请撤销。汇出银行查明确未汇出款项的，方可办理撤销。

6）汇款人对汇出银行已经汇出的款项可以申请退汇。对在汇入银行开立存款账户的收款人，由汇款人与收款人自行联系退汇；对未在汇入银行开立存款账户的收款人，由汇出银行通知汇入银行，经汇入银行核实汇款确未支付，并将款项汇回汇出银行，方可办理退汇。

7）汇入银行对收款人拒绝接受的汇款，应立即办理退汇；对向收款人发出取款通知、经过2个月无法交付的汇款，应主动办理退汇。

2. 电汇业务的核算

电汇是汇款人委托银行以发送电子汇划信息的方式，通知汇入行解付汇款的一种结算方式。

（1）汇出行的处理。汇款人委托银行办理电汇时，应填制一式三联电汇凭证。汇出行接到电汇凭证按规定审核无误后，分以下情况进行处理：

1）转账汇款的处理。汇出行进行汇兑汇出交易处理，根据情况选择“行内汇划”、“大额支付”或“小额支付”等渠道办理资金汇划，打印记账凭证，将第二、三联电汇凭证（借方凭证联和汇款依据联）作记账凭证附件，第一联电汇凭证（回单联）退汇款人。会计分录为：

借：吸收存款——××存款——××汇款人

　　贷：待清算辖内往来——××行

2）现金汇款的处理。汇出行收妥现金清点无误后，将实物券别录入系统现金箱，其他处理手续与转账汇款相同。会计分录为：

借：库存现金

　　贷：吸收存款——应解汇款——××汇款人

借：吸收存款——应解汇款——××汇款人

　　贷：待清算辖内往来——××行

（2）汇入行的处理。汇入行收到通过行内系统、大小额支付系统发来的支付信息，经审核无误后，打印来账凭证。若来账的账号和户名与本行开户客户的账号和户名一致，则系统自动入账。

1）收款人在汇入行开有账户的处理。收款人在汇入行开有存款账户的，汇入行应将款项直接转入收款人账户。会计分录为：

借：待清算辖内往来——××行

　　贷：吸收存款——××存款——××收款人

转账后，将来账凭证收账通知联交给收款人。

2）收款人未在汇入行开立账户的处理。收款人未在汇入行开立存款账户的情况一般属于个人收款或留行待取等，汇入行应将款项解入以收款人姓名开立的应解汇款账户。会计分录为：

借：待清算辖内往来——××行

贷：吸收存款——应解汇款——××收款人

收款人来行取款时，根据以下不同情况办理付款手续：

①需要支取现金的，若汇入行按规定审核予以支付，应一次办理现金支付手续。会计分录为：

借：吸收存款——应解汇款——××收款人

贷：库存现金

②需要分次转账支付的，由原收款人填制支款单，并由本人交验身份证件在其应解汇款账户中办理分次转账支付手续。

③需要转汇的，由原收款人填制汇兑凭证，并由本人交验其身份证件重新办理汇款手续。转汇的收款人必须是原收款人，原汇入行必须在汇兑凭证上加盖“转汇”戳记。汇入行对收到的来账信息注明“不得转汇”的，不予办理转汇。

汇入行收到通过行内系统、大小额支付系统发来的支付信息，经审核，若来账账号和户名与本行开户客户的账号和户名不符，则系统自动转入“其他应付款”挂账。经查询确认后，进行手工入账或退汇处理。

（3）退汇的处理。退汇的原因主要有：汇款人因故退汇、收款人拒收汇款以及超过规定的期限无法支付的汇款。

1）汇款人要求退汇的处理。汇款人要求退汇，只限于收款人未在汇入行开立账户的情况，对收款人在汇入行开有账户的，由汇款人与收款人自行联系退汇。

对收款人未在汇入行开立账户的，汇款人因故要求退汇时，应备函或本人身份证，连同原汇兑凭证回单交汇出行。汇出行收到审核无误后，通过支付系统向汇入行发出退回请求。汇入行经核实汇款确未支付的，向汇出行发出退回应答，并做汇款退回处理。会计分录为：

借：吸收存款——应解汇款——××收款人

贷：待清算辖内往来——××行

汇出行收到汇入行通过支付系统划来的退汇款，审核无误后办理转账，并通知原汇款人。会计分录为：

借：待清算辖内往来——××行

贷：吸收存款——××存款——××原汇款人

或　贷：其他应付款——××原汇款人　（汇款人未在汇出行开立账户）

2）汇入行主动退汇的处理。汇入行对收到的来账账号和户名与本行开户客户的账号和户名不符需退汇的汇款、收款人已销户或收款人拒绝接受的汇款，应立即办理退汇；对向收款人发出取款通知、经过2个月无法交付的汇款，应主动办理退汇。汇入行办理退汇的核算同上。

信汇是汇款人委托银行以邮寄凭证的方式，通知汇入行解付汇款的一种结算方式。与电汇相比，信汇结算方式手续费低，但汇款到账速度慢，现在实务中较少采用，这里不再赘述。

【例7-9】 中国工商银行L支行收到张凯提交的电汇凭证和现金12 000元，要求汇给异地中国农业银行M支行，用于归还王宏欠款。中国工商银行L支行审查无误后，选择小额支付渠道办理资金汇划。中国农业银行M支行收到划来的款项，审查无误后，通知收款人王宏来行取款。

根据上述资料，编制会计分录如下：

（1）中国工商银行L支行收妥现金，汇出汇款时：

借：库存现金	12 000	
贷：吸收存款——应解汇款——张凯		12 000
借：吸收存款——应解汇款——张凯	12 000	
贷：待清算辖内往来——××行		12 000

（2）中国农业银行M支行解付汇款，办理现金支付时：

借：待清算辖内往来——××行	12 000	
贷：吸收存款——应解汇款——王宏		12 000
借：吸收存款——应解汇款——王宏	12 000	
贷：库存现金		12 000

7.4.2 托收承付业务的核算

1. 托收承付的概念及有关规定

（1）托收承付的概念。托收承付是收款人根据购销合同发货后，委托银行向异地付款人收取款项，付款人验单或验货后，向银行承认付款的结算方式。

（2）托收承付的有关规定：

1）使用托收承付结算方式的收付款单位，必须是国有企业、供销合作社，以及经营管理较好，并经开户银行审查同意的城乡集体所有制工业企业。

2）办理托收承付结算的款项，必须是商品交易，以及因商品交易而产生的劳务供应的款项。代销、寄销、赊销商品的款项，不得办理托收承付结算。

3）收付双方使用托收承付结算必须签有符合《中华人民共和国民法典》的购销合同，并在合同上订明使用托收承付结算方式。

4）托收承付结算每笔金额起点为1万元。新华书店系统每笔金额起点为1 000元。

5）收款人办理托收，必须具有商品确已发运的证件（包括铁路、航运、公路等运输部门签发的运单、运单副本和邮局包裹回执），没有发运证件的，应按规定凭其他有关证件办理托收。

2. 托收承付业务的核算

（1）收款人开户行受理托收承付的处理。收款人办理托收，应填制一式五联托收承付凭证，第一联回单，第二联贷方凭证，第三联借方凭证，第四联收账通知（电划依据），第五联承付通知。收款人在第二联盖章后，连同有关发运证明和其他单证提交开户行。

收款人开户行收到并审查无误后，进行发出托收承付登记交易处理，录入有关信息，系统自动登记发出托收承付登记簿，第一联托收凭证退收款人，第二联专夹保管，第三联加盖结算专用章连同第四、五联托收凭证及交易单证一并寄付款人开户行。

(2) 付款人开户行通知付款及划款的处理。

1) 付款人开户行通知付款的处理。付款人开户行收到收款人开户行寄来的第三、四、五联托收凭证及交易单证，审查无误后，在凭证上注明收到日期，进行收到托收承付登记交易处理，录入有关信息，系统自动登记收到托收承付登记簿，第三、四联托收凭证专夹保管，第五联承付通知加盖业务公章后，连同交易单证一并交付款人通知其付款。

付款人承付货款分为验单付款和验货付款两种。验单付款的承付期为 3 天，从付款人开户行发出承付通知的次日算起（承付期内遇法定节假日顺延）。验货付款的承付期为 10 天，从运输部门向付款人发出提货通知的次日算起，对收付双方在合同中明确规定，并在托收凭证上注明验货付款期限的，银行从其规定。

付款人收到提货通知后，应立即向银行交验提货通知。付款人在银行发出承付通知的次日起 10 天内，未收到提货通知的，应在第 10 天将货物尚未到达的情况通知银行，如不通知，银行即视作已经验货，于 10 天期满的次日上午银行开始营业时，将款项划给收款人。在第 10 天，付款人通知银行货物未到，而以后收到提货通知没有及时送交银行的，银行仍按 10 天期满的次日作为划款日期，并按超过的天数，计扣逾期付款赔偿金。

不论验单付款还是验货付款，付款人都可以在承付期内提前向银行表示承付，并通知银行提前付款，银行应立即办理划款。

2) 付款人开户行划款的处理。每日开机时付款人开户行业务系统自动生成收到托收承付到期清单，包括已到期未承付和未全额承付的交易信息。付款人开户行根据清单信息，分不同情况进行处理。

①全额付款的处理。付款人在承付期内没有任何异议，并且在承付期满日开户行营业终了前，其存款账户有足够金额的，开户行便视作其同意全额付款，并于承付期满日次日上午（遇法定节假日顺延）办理划款手续。

付款人开户行进行托收承付到期付款交易处理，到期/逾期处理标志选择“1—到期处理”，承付方式选择“1—全额付款”，并根据情况选择行内汇划、大额支付或小额支付等渠道办理托收承付划回，交易成功打印记账凭证，系统自动核销收到托收承付登记簿，第三、四联托收凭证作记账凭证附件。会计分录为：

借：吸收存款——单位活期存款——××付款人

　　贷：待清算辖内往来——××行

②提前承付的处理。付款人在承付期满前通知银行提前付款的，付款人开户行收到付款人提前付款通知时，进行托收承付到期付款交易处理，到期/逾期处理标志选择“1—到期处理”，承付方式选择“2—提前付款”，其他处理手续与全额付款相同。

③多承付的处理。付款人如因商品的价格、数量或金额变动等，要求对本笔托收多承付的款项一并划回时，应填制多承付理由书提交开户行。开户行审查无误后，进行托收承付到期付款交易处理，到期/逾期处理标志选择“1—到期处理”，承付方式选择“3—多承付款”，其他处理手续与全额付款相同。

④部分付款的处理。付款人在承付期满日开户行营业终了前，账户只能部分支付的，

付款人开户行于承付期满日次日上午（遇法定节假日顺延）办理部分划款时，进行托收承付到期付款交易处理，到期/逾期处理标志选择“1—到期处理”，承付方式选择“6—部分付款”，其他处理手续与全额付款相同。交易成功后，系统自动登记收到托收承付登记簿，记录相关信息，并注明“已承付金额和未承付金额”。

付款人开户行填制两联特种转账凭证，一联特种转账凭证作记账凭证附件，另一联交付款人，第三、四联托收凭证单独保管。对未付款项，待付款人账户有款时再一次或分次扣划，并按规定扣收逾期付款赔偿金，将逾期未付款项和应付的赔偿金及时划转收款人开户行，其办理手续见“逾期付款的处理”。

⑤逾期付款的处理。付款人在承付期满日开户行营业终了时，其存款账户如不足支付，其不足部分，即为逾期付款。付款人开户行填制三联托收承付结算到期未收通知书，将第一、二联通知书寄收款人开户行，第三联通知书留存。

等到付款人账户有款可以一次或分次扣款时，付款人开户行调用托收承付到期付款交易，到期/逾期处理标志选择“2—逾期处理”，承付方式选择“1—全额付款”或“6—部分付款”，录入“赔偿金金额”等相关信息，将逾期付款的款项和赔偿金一并划给收款人。其他处理手续与前述全额付款和部分付款相同。

付款人开户行对逾期支付的款项，根据逾期付款金额和逾期天数，每天按万分之五计算逾期付款赔偿金。其计算公式为：

赔偿金金额＝逾期付款金额×逾期天数×赔偿金率

逾期付款天数从承付期满日算起。承付期满日银行营业终了时，付款人如无足够资金支付，其不足部分，应当算作逾期一天；在承付期满的次日（遇法定节假日顺延，但以后遇法定节假日照算逾期天数）银行营业终了时，仍无足够资金支付，其不足部分，应当算作逾期两天，以此类推。

托收款项逾期如遇跨月时，应在月末单独计算赔偿金，于次月3日内划给收款人。在月内有部分付款的，其赔偿金从当月1日起计算并随同部分支付的款项划给收款人，对尚未支付的款项，月末再计算赔偿金，于次月3日内划给收款人。

赔偿金的扣付列为企业销货收入扣款顺序的首位，如付款人账户余额不足以全额支付，应排列在工资之前，并对该账户采取“只收不付”的控制办法，待一次足额扣付赔偿金后，才准予办理其他款项的支付。

【例7-10】 3月2日，中国工商银行北京E支行收到中国银行厦门F支行寄来的托收承付结算凭证及有关单证，系向本行开户单位东方化工厂托收货款，金额为220 000元，审查无误后，于当日通知东方化工厂付款（验单付款）。3月5日承付期满，中国工商银行北京E支行3月6日上午开业划款时，由于东方化工厂存款账户余额不足，只能支付60 000元，逾期至3月23日开业时支付90 000元，其余款于4月16日上午开业全部扣清。中国工商银行北京E支行选择小额支付渠道办理资金汇划。

根据上述资料，编制会计分录如下：

(1) 3月6日，中国工商银行北京E支行通过小额支付渠道办理划款时：

借：吸收存款——单位活期存款——东方化工厂　　60 000

贷：待清算辖内往来——北京分行 60 000

中国银行厦门F支行收到划来的款项时：

借：待清算辖内往来——厦门分行 60 000

贷：吸收存款——单位活期存款——××收款人 60 000

（2）3月23日，中国工商银行北京E支行通过小额支付渠道划付货款及赔偿金时：

$$赔偿金=90\,000\times17\times0.5‰=765(元)$$

借：吸收存款——单位活期存款——东方化工厂 90 765

贷：待清算辖内往来——北京分行 90 765

中国银行厦门F支行收到划来的货款及赔偿金时：

借：待清算辖内往来——厦门分行 90 765

贷：吸收存款——单位活期存款——××收款人 90 765

（3）3月31日，中国工商银行北京E支行单独计算赔偿金，并于次月3日内通过小额支付渠道划付赔偿金时：

$$赔偿金=70\,000\times27\times0.5‰=945(元)$$

借：吸收存款——单位活期存款——东方化工厂 945

贷：待清算辖内往来——北京分行 945

中国银行厦门F支行收到划来的赔偿金时：

借：待清算辖内往来——厦门分行 945

贷：吸收存款——单位活期存款——××收款人 945

（4）4月16日，中国工商银行北京E支行通过小额支付渠道划付货款及赔偿金时：

$$赔偿金=70\,000\times14\times0.5‰=490(元)$$

借：吸收存款——单位活期存款——东方化工厂 70 490

贷：待清算辖内往来——北京分行 70 490

中国银行厦门F支行收到划来的货款及赔偿金时：

借：待清算辖内往来——厦门分行 70 490

贷：吸收存款——单位活期存款——××收款人 70 490

⑥无款支付的处理。付款人开户行对逾期未付的托收凭证，负责进行扣款的期限为3个月（从承付期满日算起）。期满时，付款人仍无足够资金支付尚未付清的欠款，开户行应向付款人发出索回单证的通知（一式四联，一联给付款人），付款人于银行发出通知的次日起两日内（到期日遇法定节假日顺延），必须将第五联托收凭证（部分无款支付的除外）及有关单证（单证已做账务处理或已部分支付的，可以填制应付款项证明单）退回开户行。

付款人开户行收到退回的单证，审核无误后，调用托收承付到期付款交易，到期/逾期处理标志选择“1—到期处理”，承付方式选择“4—无款支付”，录入相关信息。

付款人逾期不退回单证的，开户行于发出通知的第3天起，按照尚未付清欠款金额，每天处以万分之五但不低于50元的罚款，并调用托收承付到期付款交易，到期/逾期处理标志选择“1—到期处理”，承付方式选择“5—停办结算”，录入相关信息，暂停付款人向外办理结算业务，直至退回单证时止。

付款人开户行将一联通知书和第三联托收凭证一并留存备查，将另两联通知书连同有关托收凭证及单证一并寄收款人开户行，同时将应付的赔偿金也一并划给收款人开户行。

⑦全部拒绝付款的处理。付款人在承付期内提出全部拒付的，应填制四联全部拒付理由书，连同有关的拒付证明、第五联托收凭证及所附单证送交开户行。银行应严格按照《支付结算办法》中有关托收承付拒绝付款的规定认真审查。银行审查拒绝付款期间，不能算作付款人逾期付款，但对无理拒付而增加银行审查时间的，应从承付期满日起，计算逾期付款赔偿金。

经审查，不同意拒付的，实行强制扣款；同意拒付的，付款人开户行调用托收承付到期付款交易，到期/逾期处理标志选择“1—到期处理”，承付方式选择“7—全部拒付”，录入相关信息，系统自动核销收到托收承付登记簿。付款人开户行将第一联拒付理由书退付款人，第二联拒付理由书连同第三联托收凭证留存备查，第三、四联拒付理由书连同有关的拒付证明和第四、五联托收凭证及单证一并寄收款人开户行。

⑧部分拒绝付款的处理。付款人在承付期内提出部分拒付的，应填制四联部分拒付理由书，连同有关的拒付证明、拒付部分商品清单送交开户行。银行按照全部拒绝付款的审查程序和要求认真审查。经审查，不符合规定的，不得受理拒付；符合规定同意拒付的，依照全部拒绝付款的审批手续办理。

付款人开户行调用托收承付到期付款交易，到期/逾期处理标志选择“1—到期处理”，承付方式选择“8—部分拒付”，并根据情况选择行内系统、大小额支付系统等汇划渠道进行部分拒付及部分承付划款处理，交易成功打印记账凭证，系统自动核销收到托收承付登记簿。付款人开户行将第一联部分拒付理由书交付款人，第二联部分拒付理由书、第三、四联托收凭证作记账凭证附件，第三、四联部分拒付理由书连同有关的拒付证明及拒付部分的商品清单寄收款人开户行。

（3）收款人开户行收到托收承付划回的处理。

1）全额划回的处理。收款人开户行收到行内系统、大小额支付系统发来的托收承付划回信息，若收到的信息与发出托收承付相符，则系统自动入账，打印汇款来账专用凭证，并与留存的第二联托收凭证进行核对，第二联托收凭证作来账凭证附件，来账凭证收账通知联交收款人。同时，收款人开户行进行托收承付销记交易处理，录入相关信息，系统自动销记发出托收承付登记簿。会计分录为：

借：待清算辖内往来——××行

　　贷：吸收存款——单位活期存款——××收款人

2）多承付款划回的处理。收款人开户行收到多承付划回款项，可比照全额划回的手续进行处理。系统销记发出托收承付登记簿时，按照原托收金额销记。俟接到付款人开户行寄来的第三、四联多承付理由书后，将第三联留存备查，第四联交收款人。

3）部分划回的处理。收款人开户行收到部分划回款项，系统在发出托收承付登记簿上注明部分划回的金额，其他可比照全额划回的手续进行处理。

4）逾期划回及单独划回赔偿金的处理。收款人开户行收到第一、二联托收承付结算到期未收通知书，将第二联通知书交收款人，第一联附于第二联托收凭证后一并保管。

待收到一次、分次划回款项或单独划回的赔偿金时，对于一次划回的，比照全额划回的手续处理；分次划回或单独划回赔偿金的，系统在发出托收承付登记簿上注明分次划回的金额或第×个月划回的赔偿金的金额，其他比照全额划回的手续处理。

5）无款支付退回凭证的处理。收款人开户行在逾期付款期满后接到第四、五联托收凭证（部分无款支付则为第四联托收凭证）及两联无款支付通知书和有关单证，核对无误后，在第二联托收凭证上注明“无款支付”字样。

对于单独划回赔偿金的，比照前述手续处理。收款人开户行进行托收承付销记交易处理，录入相关信息，系统自动销记发出托收承付登记簿。

收款人开户行将第四、五联托收凭证（部分无款支付则为第四联托收凭证）及一联无款支付通知书和有关单证退收款人，另一联无款支付通知书与第二联托收凭证一并保管。

6）全部拒绝付款的处理。收款人开户行收到第四、五联托收凭证及有关单证和第三、四联全部拒付理由书及拒付证明，核对无误后，在第二联托收凭证上注明“全部拒付”字样。

收款人开户行进行托收承付销记交易处理，录入相关信息，系统自动销记发出托收承付登记簿。然后将第四、五联托收凭证及有关单证和第四联拒付理由书及拒付证明退收款人，第三联拒付理由书与第二联托收凭证一并保管。

7）部分拒绝付款的处理。收款人开户行收到行内系统、大小额支付系统划回的部分拒付的承付额，打印汇款来账专用凭证，与留存的第二联托收凭证进行核对，并在该联上注明“部分拒付”字样。部分承付入账比照全额划回的手续进行处理，并销记发出托收承付登记簿。

俟接到付款人开户行寄来的第三、四联部分拒付理由书及拒付部分的商品清单、拒付证明后，将第三联部分拒付理由书留存备查，第四联部分拒付理由书、拒付部分的商品清单及拒付证明一并交收款人。

7.4.3 委托收款业务的核算

1. 委托收款的概念及有关规定

委托收款是收款人委托银行向付款人收取款项的结算方式。这种结算方式同城、异地均可使用，适用于单位和个人凭已承兑商业汇票、债券、存单等付款人债务证明委托银行收取款项。委托收款结算方式不受金额起点限制，便于收款人主动收取款项。

2. 委托收款业务的核算

（1）收款人开户行受理委托收款的处理。收款人办理委托收款，应填制一式五联委托收款凭证，第一联回单，第二联贷方凭证，第三联借方凭证，第四联收账通知（电划依据），第五联付款通知。收款人在第二联签章后，连同有关债务证明提交开户行。

收款人开户行收到并审核无误后，进行发出委托收款登记交易处理，录入有关信息，系统自动登记发出委托收款登记簿，第一联托收凭证退收款人，第二联专夹保管，第三联加盖结算专用章连同第四、五联托收凭证及有关债务证明一并寄付款人开户行。

（2）付款人开户行的处理。付款人开户行收到收款人开户行寄来的第三、四、五联托收凭证及有关债务证明，审查无误后，在凭证上注明收到日期，进行收到委托收款登记交易处理，录入有关信息，系统自动登记收到委托收款登记簿。以单位为付款人的，付款人开户行将第五联托收凭证加盖业务公章后，连同有关债务证明一并交付款人通知其付款。

以银行为付款人的，付款人开户行应当在当日主动将款项划给收款人；以单位为付款人的，付款人开户行应及时通知付款人付款，付款人应于接到通知的当日书面通知银行付款，若付款人在接到通知的次日起3日内未通知银行付款的，视同付款人同意付款，银行应于付款人接到通知日的次日起第4日上午开始营业时，将款项划给收款人。

若付款人提前收到由其付款的债务证明，并同意付款的，则银行应于债务证明的到期日付款；若付款人未于接到通知日的次日起3日内通知银行付款，付款人接到通知日的次日起第4日在债务证明到期日之前的，银行应于债务证明到期日将款项划给收款人。

1）付款人为银行的处理。

①全额付款的处理。银行接到委托收款凭证和有关债务证明，按规定付款时，进行委托收款到期付款交易处理，承付方式选择“全额付款”，并根据情况选择行内汇划、大额支付、小额支付或同城交换等渠道办理委托收款划回，交易成功打印记账凭证，系统自动核销收到委托收款登记簿，第三、四（同城交换时此联需提出）、五联托收凭证及有关债务证明作记账凭证附件。会计分录为：

借：××科目

　贷：待清算辖内往来或清算资金往来

②拒绝付款的处理。银行接到委托收款凭证和有关债务证明，经审查需要拒绝付款的（委托收款只能办理全部拒绝付款），应自收到委托收款凭证及债务证明的次日起3日内填制拒付理由书。

银行进行委托收款到期付款交易处理，承付方式选择“拒绝付款”，系统自动核销收到委托收款登记簿。一联拒付理由书和第三联托收凭证留存备查，另两联拒付理由书连同债务证明和第四、五联托收凭证一并寄收款人开户行转交收款人。

2）付款人为单位的处理。

①全额付款的处理。银行按规定付款时，付款人账户有足够款项支付的，其办理划款的手续与前述付款人为银行的全额付款的处理相同。第三、四联（同城交换时此联需提出）托收凭证、有关债务证明和付款通知书作记账凭证附件。会计分录为：

借：吸收存款——××存款——××付款人

　贷：待清算辖内往来或清算资金往来

②无款支付的处理。银行按规定付款时，付款人账户不足支付全部款项的，银行进行委托收款到期付款交易处理，承付方式选择“无款支付”，系统自动核销收到委托收款登记簿。

银行打印三联付款人未付款项通知书，一联通知书和第三联托收凭证留存备查，另两联通知书连同第四联托收凭证及有关债务证明一并寄收款人开户行。

③拒绝付款的处理。付款人若办理拒绝付款的，应在接到付款通知的次日起3日内填制四联拒付理由书，连同债务证明及第五联托收凭证一并送交开户行。

银行审核无误后，进行委托收款到期付款交易处理，承付方式选择“拒绝付款”，录入相关信息，系统自动核销收到委托收款登记簿。银行将第一联拒付理由书退付款人，第二联拒付理由书连同第三联托收凭证留存备查，第三、四联拒付理由书连同债务证明和第四、五联托收凭证一并寄收款人开户行。

（3）收款人开户行收到委托收款划回的处理。

1）款项划回的处理。收款人开户行接到通过同城票据交换提入的第四联托收凭证，或根据接收的行内系统、大小额支付系统的支付信息打印汇款来账专用凭证，与留存的第二联托收凭证进行核对，第二联托收凭证作来账凭证附件，来账凭证收账通知联交收款人。同时，收款人开户行进行委托收款销记交易处理，录入相关信息，系统自动销记发出委托收款登记簿。会计分录为：

借：待清算辖内往来或清算资金往来

　　贷：吸收存款——××存款——××收款人

2）无款支付的处理。收款人开户行接到无款支付而退回的第四联托收凭证和第二、三联付款人未付款项通知书以及有关债务证明，核对无误后，在第二联托收凭证上注明“无款支付”字样。

收款人开户行进行委托收款销记交易处理，录入相关信息，系统自动销记发出委托收款登记簿。然后将第四联托收凭证及一联未付款项通知书和有关债务证明退收款人，另一联未付款项通知书与第二联托收凭证一并保管。

3）拒绝付款的处理。收款人开户行接到第四、五联托收凭证及有关债务证明和第三、四联拒付理由书，核对无误后，在第二联托收凭证上注明“拒绝付款”字样。

收款人开户行进行委托收款销记交易处理，录入相关信息，系统自动销记发出委托收款登记簿。然后将第四、五联托收凭证及有关债务证明和第四联拒付理由书一并退收款人，第三联拒付理由书与第二联托收凭证一并保管。

3. 同城特约委托收款业务的核算

在同城范围内，收款人收取公用事业费采用委托收款结算的，收付双方必须事先签订经济合同，由付款人向开户银行授权，经开户银行同意，并报当地中国人民银行批准才能办理，因此，称为同城特约委托收款。

小额支付系统上线后，同城特约委托收款业务不再通过同城票据交换处理，统一通过小额支付系统的定期借记业务办理。即收费单位提交同城特约委托收款业务数据至收款行，收款行通过小额支付系统定期借记业务包处理；付款行收到定期借记业务包后，进行定期借记业务合同号、付款人账号等要素的校验，并扣款成功后，于次日小额支付系统日切前通过小额支付系统定期借记业务回执包发送回执至收款行。这种处理方式下无须使用和传递同城特约委托收款纸基凭证。具体业务处理手续可比照前述小额支付系统定期借记业务办理，这里不再赘述。

7.5 支付结算业务收费和罚款的核算

7.5.1 支付结算业务收费的有关规定

银行办理支付结算业务，除财政金库全部免收、存款不计息账户免收邮费、手续费外，其他均应按规定分别收取工本费、邮费、手续费和电子汇划费等。其中，工本费按照票据、银行卡、结算凭证的成本价格收取；邮费按照邮电部门的标准收取；手续费及电子汇划费等按照《支付结算办法》《国家计委、中国人民银行关于制定电子汇划收费标准的通知》等相关文件的规定收取。

凭证的工本费在领用时向领用人收取。支票的手续费由经办行直接向存款人收取，其他结算凭证的手续费、邮费由银行向委托人收取。除银行卡业务的收费应于办理业务的当时向委托人收取外，其他结算业务的手续费、邮费可采取当时计收和定期汇总收取两种方法。

7.5.2 支付结算业务收费和罚款的核算

1. 收取凭证工本费的处理

客户向银行领购结算凭证时，应填写一式两联业务收费凭证，并加盖预留银行印鉴。银行审查无误后，按成本价格向领购人收取凭证工本费，进行凭证出售交易处理，并打印业务收费凭证。第二联业务收费凭证盖章后交领购人，第一联作记账凭证。会计分录为：

借：库存现金或吸收存款——××存款——××户

　贷：业务及管理费——印刷费

客户购买重要空白凭证的，还需进行表外科目核算，会计分录为：

付：重要空白凭证

2. 收取邮费的处理

通过邮电部门邮寄信件办理结算业务的，经办行按邮电部门的标准向委托人收取邮费。会计分录为：

借：库存现金或吸收存款——××存款——××户

　贷：业务及管理费——邮费

3. 收取手续费及电子汇划费的处理

通过支付系统发送电子信息办理结算业务的，银行应按规定向客户收取电子汇划费。银行收取手续费和电子汇划费的会计分录为：

借：库存现金或吸收存款——××存款——××户

　贷：手续费及佣金收入

　　　应交税费——应交增值税（销项税额）

4. 收取结算罚款的处理

存款人违反结算纪律的，银行应按照《支付结算办法》和《票据管理实施办法》的规定处以罚款。收取罚款时，填制特种转账凭证作记账凭证附件。会计分录为：

借：库存现金或吸收存款——××存款——××户

贷：营业外收入——罚款收入

思考题

1. 什么是支付结算？简述支付结算与资金清算的关系。
2. 支付结算工具主要有哪些？其适用范围分别是什么？
3. 简述商业承兑汇票和银行承兑汇票核算手续的区别。
4. 简述托收承付与委托收款核算手续的区别。
5. 什么是银行卡？银行卡的种类有哪些？

练习题

1. 陈琳提交银行汇票申请书及现金5 000元，委托交通银行某支行签发银行汇票持往异地购物。经审核无误后，签发银行汇票。

2. 开户单位采轩服装厂提交银行汇票申请书，金额30 000元，委托中国工商银行某支行签发银行汇票，持往异地购买布匹。经审核无误后，签发银行汇票。

3. 中国工商银行深圳某支行收到开户单位大方涂料厂提交的银行汇票、解讫通知和进账单，出票金额30 000元，实际结算金额25 000元，该汇票系异地中国工商银行某支行签发。经审核无误后，办理付款。

4. 中国工商银行上海某支行收到胡亮提交的现金银行汇票及解讫通知，金额4 000元，该汇票系异地中国工商银行某支行签发。经审核无误后，办理支取现金手续。

5. 中国工商银行某支行收到开户单位电网厂提交的银行汇票、解讫通知和进账单，金额30 000元，实际结算金额与出票金额一致，该汇票系异地中国银行某支行签发。审核无误后，通过同城票据交换将汇票和解讫通知提交同城有关代理付款行审核支付，超过退票时间未收到退票通知。

6. 中国工商银行苏州某支行收到异地中国工商银行某支行发来的银行汇票已兑付的电子汇划信息，结算金额38 000元，原出票金额40 000元，原汇票申请人为本行开户单位宝艺丝绸印染厂。经审核无误后，办理转账。

7. 承题1，陈琳提交银行汇票申请书存根及本人身份证件要求领取银行汇票的多余款800元，交通银行某支行审核无误后，付给现金。

8. 承题2，开户单位采轩服装厂申请的银行汇票因故未用，申请退回，金额30 000元，中国工商银行某支行审核无误后，办理转账。

9. 中国建设银行杭州某支行收到同城中国工商银行某支行寄来的商业承兑汇票及委托收款凭证，金额20 000元，系本行开户单位华彩刺绣厂支付购料款，汇票已到期，将委托收款凭证第四联提出交换。

10. 承题9，中国工商银行杭州某支行收到通过同城票据交换提入的第四联委托收款凭证，将款项收入开户单位中亚丝绸厂账户。

11. 开户单位银达电机厂向招商银行某支行申请办理银行承兑汇票，金额600 000元，经信贷部门审查同意，双方签订承兑协议，会计部门办理承兑手续，并按票面金额的万分之五收取承兑手续费。

12. 承题11，招商银行某支行根据承兑协议，向承兑申请人银达电机厂收取到期的银行承兑汇票款，银达电机厂基本存款账户有足够的款项支付。

13. 承题11，招商银行某支行收到异地中国工商银行某支行寄来的承兑申请人为银达电机厂的银行承兑汇票及委托收款凭证，审查无误后，选择大额支付渠道办理资金汇划。

14. 承题13，中国工商银行某支行收到通过大额支付系统划来的款项，收入开户单位松江设备厂账户。

15. 开户单位天娱传媒公司提交银行本票申请书，委托中国银行A支行签发银行本票，金额20 000元，银行审查同意后签发银行本票。

16. 承题15，中国银行B支行收到开户单位卓越电器公司提交的银行本票和进账单，金额20 000元，审查无误后，通过行内系统向同城中国银行A支行办理资金汇划。

17. 承题15和题16，中国银行A支行收到行内系统发来的申请人为天娱传媒公司的银行本票解付成功信息，系统自动进行结清处理。

18. 华夏银行某支行收到开户单位中商百货签发的转账支票和进账单，金额7 000元，支付本行开户单位毛巾厂货款。经审查无误后，办理转账。

19. 中国建设银行某支行收到开户单位美味乳品厂签发的转账支票和进账单，金额30 000元，支付同城中国农业银行某支行开户单位货款。中国建设银行某支行审查无误后，将第二、三联进账单提出交换。

20. 承题19，中国农业银行某支行收到交换提入的进账单，将款项收入开户单位塑料制品厂账户。

21. 浦发银行某支行收到开户单位涂料厂提交的转账支票和进账单，金额9 000元，该支票的签发人在同城交通银行某支行开户。浦发银行某支行审查无误后，将转账支票提出交换，在退票时间内收到对方银行的退票通知，并于下次交换时提入退票。

22. 承题21，交通银行某支行收到交换提入的转账支票，系本行开户单位装饰公司支付购买涂料款，因装饰公司账户资金不足，通知对方银行退票，并于下次交换时提出退票，同时，对装饰公司处以罚款。

23. 中国银行天津分行收到中国工商银行重庆分行发来的支票影像业务报文，为本行开户单位索菲箱包厂签发的转账支票，金额100 000元，收款人为重庆江北皮革厂。中国银行天津分行对支票影像业务报文核验无误后，确认付款，并通过小额支付系统返回确认付款回执。中国工商银行重庆分行收到确认付款回执，审核无误后，办理转账。

24. 汉口银行某支行接到开户单位武汉小学提交的转账支票和进账单，金额50 000元，申请办理单位信用卡（准贷记卡），经审查同意办理。

25. 中国农业银行某支行收到开户单位中百仓储提交的汇计单、签购单及进账单，净计金额为60 000元，发卡行均为他行。中国农业银行某支行审查无误后，办理转账，并收取手续费300元。

26. 中国工商银行某支行收到开户单位太子酒轩提交的电汇凭证，金额15 000元，要求汇往异地中国银行某支行的开户单位啤酒厂偿还欠款。经审核无误后，选择小额支付渠道办理资金汇划。

27. 承题26，中国银行某支行收到通过小额支付系统发来的支付信息，经审核无误后，将款项收入开户单位啤酒厂账户。

28. 中国工商银行某支行收到异地中国农业银行某支行寄来的托收承付结算凭证及有关单证，金额900 000元，通知开户单位纺纱厂付款（验单付款），3天承付期满，第4天上午营业时选择大额支付渠道办理划款。

29. 承题28，中国农业银行某支行收到异地中国工商银行某支行通过大额支付系统划回的托收承付款900 000元，收入开户单位机床厂账户。

30. 中国工商银行甲支行收到省外系统内乙支行寄来的托收承付结算凭证及有关单证，系向本行开户单位五金厂托收货款，金额80 000元，审查无误后，即通知五金厂付款。6月4日承付期满日，该单位账户无款，故发生逾期付款，6月14日营业终了该单位账户有款，银行于15日开业后，选择行内汇划渠道将款项划往省外系统内乙支行。乙支行收到后转入收款人钢铁厂账户。

要求：根据上述资料，编制有关会计分录。

第 8 章

外汇业务的核算

学习目标

1. 了解外汇业务的主要内容，外汇分账制记账方法，托收、汇款的种类。

2. 理解买方信贷外汇贷款的核算，打包贷款的核算，信用证、托收、汇款业务的处理流程。

3. 掌握结售汇、套汇业务的核算，单位外汇存款、个人外汇存款的核算，现汇贷款的核算，进出口押汇的核算，信用证、托收及汇款业务的核算。

8.1 外汇业务概述

8.1.1 外汇与汇率的概念

1. 外汇的概念

外汇是指以外币表示的可以用作国际清偿的支付手段和资产。具体内容包括：

(1) 外币现钞，包括纸币、铸币；

(2) 外币支付凭证或者支付工具，包括票据、银行存款凭证、银行卡等；

(3) 外币有价证券，包括债券、股票等；

(4) 特别提款权；

(5) 其他外汇资产。

作为外汇必须符合两个条件：一是以外国货币表示；二是可自由兑换。目前全世界有 67 个国家和地区的货币是可自由兑换货币，最常用的是美元、英镑、欧元、日元、港元、加拿大元、澳大利亚元等。

银行在进行外汇业务核算时，会计凭证、账簿和报表均应按规定标明货币的国际通用符号。表8-1列示了几种常用货币的货币符号、货币单位及辅币进位规则。

表8-1 常用货币符号、货币单位及辅币进位规则

货币名称	货币符号（简写代码）	货币单位及辅币进位
人民币	￥（CNY/RMB）	1元=10角，1角=10分
美元	US$（USD）	1美元=100美分
英镑	£（GBP）	1英镑=100便士
欧元	€（EUR）	1欧元=100分
日元	J￥（JPY）	1日元=100钱
港元	HK$（HKD）	1港元=100分
加拿大元	CAN$（CAD）	1加拿大元=100分
澳大利亚元	A$（AUD）	1澳大利亚元=100分
新加坡元	S$（SGD）	1新加坡元=100分
澳门元	PAT（MOP）	1澳门元=100分

2. 汇率的概念与种类

（1）汇率的概念与标价方法。汇率是指一国货币与另一国货币相互折算的比率，也称外汇牌价或汇价。汇率有两种标价方法：直接标价法和间接标价法。

以商品买卖为例，如一支铅笔0.5元，即通常以货币的数量多少标明一定单位商品的价格，这就是直接标价法；有时也会反过来标1元等于2支铅笔，这种以商品的数量多少来标明一定单位货币价格的方法，称为间接标价法。

如果将货币兑换当作货币买卖，则

USD 1=RMB 6.355 4　　为直接标价法

RMB 1=USD 0.157 3　　为间接标价法

直接标价法是以本币的数量标明一定单位外币的价格，换句话说，是以一定单位的外币为标准，折算为若干单位本币的标价方法。目前除美国和英国外，世界上绝大多数国家和地区都采用直接标价法。

间接标价法正好相反，是以外币的数量标明一定单位本币的价格，换句话说，是以一定单位的本币为标准，折算为若干单位外币的标价方法。

（2）汇率的种类。汇率可以按照不同的标准进行分类，根据交易方向及外汇载体的不同，可分为汇买价、汇卖价、钞买价、钞卖价和中间价；根据交割期限的不同，可分为即期汇率和远期汇率。

汇买价是指银行买入外汇现汇的价格；汇卖价是指银行卖出外汇现汇的价格；钞买价是指银行买入外币现钞的价格；钞卖价是指银行卖出外币现钞的价格；中间价是指汇买价与汇卖价的平均价，在银行内部结算或套汇时使用。

现钞汇率与现汇汇率理论上存在差额，因为银行买入现汇即为买入客户在国外银行的外汇存款，银行可以直接将买进的外汇划拨到其国外银行的账户中并开始计息，而买进外币现钞时，由于外币现钞在本国不流通，银行买进后需库存保留一段时间，待达到一定的金额后，将其运往货币发行国，变成在国外银行的外币存款即现汇后才开始计息和用于国际结算支付，在此期间，银行要承担汇率风险、资金占用利息及现钞管理费等，支付包装费、运输费及保险费等，将这些费用转嫁给外币现钞的卖主，所以钞买价要低于汇买价。相反，国内不发行外币现钞，银行要卖出外币现钞就必须从货币发行国运进来，同样也会发生一些费用，因此理论上钞卖价要高于汇卖价。

在银行买卖外汇的实务中，钞买价低于汇买价，而钞卖价与汇卖价相同。

即期汇率，也称现汇汇率，是买卖双方成交后，在两个营业日之内办理外汇交割时所用的汇率。远期汇率，也称期汇汇率，是买卖双方事先约定的在未来一定日期进行外汇交割的汇率。

8.1.2 外汇业务的主要内容

外汇业务是指银行以记账本位币以外的货币进行的款项收付、往来结算等业务。目前我国商业银行办理的外汇业务主要有货币兑换、外汇存款、外汇贷款、国际结算、外汇借款、同业外汇拆借、外汇票据的承兑和贴现、外汇担保、发行或代理发行股票以外的外币有价证券、买卖或代理买卖股票以外的外币有价证券、自营及代客货币兑换，以及国家外汇管理局批准的其他外汇业务。

8.1.3 外汇业务的记账方法

外汇业务的记账方法有两种：外汇统账制和外汇分账制。外汇统账制是指企业在发生外币交易时，即折算为记账本位币入账。外汇分账制是指企业在日常核算时分别币种（原币）记账，资产负债表日，分别货币性项目和非货币性项目进行调整：货币性项目按资产负债表日即期汇率折算，非货币性项目按交易日即期汇率折算；产生的汇兑差额计入当期损益。这两种记账方法只是账务处理程序不同，产生的结果即计算出的汇兑差额相同，且均计入当期损益。

商业银行经营的外汇业务，由于交易频繁、币种较多，一般采用外汇分账制记账方法进行日常核算。在外汇分账制记账方法下，为保持不同币种借贷方金额合计相等，需设置“货币兑换”科目核算外币交易所产生的不同币种之间的兑换，该科目属于资产负债共同类科目，在该科目下按币种进行明细核算。

采用外汇分账制对商业银行发生的外汇交易进行日常核算，能全面反映各种外币资金的增减变化及其头寸余缺情况，便于银行更好地调拨和运用外币资金。

8.2 货币兑换业务的核算

商业银行的货币兑换业务主要包括结汇、售汇、套汇及结售汇头寸平补交易业务等。

8.2.1　结售汇业务的核算

1. **结汇业务的核算**

结汇业务是指商业银行为客户办理的将可自由兑换货币兑换为人民币的业务。按规定，凡境内企事业单位、机关和社会团体以及外商投资企业的外汇收入，属于规定结汇范围的，应按商业银行挂牌汇率结售给商业银行；有外汇收入的境内居民、来华外国人、港澳同胞，自愿结汇的，可将其外汇收入按商业银行挂牌汇率结售给商业银行。

商业银行办理结汇业务，买入外汇（含外钞），支付人民币。买入外汇时，根据买入外汇金额，按外汇或外钞买入价（即汇买价或钞买价）折算人民币金额，并填制货币兑换科目传票。会计分录为：

借：吸收存款或库存现金　　（外币）
　贷：货币兑换　　（外币）
借：货币兑换　　（人民币）
　贷：吸收存款或库存现金　　（人民币）

【例8-1】 某人持1 000美元现钞到甲银行兑换人民币现金，当日美元钞买价为USD 100=RMB 627.48。

甲银行编制会计分录如下：

借：库存现金　　USD 1 000
　贷：货币兑换　　USD 1 000
借：货币兑换　　RMB 6 274.80
　贷：库存现金　　RMB 6 274.80

2. **售汇业务的核算**

售汇业务是指商业银行为客户办理的将人民币兑换为可自由兑换货币的业务。按规定，凡境内企事业单位、机关和社会团体及外商投资企业经常项目、资本项目下对外支付用汇，以及个人非贸易、非经常性用汇等，可持有效凭证到商业银行购买外汇。

外国游客及港澳台同胞未用完的人民币，可持兑换水单，到原办理货币兑换业务的商业银行办理购买外汇手续。

商业银行办理售汇业务，收进人民币，卖出外汇（含外钞）。卖出外汇时，根据卖出外币金额，按外汇卖出价（即汇卖价，与钞卖价相同）折算人民币金额，并填制货币兑换科目传票。会计分录为：

借：吸收存款或库存现金　　（人民币）
　贷：货币兑换　　（人民币）
借：货币兑换　　（外币）
　贷：吸收存款或库存现金　　（外币）

【例8-2】 某公司用其在甲银行的活期人民币账户的存款，购买2 000美元，存入其在该行开立的美元现汇账户，当日美元汇卖价为USD 100=RMB 635.09。

甲银行编制会计分录如下：

借：吸收存款——单位活期存款——××公司 RMB 12 701.80
　贷：货币兑换 RMB 12 701.80
借：货币兑换 USD 2 000
　贷：吸收存款——单位活期存款——××公司 USD 2 000

8.2.2 套汇业务的核算

套汇业务是指商业银行为客户办理的将一种外汇兑换为另一种外汇的业务。由于商业银行没有挂出两种不同外币之间的直接比价，因此，对于一般套汇业务，应通过人民币进行折算，具体又分为两种情况，即两种货币之间的套汇和同种货币钞汇之间的套汇。

1. 两种货币之间套汇的核算

商业银行为客户办理两种货币之间的套汇业务时，应先将买入外币的金额按该外币的买入价（钞买价或汇买价）折算成人民币金额，再将该人民币金额按卖出外币的卖出价折算为卖出外币的套汇金额，并填制货币兑换套汇传票。会计分录为：

借：××科目 （买入外币金额）
　贷：货币兑换 （买入外币金额）
借：货币兑换 （人民币金额＝买入外币金额×买入价）
　贷：货币兑换 （人民币金额）
借：货币兑换 （卖出外币金额＝人民币金额÷卖出价）
　贷：××科目 （卖出外币金额）

【例8-3】 某公司为支付澳大利亚某出口商货款，要求甲银行将其美元现汇账户存款10 000美元兑换成澳大利亚元，当日美元汇买价为USD 100＝RMB 633.60，澳大利亚元汇卖价为AUD 100＝RMB 656.95。

甲银行的计算过程和编制的会计分录如下：

第一步：将美元折算成人民币。

10 000×6.336 0＝63 360(元)

第二步：将人民币折算成澳大利亚元。

63 360÷6.569 5＝9 644.57(澳大利亚元)

甲银行编制的会计分录为：

借：吸收存款——单位活期存款——××公司 USD 10 000
　贷：货币兑换 USD 10 000
借：货币兑换 RMB 63 360
　贷：货币兑换 RMB 63 360
借：货币兑换 AUD 9 644.57
　贷：吸收存款——单位活期存款——××公司 AUD 9 644.57

2. 同种货币钞汇之间套汇的核算

同种货币钞汇之间的套汇包括钞兑汇和汇兑钞。由于同一种外币体现在汇率上，其现钞和现汇价值有所差异，因此，也必须按套汇方法处理。

商业银行为客户办理同种货币钞兑汇即钞买汇卖业务时，应先将买入的外币现钞金额按该外币的钞买价折算成人民币金额，再将该人民币金额按该外币的汇卖价折算为卖出的该外币的现汇金额，并填制货币兑换套汇传票。

商业银行为客户办理同种货币汇兑钞即汇买钞卖业务时，应先将买入的外币现汇金额按该外币的汇买价折算成人民币金额，再将该人民币金额按该外币的钞卖价折算为卖出的该外币的现钞金额，并填制货币兑换套汇传票。

同种货币钞汇之间的套汇业务可比照上述两种货币之间的套汇业务进行会计处理。

【例 8-4】 外籍教师琳达因回国休假，到甲银行要求从其在该行的港元现汇账户中支款 2 000 港元，兑取港元现钞携带出境。当日港元钞卖价为 HKD 100＝RMB 81.76，汇买价为 HKD 100＝RMB 81.45。

甲银行的计算过程和编制的会计分录如下：

第一步：将港元现汇折算成人民币。

$$2\,000\times 0.814\,5=1\,629(元)$$

第二步：将人民币折算成港元现钞。

$$1\,629\div 0.817\,6=1\,992.42(港元)$$

甲银行编制的会计分录为：

借：吸收存款——活期储蓄存款——现汇	HKD 2 000	
贷：货币兑换		HKD 2 000
借：货币兑换	RMB 1 629	
贷：货币兑换		RMB 1 629
借：货币兑换	HKD 1 992.42	
贷：库存现金		HKD 1 992.42

8.2.3 结售汇头寸平补交易的核算

我国对商业银行的结售汇综合头寸实行限额管理。结售汇综合头寸是指商业银行持有的因人民币与外币间交易形成的外汇头寸，包括由银行办理符合外汇管理规定的对客户结售汇业务、自身结售汇业务和参与银行间外汇市场交易而形成的外汇头寸。

结售汇综合头寸限额由国家外汇管理局根据国际收支状况和商业银行外汇业务经营情况，按商业银行法人统一核定，并按日考核和监管。商业银行应按日管理全行头寸，使每个交易日结束时的头寸保持在核定限额内。对于临时超过限额的（即超过头寸上限或低于头寸下限），商业银行应在下一个交易日结束前，由总行通过银行间外汇市场进行结售汇头寸平补。商业银行分支行通过系统内往来与总行进行结售汇头寸平补。

平补，即平盘补仓交易，是指商业银行根据国家外汇管理局对结售汇综合头寸限额管理的规定和自身对结售汇头寸风险管理的需要，在银行间外汇市场进行的外汇/人民币买卖交易。

（1）商业银行购入外汇，平补结售汇头寸时，会计分录为：

借：存放中央银行款项——准备金存款（或其他科目）　（外币）
　贷：货币兑换　（外币）
借：货币兑换　（人民币）
　贷：存放中央银行款项——准备金存款（或其他科目）　（人民币）

（2）商业银行卖出外汇，平补结售汇头寸时，会计分录为：

借：存放中央银行款项——准备金存款（或其他科目）　（人民币）
　贷：货币兑换　（人民币）
借：货币兑换　（外币）
　贷：存放中央银行款项——准备金存款（或其他科目）　（外币）

8.3 外汇存款业务的核算

外汇存款是指单位或个人将其所有的外汇资金（国外汇入汇款、外币、外币票据等），以外国货币为计量单位存放在商业银行，并于以后随时或按约定期限支取的存款。外汇存款按存款对象分为单位外汇存款和个人外汇存款；按存入资金形态分为现钞存款和现汇存款；按存取方式分为活期存款、定期存款和通知存款等。

其中，现钞存款是指存款人将从境外携入或持有的可自由兑换外币现钞存放在银行形成的存款；现汇存款是指存款人将从境外汇入的外汇或携入的外币票据存入银行形成的存款。对于不能立即付款的外币票据，须经银行办理托收，收妥后方可入账。

外汇存款的币种有美元、英镑、欧元、日元、港元、瑞士法郎、加拿大元、澳大利亚元和新加坡元等。其他可自由兑换外币可按存入日的外汇牌价兑换成上述货币存入。

8.3.1 单位外汇存款的核算

单位外汇存款，又称甲种外汇存款，是指我国境内的机关、团体、企事业单位、外国驻华机构及境外的中资企业、团体等存放在商业银行的各项外汇资金。

单位外汇存款均为现汇账户，包括活期存款、定期存款和通知存款。银行不得为单位开立外币现钞账户。单位可将现钞存入现汇账户和经银行同意按规定支取少量外币现钞，但应按同种货币钞汇之间的套汇进行处理。

1. 单位外汇活期存款的核算

单位外汇活期存款分为支票户和存折户，起存金额为人民币1 000元的等值外汇。

（1）存入款项的核算。

1）以外币现钞存入的核算。以外币现钞存入时，支票户应填制交款单，存折户应填写存款凭条。

①以同币种外币现钞存入时，按前述同种货币钞兑汇即钞买汇卖业务处理。

【例8-5】 某进出口公司要求甲银行将欧元现钞10 000欧元存入其在该银行开立的

欧元现汇账户，当日欧元钞买价为 EUR 100＝RMB 842.68，汇卖价为 EUR 100＝RMB 876.50。

甲银行的计算过程和编制的会计分录如下：

第一步：将欧元现钞折算成人民币。

10 000×8.426 8＝84 268(元)

第二步：将人民币折算成欧元现汇。

84 268÷8.765＝9 614.15(欧元)

甲银行编制的会计分录为：

借：库存现金　　EUR 10 000
　贷：货币兑换　　EUR 10 000
借：货币兑换　　RMB 84 268
　贷：货币兑换　　RMB 84 268
借：货币兑换　　EUR 9 614.15
　贷：吸收存款——单位活期存款——××公司　　EUR 9 614.15

②以不同币种外币现钞存入时，按前述两种货币之间的套汇业务处理。

2）以汇入现汇存入的核算。以汇入现汇存入时，商业银行应根据收到的报文、收妥的外币票据等办理存入手续。

①以汇入同币种现汇存入时，会计分录为：

借：××科目　　（外币）
　贷：吸收存款——单位活期存款——××单位　　（外币）

②以汇入不同币种现汇存入时，按前述两种货币之间的套汇业务处理。

（2）支取款项的核算。

1）支取外币现钞的核算。支取外币现钞时，支票户应签发现金支票并加盖预留银行印鉴，存折户应填写取款凭条。

①支取同币种外币现钞时，按前述同种货币汇兑钞即汇买钞卖业务处理。

②支取不同币种外币现钞时，按前述两种货币之间的套汇业务处理。

2）以汇出现汇方式支取的核算。以汇出现汇方式支取时，商业银行应根据有关结算凭证办理支取手续。

①汇出同币种现汇时，会计分录为：

借：吸收存款——单位活期存款——××单位　　（外币）
　贷：××科目　　（外币）

另收汇费，原则上收取人民币，也可以是等值外币。会计分录为：

借：库存现金或吸收存款　　（人民币）
　贷：手续费及佣金收入——汇款手续费收入　　（人民币）
　　　应交税费——应交增值税（销项税额）　　（人民币）

②汇出不同币种现汇时，按前述两种货币之间的套汇业务处理。

（3）利息的核算。

1）单位外汇活期存款的计结息规则。单位外汇活期存款按日计息，按季结息，计息期间遇利率调整分段计息，每季末月 20 日为结息日。结息日结计出的利息于次日以原币主动转入存款单位的外汇活期存款账户。若单位外汇活期存款账户销户，则利息的结计应采取利随本清的方法，即于销户时将利息与存款单位结清。

2）单位外汇活期存款利息的核算。

①资产负债表日计提利息的核算。资产负债表日，商业银行对吸收的单位外汇活期存款应按规定计提利息。计提时，如计息期间利率未调整，按计提日挂牌公告的同币种活期存款利率计算利息；如计息期间遇利率调整，应按调整前后的利率分段计算利息。计提利息的会计分录为：

借：利息支出——外汇活期存款利息支出　（外币）
　贷：应付利息——外汇活期存款应付利息　（外币）

②结息日结计利息的核算。结息日，采用积数计息法计算出本计息期间的利息后，应先将上一计提日至结息日的利息补提，然后将本计息期间所有应付利息于次日以原币结入存款单位的外汇活期存款账户。会计分录为：

结息日补提利息时：

借：利息支出——外汇活期存款利息支出　（外币）
　贷：应付利息——外汇活期存款应付利息　（外币）

结息日次日以原币结入存款账户时：

借：应付利息——外汇活期存款应付利息　（外币）
　贷：吸收存款——单位活期存款——××单位　（外币）

2. 单位外汇定期存款的核算

单位外汇定期存款为记名式存单，整存整取，起存金额为人民币 10 000 元的等值外汇，存期分为 1 个月、3 个月、半年、1 年、2 年五个档次。

（1）开户存入的核算。

1）活期存款转定期存款的核算。

①商业银行办理同币种外币活期存款转存定期时，会计分录为：

借：吸收存款——单位活期存款——××单位　（外币）
　贷：吸收存款——单位定期存款——××单位　（外币）

②商业银行办理不同币种外币活期存款转存定期时，按前述两种货币之间的套汇业务处理。

2）以汇入现汇存定期的核算。商业银行应单位要求以汇入现汇存定期时，商业银行应根据收到的报文、收妥的外币票据等办理定期存款开户存入手续。

①以汇入同币种现汇存定期时，会计分录为：

借：××科目　（外币）
　贷：吸收存款——单位定期存款——××单位　（外币）

②以汇入不同币种现汇存定期时，按前述两种货币之间的套汇业务处理。

3）以外币现钞存定期的核算。

①以同币种外币现钞存定期时，按前述同种货币钞兑汇即钞买汇卖业务处理。

②以不同币种外币现钞存入时，按前述两种货币之间的套汇业务处理。

（2）资产负债表日计提利息的核算。资产负债表日，对约定存期内的单位外汇定期存款，商业银行按存入日挂牌公告的同币种及相应档次定期存款利率计提利息。会计分录为：

借：利息支出——外汇定期存款利息支出　　（外币）
　贷：应付利息——外汇定期存款应付利息　　（外币）

（3）到期转出或续存的核算。单位外汇定期存款利息的计算采用逐笔计息法，到期时按存入日挂牌公告的同币种及相应档次定期存款利率计息，利随本清，存期内如遇利率调整，不分段计息。

1）到期转出的核算。单位外汇定期存款到期后，不能直接从定期户中支取现金，而应以转账方式转入存款单位的活期存款账户。

到期转出时，商业银行采用逐笔计息法计算出定期存款的利息后，应先将上一计提日至到期日的利息补提，然后办理到期转出手续。补提利息的会计分录为：

借：利息支出——外汇定期存款利息支出　　（外币）
　贷：应付利息——外汇定期存款应付利息　　（外币）

①商业银行办理同币种外币定期存款到期转入活期时，会计分录为：

借：吸收存款——单位定期存款——××单位　　（外币）
　　应付利息——外汇定期存款应付利息　　（外币）
　贷：吸收存款——单位活期存款——××单位　　（外币）

②商业银行办理不同币种外币定期存款到期转入活期时，按前述两种货币之间的套汇业务处理。

2）到期续存的核算。存款单位交来到期的定期存单申请办理续存时，银行审核无误后，填制利息计算清单，按本息合计重新填制定期存单。

银行办理到期续存时，应先将上一计提日至续存日的利息补提，补提利息的会计分录略。到期续存的会计分录为：

借：吸收存款——单位定期存款——××单位　　（外币）
　　应付利息——外汇定期存款应付利息　　（外币）
　贷：吸收存款——单位定期存款——××单位　　（外币）

若存款单位只要求办理本金续存，利息转出时：

借：吸收存款——单位定期存款——××单位　　（外币）
　贷：吸收存款——单位定期存款——××单位　　（外币）
借：应付利息——外汇定期存款应付利息　　（外币）
　贷：吸收存款——单位活期存款——××单位　　（外币）

利息转入活期时，若外币币种不同，应进行套汇处理。

（4）提前支取或逾期支取的核算。单位外汇定期存款部分提前支取时，提前支取部分按支取日挂牌公告的同币种活期存款利率计算利息（不分段计息），未支取部分按原定存期及到期日另开新存单，到期时按原存入日挂牌公告的同币种及相应档次定期存款利率计息；全部提前支取时，按支取日挂牌公告的同币种活期存款利率计算利息（不分段计息）；逾期支取时，对存期内部分按存入日挂牌公告的同币种及相应档次定期存款利率计息，逾期部分按支取日挂牌公告的同币种活期存款利率计算利息（不分段计息）。

商业银行办理单位外汇定期存款提前支取或逾期支取时，可比照前述到期支取进行核算。

8.3.2 个人外汇存款的核算

1. 个人外汇存款的种类

个人外汇存款，也称外币储蓄存款，是指商业银行吸收自然人的外汇资金而形成的存款。根据管理和核算的不同要求，个人外汇存款可以采用不同的标准进行分类。

（1）按存款对象分为乙种外汇存款和丙种外汇存款。乙种外汇存款的存款对象是居住在国外或我国港澳台地区的外国人、外籍华人、华侨、港澳台同胞和短期来华人员，以及居住在中国境内的外国人。其外汇的使用可以汇往中国境内外，可兑换人民币，在存款人出境时，根据存款人的要求，可支取外钞或直接汇出。

丙种外汇存款的存款对象是中国境内的居民，包括归侨、侨眷和港澳台同胞的亲属。该种存款汇往境外的金额较大时，须经国家外汇管理部门批准后方可汇出。

（2）按存入资金形态分为现汇存款和现钞存款。个人既可以在银行开立现汇账户存入现汇，也可以在银行开立现钞账户存入外币现钞。现汇户可直接支取汇出，现钞户须经钞买汇卖处理方可支取汇出；现钞户可直接支取现钞。

（3）按存取方式分为活期储蓄存款、定期储蓄存款、定活两便储蓄存款和个人通知存款。

外币活期储蓄存款的起存金额，乙种存款为不低于人民币 100 元的等值外币，丙种存款为不低于人民币 20 元的等值外币；外币定期储蓄存款的起存金额，乙种存款为不低于人民币 500 元的等值外币，丙种存款为不低于人民币 50 元的等值外币；定活两便储蓄存款的起存金额为不低于人民币 50 元的等值外币；个人七天通知存款的起存金额为不低于人民币 50 000 元的等值外币。

外币活期储蓄存款为存折户；外币定期储蓄存款为记名式存单，整存整取，存期分为 1 个月、3 个月、半年、1 年、2 年五个档次。

2. 外币活期储蓄存款的核算

（1）开户存入的核算。

1）以外币现钞存入开立现钞户的核算。以外币现钞存入时，存款人应填写存款凭条，连同外币现钞及有效身份证件（护照、身份证等）一同提交银行。银行审查存款凭条、证件并清点外币现钞无误后，进行现金开户交易处理。交易成功后，打印存折和存款凭证，将存折盖章后连同身份证件交给存款人。会计分录为：

借：库存现金　　（外币）

　　贷：吸收存款——活期储蓄存款——现钞　　（外币）

2）以汇入现汇存入开立现汇户的核算。以汇入现汇存入时，商业银行应根据收到的报文、收妥的外币票据等办理开户存入手续。会计分录为：

借：××科目　　　　　　　　　　　　　　　　　　　　　　　　（外币）

　贷：吸收存款——活期储蓄存款——现汇　　　　　　　　　　　（外币）

（2）续存的核算。存款人续存时，将存折、外币票据或外币现钞交银行。银行审核无误后，打印存款凭条交存款人签字确认办理续存手续。

1）以外币现钞续存的核算。

①以同币种外币现钞存入现钞户时，会计分录与开户相同。

②以同币种外币现钞存入现汇户时，应按中间价折算计收人民币手续费。会计分录为：

借：库存现金　　　　　　　　　　　　　　　　　　　　　　　　（外币）

　贷：吸收存款——活期储蓄存款——现汇　　　　　　　　　　　（外币）

借：库存现金或吸收存款　　　　　　　　　　　　　　　　　　（人民币）

　贷：手续费及佣金收入　　　　　　　　　　　　　　　　　　（人民币）

　　应交税费——应交增值税（销项税额）　　　　　　　　　　（人民币）

③以不同币种外币现钞存入现钞户或现汇户时，按前述两种货币之间的套汇业务进行处理。

2）以汇入现汇续存的核算。

①以同币种汇入现汇存入现钞户或现汇户时，会计分录为：

借：××科目　　　　　　　　　　　　　　　　　　　　　　　　（外币）

　贷：吸收存款——活期储蓄存款——现钞或现汇　　　　　　　　（外币）

②以不同币种汇入现汇存入现钞户或现汇户时，按前述两种货币之间的套汇业务进行处理。

（3）支取款项的核算。

1）支取外币现钞的核算。存款人支取外币现钞时，将存折交银行并告知取款金额。银行审核无误后，打印取款凭条交存款人签字确认办理取款手续。

①从现钞户或现汇户支取同币种外币现钞时，会计分录为：

借：吸收存款——活期储蓄存款——现钞或现汇　　　　　　　　　（外币）

　贷：库存现金　　　　　　　　　　　　　　　　　　　　　　　（外币）

②从现钞户或现汇户支取不同币种外币现钞时，按前述两种货币之间的套汇业务进行处理。

2）以汇出现汇方式支取的核算。以汇出现汇方式支取时，商业银行应根据有关结算凭证办理支取手续。

①从现汇户汇出同币种现汇时，会计分录为：

借：吸收存款——活期储蓄存款——现汇　　　　　　　　　　　　（外币）

　贷：××科目　　　　　　　　　　　　　　　　　　　　　　　（外币）

另收汇费，原则上收取人民币，也可以是等值外币。

②从现钞户汇出同币种现汇时，应按中间价折算计收人民币手续费。丙种现钞户存款汇出境外金额较大时，须经当地外汇管理局批准。

从现钞户汇出同币种现汇的会计分录为：

借：吸收存款——活期储蓄存款——现钞（外币）
　贷：××科目（外币）

按中间价折算收取人民币手续费的会计分录为：

借：库存现金或吸收存款（人民币）
　贷：手续费及佣金收入（人民币）
　　应交税费——应交增值税（销项税额）（人民币）

同时，还应另收汇费。会计分录略。

③从现钞户或现汇户汇出不同币种现汇时，按前述两种货币之间的套汇业务进行处理。

(4) 利息的核算。外币活期储蓄存款按季结息，每季末月20日为结息日，按结息日挂牌公告的外币活期存款利率计息，计息期间遇利率调整不分段计息。未到结息日清户时，按清户日挂牌公告的外币活期存款利率计息，利息算至清户的前一日止。

外币活期储蓄存款利息的核算，可比照单位外汇活期存款进行处理。结息日次日，将本计息期间所有应付利息以原币结入存款人的外币活期储蓄存款账户时，会计分录为：

借：应付利息——外币活期储蓄存款应付利息（外币）
　贷：吸收存款——活期储蓄存款——现钞或现汇（外币）

3. 外币定期储蓄存款的核算

外币定期储蓄存款可比照人民币整存整取定期储蓄存款及前述外汇存款业务进行核算，这里不再阐述。

8.4 外汇贷款业务的核算

外汇贷款是商业银行发放的以外币为计量单位的贷款，是商业银行外汇资金运用的主要形式。外汇贷款种类较多，这里主要介绍现汇贷款、买方信贷外汇贷款和国际贸易融资的核算。

8.4.1 现汇贷款的核算

现汇贷款即自由外汇贷款，是银行以自主筹措的外汇资金发放的贷款。现汇贷款的币种有美元、英镑、欧元、日元和港元等，原则上以原币偿还和计收原币利息。这里以商业银行发放的短期现汇贷款为例，阐述现汇贷款发放、计息和收回的核算。

1. 现汇贷款发放的核算

借款单位申请现汇贷款时，应填具借款申请书。银行审查同意后，与借款单位订立借款合同，并开立外汇贷款专户。

借款单位根据借款合同在核定的借款额度内，一次或分次使用借款时，应逐笔订立借据，填具借款凭证。银行审核借款凭证有关内容与借款合同规定相符后，根据不同情况进行账务处理。

（1）直接转入借款单位的外汇存款账户时，会计分录为：

借：贷款——短期外汇贷款——××单位（外币）

贷：吸收存款——单位活期存款——××单位（外币）

（2）直接使用贷款对外付汇时，会计分录为：

借：贷款——短期外汇贷款——××单位（外币）

贷：存放同业或其他科目（外币）

若借款单位以非贷款外币对外付汇，则需按前述两种货币之间的套汇业务进行处理。会计分录略。

2. 现汇贷款利息的核算

现汇贷款可以采用浮动利率、固定利率或优惠利率。短期现汇贷款一般采用浮动利率，浮动档次有 1 个月浮动、3 个月浮动和 6 个月浮动三种。在浮动期内，无论市场利率有无变动，一律按贷款发放日确定的该档次利率计算利息；在浮动期后，按浮动利率计息。商业银行也可以根据借款单位的要求，将浮动利率掉期为固定利率。

短期现汇贷款采用积数计息法计算利息，计息天数为实际天数，算头不算尾。

（1）资产负债表日计提利息的核算。资产负债表日，商业银行对发放的短期现汇贷款应按规定计提利息。计提时，会计分录为：

借：应收利息——短期现汇贷款应收利息（外币）

贷：利息收入——短期现汇贷款利息收入（外币）

应交税费——应交增值税（销项税额）（外币）

若增值税纳税义务尚未发生，则将相关增值税销项税额记入“应交税费——待转销项税额”科目。

纳税人按照人民币以外的货币结算销售额的，应交增值税应当选择销售额发生的当天或者当月 1 日的人民币汇率中间价折合成人民币缴纳。折合率一经确定，12 个月内不得变更。

（2）结息日结计利息的核算。短期现汇贷款于每季末月 20 日结息。结息日，采用积数计息法计算出本计息期间的利息后，应先将上一计提日至结息日的利息补提，然后将本计息期间所有应收利息于次日以原币向借款单位计收。

1）结息日补提利息的会计分录，与资产负债表日计提利息的会计分录相同。

2）结息日次日以原币计收利息时，区分不同情况进行处理。

①以外汇存款偿还利息时，会计分录为：

借：吸收存款——单位活期存款——××单位（外币）

贷：应收利息——短期现汇贷款应收利息（外币）

②按合同约定将利息转为贷款本金时，会计分录为：

借：贷款——短期外汇贷款——××单位（外币）

贷：应收利息——短期现汇贷款应收利息（外币）

3. 现汇贷款收回的核算

现汇贷款到期，银行收回贷款时，按规定计算出利息后，应先将上一计提日至到期日的利息补提，然后办理本息收回手续。

补提利息的会计分录与资产负债表日计提利息的会计分录相同。收回贷款本息时，区分不同情况进行处理。

（1）以外汇存款偿还贷款本息时，会计分录为：

借：吸收存款——单位活期存款——××单位　（外币）

　贷：贷款——短期外汇贷款——××单位　（外币）

　　应收利息——短期现汇贷款应收利息　（外币）

（2）以人民币购汇偿还贷款本息时，会计分录为：

借：吸收存款——单位活期存款——××单位　（人民币）

　贷：货币兑换　（人民币）

借：货币兑换　（外币）

　贷：贷款——短期外汇贷款——××单位　（外币）

　　应收利息——短期现汇贷款应收利息　（外币）

若借款单位以非贷款外币偿还贷款本息，则需按前述两种货币之间的套汇业务进行处理。会计分录略。

【例 8-6】 某进出口公司 20××年 6 月 5 日向开户银行申请 60 万美元贷款，期限半年，贷款直接转入其外汇活期存款账户，12 月 5 日贷款到期后从该存款账户偿还本息。该笔贷款采用 3 个月浮动利率，利息按季结计并转入贷款本金。借款日美元 3 个月浮动利率为 5.35%，6 月 22 日变为 5.43%，8 月 20 日变为 4.57%，9 月 3 日变为 5.68%，11 月 12 日变为 5.54%。

这笔贷款的利率确定为：

6 月 5 日至 9 月 4 日　5.35%

9 月 5 日至 12 月 4 日　5.68%

开户银行编制会计分录如下：

（1）6 月 5 日，发放贷款时：

借：贷款——短期外汇贷款——××公司　USD 600 000

　贷：吸收存款——单位活期存款——××公司　USD 600 000

（2）6 月 20 日，结计利息。计息期间为 6 月 5 日至 6 月 20 日，利率为 5.35%，利息的计算为：

$$利息=600\,000\times16\times5.35\%\div360=1\,426.67(美元)$$

1）6 月 20 日，先计提利息：

借：应收利息——短期现汇贷款应收利息　USD 1 426.67

　贷：利息收入——短期现汇贷款利息收入　USD 1 345.92

　　应交税费——待转销项税额　USD 80.75

2）6 月 21 日，将利息转为贷款本金时：

借：贷款——短期外汇贷款——××公司　USD 1 426.67

　贷：应收利息——短期现汇贷款应收利息　USD 1 426.67

（3）6 月 30 日，计提贷款利息：

利息＝(600 000＋1 426.67)×10×5.35%÷360＝893.79(美元)

借：应收利息——短期现汇贷款应收利息　　USD 893.79
　贷：利息收入——短期现汇贷款利息收入　　USD 843.20
　　　应交税费——待转销项税额　　USD 50.59

(4) 7 月 31 日，计提贷款利息：

利息＝(600 000＋1 426.67)×31×5.35%÷360＝2 770.74(美元)

会计分录略。

(5) 8 月 31 日，计提贷款利息：

利息＝(600 000＋1 426.67)×31×5.35%÷360＝2 770.74(美元)

会计分录略。

(6) 9 月 20 日，结计利息。由于利率变化，需分段计息。

6 月 21 日至 9 月 4 日，适用利率 5.35%，计算的利息为：

利息＝(600 000＋1 426.67)×76×5.35%÷360＝6 792.78(美元)

9 月 5 日至 9 月 20 日，适用利率 5.68%，计算的利息为：

利息＝(600 000＋1 426.67)×16×5.68%÷360＝1 518.27(美元)

9 月 20 日利息合计为：

利息合计＝6 792.78＋1 518.27＝8 311.05(美元)

1) 9 月 20 日，先补提利息，补提利息的计算为：

补提利息＝8 311.05－893.79－2 770.74－2 770.74
　　　　＝1 875.78(美元)

补提利息的会计分录略。

2) 9 月 21 日，将利息转为贷款本金时：

借：贷款——短期外汇贷款——××公司　　USD 8 311.05
　贷：应收利息——短期现汇贷款应收利息　　USD 8 311.05

(7) 9 月 30 日，计提贷款利息：

利息＝(600 000＋1 426.67＋8 311.05)×10×5.68%÷360
　　＝962.03(美元)

会计分录略。

(8) 10 月 31 日，计提贷款利息：

利息＝(600 000＋1 426.67＋8 311.05)×31×5.68%÷360
　　＝2 982.29(美元)

会计分录略。

(9) 11 月 30 日，计提贷款利息：

$$利息=(600\,000+1\,426.67+8\,311.05)\times 30\times 5.68\%\div 360$$
$$=2\,886.09(美元)$$

会计分录略。

(10) 12月5日，贷款到期。

9月21日至12月4日，适用利率5.68%，计算的利息为：

$$利息=(600\,000+1\,426.67+8\,311.05)\times 75\times 5.68\%\div 360$$
$$=7\,215.23(美元)$$

1）先补提利息，补提利息的计算为：

$$补提利息=7\,215.23-962.03-2\,982.29-2\,886.09$$
$$=384.82(美元)$$

补提利息的会计分录略。

2）偿还贷款本息时：

借：吸收存款——单位活期存款——××公司　　USD 616 952.95
　贷：贷款——短期外汇贷款——××公司　　USD 609 737.72
　　　应收利息——短期现汇贷款应收利息　　USD 7 215.23

8.4.2 买方信贷外汇贷款的核算

买方信贷是由出口国银行直接向进口商或进口国银行提供的贷款，用以向出口国购买技术和设备以及支付有关费用。买方信贷分为出口买方信贷和进口买方信贷，一般期限较长（最长可达10年），利率较低。目前我国商业银行办理的主要是进口买方信贷，即我国商业银行作为进口国银行，从出口国银行取得并按需要转贷给国内进口单位使用的信贷。进口买方信贷是我国利用外资的重要形式。

1. 会计科目的设置

(1)“借入买方信贷款”科目。买方信贷项下向国外银行的借入款，由总行集中开户，集中记账核算。总行设置“借入买方信贷款”科目，核算获得买方信贷后借入款项的数额及到期偿还的情况。该科目属于负债类科目，借入款项时记入该科目贷方，归还款项时记入该科目借方，期末贷方余额反映尚未归还的款项。买方信贷项下向国外借入款的本息，由总行负责偿还。

(2)“买方信贷外汇贷款”科目。各分行对国内进口单位发放买方信贷外汇贷款，由各分行开户，在“贷款”总分类科目下设置“买方信贷外汇贷款”明细科目，核算买方信贷外汇贷款的发放和收回情况。该科目属于资产类科目，发放贷款时记入该科目借方，收回贷款时记入该科目贷方，期末借方余额反映尚未收回的贷款余额。各分行发放的买方信贷外汇贷款的本息，由各分行负责按期收回。总行、分行之间款项的划转通过行内系统处理。

2. 买方信贷外汇贷款的核算

(1) 对外签订信贷协议。买方信贷总协议由商业银行总行统一对外谈判签订，分协议可由总行对外谈判签订，也可由总行授权分行谈判签订。签订分协议后，经出口国银行批准的贷款限额，总行应通过“买方信贷用款限额”表外科目进行核算，并登记买方信贷用款限额登记簿。会计分录为：

收：买方信贷用款限额　（外币）

使用贷款时，按使用金额逐笔转销表外科目。会计分录为：

付：买方信贷用款限额　（外币）

（2）支付定金。买方信贷外汇贷款的贷款金额一般不得超过贸易合同金额的85%，其余15%由进口单位以现汇支付定金，支付定金后才能使用贷款。贷款应分期按等分金额每半年还本付息一次。进口单位可以直接用现汇支付定金，也可以以人民币购汇或向银行申请现汇贷款支付定金。

1）进口单位直接用现汇支付定金，会计分录为：

借：吸收存款——单位活期存款——××进口单位　（外币）

　贷：存放同业或其他科目　（外币）

若进口单位用以支付定金的现汇为非贷款外币时，需进行套汇处理。会计分录略。

2）进口单位以人民币购汇支付定金，会计分录为：

借：吸收存款——单位活期存款——××进口单位　（人民币）

　贷：货币兑换　（人民币）

借：货币兑换　（外币）

　贷：存放同业或其他科目　（外币）

3）进口单位向银行申请现汇贷款支付定金，会计分录为：

借：贷款——短期外汇贷款——××进口单位　（外币）

　贷：存放同业或其他科目　（外币）

（3）使用贷款。买方信贷项下的进口支付方式一般使用信用证，商业银行接到国外银行寄来信用证项下有关单据，经审核无误，对外办理支付时，应分别按不同的情况进行处理。

1）进口单位无现汇，需向银行取得买方信贷外汇贷款，到期时进口单位偿还贷款本息。

①进口单位在总行营业部开户时，由总行直接发放买方信贷外汇贷款。总行会计分录为：

借：贷款——买方信贷外汇贷款——××进口单位　（外币）

　贷：借入买方信贷款——××国外银行　（外币）

同时，转销表外买方信贷用款限额，会计分录为：

付：买方信贷用款限额　（外币）

②进口单位在异地分行开户时，由分行发放买方信贷外汇贷款，并通过行内系统发送报文划收总行。分行会计分录为：

借：贷款——买方信贷外汇贷款——××进口单位　（外币）

　贷：上存系统内款项——上存总行备付金　（外币）

总行收到异地分行上划报文后，会计分录为：

借：系统内款项存放——××分行备付金　（外币）
　贷：借入买方信贷款——××国外银行　（外币）
付：买方信贷用款限额　（外币）

2）进口单位有现汇，也可以办理买方信贷，进口单位用现汇办理付汇手续；买方信贷资金归银行使用，由银行承担相应的利息。

①进口单位在总行营业部开户时，总行会计分录为：

借：吸收存款——单位活期存款——××进口单位　（外币）
　贷：借入买方信贷款——××国外银行　（外币）
付：买方信贷用款限额　（外币）

②进口单位在异地分行开户时，分行会计分录为：

借：吸收存款——单位活期存款——××进口单位　（外币）
　贷：上存系统内款项——上存总行备付金　（外币）

总行收到异地分行上划报文后，会计分录为：

借：系统内款项存放——××分行备付金　（外币）
　贷：借入买方信贷款——××国外银行　（外币）
付：买方信贷用款限额　（外币）

（4）计提利息。资产负债表日，商业银行总行计提利息支出时，会计分录为：

借：利息支出——买方信贷利息支出　（外币）
　贷：应付利息——买方信贷应付利息　（外币）

资产负债表日，发放买方信贷外汇贷款的银行（商业银行总行或分行）计提利息收入时，会计分录为：

借：应收利息——买方信贷应收利息　（外币）
　贷：利息收入——买方信贷利息收入　（外币）
　　　应交税费——待转销项税额　（外币）

（5）偿还贷款本息。买方信贷外汇贷款在资金来源上，商业银行总行是债务人，买方信贷项下借入国外同业的贷款，由其统一偿还本息；在资金运用上，若进口单位向商业银行取得了买方信贷外汇贷款，则商业银行总行是债权人，对国内进口单位发放的贷款应按期收回本息。

1）对外偿还贷款本息。商业银行总行对买方信贷项下借入国外同业的贷款，应按协议规定计算利息，并补提上一计提日至偿还日的利息后，办理偿付贷款本息手续。

补提利息的会计分录与资产负债表日计提利息的会计分录相同。商业银行总行对外偿还贷款本息的会计分录为：

借：借入买方信贷款——××国外银行　（外币）
　　应付利息——买方信贷应付利息　（外币）
　贷：存放同业或其他科目　（外币）

2）对内收回贷款本息。若进口单位向商业银行取得了买方信贷外汇贷款，商业银行应按借款合同的规定计算利息，并补提上一计提日至收回贷款本息日的利息后，办理收回贷款本息手续。

补提利息的会计分录与资产负债表日计提利息的会计分录相同。商业银行对内收回贷款本息，区分不同情况进行处理。

①进口单位直接以现汇偿还时，会计分录为：

借：吸收存款——单位活期存款——××进口单位　（外币）
　贷：贷款——买方信贷外汇贷款——××进口单位　（外币）
　　　应收利息——买方信贷应收利息　（外币）

②进口单位以人民币购汇偿还时，会计分录为：

借：吸收存款——单位活期存款——××进口单位　（人民币）
　贷：货币兑换　（人民币）
借：货币兑换　（外币）
　贷：贷款——买方信贷外汇贷款——××进口单位　（外币）
　　　应收利息——买方信贷应收利息　（外币）

如借款单位不能按期归还贷款本息，应于到期日将贷款本息转入“短期外汇贷款”明细科目核算，并按短期外汇贷款利率计息。

8.4.3　国际贸易融资的核算

国际贸易融资是指商业银行对进口商或出口商提供的与进出口贸易结算相关的短期融资（不包括短期外汇贷款）或信用便利。针对国际贸易结算业务的不同种类和处理环节，商业银行提供的国际贸易融资方式主要有授信开证、进口押汇、出口押汇、打包贷款、福费廷、买入票据及国际保理等。

1. 进出口押汇的核算

押汇是商业银行凭进出口商提供的进出口货物单据向其提供的短期资金融通。押汇实质上是一种短期贷款，分为进口押汇和出口押汇。

（1）进口押汇的核算。进口押汇分为信用证项下进口押汇和进口代收项下进口押汇，是指商业银行在进口信用证或进口代收项下，接受包括货运单据在内的全套进口单据作为抵押，为进口商对外垫付进口款项的短期融资业务。

信用证项下和进口代收项下进口押汇的处理流程为：①商业银行收到有关单据后，根据进口商的押汇申请，先行为进口商垫款对外支付。②进口商在规定的时间内付款赎单，商业银行收回垫款本息，释放单据；或进口商出具信托收据借出货运单提货，以出售进口货物后所得货款归还商业银行垫款本息。

1）承做进口押汇。进口商申请进口押汇时，需填制进口押汇申请书，并提供信托收据、贸易合同和其他有关资料。商业银行审核同意后，办理进口押汇对外付款手续。会计分录为：

借：贷款——进口押汇——××进口商　（外币）
　贷：存放同业或其他科目　（外币）

2）计提进口押汇利息。资产负债表日，计提进口押汇利息收入的会计分录为：

借：应收利息——押汇应收利息　（外币）

贷：利息收入——押汇利息收入　　（外币）
　　应交税费——待转销项税额　　（外币）

3）收回押汇本息。进口商向商业银行偿还进口押汇本息，赎取单据时，商业银行应计算自进口押汇日起至进口商赎单还款日止的利息，并补提上一计提日至收回押汇本息日的利息后，办理收回押汇本息手续。

进口押汇利息＝押汇金额×押汇天数×年利率÷360

补提利息的会计分录与资产负债表日计提利息的会计分录相同。商业银行收回押汇本息的会计分录为：

借：吸收存款——单位活期存款——××进口商　　（外币）
　贷：贷款——进口押汇——××进口商　　（外币）
　　　应收利息——押汇应收利息　　（外币）

（2）出口押汇的核算。出口押汇分为信用证项下出口押汇和托收项下出口押汇，是指出口商发运货物后，将全套出口单据提交商业银行，由银行买入单据并按票面金额扣除从出口押汇日起至预计收汇日止的利息及有关手续费，将净额预先付给出口商，然后凭全套出口单据向进口商收回垫款本息的短期融资业务。

1）承做出口押汇。出口商申请出口押汇时，需填制出口押汇申请书，并与商业银行签订出口押汇总质权书，明确双方的权利和义务。商业银行审核同意后，计算从出口押汇日起至预计收汇日止的利息，办理出口押汇手续。

出口押汇利息＝押汇金额×预计押汇天数×年利率÷360

其中，出口押汇利率按同档次流动资金贷款利率执行，预计押汇天数从押汇日起加开证行或付款行合理工作日数、邮程时间和票据期限。

①支付原币时，会计分录为：

借：贷款——出口押汇——××出口商（本金）　　（外币）
　贷：贷款——出口押汇——××出口商（利息调整）　　（外币）
　　　手续费及佣金收入——出口押汇手续费收入　　（外币）
　　　应交税费——应交增值税（销项税额）　　（外币）
　　　吸收存款——单位活期存款——××出口商　　（外币）

②结汇后支付人民币时，会计分录为：

借：贷款——出口押汇——××出口商（本金）　　（外币）
　贷：贷款——出口押汇——××出口商（利息调整）　　（外币）
　　　手续费及佣金收入——出口押汇手续费收入　　（外币）
　　　应交税费——应交增值税（销项税额）　　（外币）
　　　货币兑换　　（外币）
借：货币兑换　　（人民币）
　贷：吸收存款——单位活期存款——××出口商　　（人民币）

2）确认出口押汇利息收入。资产负债表日，确认出口押汇利息收入的会计分录为：

借：贷款——出口押汇——××出口商（利息调整）　　（外币）

贷：利息收入——押汇利息收入 （外币）

应交税费——待转销项税额 （外币）

3）收回押汇本息。商业银行收到国外联行或代理行发来的已收妥货款的报文时，先确认上一资产负债表日至收回押汇本息日的利息收入，然后办理收回押汇本息手续。

①收回押汇本息日，确认利息收入的处理。

实际押汇天数少于或等于预计押汇天数，即实际押汇利息金额小于或等于押汇日扣收利息金额时，会计分录为：

借：贷款——出口押汇——××出口商（利息调整） （外币）

贷：利息收入——押汇利息收入 （外币）

应交税费——应交增值税（销项税额） （外币）

实际押汇天数多于预计押汇天数，即实际押汇利息金额大于押汇日扣收利息金额时，会计分录为：

借：贷款——出口押汇——××出口商（利息调整） （外币）

应收利息——押汇应收利息 （外币）

贷：利息收入——押汇利息收入 （外币）

应交税费——应交增值税（销项税额） （外币）

②收回押汇本息的处理。

实际押汇天数与预计押汇天数一致，实际押汇利息金额等于押汇日扣收利息金额时，会计分录为：

借：存放同业或其他科目 （外币）

贷：贷款——出口押汇——××出口商（本金） （外币）

实际押汇天数与预计押汇天数不一致，实际押汇利息金额小于押汇日扣收利息金额时，会计分录为：

借：存放同业或其他科目 （外币）

贷款——出口押汇——××出口商（利息调整） （外币）

贷：贷款——出口押汇——××出口商（本金） （外币）

吸收存款——单位活期存款——××出口商 （外币）

实际押汇天数与预计押汇天数不一致，实际押汇利息金额大于押汇日扣收利息金额时，会计分录为：

借：存放同业或其他科目 （外币）

吸收存款——单位活期存款——××出口商 （外币）

贷：贷款——出口押汇——××出口商（本金） （外币）

应收利息——押汇应收利息 （外币）

【例8-7】 中国银行广州分行收到环亚进出口公司出口押汇申请书及即期信用证项下全套单据，金额为100 000美元，经审核单证、单单完全一致，银行同意做出口押汇，当天按5.8%的利率扣收18天的押汇利息和200美元手续费后，将余额折合为人民币，收入该公司人民币存款账户。假设实际押汇天数与预计押汇天数相同，当日美元汇买价为USD 100＝RMB 633.60。

中国银行广州分行编制会计分录如下：

（1）承做出口押汇：

出口押汇利息＝100 000×18×5.8%÷360＝290(美元)

借：贷款——出口押汇——环亚公司（本金）　　USD 100 000
　贷：利息收入——押汇利息收入　　USD 274
　　手续费及佣金收入——出口押汇手续费收入　　USD 189
　　应交税费——应交增值税（销项税额）　　USD 27
　　货币兑换　　USD 99 510
借：货币兑换　　RMB 630 495.36
　贷：吸收存款——单位活期存款——环亚公司　　RMB 630 495.36

由于押汇期限短，商业银行押汇日扣收的出口押汇利息不通过“贷款——利息调整”科目核算，而直接记入“利息收入”科目。

（2）收回押汇本息：

借：存放同业或其他科目——××境外行　　USD 100 000
　贷：贷款——出口押汇——环亚公司（本金）　　USD 100 000

2. 打包贷款的核算

打包贷款，又称打包放款，是指商业银行以出口商（受益人）提交的国外银行开立的信用证正本为还款凭据，向出口商提供的一种装船前短期融资。打包贷款属于出口信用证项下的本币流动资金贷款，主要用于出口商购买或生产信用证项下出口商品，或支付装船等相关从属费用。

当出口商收到国外进口商开来的信用证，但缺乏本币资金备货时，可凭收到的正本信用证向商业银行申请打包贷款，用于缓解出口商品备货、打包装箱的临时资金周转困难。

与出口押汇相比，打包贷款属于交单前融资，存在出口商违约风险。发放打包贷款时，商业银行应对出口商的资信、贷款偿还能力及出口商品的备货情况认真审查，对信用证项下因货物未能出口而不能偿还的风险，须在借款合同中订立保证归还贷款的条款。

商业银行发放的打包贷款金额不得超过信用证总金额的等值本币；期限为自放款之日起至信用证项下货款收妥或办理出口押汇日止，一般为3～6个月，原则上不超过信用证有效期后1个月；利率按照本币同档次流动资金贷款利率执行。

（1）发放打包贷款的核算。出口商申请打包贷款时，需填制打包贷款申请书，连同贸易合同及国外银行开来的信用证正本等有关文件提交商业银行。商业银行审核同意后，与出口商签订打包贷款合同，根据信用证外币金额的一定比例和贷款发放日外汇买入价折合人民币确定发放的打包贷款金额，办理打包贷款发放手续。会计分录为：

借：贷款——打包贷款——××出口商　　（人民币）
　贷：吸收存款——单位活期存款——××出口商　　（人民币）

（2）计提打包贷款利息的核算。资产负债表日，计提打包贷款利息收入的会计分录为：

借：应收利息——打包贷款应收利息　　　　　　　　　　　　　（人民币）
　贷：利息收入——打包贷款利息收入　　　　　　　　　　　　（人民币）
　　应交税费——待转销项税额　　　　　　　　　　　　　　（人民币）

（3）收回打包贷款本息的核算。正常情况下，出口商应以信用证项下出口收汇款作为打包贷款的第一还款来源，也可直接以存款偿还，或转做信用证项下出口押汇还款。

收回打包贷款本息时，商业银行应按规定计算利息，并补提上一计提日至收回打包贷款本息日的利息后，办理收回打包贷款本息手续。补提利息的会计分录与资产负债表日计提利息的会计分录相同。商业银行收回打包贷款本息，区分不同情况进行处理。

1）以信用证项下出口收汇款还款时，会计分录为：

借：存放同业或其他科目　　　　　　　　　　　　　　　　　（外币）
　贷：货币兑换　　　　　　　　　　　　　　　　　　　　　（外币）
借：货币兑换　　　　　　　　　　　　　　　　　　　　　　（人民币）
　贷：贷款——打包贷款——××出口商　　　　　　　　　　（人民币）
　　应收利息——打包贷款应收利息　　　　　　　　　　　　（人民币）
　　吸收存款——单位活期存款——××出口商　（人民币，还款后剩余金额）

2）直接以存款偿还时，会计分录为：

借：吸收存款——单位活期存款——××出口商　　　　　　　（人民币）
　贷：贷款——打包贷款——××出口商　　　　　　　　　　（人民币）
　　应收利息——打包贷款应收利息　　　　　　　　　　　　（人民币）

3）转做信用证项下出口押汇还款时，会计分录为：

借：贷款——出口押汇——××出口商　　　　　　　　　　　（外币）
　贷：货币兑换　　　　　　　　　　　　　　　　　　　　　（外币）
借：货币兑换　　　　　　　　　　　　　　　　　　　　　　（人民币）
　贷：贷款——打包贷款——××出口商　　　　　　　　　　（人民币）
　　应收利息——打包贷款应收利息　　　　　　　　　　　　（人民币）
　　吸收存款——单位活期存款——××出口商　（人民币，还款后剩余金额）

8.5　国际贸易结算业务的核算

国际贸易结算是指通过外汇的收付对国际商品交易所引起的债权债务进行了结和清算的业务。国际贸易结算主要有信用证、托收和汇款三种结算方式。

8.5.1　信用证业务的核算

1. 信用证的概念及处理流程

信用证（L/C）是开证银行根据申请人（进口商）的要求向受益人（出口商）开立的一定金额、在一定期限内凭议付行寄来规定的单据付款或承兑汇票的书面承诺，是银行有条件保证付款的凭证。信用证是当前国际贸易中使用最为广泛的结算方式，包括申请、开证、通知、交单、垫付、寄单、偿付、通知付款和付款赎单等环节。

（1）进口商申请开证。进出口双方签订贸易合同（订明采用信用证结算方式）后，进口商向银行申请开立信用证。

（2）开证行开出信用证。银行审核同意后向受益人（出口商）开出信用证，并将信用证发送受益人所在地银行（通知行）。

（3）通知行通知信用证。通知行收到并核对无误后，将信用证通知或转递给受益人。

（4）受益人发货交单。受益人（出口商）接受信用证后，按规定装货，取得运输单据并备齐信用证所要求的其他单据，开出汇票，连同信用证正本等一并送交当地银行（议付行）。

（5）议付行审单付款。议付行审查单证无误后，付款买入受益人提交的单据。

（6）议付行寄单索汇。议付行将汇票和有关单据寄交开证行（或开证行指定的付款行），索取货款。

（7）开证行偿付款项。开证行（或开证行指定的付款行）审核单据无误，即向议付行偿付款项。

（8）开证行通知付款。开证行通知进口商向银行付款赎单。

（9）进口商付款赎单提货。进口商付清款项赎回单据后，凭运输单据提货。

2. 信用证业务的核算

信用证业务包括进口信用证业务和出口信用证业务。

（1）进口信用证业务的核算。进口信用证业务是指商业银行根据国内进口商的开证申请，向国外出口商开立信用证，凭国外银行寄来的信用证中规定的单据，按照信用证条款规定对国外出口商付款，并向国内进口商办理扣款的业务。进口信用证业务主要包括开立信用证、修改信用证和审单付款三个环节。

1）开立信用证。进口商与国外出口商签订采用信用证结算方式的贸易合同后，填具开证申请书，连同贸易合同及有关批文、证明一并交商业银行申请开立信用证。银行审查同意后，根据申请人的资信情况，酌情收取开证保证金。会计分录为：

借：吸收存款——单位活期存款——××申请人　（外币或人民币）

　贷：存入保证金——信用证保证金——××申请人　（外币或人民币）

开证行缮制一式两联信用证，以电信方式向通知行发送信用证信息。第一联信用证副本留存，第二联开证通知加盖业务公章交申请人。开证行开立信用证后，根据第一联信用证做表外科目核算，并向申请人收取开证手续费（开证金额的0.15%但不低于300元）。会计分录为：

借：吸收存款——单位活期存款——××申请人　（人民币或等值外币）

　贷：手续费及佣金收入——信用证开证手续费收入　（人民币或等值外币）

　　应交税费——应交增值税（销项税额）

信用证的签发意味着开证行对外承担了第一性付款责任，在开证时需登记表外科目。商业银行对表外科目可视情况采用单式（收、付）或复式（借、贷）记账，若采用单式（收、付）记账，则会计分录为：

收：开出信用证　　（外币）

若采用复式（借、贷）记账，则会计分录为：

借：应收开出信用证款项　　（外币）

　贷：应付开出信用证款项　　（外币）

“应收开出信用证款项”和“应付开出信用证款项”互为对转科目，开证行接受开证申请人申请对外签发信用证后，通过这两个科目核算。其中，“应收开出信用证款项”为或有资产表外科目，反映开证行对开证申请人拥有的收取信用证款项的权利；“应付开出信用证款项”为或有负债表外科目，反映开证行对受益人承担的保证付款的责任。本节对表外科目采用复式记账法进行核算。

2）修改信用证。进口商如需修改信用证，应向银行提出申请。银行审查同意后，应及时将修改后的条款通知国外联行或代理行，转送出口商。如国外出口商要求修改原信用证，经进口商同意后，也可进行修改。修改信用证增加或减少的金额，应进行“应收开出信用证款项”和“应付开出信用证款项”表外核算，并相应补收或退回开证保证金。同时，修改信用证时，还应按规定收取修改手续费。

3）审单付款。开证行收到国外议付行寄来的信用证项下单据，与信用证条款进行核对，并通知进口商。经审单无误，办理付款或承兑，并对进口商办理扣款。信用证付款分为即期信用证付款和远期信用证付款。

①即期信用证付款的核算。即期信用证是指受益人根据信用证的规定，可凭即期跟单汇票或仅凭单据收取货款的信用证。其特点是：单证相符，见单即付。即期信用证付款可采用单到国内审单付款、国外审单主动借记付款、国外审单电汇索偿付款等方式。

- 单到国内审单付款。单到国内审单付款是指开证行或其指定付款行收到单据后，立即送交进口商审核，并约定进口商于 3 日内通知银行对外付款或提出拒付理由办理拒付。开证行或其指定付款行在进口商确认付款后，即向国外发出付款通知，同时对进口商办理扣款转账手续。

若进口商以现汇付款，会计分录为：

借：吸收存款——单位活期存款——××申请人　　（外币）

　　存入保证金——信用证保证金——××申请人　　（外币）

　贷：存放同业或其他科目　　（外币）

借：应付开出信用证款项　　（外币）

　贷：应收开出信用证款项　　（外币）

若进口商以人民币购汇付款，会计分录为：

借：吸收存款——单位活期存款——××申请人　　（人民币）

　　存入保证金——信用证保证金——××申请人　　（人民币）

　贷：货币兑换　　（人民币）

借：货币兑换　　（外币）

　贷：存放同业或其他科目　　（外币）

借：应付开出信用证款项　　（外币）

　贷：应收开出信用证款项　　（外币）

【例8-8】 上海宝钢集团从澳大利亚FMG集团进口一批铁矿石，委托中国银行上海分行于6月5日向澳大利亚FMG集团开出即期信用证一份，金额为1 600 000澳大利亚元，银行收取开证手续费2 400澳大利亚元。信用证由澳大利亚国民银行通知，规定支付方式为单到国内审单付款。7月12日，中国银行上海分行收到澳大利亚国民银行寄来的全套单据，金额共计1 602 000澳大利亚元，其中，货款为1 600 000澳大利亚元，其他费用为2 000澳大利亚元，随即通知上海宝钢集团。7月15日，上海宝钢集团确认付款，中国银行上海分行当即从该集团澳大利亚元现汇账户划款支付。

中国银行上海分行编制会计分录如下：

(1) 6月5日，开出信用证：

借：应收开出信用证款项　　AUD 1 600 000
　贷：应付开出信用证款项　　AUD 1 600 000

收取开证手续费：

借：吸收存款——单位活期存款——上海宝钢集团　　AUD 2 400
　贷：手续费及佣金收入——信用证开证手续费收入　　AUD 2 264
　　应交税费——应交增值税（销项税额）　　AUD 136

(2) 7月15日，对外付款：

借：吸收存款——单位活期存款——上海宝钢集团　　AUD 1 602 000
　贷：存放同业——澳大利亚国民银行　　AUD 1 602 000

同时：

借：应付开出信用证款项　　AUD 1 600 000
　贷：应收开出信用证款项　　AUD 1 600 000

● 国外审单主动借记付款。国外审单主动借记付款是指出口商将有关单据交议付行审核后，如单据相符，议付行即可主动借记开证行在该行开立的账户，并将单据连同借记报单一并寄送开证行。开证行不需进口商承付，即对进口商办理扣款转账。由于银行先垫款，进口商需承担国外议付行划款日至国内开证行收款日的垫款利息。会计分录为：

借：吸收存款——单位活期存款——××申请人　　（外币）
　　存入保证金——信用证保证金——××申请人　　（外币）
　贷：存放同业或其他科目　　（外币）
　　利息收入——信用证垫款利息收入　　（外币）
　　应交税费——待转销项税额　　（外币）

借：应付开出信用证款项　　（外币）
　贷：应收开出信用证款项　　（外币）

若对进口商办理人民币扣款，则应进行货币兑换，按售汇业务处理。会计分录略。

● 国外审单电汇索偿付款。国外审单电汇索偿付款是指由国外议付行审查单证无误后，并不立即借记开证行账户，而是以电子方式通知开证行，再由开证行通过电汇或信汇方式将款项汇交议付行。开证行收到议付行发来的电子信息，经审查单证相符并核押无误后办理付款，其会计处理与单到国内审单付款方式相同。

②远期信用证付款的核算。远期信用证是指开证行或其指定付款行收到受益人交来

的远期汇票后，并不立即付款，而是先行承兑，俟汇票到期再行付款的信用证。其特点是：单证相符，到期付款。远期信用证付款包括承兑和到期付款两个环节。

● 承兑。开证行收到远期信用证项下进口单据后，送交进口商确认到期付款。进口商确认到期付款后，开证行即办理远期汇票承兑手续，并将已承兑汇票或承兑通知书寄国外议付行，由议付行到期凭以索汇。汇票一经承兑，承兑行即负有对国外议付行到期付款的责任，同时也拥有对国内进口商收取款项的权利。商业银行对承兑汇票进行表外核算的会计分录为：

借：应收承兑汇票款 （外币，到期值）

贷：应付承兑汇票款 （外币，到期值）

“应收承兑汇票款”为或有资产表外科目，“应付承兑汇票款”为或有负债表外科目，它们互为对转科目。

同时：

借：应付开出信用证款项 （外币，开证金额）

贷：应收开出信用证款项 （外币，开证金额）

● 到期付款。承兑汇票到期，开证行即办理对外付款和对进口商扣款转账手续。会计分录为：

借：吸收存款——单位活期存款——××申请人 （外币）

存入保证金——信用证保证金——××申请人 （外币）

贷：存放同业或其他科目 （外币）

借：应付承兑汇票款 （外币，到期值）

贷：应收承兑汇票款 （外币，到期值）

【例 8-9】 深圳宇翔进出口有限公司从英国进口一批健身器材，委托中国银行深圳分行于 3 月 10 日开出远期信用证一份，金额为 100 000 英镑，承兑后 60 天付款，银行收取开证手续费 1 500 英镑。信用证由英国汇丰银行通知和议付。4 月 15 日，中国银行深圳分行收到汇丰银行寄来单据，金额共计 101 100 英镑，其中，货款为 100 000 英镑，利息为 920 英镑，其他费用为 180 英镑，经审核单证相符，送宇翔公司确认到期付款。4 月 16 日，深圳分行办理远期汇票承兑手续。承兑汇票到期，深圳分行从宇翔公司人民币账户办理售汇付款，当日英镑汇卖价为 GBP 100=RMB 1 012.25。

中国银行深圳分行编制会计分录如下：

(1) 3 月 10 日，开出信用证：

借：应收开出信用证款项 GBP 100 000

贷：应付开出信用证款项 GBP 100 000

收取开证手续费：

借：吸收存款——单位活期存款——宇翔公司 RMB 1 500

贷：手续费及佣金收入——信用证开证手续费收入 RMB 1 415

应交税费——应交增值税（销项税额） RMB 85

(2) 4 月 16 日，承兑远期汇票：

借：应收承兑汇票款 GBP 101 100

贷：应付承兑汇票款 GBP 101 100

同时：

借：应付开出信用证款项 GBP100 000

贷：应收开出信用证款项 GBP100 000

（3）6月15日，承兑汇票到期付款：

宇翔公司应付人民币金额＝101 100×10.122 5＝1 023 384.75(元)

借：吸收存款——单位活期存款——宇翔公司 RMB 1 023 384.75

贷：货币兑换 RMB 1 023 384.75

借：货币兑换 GBP 101 100

贷：存放同业——英国汇丰银行 GBP 101 100

同时：

借：应付承兑汇票款 GBP 101 100

贷：应收承兑汇票款 GBP 101 100

（2）出口信用证业务的核算。出口信用证业务是指出口商根据国外进口商通过国外银行开来的信用证，按照其条款规定，将出口单据送交商业银行办理审单议付，商业银行在向国外银行收取外汇后，对出口商办理结汇的业务。出口信用证业务主要包括受证与通知、审单议付、收汇与结汇三个环节。

1）受证与通知。商业银行（通知行）收到国外银行开来的信用证，核实其真实性后，做受证处理，进行“国外开来保证凭信”表外核算。然后将信用证副本妥善保管，将信用证正本及时通知受益人（国内出口商），以便发货，并按规定收取通知手续费（200元/笔）。会计分录为：

收：国外开来保证凭信 （外币）

借：吸收存款——单位活期存款——××受益人 （人民币或等值外币）

贷：手续费及佣金收入——信用证通知手续费收入 （人民币或等值外币）

应交税费——应交增值税（销项税额）

以后若收到开证行的信用证修改通知书，要求修改金额，或信用证受益人因故申请将信用证金额的一部分或全部转往其他行时，除按规定办理信用证修改和通知或转让手续外，其增减金额还应在表外科目“国外开来保证凭信”中核算。

若开证行在开证时已预先汇入信用证项下部分或全部保证金，授权商业银行在议付单据后进行抵扣，则商业银行对收到的保证金应办理入账手续。会计分录为：

借：存放同业或其他科目 （外币）

贷：存入保证金——信用证保证金——××户 （外币）

2）审单议付。商业银行（议付行）收到出口商提交办理议付的信用证和全套单据，按信用证条款认真审核，保证单证一致、单单一致。审核无误后，填制出口寄单议付通知书向国外银行寄单索汇。会计分录为：

借：应收信用证出口款项 （外币）

贷：代收信用证出口款项 （外币）

付：国外开来保证凭信　　　　（外币）

同时，按议付单据金额的0.125%但每笔不低于200元向受益人收取议付手续费，会计分录为：

借：吸收存款——单位活期存款——××受益人　　　　（人民币或等值外币）

贷：手续费及佣金收入——信用证议付手续费收入　　　　（人民币或等值外币）

应交税费——应交增值税（销项税额）

3）收汇与结汇。商业银行（议付行）收到国外银行已将票款收入商业银行账户的通知（“已贷记”或“请借记”）时，区分不同情况进行处理。

①以原币转入出口商现汇账户时，会计分录为：

借：存放同业或其他科目　　　　（外币）

贷：手续费及佣金收入　　　　（外币）

应交税费——应交增值税（销项税额）　　　　（外币）

吸收存款——单位活期存款——××出口商　　　　（外币）

同时：

借：代收信用证出口款项　　　　（外币）

贷：应收信用证出口款项　　　　（外币）

②通过结汇转入出口商人民币账户时，会计分录为：

借：存放同业或其他科目　　　　（外币）

贷：手续费及佣金收入　　　　（外币）

应交税费——应交增值税（销项税额）　　　　（外币）

货币兑换　　　　（外币）

借：货币兑换　　　　（人民币）

贷：吸收存款——单位活期存款——××出口商　　　　（人民币）

同时：

借：代收信用证出口款项　　　　（外币）

贷：应收信用证出口款项　　　　（外币）

【例8-10】 9月2日，中国工商银行北京分行接到中国银行多伦多万锦分行开来单到开证行付款的即期信用证一份，向北京童欣玩具有限公司购买一批儿童户外组合滑梯，金额为200 000加拿大元，经核实后，立即将信用证通知童欣公司，并收取通知费200元。10月8日，童欣公司交来全套出口单据向中国工商银行北京分行办理议付。北京分行经审核单证相符，向中国银行多伦多万锦分行寄单索汇，并按规定向童欣公司收取议付费1 500元。10月20日，中国工商银行北京分行收到中国银行多伦多万锦分行划来的款项，货款及银行费用共计200 300加拿大元，当天对童欣公司办理人民币结汇，当日加拿大元汇买价为CAD 100=RMB 626。

中国工商银行北京分行编制会计分录如下：

（1）9月2日，收到并通知信用证：

收：国外开来保证凭信　　　　CAD 200 000

借：吸收存款——单位活期存款——童欣公司　　　　RMB 200

贷：手续费及佣金收入——信用证通知手续费收入　RMB 189
　　应交税费——应交增值税（销项税额）　RMB 11

（2）10月8日，审单议付：

借：应收信用证出口款项　CAD 200 000
　贷：代收信用证出口款项　CAD 200 000
付：国外开来保证凭信　CAD 200 000
借：吸收存款——单位活期存款——童欣公司　RMB 1 500
　贷：手续费及佣金收入——信用证议付手续费收入　RMB 1 415
　　应交税费——应交增值税（销项税额）　RMB 85

（3）10月20日，收妥结汇：

借：存放同业——中国银行多伦多万锦分行　CAD 200 300
　贷：手续费及佣金收入　CAD 283
　　应交税费——应交增值税（销项税额）　CAD 17
　　货币兑换　CAD 200 000
借：货币兑换　RMB 1 252 000
　贷：吸收存款——单位活期存款——童欣公司　RMB 1 252 000

同时：

借：代收信用证出口款项　CAD 200 000
　贷：应收信用证出口款项　CAD 200 000

8.5.2 托收业务的核算

1. 托收的概念及种类

托收是指由收款人签发汇票或提供索汇凭据，委托银行通过其国外联行或代理行向付款人代为收款的一种结算方式。根据是否附有货运单据，托收分为跟单托收和光票托收。

跟单托收是指委托人（收款人）将签发的汇票连同货运单据（如提单、保险单等）一并交给托收行办理的托收。跟单托收主要用于国际贸易结算。光票托收是指不附货运单据，仅凭汇票办理的托收。附有不包括货运单据的发票、垫款清单等的托收，也属于光票托收。光票托收广泛运用于国际非贸易结算。在国际贸易结算中，光票托收仅用于收取出口货款尾欠、样品费、佣金、代垫费用等各种贸易从属费用及进口索赔款等。

跟单托收根据交单条件不同，分为付款交单和承兑交单。付款交单是指委托人在委托银行办理托收时，指示银行只有付款人付清货款后才能将货运单据交给付款人。承兑交单是指委托人开具远期汇票，连同货运单据交银行办理托收，通过银行向付款人提示，付款人承兑汇票后代收银行即将货运单据交给付款人，付款人即可凭以提取货物，汇票到期后付款人方履行付款义务。

2. 托收业务的处理流程

托收业务主要涉及委托人、托收行、代收行和付款人四方当事人，其处理流程为：

（1）委托人（出口商）备货发运后，填写托收委托书，开出汇票，连同全套货运单据送交托收行，委托银行代为收款。

（2）托收行将汇票和货运单据以及委托人在委托书上的各项指示，交给代收行，委托其向付款人（进口商）代为收款。

（3）代收行收到汇票及货运单据后，向付款人做付款或承兑提示。

（4）付款人向代收行付款或承兑后，代收行将货运单据交给付款人。

（5）代收行将货款汇给托收行。承兑交单的，待汇票到期付款人付款后，代收行将货款汇给托收行。

（6）托收行收妥代收行转来的款项后，将款项付给委托人。

3. 托收业务的核算

托收业务包括出口托收业务和进口代收业务。

（1）出口托收业务的核算。出口托收业务是指出口商（委托人）根据进出口双方签订的贸易合同的规定，在备货出运后，将全套出口单据和签发的汇票送交商业银行（托收行），由银行委托国外银行（代收行）向进口商（付款人）收取款项的业务。出口托收业务主要包括发出托收单证和收妥入账两个环节。

1）发出托收单证。出口商委托银行办理托收时，应填写出口托收申请书，注明采用付款交单或承兑交单，如未注明，银行按付款交单处理。然后，出口商将出口托收申请书、汇票及出口单据送交商业银行。银行核对单据种类、份数与申请书所列一致后，缮制出口托收委托书，连同汇票及出口单据寄送国外代收行。商业银行发出托收时，会计分录为：

借：应收出口托收款项　（外币）

　贷：代收出口托收款项　（外币）

“应收出口托收款项”为或有资产表外科目，反映托收行对外拥有的收取票款的权利；“代收出口托收款项”为或有负债表外科目，反映托收行对内负有的偿还票款的责任。这两个科目互为对转科目。

如出口托收寄单后，因情况变化需增加托收金额，分录同上；需减少托收金额，分录相反。如进口商拒付，则应反向注销托收金额。

商业银行办理出口托收业务，应按规定向出口商计收托收手续费和邮费。会计分录为：

借：吸收存款——单位活期存款——××出口商　（人民币）

　贷：手续费及佣金收入——出口托收手续费收入　（人民币）

　　应交税费——应交增值税（销项税额）　（人民币）

　　业务及管理费——邮费　（人民币）

2）收妥入账。出口托收款项一律实行收妥入账，商业银行收到国外银行划回的托收款项，经核实确认已收妥时，方能办理收汇或结汇。

①以原币转入出口商现汇账户时，会计分录为：

借：存放同业或其他科目　（外币）

　贷：吸收存款——单位活期存款——××出口商　（外币）

同时：

借：代收出口托收款项　（外币）

贷：应收出口托收款项　（外币）

②通过结汇转入出口商人民币账户时，会计分录为：

借：存放同业或其他科目　（外币）

贷：货币兑换　（外币）

借：货币兑换　（人民币）

贷：吸收存款——单位活期存款——××出口商　（人民币）

同时：

借：代收出口托收款项　（外币）

贷：应收出口托收款项　（外币）

（2）进口代收业务的核算。进口代收业务是指国外出口商根据贸易合同的规定，在备货出运后，通过国外托收行寄来单据，委托国内商业银行代为向国内进口商收取款项的业务。进口代收业务主要包括收到进口代收单据和对外付款两个环节。

1）收到进口代收单据。商业银行收到国外托收行寄来的托收委托书及有关单据，经审核无误后，缮制进口代收赎单通知书，连同主要单据复印件交进口商，提示其来行办理付款或承兑赎单手续。会计分录为：

借：应收进口代收款项　（外币）

贷：应付进口代收款项　（外币）

“应收进口代收款项”为或有资产表外科目，反映代收行对付款人拥有的收取托收款项的权利；“应付进口代收款项”为或有负债表外科目，反映代收行对委托人承担的付款的责任。这两个科目互为对转科目。

进口商收到进口代收赎单通知后，应到商业银行办理付款或承兑赎单手续。在付款交单的条件下，进口商付款后，即可拿到正本单据，凭以提货；在承兑交单条件下，进口商需按规定承兑远期汇票并提交银行，然后领取正本单据，凭以提货，并在承兑汇票到期日付款。

2）对外付款。进口商经审核进口单据同意承付的，将承付确认书提交商业银行，通知银行办理扣款并对外付款。远期汇票经进口商承兑后，商业银行将已承兑汇票到期日通知国外托收行，待汇票到期日办理扣款并对外付款。

此外，商业银行（代收行）应按规定计收进口代收手续费，若托收委托书规定此项费用由出口商负担，则直接从代收的款项中扣收等值外汇；若由进口商负担，则由商业银行另行向进口商计收。如托收委托书上没有明确由谁负担，则商业银行直接从代收的款项中扣收等值外汇。出口商如有异议，由交易双方直接交涉。

假设托收委托书规定进口代收手续费由进口商负担，则商业银行办理对外付款时，区分以下不同情况进行处理：

①进口商通过现汇账户付汇时，会计分录为：

借：吸收存款——单位活期存款——××进口商　（外币）

贷：存放同业或其他科目　（外币）

借：吸收存款——单位活期存款——××进口商　　（外币或人民币）
　贷：手续费及佣金收入——进口代收手续费收入　　（外币或人民币）
　　应交税费——应交增值税（销项税额）　　（外币或人民币）

同时：

借：应付进口代收款项　　（外币）
　贷：应收进口代收款项　　（外币）

②进口商用人民币购汇付汇时，会计分录为：

借：吸收存款——单位活期存款——××进口商　　（人民币）
　贷：货币兑换　　（人民币）
借：货币兑换　　（外币）
　贷：存放同业或其他科目　　（外币）
借：吸收存款——单位活期存款——××进口商　　（人民币）
　贷：手续费及佣金收入——进口代收手续费收入　　（人民币）
　　应交税费——应交增值税（销项税额）　　（人民币）

同时：

借：应付进口代收款项　　（外币）
　贷：应收进口代收款项　　（外币）

如进口商提出全部拒付，应填具拒付理由书，连同单据退还商业银行，由商业银行通知国外托收行；如进口商提出部分拒付，在征得国外托收行同意后，按实际付款金额办理对外付款手续。同时，将“应收进口代收款项（外币）”科目和“应付进口代收款项（外币）”科目对转。

【例8-11】 武汉京鹰琴行从美国进口钢琴，5月10日，京鹰琴行开户行中国工商银行武汉分行接到美国花旗银行寄来的托收委托书及进口代收单据，采用付款交单方式，金额为600 000美元，经审核无误后，通知京鹰琴行付款赎单。京鹰琴行于5月15日确认付款，中国工商银行武汉分行当天为京鹰琴行办理售汇付款手续，并根据托收委托书的规定，向京鹰琴行收取进口代收手续费2 000元，当日美元汇卖价为USD 100＝RMB 635。

中国工商银行武汉分行编制会计分录如下：

（1）5月10日，收到进口代收单据：

借：应收进口代收款项　　USD 600 000
　贷：应付进口代收款项　　USD 600 000

（2）5月15日，办理售汇付款：

借：吸收存款——单位活期存款——京鹰琴行　　RMB 3 812 000
　贷：手续费及佣金收入——进口代收手续费收入　　RMB 1 887
　　应交税费——应交增值税（销项税额）　　RMB 113
　　货币兑换　　RMB 3 810 000
借：货币兑换　　USD 600 000
　贷：存放同业——美国花旗银行　　USD 600 000

同时：

借：应付进口代收款项　　USD 600 000

　贷：应收进口代收款项　　USD 600 000

8.5.3 汇款业务的核算

1. **汇款的概念及种类**

汇款是指汇款人主动将款项交给商业银行，由银行采用约定的汇款方式汇给收款人，以达成国际货币收付目的和国际债权债务的清偿。在汇款方式中，信用工具的传递方向与资金的流向一致，即由汇款方流向收款方，故称为顺汇法。前面介绍的信用证和托收均属于逆汇法。在国际贸易结算中，汇款主要用于支付贸易中的货款、预付款和佣金等，是支付款项最简便的方式。根据汇出行向汇入行发出汇款委托的方式不同，汇款分为信汇、电汇和票汇三种。

信汇是指汇出行根据汇款人的要求，以邮寄方式发出汇款指令，并委托汇入行解付一定金额给指定收款人的汇款。信汇费用低，但汇款到账速度慢，现在实务中较少采用。

电汇是指汇出行根据汇款人的要求，以电信方式发出汇款指令，并委托汇入行解付一定金额给指定收款人的汇款。电汇费用较高，但汇款到账速度快，现在实务中广泛采用。

票汇是指汇出行根据汇款人的要求，以出具银行即期汇票（国外联行或代理行为付款人）方式，要求受票行解付票面金额给指定收款人（持票人）的汇款。采用票汇方式，银行出具汇票后交由汇款人自行寄给收款人，收款人无须等解付行的取款通知，即可直接持票到解付行取款，而且汇票经收款人背书后可以转让流通。

2. **汇款业务的处理流程**

汇款业务主要涉及汇款人、汇出行、汇入行（解付行）和收款人四方当事人，其处理流程为：汇款人委托汇出行将款项汇给收款人；汇出行指示汇入行将款项支付给收款人；汇入行将款项支付给收款人。

汇款属于商业信用，汇出行和汇入行只是按照汇款人的指示办理业务，并不承担付款责任。与信用证和托收结算方式相比，汇款结算手续最为简便，费用也最少，但对于国际贸易结算中预付货款的进口商和货到付款的出口商而言，汇款结算的风险大。

3. **汇款业务的核算**

汇款业务包括汇出汇款业务和汇入汇款业务。

（1）汇出汇款业务的核算。汇出汇款业务是指商业银行接受汇款人（进口商）的委托，以约定汇款方式委托国外联行或代理行将一定金额的款项支付给指定收款人（出口商）的业务。

汇款人委托银行办理汇款时，应填制汇出汇款申请书，连同现汇账户支款凭证或用于购汇的人民币支票提交商业银行。银行经审核后，编制信汇委托书，以航空信函方式寄国外联行或代理行（汇入行）；或制作报文，以电信方式发送汇入行；或开具汇票交汇款人。商业银行办理汇款业务时，应按规定向汇款人收取汇款手续费，电汇汇款另加收电信费，信汇汇款另加收邮费。

1）以电汇、信汇方式汇出汇款的处理。

①汇款人通过现汇账户汇出汇款时，会计分录为：

借：吸收存款——单位活期存款——××汇款人　（外币）
　贷：存放同业或其他科目　（外币）
借：吸收存款——单位活期存款——××汇款人　（外币或人民币）
　贷：手续费及佣金收入——汇出汇款手续费收入　（外币或人民币）
　　应交税费——应交增值税（销项税额）　（外币或人民币）
　　业务及管理费——邮费　（外币或人民币）

②汇款人用人民币购汇汇出汇款时，会计分录为：

借：吸收存款——单位活期存款——××汇款人　（人民币）
　贷：货币兑换　（人民币）
借：货币兑换　（外币）
　贷：存放同业或其他科目　（外币）
借：吸收存款——单位活期存款——××汇款人　（人民币）
　贷：手续费及佣金收入——汇出汇款手续费收入　（人民币）
　　应交税费——应交增值税（销项税额）　（人民币）
　　业务及管理费——邮费　（人民币）

2）以票汇方式汇出汇款的处理。以票汇方式汇出汇款时，应在“吸收存款”科目下设置“汇出汇款”二级科目进行核算。汇款人通过现汇账户汇出汇款时，会计分录为：

借：吸收存款——单位活期存款——××汇款人　（外币）
　贷：吸收存款——汇出汇款——××汇款人　（外币）
借：吸收存款——单位活期存款——××汇款人　（外币或人民币）
　贷：手续费及佣金收入——汇出汇款手续费收入　（外币或人民币）
　　应交税费——应交增值税（销项税额）　（外币或人民币）

商业银行（汇出行）收到国外汇入行的借记报文时，进行核销转账。会计分录为：

借：吸收存款——汇出汇款——××汇款人　（外币）
　贷：存放同业或其他科目　（外币）

汇款人用人民币购汇汇出汇款的会计分录略。

（2）汇入汇款业务的核算。汇入汇款业务是指国外汇款人将款项通过国外银行汇入商业银行，商业银行根据国外汇出行的指示，将款项解付给指定收款人的业务。

1）信汇、电汇解付的处理。商业银行（汇入行）收到国外汇出行的报文，应核对密押；收到信汇委托书，应核对印鉴。经核对相符后，填制汇款通知书，通知收款人领取汇款。会计分录为：

借：存放同业或其他科目　（外币）
　贷：吸收存款——汇入汇款——××收款人　（外币）

解付汇款时，以原币入账的，会计分录为：

借：吸收存款——汇入汇款——××收款人　（外币）

贷：吸收存款——单位活期存款——××收款人　　（外币）

办理结汇入账的，会计分录为：

借：吸收存款——汇入汇款——××收款人　　（外币）

贷：货币兑换　　（外币）

借：货币兑换　　（人民币）

贷：吸收存款——单位活期存款——××收款人　　（人民币）

2）票汇解付的处理。商业银行（汇入行）收到国外汇出行寄来的以本行为付款行的票汇通知书以及汇款头寸，经核对印鉴等无误后，凭以转入“汇入汇款”科目，待持票人前来兑取。会计分录为：

借：存放同业或其他科目　　（外币）

贷：吸收存款——汇入汇款——××收款人　　（外币）

持票人持票来行取款时，商业银行核对有关内容无误后，办理原币入账或结汇入账，会计分录与信汇、电汇相同。

思考题

1. 什么是外汇？什么是汇率？汇率有哪些种类？
2. 什么是外汇分账制？其会计核算的基本程序是什么？
3. 货币兑换业务的主要内容有哪些？
4. 什么是现钞存款和现汇存款？什么是现汇贷款？
5. 什么是国际贸易融资？主要有哪些方式？
6. 简述信用证结算的处理流程。
7. 简述托收的种类及托收业务的处理流程。
8. 简述汇款的种类及汇款业务的处理流程。

练习题

1. 何超因出国参加国际会议，需购买美元现钞5 000美元，向中国银行某支行交来人民币现金办理兑换手续，当日美元钞卖价为USD 100＝RMB 635.09。

2. 埃迪持加拿大元现钞2 000加拿大元，到中国银行某支行要求兑换人民币现金，当日加拿大元钞买价为CAD 100＝RMB 601.84。

3. 张欣要求从其港元现汇存款账户中支取人民币现金10 000元，中国银行某支行办理付款手续。当日港元汇买价为HKD 100＝RMB 81.45。

4. 艾迪公司申请从其美元现汇账户支付10 000澳大利亚元汇往澳大利亚，用于支付CE鞋业公司货款，当日美元汇买价为USD 100＝RMB 633.60，澳大利亚元汇卖价为AUD 100＝RMB 656.95，中国银行某支行办理汇款手续。

5. 外国留学生吉米到中国银行某支行申请从其英镑现汇账户中支取英镑现钞1 000英镑。当日英镑钞卖价为GBP 100＝RMB 1 020.38，汇买价为GBP 100＝RMB

1 012.25。

6. 南丰进出口公司将港元现钞300 000港元，存入其在中国银行某支行开立的港元现汇账户。当日港元钞买价为HKD 100＝RMB 80.80，汇卖价为HKD 100＝RMB 81.76。

7. 20×1年5月18日，大洋进出口公司向开户银行中国银行某支行申请80万美元贷款，期限半年，贷款直接转入其外汇活期存款账户，20×1年11月18日贷款到期后从该存款账户偿还本息。该笔贷款采用1个月浮动利率，利息按季结计并转入贷款本金。美元1个月浮动利率如下：4月8日为6.235%，5月15日为6.355%，6月20日为6.152%，8月2日为6.581%，10月25日为6.387%，12月9日为6.435%。

8. 20××年4月8日，中国银行厦门分行收到开户单位三图进出口公司出口押汇申请书及即期信用证项下全套单据，金额为500 000欧元，经审核单证、单单完全一致，银行同意做出口押汇，出口押汇利率为4.6%，预计收汇日为20××年5月14日，手续费为1 000欧元，银行当天扣收出口押汇利息和手续费后，将余额折合为人民币，收入该公司人民币存款账户。假设实际押汇天数与预计押汇天数相同，当日欧元汇买价为EUR 100＝RMB 869.52。

9. 3月12日，开户单位四达机械制造厂向中国银行深圳分行申请开立不可撤销即期信用证，金额为2 000 000美元，向美国MAG集团公司进口机床。中国银行深圳分行从四达机械制造厂的美元现汇账户收取开证金额20%的保证金后，向美国MAG集团公司开出信用证，规定支付方式为国外审单主动借记付款，同时收取开证手续费3 000美元。信用证开出后委托美国纽约银行通知出口商MAG集团公司。4月20日，美国纽约银行议付单据后，加收银行费用2 500美元，向中国银行深圳分行索汇。4月25日，中国银行深圳分行收到美国纽约银行寄来的全套单据，即从四达机械制造厂美元现汇账户办理扣款，并扣收垫款利息1 600美元，同时退还开证保证金。

10. 6月10日，英国梦想皮肤健康公司通过中国银行伦敦分行开来单到开证行付款的即期信用证，向我国苏州第一丝绸厂购进丝绸用于生产医疗级丝绸服装，金额为600 000英镑。中国银行苏州分行收到并审核信用证条款无异议后，立即通知苏州第一丝绸厂，并收取通知费200元。7月16日，苏州第一丝绸厂根据信用证条款备货出运后，将全套出口单据提交中国银行苏州分行办理议付。苏州分行审单相符，向中国银行伦敦分行寄单索汇，并按规定向苏州第一丝绸厂收取议付费7 500元。7月25日，中国银行苏州分行收到中国银行伦敦分行划来款项，货款及银行费用共计600 900英镑，当天对苏州第一丝绸厂办理人民币结汇，当日英镑汇买价为GBP 100＝RMB 1 012.25。

11. 9月3日，中国银行上海分行接到澳大利亚国民银行寄来的托收委托书及进口代收单据，系该行开户单位上海乳健贸易公司从澳大利亚进口奶粉，采用付款交单方式，金额为800 000澳大利亚元，经审核无误后，通知上海乳健贸易公司付款赎单。上海乳健贸易公司于9月8日确认付款，中国银行上海分行当日为该公司办理售汇付款手续，并收取进口代收手续费2 600元，当日澳大利亚元汇卖价为AUD 100＝RMB 661.34。

要求：根据上述资料，编制有关会计分录。

第9章

所有者权益的核算

学习目标

1. 了解所有者权益的概念及其具体内容。

2. 理解商业银行与一般企业所有者权益构成的区别。

3. 掌握实收资本与其他权益工具的核算、资本公积的核算、其他综合收益的核算、库存股的核算、留存收益的核算。

9.1 所有者权益概述

所有者权益是指商业银行资产扣除负债后由所有者享有的剩余权益，即商业银行所有者对商业银行净资产的要求权，也是商业银行筹集资金的主要来源之一，由实收资本（股本）、其他权益工具、资本公积、其他综合收益和留存收益五部分构成。

实收资本是指投资者按照合同约定实际投入商业银行，按其所占份额形成法定资本的部分。投资者投入的资本在银行经营期间一般无须偿还，可以长期周转使用。

其他权益工具是指商业银行发行的除普通股以外的归类为权益工具的各种金融工具，主要包括归类为权益工具的优先股、永续债、认股权、可转换公司债券等金融工具。

资本公积是指所有者投入的尚未确认为实收资本（股本）的其他资本，主要包括资本或股本溢价、发行可转换债券和认股权证以及实施股权激励等形成的归属于所有者的资本。

其他综合收益是指在商业银行经营活动中形成的未计入当期损益但归所有者共有的利得或损失，主要包括其他债权投资和其他权益工具投资公允价值变动、权益法下被投资单位其他综合收益调整、债权投资重分类为其他债权投资公允价值变动以及非投资性房地产转换为投资性房地产转换日公允价值高于账面价值差额等形成的利得或损失。

留存收益是指商业银行历年实现的净利润留存于银行的部分，包括盈余公积、一般风险准备和未分配利润。

9.2　实收资本与其他权益工具的核算

9.2.1　实收资本的核算

1. 会计科目的设置

商业银行应设置“实收资本”科目，其中的股份制银行应设置“股本”科目，该科目属于所有者权益类科目，核算商业银行接受投资者投入的实收资本或股本。该科目可按投资者进行明细核算。期末余额在贷方，反映商业银行实收资本或股本总额。

2. 实收资本（股本）投入的核算

投资者可以用现金投资，也可以用现金以外的其他有形资产投资，符合国家规定比例的，还可以用无形资产投资。

（1）非股份制商业银行实收资本投入的核算。

1）投资者以现金投资的核算。非股份制商业银行收到投资者人民币现金或银行存款投资时，以投资者在注册资本中所占份额确认实收资本。实际收到的金额超过投资者在注册资本中所占份额的部分，确认为资本公积。会计分录为：

借：库存现金或吸收存款、存放中央银行款项等
　贷：实收资本——××投资者
　　资本公积——资本溢价

2）投资者以非现金资产投资的核算。非股份制商业银行收到投资者非现金资产投资时，按照评估确认的价值确认非现金资产的价值，按投资者在注册资本中所占份额确认实收资本，将差额确认为资本公积。会计分录为：

借：固定资产、无形资产等
　贷：实收资本——××投资者
　　资本公积——资本溢价

（2）股份制商业银行股本的核算。股份制商业银行与非股份制商业银行相比，最显著的特点是将其资本划分为等额股份，并通过发行股票的方式来筹集资本。股票面值与核定的股份总数的乘积即为股本，股本应等于银行的注册资本。

商业银行可以按面值或溢价发行股票，但不得折价发行股票。商业银行发行股票时，应将相当于股票面值的部分确认为股本，发生的与发行股票直接相关的新增外部费用，如承销费、保荐费、上网发行费、招股说明书印刷费、申报会计师费、律师费、评估费等，在溢价发行时自溢价收入中扣除（溢价收入扣减上述发行费用后还有余额的确认为资本公积），在溢价不足扣减或按面值发行时，应冲减盈余公积和未分配利润。

商业银行溢价发行股票，且与发行股票直接相关的发行费用可从溢价金额中足额扣减的，商业银行于收到现金等资产时，编制会计分录：

借：存放中央银行款项　　　　　　　　　　　　　　　　（实际收到的金额）
　贷：股本——××股东　　　　　　　　　　　　（股票面值×核定的股份总数）
　　　资本公积——股本溢价　　　　　　　　　　　　　　　（借贷方差额）

商业银行按面值发行股票或溢价金额不足扣减与发行股票直接相关的发行费用的，商业银行于收到现金等资产时，编制会计分录：

借：存放中央银行款项　　　　　　　　　　　　　　　　（实际收到的金额）
　　盈余公积　（借贷方差额，先冲减盈余公积，不足部分再冲减未分配利润）
　　利润分配——未分配利润　　　　　　　　　　　　（盈余公积不足冲减部分）
　贷：股本——××股东　　　　　　　　　　　　（股票面值×核定的股份总数）

【例9-1】 N商业银行股份制改革过程中，甲、乙两个股东作为发起人，约定于20×1年12月31日投入资本。该商业银行注册资本为800亿元，甲、乙股东的出资比例分别为51%和49%。20×1年12月31日，甲、乙股东的出资到位并办理了有关手续。其中，甲股东以不动产和货币资金投入，不动产评估价值为60亿元；乙股东全部以货币资金投入。

N商业银行编制会计分录如下：

借：存放中央银行款项或存放同业　　　　74 000 000 000
　　固定资产　　　　　　　　　　　　　 6 000 000 000
　贷：股本——甲股东　　　　　　　　　　40 800 000 000
　　　　　——乙股东　　　　　　　　　　39 200 000 000

【例9-2】 承前例，N商业银行于20×2年完成上市，增发180亿股，每股面值1元，共募集资金900亿元，另支付与发行股票直接相关的佣金等费用5亿元。至20×2年6月30日，该商业银行已办妥相关手续。

N商业银行编制会计分录如下：

借：存放中央银行款项　　　　　　　　　89 500 000 000
　贷：股本——其他　　　　　　　　　　　18 000 000 000
　　　资本公积——股本溢价　　　　　　　71 500 000 000

3. 实收资本（股本）增减变动的核算

（1）实收资本（股本）增加的核算。商业银行增加资本的途径主要有：新增所有者投入资本和原所有者追加投入资本、资本公积和盈余公积转增资本、发放股票股利以及可转换债券转为股本等。

1）经股东大会或类似机构决议，用资本公积转增资本时，应按原所有者持股比例增加各所有者的股权，会计分录为：

借：资本公积——资本溢价或股本溢价
　贷：实收资本（股本）——××投资者（股东）

2）经股东大会或类似机构决议，用盈余公积转增资本时，应按原所有者持股比例增加各所有者的股权，会计分录为：

借：盈余公积
　贷：实收资本（股本）——××投资者（股东）

3）股东大会批准的利润分配方案中应当分配的股票股利，在办理增资手续后，应按原所有者持股比例进行分配。如按比例分配的股利不足1股，可采用现金方式或由股东相互转让凑为整股。会计分录为：

借：利润分配——转作股本的股利

　贷：股本——××股东

4）可转换公司债券持有人行使转换权利，将其持有的债券转换为股票的，在办理增资手续后，编制会计分录：

借：应付债券——可转换债券（面值、利息调整）　（可转换债券账面余额）

　其他权益工具　（可转换债券权益成分金额）

　贷：股本——××股东　（股票面值×转换的股数）

　　资本公积——股本溢价　（借贷方差额）

如用现金支付不可转换股票的，还应贷记“库存现金”等科目。

【例9-3】 承前例，N商业银行20×2年经营业绩良好，经股东大会决议，拟向股东以10送1的方式发放股票股利，已于20×3年3月31日办理增资手续。

N商业银行分配股票股利＝(80 000 000 000＋18 000 000 000)×0.1

＝9 800 000 000(元)

甲股东分配的股票股利＝40 800 000 000×0.1＝4 080 000 000(元)

乙股东分配的股票股利＝39 200 000 000×0.1＝3 920 000 000(元)

其他股东分配的股票股利＝18 000 000 000×0.1＝1 800 000 000(元)

N商业银行编制会计分录如下：

借：利润分配——转作股本的股利　9 800 000 000

　贷：股本——甲股东　4 080 000 000

　　——乙股东　3 920 000 000

　　——其他　1 800 000 000

（2）实收资本（股本）减少的核算。商业银行按法定程序报经批准减少注册资本，应在办理相关手续后，确认实收资本（股本）的减少。会计分录为：

借：实收资本（股本）——××投资者（股东）

　贷：库存现金或存放中央银行款项等

股份制商业银行采用回购本银行股票方式减资的，其账务处理参见本章库存股核算的有关内容。

9.2.2 其他权益工具的核算

1. 其他权益工具会计处理的基本原则

商业银行发行的除普通股（作为实收资本或股本）以外的按照金融负债和权益工具区分原则分类为权益工具的其他权益工具，如分类为权益工具的优先股、永续债等，无论其名称中是否包含“债”，其利息支出或股利分配都应当作为发行银行的利润分配，其回购、注销等作为权益的变动处理；商业银行发生的发行手续费、佣金等交易费用，应当从权益（其他权益工具）中扣除。

2. **会计科目的设置**

商业银行应设置“其他权益工具”科目，该科目属于所有者权益类科目，核算商业银行发行的除普通股以外的归类为权益工具的各种金融工具。该科目应按发行金融工具的种类等进行明细核算。期末余额在贷方，反映商业银行其他权益工具的总额。

3. **账务处理**

（1）商业银行发行除普通股以外分类为权益工具的金融工具，应按实际收到的金额，借记“存放中央银行款项”等科目，贷记“其他权益工具——优先股、永续债等”科目。该工具在存续期间分派股利（含分类为权益工具的工具所产生的利息，下同）的，作为利润分配处理。商业银行应根据经批准的股利分配方案，按应分配给金融工具持有者的股利金额，借记“利润分配——应付优先股股利、应付永续债利息等”科目，贷记“应付股利——优先股股利、永续债利息等”科目。

（2）商业银行按合同条款约定赎回所发行的除普通股以外分类为权益工具的金融工具，按赎回价格，借记“库存股——其他权益工具”科目，贷记“存放中央银行款项”等科目；注销所购回的金融工具，按该工具对应的其他权益工具的账面价值，借记“其他权益工具”科目，按该工具的赎回价格，贷记“库存股——其他权益工具”科目，按其差额，借记或贷记“资本公积——资本溢价（或股本溢价）”科目，资本公积不够冲减的，依次冲减盈余公积和未分配利润。

（3）商业银行按合同条款约定将发行的除普通股以外分类为权益工具的金融工具转换为普通股的，按该工具对应的其他权益工具的账面价值，借记“其他权益工具”科目，按普通股的面值，贷记“实收资本（股本）”科目，按其差额，贷记“资本公积——资本溢价（或股本溢价）”科目。如转股时金融工具的账面价值不足转换为 1 股普通股而以现金或其他金融资产支付的，还需按支付的现金或其他金融资产的金额，贷记“存放中央银行款项”等科目。

【例 9－4】 20×1 年 1 月 1 日，ZS 商业银行发行归类为权益工具的可转换优先股 500 000 股，扣除相关交易费用后实际收到价款 800 000 元。合同约定固定股息每股 0.1 元，每年年初支付上年度股利。优先股发行一年后每 1 000 股优先股可转换为面值 1 元的普通股 400 股，20×2 年 1 月 1 日，优先股持有者将其持有的优先股全部转换为普通股。

ZS 商业银行编制会计分录如下：

（1）20×1 年 1 月 1 日，发行归类为权益工具的可转换优先股时：

借：存放中央银行款项或有关科目	800 000	
贷：其他权益工具——优先股		800 000

（2）20×2 年 1 月 1 日，全部转换为普通股时：

借：其他权益工具——优先股	800 000	
贷：股本		200 000

资本公积——股本溢价 600 000

(3) 20×2 年初，支付 20×1 年度的股息时：

借：利润分配——应付优先股股利 50 000

贷：存放中央银行款项或有关科目 50 000

9.3 资本公积的核算

资本公积是所有者投入资本的组成部分，主要包括资本溢价（股本溢价）和其他资本公积。资本公积可以用于转增资本，但不得用于弥补亏损。

9.3.1 会计科目的设置

商业银行应设置“资本公积”科目，该科目属于所有者权益类科目，核算商业银行收到投资者出资额超过其在注册资本或股本中所占份额的部分，以及在某些特定情况下直接计入所有者权益的项目。该科目应当设置“资本溢价（股本溢价）”“其他资本公积”进行明细核算。期末余额在贷方，反映商业银行的资本公积总额。

9.3.2 资本溢价（股本溢价）的核算

资本溢价是指非股份制商业银行收到的投资者出资额超过其在注册资本（实收资本）中所占份额的部分；股本溢价是指股份制商业银行发行股票收到的款项中超过所发行股票面值总额（股本）的部分。资本溢价或股本溢价所形成的资本公积主要用于转增资本。资本溢价和股本溢价的账务处理参见前述实收资本核算的有关内容。

9.3.3 其他资本公积的核算

其他资本公积是指除资本溢价（或股本溢价）项目以外所形成的资本公积。

1. 以权益结算的股份支付

股份支付是指商业银行为获取职工和其他方提供服务而授予股票期权等，或者承担以股票期权为基础确定的负债的交易。股份支付分为以权益结算的股份支付和以现金结算的股份支付。以权益结算的股份支付，是指商业银行为获取服务以期权等作为对价进行结算的交易；以现金结算的股份支付，是指商业银行为获取服务承担以股票增值权为基础计算确定的交付现金或其他资产义务的交易。商业银行授予职工股票期权等以换取职工提供的服务，从而实现对职工的激励或补偿。这里主要阐述与所有者权益核算有关的以权益结算的股份支付的核算。

(1) 授予日的处理。授予日是指股份支付协议获得批准的日期。授予后，对于可立即行权的以权益结算的股份支付，应当在授予日按照权益工具的公允价值计入相关成本费用，相应地增加资本公积。会计分录为：

借：业务及管理费

贷：资本公积——其他资本公积

授予后，对于要求职工履行一定服务期限或在银行经营达到协议规定业绩条件才可行权的以权益结算的股份支付（即不可立即行权的以权益结算的股份支付），在权益工具授予日不做会计处理。

（2）约定期的处理。可行权日是指协议规定的可行权条件得到满足、职工和其他方具有从银行取得权益工具的权利的日期。授予日至可行权日之间的期间为约定期。在约定期内的每个资产负债表日，对不可立即行权的以权益结算的股份支付，商业银行应当按照可行权期权数量的最佳估计数和期权授予日的公允价值确定的金额，分期计入相关成本费用，并相应增加资本公积。会计分录为：

借：业务及管理费

贷：资本公积——其他资本公积

约定期内的资产负债表日，若后续信息表明可行权期权的数量与以前估计不同的，应当进行调整，并在可行权日调整至实际可行权的期权数量。

（3）等待期的处理。可行权日至行权日之间的期间为等待期。商业银行在股份支付等待期，不再对已确认的相关成本费用和资本公积进行调整。

（4）行权日的处理。行权日是指职工和其他方行使权利、获得权益工具的日期。在行权日，商业银行应根据实际行权股票收取的价款与实际行权股票期权确认的资本公积，计算确定实际行权股票的发行价格，并分别转入股本和资本公积（股本溢价）。会计分录为：

借：存放中央银行款项或有关科目　　（收取的行权价款）

资本公积——其他资本公积　　（已行权股票确认的资本公积）

贷：股本　　（已行权股票的股本金额）

资本公积——股本溢价　　（借贷方差额）

【例9-5】 H商业银行20×0年12月批准了一项股份支付协议。协议规定，20×1年1月1日，银行向其100名管理人员每人授予1 000份股票期权，这些管理人员必须从20×1年1月1日起在银行连续服务3年，服务期满时才能够以每股6元的价格购买1 000股该银行面值为1元的股票。银行估计该期权在授予日（20×1年1月1日）的公允价值为每股9元。

20×1年有5名管理人员离开该银行；20×1年12月31日，该银行估计3年中离开的管理人员比例将达到15%。20×2年又有3名管理人员离开银行；20×2年12月31日，该银行将估计的管理人员离开比例修正为10%。20×3年又有1名管理人员离开。20×4年1月1日，未离开的管理人员全部行权获得股票。

H商业银行编制会计分录如下：

（1）20×1年1月1日，由于该股份支付为不可立即行权的股份支付，因此，在授予日不做会计处理。

银行预计支付股份应负担的费用＝9×1 000×100＝900 000（元）

（2）20×1 年 12 月 31 日，H 商业银行根据最新估计的行权数量，以及股票期权在授予日的公允价值，确定当期的成本费用。

银行预计支付股份应负担的费用＝9×1 000×100×（1－15％）＝765 000（元）

20×1 年应负担的费用＝765 000×1/3＝255 000（元）

借：业务及管理费　　255 000

　贷：资本公积——其他资本公积　　255 000

（3）20×2 年 12 月 31 日，H 商业银行根据最新估计的行权数量，以及股票期权在授予日的公允价值，扣减已经计入成本费用的部分，确定当期的成本费用。

银行预计支付股份应负担的费用＝9×1 000×100×（1－10％）＝810 000（元）

20×2 年末累计应负担的费用＝810 000×2/3＝540 000（元）

20×2 年应负担的费用＝540 000－255 000＝285 000（元）

借：业务及管理费　　285 000

　贷：资本公积——其他资本公积　　285 000

（4）20×3 年 12 月 31 日，H 商业银行根据可行权日的可行权数量，以及股票期权在授予日的公允价值，扣减已经计入成本费用的部分，确定当期的成本费用。

银行实际支付股份应负担的费用＝9×1 000×（100－5－3－1）＝819 000（元）

20×3 年应负担的费用＝819 000－540 000＝279 000（元）

借：业务及管理费　　279 000

　贷：资本公积——其他资本公积　　279 000

（5）20×4 年 1 月 1 日，H 商业银行未离开的管理人员全部行权。

发行股票收取价款＝6×1 000×（100－5－3－1）＝546 000（元）

发行股票面值＝1 000×91×1＝91 000（元）

发行股票溢价＝546 000＋819 000－91 000＝1 274 000（元）

借：存放中央银行款项或有关科目　　546 000

　　资本公积——其他资本公积　　819 000

　贷：股本　　91 000

　　　资本公积——股本溢价　　1 274 000

2. 采用权益法核算的长期股权投资

长期股权投资采用权益法核算的，被投资单位除净损益、其他综合收益和利润分配以外的所有者权益的其他变动，投资企业按持股比例计算应享有的份额，应当增加或减少长期股权投资的账面价值，同时增加或减少资本公积（其他资本公积）。当处置采用权益法核算的长期股权投资时，应当将原计入资本公积（其他资本公积）的相关金额转入投资收益（除不能转入损益的项目外）。

9.4 其他综合收益的核算

其他综合收益是指商业银行根据企业会计准则规定未在当期损益中确认的各项利得和损失。其他综合收益一般是由特定资产的计价变动而形成的，当处置特定资产时，其他综合收益也应一并处置。因此，其他综合收益不得用于转增资本（或股本）。

9.4.1 会计科目的设置

商业银行应设置“其他综合收益”科目，该科目属于所有者权益类科目，核算商业银行根据企业会计准则规定未在当期损益中确认的各项利得和损失。该科目应按其他综合收益项目的具体内容进行明细核算。期末余额在贷方，反映商业银行其他综合收益的总额。

9.4.2 账务处理

其他综合收益的主要账务处理如下：

（1）同时符合以下两个条件的金融资产，应当以公允价值计量且其变动计入其他综合收益：1）商业银行管理该金融资产的业务模式既以收取合同现金流量为目标又以出售该金融资产为目标；2）该金融资产的合同条款规定，在特定日期产生的现金流量，仅为对本金和以未偿付本金金额为基础的利息的支付。当该类金融资产终止确认时，之前计入其他综合收益的累计利得或损失应当从其他综合收益中转出，计入当期损益。

（2）采用权益法核算的长期股权投资，按照被投资单位实现其他综合收益以及持股比例计算应享有或分担的金额，调整长期股权投资的账面价值，同时增加或减少其他综合收益。商业银行按照应享有的金额，编制会计分录：

借：长期股权投资——其他综合收益
　贷：其他综合收益

若为应分担的金额，则做相反的会计分录。

（3）商业银行将自用的建筑物等转换为采用公允价值模式计量的投资性房地产时，转换日该项房地产的公允价值大于原账面价值的差额，计入其他综合收益。会计分录为：

借：投资性房地产——成本　（房地产在转换日的公允价值）
　　固定资产减值准备　（已计提的减值准备）
　　累计折旧　（已计提的累计折旧）
　贷：固定资产　（账面余额）
　　　其他综合收益　（转换日公允价值大于账面价值的差额）

若转换日的公允价值小于原账面价值，则将其差额借记“公允价值变动损益”科目。处置该项投资性房地产时，因转换计入其他综合收益的部分应转入当期损益。

（4）商业银行将债权投资转换为其他债权投资时，转换日该项债权投资的公允价值与其账面价值的差额，计入其他综合收益。转换日，商业银行根据该金融资产的账面价值，编制会计分录：

借：其他债权投资——成本
　　　　　　　　——利息调整
　　　　　　　　——应计利息
　贷：债权投资——面值
　　　　　　　——利息调整
　　　　　　　——应计利息

同时，调整公允价值变动，若该金融资产公允价值大于其账面价值，则

借：其他债权投资——公允价值变动
　贷：其他综合收益——金融资产公允价值变动

若该金融资产公允价值小于其账面价值，则做相反的会计分录。

【例9-6】 A商业银行20×1年12月31日持有一项债权投资，账面价值为120 000元，其中，债券面值为100 000元，利息调整借差为2 000元，应计利息为15 000元；该债券到期日为20×3年12月31日。当日，该债券的公允价值为119 000元。由于业务需要，A商业银行将该项债权投资重分类为其他债权投资。

A商业银行编制会计分录如下：

（1）20×1年12月31日，结转该债券的账面价值：

借：其他债权投资——成本	100 000	
——利息调整	2 000	
——应计利息	15 000	
贷：债权投资——面值		100 000
——利息调整		2 000
——应计利息		15 000

（2）20×1年12月31日，调整公允价值变动：

$$公允价值变动=119\ 000-(100\ 000+2\ 000+15\ 000)=2\ 000(元)$$

借：其他债权投资——公允价值变动	2 000	
贷：其他综合收益——金融资产公允价值变动		2 000

（5）商业银行其他债权投资和其他权益工具投资公允价值变动。资产负债表日，其他债权投资和其他权益工具投资应当按照公允价值计量，公允价值与账面价值的差额，即公允价值变动，计入其他综合收益。若公允价值大于其账面价值，则编制会计分录：

借：其他债权投资（或其他权益工具投资）——公允价值变动
　贷：其他综合收益——金融资产公允价值变动

若公允价值小于其账面价值，则做相反的会计分录。

9.5 库存股的核算

库存股是指商业银行依法定程序回购或获得而尚未转让或注销的本行已发行股份。尚未发行的股票不属于库存股，库存股股票既不分配股利，又不附投票权。

9.5.1 会计科目的设置

商业银行应设置“库存股”科目，该科目为所有者权益的备抵科目，核算商业银行回购、转让或注销的本行股份金额。期末余额在借方，反映商业银行持有尚未转让或注销的本行股份金额。

9.5.2 账务处理

（1）商业银行为减少注册资本而回购本行股份的，应当自回购之日起10日内注销。商业银行回购本行股份，应按实际支付的金额，增加库存股。会计分录为：

借：库存股

　贷：存放中央银行款项或有关科目

商业银行注销回购的本行股份，会计分录为：

借：股本　　（股票面值×注销股数）

　　资本公积——股本溢价　　（借贷方差额）

　贷：库存股　　（注销库存股的账面余额）

上述分录中借贷方差额，即商业银行回购股票的实际成本大于股票面值的差额，应先冲减该股票发行时形成的股本溢价（以股本溢价与股本总额的比例为限）；股本溢价不足冲减或该股票原按面值发行的，应依次冲减盈余公积和未分配利润。

若商业银行回购股票的实际成本小于股票面值，则其差额应计入资本公积，增加股本溢价。

【例9-7】 H商业银行为减少注册资本，经批准于20×2年10月15日回购本行已发行的普通股股票1亿股，该股票的面值为1元，当初发行价为1.6元，回购股票实际支付的价款为2亿元。20×2年10月21日，H商业银行将回购的1亿股本行股票注销。

H商业银行编制会计分录如下：

（1）回购股票。

借：库存股　　200 000 000

　贷：存放中央银行款项或有关科目　　200 000 000

（2）注销股票。

库存股实际成本＝200 000 000（元）

库存股面值＝100 000 000（元）

库存股实际成本大于面值的差额＝200 000 000－100 000 000＝100 000 000(元)

冲销股本溢价＝100 000 000×(1.6－1)＝60 000 000(元)

冲销盈余公积＝100 000 000－60 000 000＝40 000 000(元)

借：股本	100 000 000	
资本公积——股本溢价	60 000 000	
盈余公积	40 000 000	
贷：库存股		200 000 000

(2) 商业银行为奖励本行职工而回购本行股份的，银行合计持有的本行股份数不得超过本行已发行股份总额的10%，并且应将所回购的本行股份在3年内转让或者注销。商业银行回购本行股份，应按实际支付的金额增加库存股。会计分录为：

借：库存股

贷：存放中央银行款项或有关科目

商业银行将回购的本行股份奖励给本行职工，属于以权益结算的股份支付的，会计分录为：

借：存放中央银行款项或有关科目	(实际收到的金额，如有)
资本公积——其他资本公积	(奖励股票期权的公允价值)
贷：库存股	(奖励库存股的账面余额)
贷或借：资本公积——股本溢价	(借贷方差额)

【例9-8】 沿用例9-5的资料，假设20×3年12月31日，H商业银行以每股11元的价格回购91 000股本行股票作为库存股以供管理人员行权，实际支付价款1 001 000元。20×4年1月1日，H商业银行未离开的管理人员全部行权。

H商业银行编制会计分录如下：

(1) 20×3年12月31日，回购本行股票作为库存股以供管理人员行权：

借：库存股	1 001 000	
贷：存放中央银行款项或有关科目		1 001 000

(2) 20×4年1月1日，未离开的管理人员全部行权：

银行向管理人员收取行权价款＝6×1 000×(100－5－3－1)＝546 000(元)

借：存放中央银行款项或有关科目	546 000	
资本公积——其他资本公积	819 000	
贷：库存股		1 001 000
资本公积——股本溢价		364 000

(3) 股东因对股东大会做出的银行合并、分立决议持有异议而要求商业银行回购本行股份的，商业银行应按实际支付的金额，增加库存股。会计分录为：

借：库存股

贷：存放中央银行款项或有关科目

商业银行对上述应股东要求而回购的本行股份，以及与持有本行股份的其他公司合并而获得的本行股份，应当在6个月内转让或者注销。商业银行注销股份的核算与前述注销为减资而回购股份的核算相同。商业银行转让库存股时，会计分录为：

借：存放中央银行款项或有关科目　　　　（实际收到的金额）
　贷：库存股　　　　（转让库存股的账面余额）
　　资本公积——股本溢价　　　　（借贷方差额）

上述分录中借贷方差额，即商业银行转让库存股实际收到的金额大于回购股票的实际成本的差额，应计入资本公积，增加股本溢价。

若商业银行转让库存股实际收到的金额小于回购股票的实际成本，则其差额应先冲减该股票发行时形成的股本溢价（以股本溢价与股本总额的比例为限）；股本溢价不足冲减或该股票原按面值发行的，应依次冲减盈余公积和未分配利润。

在商业银行的资产负债表上，库存股不能列为银行的资产，而应以负数形式列为一项所有者权益，属于所有者权益的备抵项。

9.6 留存收益的核算

留存收益包括盈余公积、一般风险准备和未分配利润。

9.6.1 盈余公积的核算

盈余公积是指商业银行按规定从税后净利润中提取的、可用于弥补亏损和转增资本的累积盈余，包括法定盈余公积和任意盈余公积。

法定盈余公积是指商业银行实现的年度净利润在弥补以前年度亏损后，按其金额的一定比例（10%）计提的盈余公积。法定盈余公积的累计余额超过注册资本的50%时，可以不再计提。商业银行计提法定盈余公积后，还可以根据实际需要，经股东大会或类似机构批准，从税后净利润中提取任意盈余公积。任意盈余公积的提取比例由商业银行自行确定。

商业银行提取的盈余公积可以用于弥补亏损和转增资本，但转增资本后留存的法定盈余公积金不得少于注册资本的25%。

1. 会计科目的设置

商业银行应设置“盈余公积”科目，该科目属于所有者权益类科目，核算商业银行从净利润中提取的盈余公积。该科目应当分别以“法定盈余公积”“任意盈余公积”进行明细核算。期末余额在贷方，反映商业银行提取的盈余公积结余金额。

2. 账务处理

（1）商业银行按规定从税后净利润中提取盈余公积时，会计分录为：

借：利润分配——提取法定盈余公积
　　　　　——提取任意盈余公积
　贷：盈余公积——法定盈余公积
　　　　　——任意盈余公积

（2）商业银行经股东大会或类似机构决议，用盈余公积弥补亏损时，会计分录为：

借：盈余公积——任意盈余公积

　　　　　——法定盈余公积

　贷：利润分配——盈余公积补亏

（3）商业银行经股东大会或类似机构决议，用盈余公积转增资本时，应按原所有者持股比例增加各所有者的股权，会计分录为：

借：盈余公积——任意盈余公积

　　　　　——法定盈余公积

　贷：实收资本或股本

商业银行在用盈余公积弥补亏损或转增资本时，一般先使用任意盈余公积，在任意盈余公积用完以后，再按规定使用法定盈余公积。

9.6.2　一般风险准备的核算

一般风险准备是指商业银行实现的年度净利润在弥补亏损和计提法定盈余公积之后，根据承担风险和损失的资产余额的一定比例计提的、用于弥补非预期风险损失的准备金。一般风险准备由商业银行法人于每年年末统一计提，计提比例由商业银行综合考虑其所面临的风险状况等因素确定；一般风险准备余额原则上不得低于风险资产期末余额的1.5%。商业银行提取的一般风险准备可用于弥补经营亏损，但不得用于分红和转增资本。

1. 会计科目的设置

商业银行应设置“一般风险准备”科目，该科目属于所有者权益类科目，核算商业银行按规定从净利润中提取的一般风险准备。期末余额在贷方，反映商业银行提取的一般风险准备结余金额。

2. 账务处理

（1）商业银行按规定从税后净利润中提取一般风险准备时，会计分录为：

借：利润分配——提取一般风险准备

　贷：一般风险准备

（2）商业银行用一般风险准备弥补亏损时，会计分录为：

借：一般风险准备

　贷：利润分配——一般风险准备补亏

9.6.3　未分配利润的核算

未分配利润是商业银行留待以后年度分配且尚未指定用途的利润，属于所有者权益的组成部分。从数量上讲，未分配利润是期初未分配利润，加上本期实现的净利润，减去提取的盈余公积、一般风险准备和分出利润后的余额。

1. 会计科目的设置

未分配利润通过“利润分配”科目下设置的“未分配利润”明细科目进行核算。“利润分配”科目属于所有者权益类科目，应当分别按照“提取法定盈余公积”、“提取任意盈余公积”、“提取一般风险准备”、“应付现金股利或利润”、“转作股本的利润”、“盈余公积补亏”、“一般风险准备补亏”和“未分配利润”等进行明细核算。

2. 账务处理

商业银行应于年度终了，将全年实现的净利润，自“本年利润”科目转入“利润分配——未分配利润”科目，会计分录为：

借：本年利润

　贷：利润分配——未分配利润

如为亏损，则做相反的会计分录。

同时，将“利润分配”科目下的其他明细科目的余额转入“利润分配——未分配利润”科目，会计分录为：

借：利润分配——未分配利润

　贷：利润分配——提取法定盈余公积等其他明细科目

结转后，除“未分配利润”明细科目外，“利润分配”科目的其他明细科目应无余额。“未分配利润”明细科目若为期末贷方余额，则反映历年积累的未分配利润；若为期末借方余额，则反映历年未弥补的亏损。未弥补亏损为所有者权益的抵减项目。

思考题

1. 什么是所有者权益？具体包括哪些内容？
2. 什么是股份支付？什么是以权益结算的股份支付？
3. 商业银行与其他一般企业所有者权益的核算有哪些相同点和不同点？
4. 什么是盈余公积？什么是一般风险准备？分别如何提取？

练习题

1. 沿用例9-1至例9-3的资料，N商业银行发生的经济业务如下：

(1) N商业银行20×3年经股东大会决议，拟缩减规模，减少股本10%，以现金的方式向各股东按原持股比例支付款项，并已于20×3年12月31日办妥相关手续。

(2) N商业银行20×4年经股东大会决议，拟扩大规模，以10∶1的方式用资本公积转增股本，并已于20×4年12月31日办妥相关增资手续。

要求：根据上述资料，编制N商业银行的会计分录。

2. A商业银行20×2年12月31日的股本为80 000 000股，面值为1元。经股东大会批准，A商业银行以现金回购本公司股票10 000 000股并注销。假定A商业银行按每股2元回购股票，该股票当初发行价为每股3元，该商业银行盈余公积为30 000 000元。

要求：根据上述资料，编制A商业银行的会计分录。

3. 承题2，假定A商业银行按每股4元回购股票，其他条件不变。

要求：编制A商业银行的会计分录。

4. 20×1年1月1日，B商业银行发行归类为权益工具的可转换优先股100 000股，扣除相关交易费用后实际收到价款140 000元。优先股发行一年后每1 000股优先股可转换为面值1元的普通股200股，20×2年1月1日，优先股持有者将其持有的优先股全部转换为普通股。

要求：根据上述资料，编制B商业银行的会计分录。

5. 20×1年1月1日，K商业银行向其100名管理人员每人授予2 000份股票期权，这些管理人员必须从20×1年1月1日起在银行连续服务3年，服务期满时即可以每股8元购买2 000股K商业银行股票。银行估计该期权在授予日的公允价值为每股12元。

20×1年有10名管理人员离开K商业银行；20×1年12月31日，K商业银行估计3年中离开的管理人员比例将达到20%。20×2年又有6名管理人员离开K商业银行；20×2年12月31日，K商业银行将估计的管理人员离开比例修正为18%。20×3年又有3名管理人员离开。20×4年1月1日，未离开的管理人员全部行权获得股票。

要求：根据上述资料，编制K商业银行的会计分录。

第10章

收入、费用和利润的核算

学习目标

1. 了解收入、费用分别包括的具体内容。

2. 理解营业利润、利润总额和净利润的计算，营业外收入和营业外支出的具体内容及核算，营业外收入与营业收入的区别。

3. 掌握收入和费用的核算、利润结转的核算、可供分配利润的计算及分配顺序、利润分配的核算。

10.1 收入的核算

收入是指商业银行在日常活动中形成的、会导致所有者权益增加的、与所有者投入资本无关的经济利益的总流入。主要包括利息收入、手续费及佣金收入、投资收益、公允价值变动收益、汇兑收益、其他业务收入、资产处置收益、其他收益等。

10.1.1 利息收入的核算

利息收入是指商业银行发放各类贷款、与其他金融机构（中央银行、同业等）之间发生资金往来业务、买入返售金融资产等实现的利息收入。其中，发放的各类贷款包括银团贷款、贸易融资、贴现和转贴现融出资金、协议透支、信用卡透支、转贷款和垫款等，但不包括接受委托发放的委托贷款。

以发放贷款为例，资产负债表日，商业银行确认利息收入时，会计分录为：

借：应收利息——××贷款应收利息——××户　　（贷款合同本金×合同利率）

借或贷：贷款——××贷款——××户（利息调整）　　　　　　（借贷方差额）

　贷：利息收入——××贷款利息收入　　　　　　（贷款账面余额×实际利率）

商业银行按合同约定应收取的利息，按规定应缴纳增值税的，还应计算增值税销项税额，并进行账务处理。会计分录为：

借：应收利息——××贷款应收利息——××户

借或贷：贷款——××贷款——××户（利息调整）

　贷：利息收入——××贷款利息收入

　　应交税费——应交增值税（销项税额）

若增值税纳税义务尚未发生，则将相关增值税销项税额记入“应交税费——待转销项税额”科目。利息收入的核算已在相关章节阐述。

10.1.2　手续费及佣金收入的核算

手续费及佣金收入是指商业银行办理结算业务、咨询业务、担保业务、代保管等代理业务以及办理受托贷款及投资业务等取得的手续费及佣金收入。包括结算手续费收入、佣金收入、业务代办手续费收入、基金托管收入、咨询服务收入、担保收入、受托贷款手续费收入、代保管收入，以及代理买卖、承销和兑付证券、代理保险业务等代理业务和其他相关服务实现的手续费及佣金收入等。

商业银行应当在向客户提供相关服务时，确认手续费及佣金收入，会计分录为：

借：应收手续费及佣金或有关科目

　贷：手续费及佣金收入

商业银行应收取的手续费及佣金，按规定应缴纳增值税的，还应计算增值税销项税额，并进行账务处理。会计分录为：

借：应收手续费及佣金或有关科目

　贷：手续费及佣金收入

　　应交税费——应交增值税（销项税额）

实际收到手续费及佣金时，会计分录为：

借：吸收存款或存放中央银行款项等

　贷：应收手续费及佣金等

10.1.3　投资损益的核算

投资损益是商业银行通过购买有价证券或以现金、无形资产、实物资产等对外投资所取得的收益或损失。包括对外投资分得的股利和收到的债券利息、长期股权投资采用权益法核算时应享有或应分担的被投资单位实现净利润或发生净亏损的份额，以及处置投资收到的价款与其账面价值（或成本）的差额等。

在利润表上，投资收益应按对外投资所取得的收益，减去发生的投资损失后的净额列报。若为投资净损失，则以“－”号列报。

商业银行对外投资业务涉及金融商品转让的，还应按规定计算缴纳增值税。金融商品转让以盈亏相抵后的余额作为销售额计算缴纳增值税。有关账务处理如下：

（1）金融商品实际转让月末，如产生转让收益，则按应纳税额：

借：投资收益

　贷：应交税费——转让金融商品应交增值税

（2）如产生转让损失，则按可结转下月抵扣税额：

借：应交税费——转让金融商品应交增值税

　贷：投资收益

（3）实际缴纳增值税时：

借：应交税费——转让金融商品应交增值税

　贷：存放中央银行款项等

（4）年末，“应交税费——转让金融商品应交增值税”科目如有借方余额，不得转入下一个会计年度，而应将该科目借方余额转销：

借：投资收益

　贷：应交税费——转让金融商品应交增值税

【例10-1】 假设M商业银行20×2年12月发生的投资业务如下：

（1）5日，从二级市场买入K公司股票10 000股，支付价款500 000元，将其分类为以公允价值计量且其变动计入当期损益的金融资产。

（2）6日，从二级市场买入A基金50 000份，支付价款51 000元，将其分类为以公允价值计量且其变动计入当期损益的金融资产。

（3）20日，将买入的K公司股票全部卖出，收到价款520 000元。

（4）28日，将买入的A基金全部卖出，收到价款 48 000元。

M商业银行编制会计分录如下：

（1）20×2年12月5日，买入K公司股票时：

借：交易性金融资产	500 000	
贷：存放同业或有关科目		500 000

（2）20×2年12月6日，买入A基金时：

借：交易性金融资产	51 000	
贷：存放同业或有关科目		51 000

（3）20×2年12月20日，将买入的K公司股票全部卖出时：

借：存放同业或有关科目	520 000	
贷：交易性金融资产		500 000
投资收益		20 000

（4）20×2年12月28日，将买入的A基金全部卖出时：

借：存放同业或有关科目	48 000	
投资收益	3 000	
贷：交易性金融资产		51 000

（5）20×2年12月31日，结转当月转让金融商品应交增值税：

含税销售额＝20 000－3 000＝17 000(元)

不含税销售额＝17 000÷(1＋6%)＝16 038(元)

应交增值税＝16 038×6%＝962(元)

借：投资收益　　962

　贷：应交税费——转让金融商品应交增值税　　962

10.1.4　公允价值变动损益的核算

公允价值变动损益是指商业银行交易性金融资产和以公允价值计量的投资性房地产等因公允价值变动形成的损益。

资产负债表日，商业银行有关资产的公允价值高于其账面价值的，按其差额，确认公允价值变动收益。会计分录为：

借：交易性金融资产——公允价值变动（或有关科目）

　贷：公允价值变动损益

有关资产的公允价值低于其账面价值的，按其差额，确认公允价值变动损失，做相反的会计分录。

在利润表上，公允价值变动收益应按公允价值变动收益减去公允价值变动损失后的净额列报。若为公允价值变动净损失，则以“－”号列报。

【例 10－2】 沿用例 10－1 的资料，假设 M 商业银行于 20×2 年 12 月 5 日买入的 K 公司股票 10 000 股一直持有，20×2 年 12 月 31 日，该股票的收盘价为每股 53 元。

M 商业银行编制会计分录如下：

公允价值变动收益＝53×10 000－500 000＝30 000(元)

借：交易性金融资产——公允价值变动　　30 000

　贷：公允价值变动损益　　30 000

10.1.5　汇兑损益的核算

汇兑损益是指商业银行发生的外币交易因汇率变动而产生的损益以及外汇衍生金融工具产生的损益。包括结售汇汇兑损益、外汇买卖汇兑损益等。

商业银行采用分账制核算的，资产负债表日，应将所有以外币反映的“货币兑换”科目余额按期末即期汇率折算为记账本位币金额，并以该金额为准对“货币兑换（记账本位币）”科目余额进行调整，并将调增或调减的金额（即汇兑差额）记入“汇兑损益”科目。会计分录为：

借或贷：汇兑损益

　贷或借：货币兑换（人民币）

结算外币货币性项目产生的汇兑差额记入“汇兑损益”科目。汇兑损益的核算参见外汇业务核算的有关内容。

10.1.6 其他业务收入的核算

其他业务收入是指商业银行除发放贷款、投资、承销债券、代理业务及金融机构往来业务等主营业务以外的其他业务实现的收入。包括租赁收入、销售贵金属收入和其他收入。

商业银行确认其他业务收入时，会计分录为：

借：存放中央银行款项、存放同业或其他应收款等

　贷：其他业务收入

商业银行取得的其他业务收入，按规定应缴纳增值税的，还应计算增值税销项税额，并进行账务处理。会计分录为：

借：存放中央银行款项、存放同业或其他应收款等

　贷：其他业务收入

　　应交税费——应交增值税（销项税额）

10.1.7 资产处置损益的核算

资产处置损益是指商业银行出售划分为持有待售的非流动资产（金融工具、长期股权投资和投资性房地产除外）和处置未划分为持有待售的固定资产、在建工程、无形资产时产生的损益。

【例10-3】 20×2年10月9日，HK商业银行将一台旧轿车对外出售。该轿车账面原价为200 000元，累计折旧为160 000元，出售收到的含增值税价款为56 500元，适用的增值税税率为13%。该轿车购进时抵扣过进项税额。

HK商业银行编制会计分录如下：

（1）将该固定资产转入清理时：

借：固定资产清理	40 000	
累计折旧	160 000	
贷：固定资产		200 000

（2）收到出售价款时：

借：存放中央银行款项或有关科目	56 500	
贷：固定资产清理		50 000
应交税费——应交增值税（销项税额）		6 500

（3）结转固定资产出售净收益时：

借：固定资产清理	10 000	
贷：资产处置损益		10 000

10.1.8 其他收益的核算

其他收益主要是指商业银行收到的与日常活动相关的政府补助形成的收益。

需要注意的是，并不是所有的政府补助都计入其他收益。根据《企业会计准则第 16 号——政府补助》(2017）的规定，政府补助可能计入其他收益，也可能计入营业外收入。即与商业银行日常活动相关的政府补助，应当按照经济业务实质，计入其他收益或冲减相关费用；与商业银行日常活动无关的政府补助，计入营业外收入或冲减相关损失。

商业银行在实际收到或应收与日常活动相关的政府补助，或将先确认为递延收益的政府补助分摊计入收益时：

借：存放中央银行款项、其他应收款、递延收益等

　贷：其他收益

10.2　费用的核算

费用是指商业银行在日常活动中发生的、会导致所有者权益减少的、与向所有者分配利润无关的经济利益的总流出。主要包括利息支出、手续费及佣金支出、税金及附加、业务及管理费、信用减值损失、其他资产减值损失、投资损失、公允价值变动损失、汇兑损失、其他业务成本、资产处置损失等。其中，投资损失、公允价值变动损失、汇兑损失和资产处置损失的核算在本章收入的核算中已述。

10.2.1　利息支出的核算

利息支出是指商业银行吸收的各种存款、与其他金融机构（中央银行、同业等）之间发生资金往来业务、卖出回购金融资产等产生的利息支出。

以吸收存款为例，资产负债表日，商业银行确认利息支出时，会计分录为：

借：利息支出　（吸收存款摊余成本×实际利率）

借或贷：吸收存款——利息调整　（借贷方差额）

　贷：应付利息　（吸收存款本金×合同利率）

实际利率与合同利率差异较小的，也可以采用合同利率计算确定利息费用。利息支出的核算已在相关章节阐述。

10.2.2　手续费及佣金支出的核算

手续费及佣金支出是指商业银行发生的与其经营活动相关的各项手续费、佣金等支出。包括银行卡手续费支出、票据交换手续费支出、国债手续费支出、贸易融资手续费支出以及其他业务手续费支出。

商业银行发生与其经营活动相关的手续费、佣金等支出时，会计分录为：

借：手续费及佣金支出

　　应交税费——应交增值税（进项税额）

　贷：存放中央银行款项、存放同业或应付手续费及佣金等

10.2.3 税金及附加的核算

税金及附加是指商业银行经营活动中发生的消费税、城市维护建设税、教育费附加、房产税、城镇土地使用税、车船税及印花税等相关税费。

消费税与增值税不同，增值税属于价外税，独立于营业收入、营业支出之外单独核算，不作为价格的组成部分，不计入利润表；消费税属于价内税，是价格的组成部分，即营业收入中包含消费税，消费税发生时作为税金及附加计入利润表，由营业收入补偿。

目前，银行在售的贵金属制品主要分为两类。一类是收藏类金银制品，主要有金条银锭、金银纪念币等；另一类是金、银和金基、银基合金首饰，金、银和金基、银基合金的镶嵌首饰等金银饰品。按规定，金银首饰属于消费税的应税对象，于零售环节征收消费税；金条银锭、金银纪念币等收藏类金银制品，则不在消费税的征税范围之内。

城市维护建设税和教育费附加属于价内税，同时也是一种附加税费，根据应交增值税、消费税“二税”之和的一定比例计算缴纳，随“二税”同时附征。

商业银行设置“税金及附加”科目，核算税金及附加的增减变动情况。商业银行确认税金及附加时，会计分录为：

借：税金及附加

　贷：应交税费——应交消费税

　　　　　　——应交城市维护建设税

　　　　　　——应交教育费附加等

商业银行缴纳的印花税，以购买印花税票方式支付，不会发生应交未交税费的情况，应于购买印花税票时，根据实际支付的金额：

借：税金及附加

　贷：存放中央银行款项或有关科目

【例10-4】 HK商业银行20×2年10月销售金银首饰一批，不含增值税价款为200 000元，增值税销项税额为26 000元，共计226 000元。金银首饰适用的消费税税率为5%。

HK商业银行编制会计分录如下：

（1）销售金银首饰时：

借：库存现金或有关科目	226 000	
贷：其他业务收入		200 000
应交税费——应交增值税（销项税额）		26 000

（2）结转应交消费税时：

借：税金及附加	10 000	
贷：应交税费——应交消费税		10 000

【例10-5】 20×2年10月，HK商业银行根据取得的各项收入形成的应交增值税、消费税，计算应交城市维护建设税（税率7%）和教育费附加（征收率5%）如表10-1所示。

表 10-1　应交城市维护建设税和教育费附加计算表　　单位：元

项目	税基	应交城市维护建设税	应交教育费附加	合计
应交增值税	200 000	14 000	10 000	24 000
应交消费税	10 000	700	500	1 200
合计	210 000	14 700	10 500	25 200

HK 商业银行编制会计分录如下：

借：税金及附加　　25 200

　贷：应交税费——应交城市维护建设税　　14 700

　　　　　　　——应交教育费附加　　10 500

10.2.4　业务及管理费的核算

业务及管理费是指商业银行在业务经营和管理过程中所发生的各项费用。包括折旧费、业务宣传费、业务招待费、电子设备运转费、钞币运送费、安全防范费、邮电费、劳动保护费、外事费、印刷费、低值易耗品摊销、职工工资及福利费、差旅费、水电费、职工教育经费、工会经费、会议费、诉讼费、公证费、咨询费、无形资产摊销、长期待摊费用摊销、取暖降温费、聘请中介机构费、技术转让费、绿化费、董事会费、财产保险费、劳动保险费、失业保险费、住房公积金、物业管理费、研究费用等。

商业银行设置“业务及管理费”科目，核算业务及管理费的增减变动情况。该科目下按费用项目进行明细核算。商业银行发生各项业务及管理费时，会计分录为：

借：业务及管理费

　　应交税费——应交增值税（进项税额）

　贷：库存现金、存放中央银行款项、应付职工薪酬等

【例 10-6】　20×2 年 9 月，M 商业银行 W 分行购进办公用品一批，增值税税率为 13%，价税合计 6 000 元，并取得增值税专用发票。

W 分行编制会计分录如下：

$$增值税进项税额=6\,000\div(1+13\%)\times13\%=690(元)$$

借：业务及管理费　　5 310

　　应交税费——应交增值税（进项税额）　　690

　贷：存放中央银行款项或其他科目　　6 000

【例 10-7】　20×2 年 9 月，M 商业银行 W 分行当月应发工资 1 000 万元，该分行分别按照职工工资总额的 20%，9%，1.5%，10%计提基本养老保险费、基本医疗保险费、失业保险费和住房公积金。该分行内设医务室，根据 20×1 年实际发生的职工福利费情况，预计 20×2 年应承担的职工福利费金额为职工工资总额的 2%。该分行分别按照职工工资总额的 2%和 1.5%计提工会经费和职工教育经费，并每月按工资总额的 8%向银行年金计划供款。

W 分行计提 20×2 年 9 月职工工资及福利费等人员费用时，编制会计分录如下：

借：业务及管理费　　15 400 000
　贷：应付职工薪酬——工资　　10 000 000
　　——职工福利　　200 000
　　——职工教育经费　　150 000
　　——工会经费　　200 000
　　——基本养老保险费　　2 000 000
　　——基本医疗保险费　　900 000
　　——失业保险费　　150 000
　　——住房公积金　　1 000 000
　　——补充养老保险费　　800 000

10.2.5　信用减值损失的核算

信用减值损失是指商业银行计提金融工具确认和计量准则（2017）要求的各项金融工具减值准备所形成的预期信用损失。主要包括商业银行对金融资产中以摊余成本计量的贷款及垫款、以公允价值计量且其变动计入其他综合收益的贷款及垫款、贴现资产、拆出资金、买入返售金融资产、债权投资、其他债权投资、应收及暂付款等计提减值准备所形成的预期信用损失。

以贷款为例，资产负债表日，商业银行计算贷款的预期信用损失，如果预期信用损失大于贷款当前损失准备的账面金额，应当将其差额确认为减值损失。会计分录为：

借：信用减值损失
　贷：贷款损失准备

如果预期信用损失小于贷款当前损失准备的账面金额，则应当将其差额确认为减值利得，做相反的会计分录。信用减值损失的核算已在第 3 章“贷款与贴现业务的核算”中阐述。

10.2.6　其他资产减值损失的核算

其他资产减值损失是指商业银行根据资产减值准则的规定对长期股权投资、抵债资产、固定资产、在建工程、工程物资、无形资产、商誉等计提减值准备所形成的损失。

资产负债表日，商业银行根据确认的减值损失，编制会计分录：

借：资产减值损失
　贷：长期股权投资减值准备
　　抵债资产跌价准备
　　固定资产减值准备
　　在建工程减值准备
　　工程物资减值准备
　　无形资产减值准备

商誉减值准备

商业银行计提抵债资产跌价准备后，相关资产的价值又得以恢复的，应在原已计提的减值准备金额内，按恢复增加的金额，编制会计分录：

借：抵债资产跌价准备

　贷：资产减值损失

长期股权投资、固定资产、在建工程、工程物资、无形资产和商誉的减值损失一经确认，在以后会计期间不得转回。

10.2.7 其他业务成本的核算

其他业务成本是指商业银行为获取其他业务收入而发生的支出。包括抵债资产出租成本、销售贵金属成本、以经营租赁方式出租固定资产的折旧费等。

商业银行发生其他业务成本时，会计分录为：

借：其他业务成本

　贷：存放中央银行款项、存放同业、贵金属、累计折旧等

【例 10-8】 20×2 年 3 月 3 日，M 商业银行 W 分行购入用作储备的黄金，增值税税率为 13%，支付的含税价款为 500 万元，并取得增值税专用发票。20×2 年 6 月 8 日，W 分行将前述购入黄金全部卖出，实际收到的含税价款为 560 万元。

W 分行编制会计分录如下：

(1) 20×2 年 3 月 3 日，购入用作储备的黄金时：

增值税进项税额=5 000 000÷(1+13%)×13%=575 221(元)

借：贵金属——黄金	4 424 779	
应交税费——应交增值税（进项税额）	575 221	
贷：存放中央银行款项或其他科目		5 000 000

(2) 20×2 年 6 月 8 日，卖出黄金时：

增值税销项税额=5 600 000÷(1+13%)×13%=644 248(元)

借：存放中央银行款项	5 600 000	
贷：其他业务收入		4 955 752
应交税费——应交增值税（销项税额）		644 248
借：其他业务成本	4 424 779	
贷：贵金属——黄金		4 424 779

10.3 利润的核算

10.3.1 利润的概念与构成

利润是指商业银行在一定会计期间的经营成果。利润包括收入减去费用后的净额、

直接计入当期利润的利得和损失等。

商业银行的利润按照反映内容的不同，分为营业利润、利润总额和净利润。具体计算如下：

（1）营业利润＝营业收入－营业支出

营业收入＝利息净收入＋手续费及佣金净收入＋投资收益(－投资损失)
＋公允价值变动收益(－公允价值变动损失)＋汇兑收益(－汇兑损失)
＋其他业务收入＋资产处置收益(－资产处置损失)＋其他收益

其中

利息净收入＝利息收入－利息支出

手续费及佣金净收入＝手续费及佣金收入－手续费及佣金支出

营业支出＝税金及附加＋业务及管理费＋信用减值损失
＋其他资产减值损失＋其他业务成本

（2）利润总额＝营业利润＋营业外收入－营业外支出

（3）净利润＝利润总额－所得税费用

10.3.2 营业外收支的核算

营业外收支是指商业银行发生的与日常活动无直接关系的各项收支。营业外收支也是增加和减少利润的因素，对商业银行的利润总额和净利润有较大的影响。

1. 营业外收入的核算

营业外收入是指商业银行取得的营业利润以外的收入。营业外收入由商业银行的非日常活动形成，属于应直接计入当期利润的利得。包括非流动资产毁损报废利得、债务重组利得、捐赠利得、盘盈利得、与商业银行日常活动无关的政府补助等。

商业银行取得营业外收入时，会计分录为：

借：固定资产清理等有关科目

　贷：营业外收入

2. 营业外支出的核算

营业外支出是指商业银行发生的营业利润以外的支出。营业外支出由商业银行的非日常活动产生，属于应直接计入当期利润的损失。包括非流动资产毁损报废损失、债务重组损失、公益性捐赠支出、盘亏损失、非常损失等。

商业银行发生营业外支出时，会计分录为：

借：营业外支出

　贷：固定资产清理、待处理财产损溢等有关科目

营业外收入和营业外支出应当分别核算，并在利润表中分别反映。

10.3.3 所得税费用

所得税费用即为商业银行确认的应从当期利润总额中扣除的所得税费用。商业银行

所得税费用的确认应采用资产负债表债务法。所得税费用包括当期所得税费用和递延所得税费用（或收益）。

10.3.4 综合收益总额

净利润加上其他综合收益扣除所得税后的净额，即为综合收益总额。

10.3.5 净利润及其分配的核算

1. 净利润的核算

商业银行设置“本年利润”科目，该科目属于所有者权益类科目，核算商业银行当期实现的净利润或发生的净亏损。

（1）商业银行采用账结法于每月月末，采用表结法于每年年末结转利润时，应将各损益类科目的余额转入“本年利润”科目，结平各损益类科目。会计分录为：

借：利息收入
　　手续费及佣金收入
　　投资收益（若为投资净收益）
　　公允价值变动损益（若为公允价值变动净收益）
　　汇兑损益（若为汇兑净收益）
　　其他业务收入
　　资产处置损益（若为资产处置净收益）
　　其他收益
　　营业外收入
　贷：本年利润
借：本年利润
　贷：利息支出
　　　手续费及佣金支出
　　　投资收益（若为投资净损失）
　　　公允价值变动损益（若为公允价值变动净损失）
　　　汇兑损益（若为汇兑净损失）
　　　资产处置损益（若为资产处置净损失）
　　　税金及附加
　　　业务及管理费
　　　信用减值损失
　　　资产减值损失
　　　其他业务成本
　　　营业外支出
　　　所得税费用

结转后，若“本年利润”科目的余额在贷方，则表示当期实现的净利润；若“本年利润”科目的余额在借方，则表示当期发生的净亏损。

(2) 年末，应将“本年利润”科目的余额转入“利润分配——未分配利润”明细科目。结转后，“本年利润”科目无余额。

若为净利润，则会计分录为：

借：本年利润

　　贷：利润分配——未分配利润

若为净亏损，则做相反的会计分录。

【例10－9】 A商业银行采用表结法结转本年利润，20×2年12月31日，该银行各损益类科目余额如表10－2所示。

表10－2　损益类科目余额表　　单位：元

科目名称	借方余额	贷方余额
利息收入		20 000 000
手续费及佣金收入		5 000 000
投资收益		1 000 000
公允价值变动损益		1 100 000
汇兑损益		600 000
其他业务收入		300 000
资产处置损益	150 000	
其他收益		1 800 000
营业外收入		900 000
利息支出	7 800 000	
手续费及佣金支出	1 020 000	
税金及附加	1 800 000	
业务及管理费	700 000	
信用减值损失	960 000	
资产减值损失	300 000	
其他业务成本	210 000	
营业外支出	80 000	
所得税费用	4 628 170	
合计	17 648 170	30 700 000

A商业银行编制会计分录如下：

(1) 20×2年12月31日，结转本年收入时：

借：利息收入	20 000 000
手续费及佣金收入	5 000 000
投资收益	1 000 000
公允价值变动损益	1 100 000
汇兑损益	600 000

其他业务收入　　300 000

其他收益　　1 800 000

营业外收入　　900 000

贷：本年利润　　30 700 000

（2）20×2 年 12 月 31 日，结转本年费用时：

借：本年利润　　17 648 170

贷：利息支出　　7 800 000

手续费及佣金支出　　1 020 000

资产处置损益　　150 000

税金及附加　　1 800 000

业务及管理费　　700 000

信用减值损失　　960 000

资产减值损失　　300 000

其他业务成本　　210 000

营业外支出　　80 000

所得税费用　　4 628 170

结转本年利润后，“本年利润”科目贷方发生额为 30 700 000 元，借方发生额为 17 648 170 元，贷方余额为 13 051 830 元，即 A 商业银行 20×2 年的净利润为 13 051 830 元。

2. 利润分配的核算

（1）利润分配的顺序。商业银行当年实现的净利润加上年初未分配利润（或减去年初未弥补亏损）和其他转入后的余额，即为可供分配利润。可供分配利润应按规定顺序进行分配。若商业银行当年实现的净利润不足以弥补以前年度累计亏损，则不进行利润分配。可供分配利润的分配顺序为：

1）提取法定盈余公积。

2）提取一般风险准备。

3）分配优先股股利。优先股股利是商业银行按照利润分配方案分配给优先股股东的现金股利。优先股股利一般按照优先股面值和固定股息率计算。

4）经股东大会或类似机构决议，提取任意盈余公积。

5）分配普通股股利或向投资者分配利润。

可供分配利润经过上述分配后，即为未分配利润。未分配利润可以留待以后年度进行分配。因特殊原因，经批准并报经相关部门备案后，商业银行可将一般风险准备转为未分配利润。

需要注意的是，若商业银行于下一年度召开股东大会，审议批准上一年度的股利分配预案，则在计算当年可供分配利润时，还需扣除当年向股东分配的上一年度股利。比如，某商业银行 2021 年度共实现净利润 260 831 万元，2021 年初未分配利润为 850 317 万元，2021 年 6 月召开股东大会，审议通过了 2020 年度股利分配预案，宣告分配 2020 年度普通股股利 92 638 万元，则该银行 2021 年末可供分配利润为 1 018 510 万元（260 831＋850 317－92 638）。

（2）利润分配的账务处理。商业银行应设置“利润分配”科目，该科目下分别设置“提取法定盈余公积”、“提取任意盈余公积”、“提取一般风险准备”、“应付现金股利或利润”、“转作股本的股利”、“盈余公积补亏”、“一般风险准备补亏”和“未分配利润”等进行明细核算。

1）弥补以前年度亏损。按规定，商业银行以前年度发生的亏损，可以用亏损年度后连续5年的税前利润弥补。在连续5年内未能弥补的亏损，从第6年起只能用税后利润弥补。商业银行用税前或税后利润弥补亏损时，均不需做专门的账务处理。因为商业银行将当年实现的利润自“本年利润”科目结转到“利润分配——未分配利润”科目的贷方时，其贷方发生额与“利润分配——未分配利润”科目的借方余额自然抵补。

但若商业银行用发生亏损以前提取的盈余公积和一般风险准备弥补亏损（因为从发生亏损的年度开始，在亏损完全弥补之前不应提取盈余公积和一般风险准备），则需做账务处理。商业银行用盈余公积弥补亏损的会计分录为：

借：盈余公积——任意盈余公积
　　　　　　——法定盈余公积
　贷：利润分配——盈余公积补亏

商业银行用一般风险准备弥补亏损的会计分录为：

借：一般风险准备
　贷：利润分配——一般风险准备补亏

2）提取法定盈余公积。商业银行当年实现的净利润在弥补以前年度累计亏损后，若还有剩余，应按补亏后净利润的一定比例（10%）提取法定盈余公积。商业银行提取法定盈余公积的会计分录为：

借：利润分配——提取法定盈余公积
　贷：盈余公积——法定盈余公积

【例10-10】 沿用例10-9的资料，A商业银行20×2年的净利润为13 051 830元，以前年度未发生亏损，按当年净利润的10%提取法定盈余公积1 305 183元。

A商业银行编制会计分录如下：

借：利润分配——提取法定盈余公积　　1 305 183
　贷：盈余公积——法定盈余公积　　1 305 183

3）提取一般风险准备。商业银行当年实现的净利润在弥补以前年度累计亏损和计提法定盈余公积后，应根据其风险资产期末余额的一定比例（不低于1.5%）差额提取一般风险准备。

期末，商业银行根据其风险资产期末余额的一定比例计算的一般风险准备金额，若大于“一般风险准备”科目的贷方余额，则商业银行应按其差额提取一般风险准备，编制会计分录：

借：利润分配——提取一般风险准备
　贷：一般风险准备

若小于或等于“一般风险准备”科目的贷方余额，则不需做会计分录。

【例 10－11】 20×2 年 12 月 31 日，A 商业银行风险资产余额为 1 030 524 600 元，该银行按风险资产余额的 1.5％提取一般风险准备。该银行 20×2 年 1 月 1 日“一般风险准备”科目的贷方余额为 14 716 513 元。

A 商业银行编制会计分录如下：

20×2 年应提取的一般风险准备金额＝1 030 524 600×1.5％－14 716 513
＝741 356(元)

借：利润分配——提取一般风险准备　　741 356
　贷：一般风险准备　　741 356

4）分配优先股股利。商业银行当年的可供分配利润在扣除计提的法定盈余公积和一般风险准备后，若有剩余，可以向优先股股东分配股利。

商业银行根据董事会会议批准的优先股股利分配方案，宣告分派优先股股利时，按应支付的优先股股利，编制会计分录：

借：利润分配——应付现金股利或利润
　贷：应付股利——优先股股利

5）提取任意盈余公积。商业银行当年的可供分配利润经过上述分配后，经股东大会或类似机构决议，可以按当年净利润（如有以前年度累计亏损，则为补亏后净利润）的一定比例提取任意盈余公积。商业银行提取任意盈余公积的会计分录为：

借：利润分配——提取任意盈余公积
　贷：盈余公积——任意盈余公积

6）分配普通股股利或向投资者分配利润。商业银行当年的可供分配利润经过上述分配后，即为当年可以向普通股股东分配股利或向投资者分配利润的限额。

商业银行根据股东大会或类似机构审议批准的普通股股利（利润）分配方案，宣告分派普通股股利或利润时，按应支付的普通股现金股利或利润，编制会计分录：

借：利润分配——应付现金股利或利润
　贷：应付股利

若商业银行根据股东大会审议批准的股利分配方案，宣告分派股票股利，则在办理增资手续后，编制会计分录：

借：利润分配——转作股本的股利
　贷：股本

7）期末结转的会计处理。期末，将“利润分配”科目下除“未分配利润”外的其他明细科目余额转入“未分配利润”明细科目。会计分录为：

借：利润分配——盈余公积补亏
　　　　　　——一般风险准备补亏
　贷：利润分配——未分配利润
借：利润分配——未分配利润
　贷：利润分配——提取法定盈余公积
　　　　　　　——提取一般风险准备

——提取任意盈余公积

——应付现金股利或利润

——转作股本的股利

经过上述结转后，“利润分配”科目除“未分配利润”明细科目外，其他明细科目均无余额。“未分配利润”明细科目若为期末贷方余额，则反映历年积累的未分配利润；若为期末借方余额，则反映历年未弥补的亏损。

【例 10-12】 假设A商业银行的股本为80 000 000元，每股面值1元。20×3年6月5日，该银行召开20×2年度股东大会，审议通过了20×2年度股利分配方案，宣告按每股0.15元分派现金股利，按每10股送1股的比例分派股票股利。6月20日，A商业银行支付全部现金股利，新增股本也办理了股权登记和相关增资手续。

A商业银行编制会计分录如下：

(1) 20×3年6月5日，宣告分派现金股利时：

借：利润分配——应付现金股利或利润　　12 000 000

　贷：应付股利——普通股股利　　12 000 000

同时，结转利润分配明细科目余额至“未分配利润”明细科目：

借：利润分配——未分配利润　　12 000 000

　贷：利润分配——应付现金股利或利润　　12 000 000

(2) 20×3年6月20日，实际支付现金股利时：

借：应付股利——普通股股利　　12 000 000

　贷：存放中央银行款项或有关科目　　12 000 000

(3) 20×3年6月20日，实际发放股票股利，办理增资手续：

借：利润分配——转作股本的股利　　8 000 000

　贷：股本　　8 000 000

同时，结转利润分配明细科目余额至“未分配利润”明细科目：

借：利润分配——未分配利润　　8 000 000

　贷：利润分配——转作股本的股利　　8 000 000

【例 10-13】 沿用例10-9和例10-11的资料，A商业银行20×2年初“利润分配——未分配利润”科目贷方余额为16 000 000元。该银行一般于下一年度的第二季度向普通股股东宣告分配上一年度的股利，20×2年6月10日，该银行宣告分配的20×1年度普通股股利为10 000 000元，其中现金股利8 000 000元，股票股利2 000 000元。要求：计算A商业银行20×2年度可供分配利润，并编制A商业银行年末结转本年利润和利润分配的会计分录。

(1) 由于A商业银行于20×2年6月10日宣告分配20×1年度的普通股股利，因此，20×2年12月31日，A商业银行计算20×2年度可供分配利润时还需扣除20×1年度普通股股利10 000 000元，即A商业银行20×2年度可供分配利润为：

$$13\ 051\ 830+16\ 000\ 000-10\ 000\ 000=19\ 051\ 830(\text{元})$$

(2) A商业银行编制年末结转本年利润和利润分配的会计分录如下：

1）结转本年利润时：

借：本年利润　　13 051 830

　贷：利润分配——未分配利润　　13 051 830

2）结转利润分配时：

借：利润分配——未分配利润　　2 046 539

　贷：利润分配——提取法定盈余公积　　1 305 183

　　　　——提取一般风险准备　　741 356

A 商业银行“利润分配——未分配利润”科目的记录如下所示：

利润分配——未分配利润

利润分配转入	10 000 000	年初余额	16 000 000
	2 046 539	本年利润转入	13 051 830
		年末余额	17 005 291

思考题

1. 如何计算商业银行的营业利润、利润总额和净利润？
2. 商业银行的营业收入和营业支出分别包括哪些内容？
3. 如何计算可供分配利润？简述可供分配利润的分配顺序。

练习题

1. N 商业银行发生以下业务：

（1）资产负债表日，计提缴存中国人民银行的一般性存款利息 56 000 元。

（2）年终盘点时，发生固定资产盘亏 30 000 元，经批准做损失处理，办理转账。

（3）用现金支付业务招待费 1 600 元。

（4）提取固定资产折旧 23 000 元。

（5）向开户单位收取办理结算业务手续费 5 000 元。

（6）资产负债表日，N 商业银行评估认为发放给美味食品加工厂的贷款，其信用风险自初始确认后已显著增加，并按整个存续期的预期信用损失计量损失准备 24 万元。该贷款在此次评估前“贷款损失准备”账户余额为 8 万元。

要求：根据以上资料，编制 N 商业银行的会计分录。

2. H 商业银行 20×1 年初未分配利润余额为 2 010 924.10 万元，20×1 年该行共实现净利润 700 277.80 万元。20×1 年 7 月 9 日，经股东大会审议批准，分配 20×0 年度普通股股利 207 557 万元和优先股股利 52 000 万元。该银行 20×1 年末利润分配预案为：按当年净利润 10%的比例提取法定盈余公积；按风险资产余额的 1.50%差额计提一般风险准备 119 872.80 万元；以实施权益分派股权登记日的普通股总股本为基数，向登记在册的全体普通股股东每 10 股派送现金股利 3.50 元，利润分配预案披露日银行普通股总股本为 5 930 200 432 股。

要求：

（1）计算20×1年度可供分配利润。

（2）编制20×1年末利润分配的会计分录。

（3）编制20×1年末结转本年利润和利润分配的会计分录。

3. K商业银行20×1年初未分配利润余额为1亿元，20×1年该行共实现净利润1 000万元，年末利润分配预案为：按10%提取法定盈余公积，提取一般风险准备60万元，每10股派2元现金股利，并按照10∶1发放股票股利。20×2年5月31日，该分配预案获得股东大会批准，并办妥相关手续。该银行登记在册的普通股股数为1亿股。20×2年该行实现净利润1 200万元，年末利润分配预案为：按10%提取法定盈余公积，提取一般风险准备75万元，按8%提取任意盈余公积，每10股派1元现金股利。

要求：

（1）编制年末结转本年利润的会计分录。

（2）根据利润分配预案和股东大会决议，编制利润分配的会计分录。

（3）编制结转利润分配的会计分录。

第11章

财务报表

学习目标

1. 了解财务报表的概念与构成，资产负债表、利润表、现金流量表及所有者权益变动表的概念。

2. 理解财务报表的编制要求、财务报表附注的重要性、财务报表附注披露的主要内容。

3. 掌握资产负债表、利润表、现金流量表及所有者权益变动表的编制方法。

11.1 财务报表概述

11.1.1 财务报表的构成

财务报表也称会计报表，是指商业银行总行对外提供的，反映全行某一特定日期财务状况和某一会计期间经营成果、现金流量等会计信息的文件。财务报表分为月度、季度、半年度和年度财务报表。月度、季度财务报表是指商业银行月度和季度终了对外提供的财务报表；半年度财务报表是指商业银行在每个会计年度的前6个月结束后对外提供的财务报表；年度财务报表是指商业银行年度终了对外提供的财务报表。月度、季度和半年度财务报表统称为中期财务报表。

商业银行的财务报表至少应当包括资产负债表、利润表、现金流量表、所有者权益（股东权益）变动表和附注。

11.1.2 财务报表的编制要求

商业银行应当以持续经营为基础编制财务报表。以持续经营为基础不再合理的，应当采用其他基础编制财务报表，并在附注中进行披露。商业银行编制财务报表时应遵守以下基本要求。

1. **真实性**

商业银行应当根据实际发生的交易和事项，按照企业会计准则的规定进行确认和计量，在此基础上编制财务报表，保证财务报表所提供的信息真实可靠、数据正确。商业银行不应以附注披露代替确认和计量。

2. **完整性**

财务报表中的资产项目和负债项目的金额、收入项目和费用项目的金额，除准则另有规定外，不得相互抵销。

当期财务报表的列报，除准则另有规定外，至少应当提供所有列报项目上一可比会计期间的比较数据，以及与理解当期财务报表相关的说明。

商业银行应当在财务报表的显著位置至少披露编报商业银行的名称、资产负债表日或财务报表涵盖的会计期间、人民币金额单位。若为合并财务报表，应当予以标明。

3. **一致性**

财务报表项目的列报应当在各个会计期间保持一致，不得随意变更，但下列情况除外：

（1）会计准则要求改变财务报表项目的列报。

（2）商业银行经营业务的性质发生重大变化后，变更财务报表项目的列报能够提供更可靠、更相关的会计信息。

财务报表项目的列报发生变更，在切实可行的情况下，应当对列报的上一可比会计期间的比较数据，按照当期的列报要求进行调整，并在附注中披露调整的原因、性质及金额；在不切实可行的情况下，应当在附注中披露不能调整的原因。

4. **重要性**

财务报表是通过对大量的交易和事项进行处理而生成的，为了使财务报表具有可理解性，应将各项交易和事项按性质或功能汇总归类，形成财务报表列报的项目。

对于性质或功能不同的项目，应当在财务报表中单独列报，但是对于不具有重要性的项目可以合并列报。比如，长期股权投资和固定资产在性质和功能上都有本质的区别，且都具有重要性，必须分别在资产负债表上单独列报。

对于性质或功能类似的项目，可以合并列报，但是对于具有重要性的类别，应当按其类别在财务报表中单独列报。比如，贷款、贸易融资、信用卡透支等项目在性质上类似，其所属类别为“发放贷款和垫款”，该类别具有重要性，必须将这一类别在资产负债表上单独列报。

重要性是相对的，对某项目重要性的评价在很大程度上取决于会计人员的职业判断。一般而言，若财务报表某项目的省略或错报会影响会计信息使用者据此做出经济决策，则该项目具有重要性。重要性应当根据商业银行所处的环境，从项目的性质和金额大小两方面予以判断。判断项目性质的重要性时，应考虑该项目是否属于商业银行日常活动等因素；判断项目金额大小的重要性时，应通过单项金额占资产总额、负债总额、所有者权益总额、营业收入总额、营业支出总额、净利润等直接相关项目金额的比重加以确定。

11.2　财务报表的编制

11.2.1　资产负债表

资产负债表是总括反映商业银行某一特定日期（即月末、季末、半年末和年末，称资产负债表日）的全部资产、负债和所有者权益的报表。资产负债表日，符合确认条件的各项资产、负债、所有者权益均应按照规定的计量方法和格式，在资产负债表中列报。

资产负债表的结构是会计恒等式“资产＝负债＋所有者权益”的具体体现，反映商业银行某一期末时点的资金来源和资金运用情况。从资金来源看，资产负债表可以提供商业银行某一期末时点的负债和所有者权益的金额及构成，反映商业银行资金来源中借入资金和自有资金的金额及比例；从资金运用看，资产负债表可以提供商业银行某一期末时点的资产总额及构成，反映商业银行拥有或控制的资源以及分布情况。会计信息使用者可以利用资产负债表所提供的信息，结合具体的财务指标，对商业银行的财务状况进行深入分析，以帮助其做出经济决策。

1. 资产负债表的格式

资产负债表有两种基本格式，即账户式和垂直式（报告式）。账户式资产负债表分左、右两方，左方列报资产项目，右方列报负债和所有者权益项目，左右两方的合计数保持平衡。我国商业银行的资产负债表采用账户式结构，其格式如表 11－1 所示。垂直式资产负债表对资产、负债、所有者权益项目，采用自上而下垂直分列的形式反映。

表 11－1　资产负债表

会商银 01 表

编制单位：　　　　　　＿＿＿＿年＿＿月＿＿日　　　　　　单位：元

资产	期末余额	上年年末余额	负债和所有者权益（或股东权益）	期末余额	上年年末余额
资产：			负债：		
现金及存放中央银行款项			向中央银行借款		
存放同业款项			同业及其他金融机构存放款项		
贵金属			拆入资金		
拆出资金			交易性金融负债		
衍生金融资产			衍生金融负债		
买入返售金融资产			卖出回购金融资产款		

续表

资产	期末余额	上年年末余额	负债和所有者权益（或股东权益）	期末余额	上年年末余额
发放贷款和垫款			吸收存款		
金融投资：			应付职工薪酬		
交易性金融资产			应交税费		
债权投资			预计负债		
其他债权投资			应付债券		
其他权益工具投资			其中：优先股		
长期股权投资			永续债		
投资性房地产			递延所得税负债		
固定资产			其他负债		
在建工程			负债合计		
无形资产			所有者权益（或股东权益）：		
递延所得税资产			实收资本（或股本）		
其他资产			其他权益工具		
			其中：优先股		
			永续债		
			资本公积		
			减：库存股		
			其他综合收益		
			盈余公积		
			一般风险准备		
			未分配利润		
			所有者权益（或股东权益）合计		
资产总计			负债和所有者权益（或股东权益）总计		

2. 资产负债表的项目排列

在资产负债表上，商业银行的各项资产和负债分别按照流动性强弱的顺序排列。比如，资产按照现金及存放中央银行款项、存放同业款项等顺序排列；负债按照向中央银行借款、同业及其他金融机构存放款项等顺序排列。商业银行的所有者权益，按照永久性程度高低的顺序排列。比如，按实收资本（或股本）、其他权益工具、资本公积、其他综合收益、盈余公积、一般风险准备、未分配利润的顺序排列。

3. 资产负债表的编制

资产负债表的编制是以日常会计核算记录的数据为基础进行归类、整理和汇总，加工成报表项目的过程。资产负债表各项目都列有“期末余额”和“上年年末余额”两个栏目，是一种比较资产负债表。会计信息使用者通过对不同时点的资产负债表的数据进行比较，可以了解商业银行财务状况的变动情况及发展趋势。

（1）“上年年末余额”的填列。资产负债表中“上年年末余额”栏内各项目数字，应根据上年年末资产负债表“期末余额”栏内所列数字填列。如果本年度资产负债表规定的各个项目的名称和内容同上年度不一致，在切实可行的情况下，应对上年年末资产负债表各项目的名称和数字按照本年度的规定进行调整，按调整后的数字填入本年度资产负债表“上年年末余额”栏内。

（2）“期末余额”的填列。资产负债表中“期末余额”栏内各项目数字，有的可以根据有关科目的期末余额直接填列，有的则需要根据相关科目的期末余额，经过分析、计算后填列。资产负债表各项目的内容及“期末余额”的填列方法如下：

1）“现金及存放中央银行款项”项目，反映商业银行期末持有的库存现金和存放于中央银行的各种款项。根据“库存现金”“存放中央银行款项”等总账科目的期末余额的合计数填列。

2）“贵金属”项目，反映商业银行持有的黄金、白银等贵金属存货的期末价值。根据“贵金属”总账科目的期末余额填列。

3）“存放同业款项”、“拆出资金”、“买入返售金融资产”和“债权投资”项目，反映商业银行持有的相应资产的期末价值。根据相应总账科目的期末余额分别填列。已计提预期信用减值准备的，应以减去预期信用减值准备后的净额分别填列。

4）“长期股权投资”和“在建工程”项目，反映商业银行持有的相应资产的期末价值。根据相应总账科目的期末余额分别填列。已计提资产减值准备的，应以减去资产减值准备后的净额分别填列。

5）“衍生金融资产”项目，反映商业银行期末持有的衍生工具、套期工具、被套期项目中属于衍生金融资产的金额。根据“衍生工具”、“套期工具”和“被套期项目”总账科目的期末借方余额的合计数填列。

6）“发放贷款和垫款”项目，反映商业银行发放的各种客户贷款、银团贷款、贸易融资、协议透支、信用卡透支、转贷款、垫款及贴现资产等的期末价值。根据“贷款”“贴现资产”等总账科目的期末借方余额合计数，减去“贷款损失准备”科目所属明细科目期末余额后的金额分析计算填列。

7）“固定资产”项目，反映商业银行固定资产的期末价值和商业银行尚未清理完毕的固定资产清理净损益。根据“固定资产”和“固定资产清理”科目的期末余额，减去“累计折旧”和“固定资产减值准备”科目的期末余额后的金额填列。

8）“投资性房地产”和“无形资产”项目，反映商业银行相应资产的期末价值。根据相应总账科目的期末余额减去相关的累计折旧或摊销后的金额分别填列。已计提资产减值准备的，还应减去相应的资产减值准备。采用公允价值计量的投资性房地产，根据相应总账科目的期末余额填列。

9）“交易性金融资产”、“其他债权投资”、“其他权益工具投资”和“递延所得税资产”项目，反映商业银行持有的相应资产的期末价值。根据相应总账科目的期末余额分别填列。

10）“其他资产”项目，反映商业银行除上述各项资产以外的资产的期末价值。如存出保证金、应收利息、其他应收款、抵债资产、使用权资产、长期待摊费用、商誉、待处理资产等。根据相应总账科目的期末余额分析计算后加总填列。已计提相关减值准备的，应以减去相关减值准备后的净额加总填列。

11）“向中央银行借款”、“同业及其他金融机构存放款项”、“拆入资金”、“交易性金融负债”、“卖出回购金融资产款”、“吸收存款”、“应付职工薪酬”、“应交税费”、“预计负债”、“应付债券”和“递延所得税负债”项目，反映商业银行期末尚未偿还或偿付的相应债务金额。根据相应总账科目的期末余额分别填列。

12）“衍生金融负债”项目，反映商业银行期末持有的衍生工具、套期工具、被套期项目中属于衍生金融负债的金额。根据“衍生工具”、“套期工具”和“被套期项目”总账科目的期末贷方余额的合计数填列。

13）“其他负债”项目，反映商业银行除上述各项负债以外的负债的期末金额。如应付待结算及清算款项、存入保证金、应付股利、租赁负债、其他应付款、递延收益等。根据相应总账科目的期末余额分析计算后加总填列。

14）“实收资本（股本）”、“其他权益工具”、“资本公积”、“库存股”、“其他综合收益”、“盈余公积”和“一般风险准备”项目，反映商业银行期末各项所有者权益的金额。根据“实收资本（股本）”、“其他权益工具”、“资本公积”、“库存股”、“其他综合收益”、“盈余公积”和“一般风险准备”总账科目的期末余额分别填列。

15）“未分配利润”项目，反映商业银行期末累计未分配利润或未弥补亏损的金额。根据“利润分配”科目中所属的“未分配利润”明细科目的期末余额填列。

11.2.2 利润表

利润表是反映商业银行在某一会计期间经营成果的财务报表。某一会计期间，符合确认条件的各项收入、费用、利润均应按照规定的计量方法和格式，在利润表中列报。会计信息使用者可以利用利润表所提供的信息，了解商业银行某一会计期间实现的收入、发生的费用，以及计入当期利润的利得和损失等的金额，分析商业银行利润的构成与质量，并结合具体的财务指标对商业银行的盈利能力进行评价，以帮助其做出经济决策。

1. 利润表的格式

利润表有两种基本格式，即多步式和单步式。我国商业银行的利润表采用多步式结构，即通过对当期的收入、费用、支出项目按性质加以归类，按利润形成的主要环节列示一些中间性利润指标，分步计算当期净损益，便于会计信息使用者了解银行经营成果的不同来源和预测银行未来的盈利能力。我国商业银行多步式利润表的格式如表11-2所示。

表11-2 利润表

会商银02表

编制单位： ________年____月 单位：元

项目	本期金额	上期金额
一、营业收入		
利息净收入		
利息收入		

续表

项目	本期金额	上期金额
利息支出		
手续费及佣金净收入		
手续费及佣金收入		
手续费及佣金支出		
投资收益（损失以“－”号填列）		
其中：对联营企业和合营企业的投资收益		
以摊余成本计量的金融资产终止确认产生的收益（损失以“－”号填列）		
其他收益		
公允价值变动收益（损失以“－”号填列）		
汇兑收益（损失以“－”号填列）		
其他业务收入		
资产处置收益（损失以“－”号填列）		
二、营业支出		
税金及附加		
业务及管理费		
信用减值损失		
其他资产减值损失		
其他业务成本		
三、营业利润（亏损以“－”号填列）		
加：营业外收入		
减：营业外支出		
四、利润总额（亏损总额以“－”号填列）		
减：所得税费用		
五、净利润（净亏损以“－”号填列）		
（一）持续经营净利润（净亏损以“－”号填列）		
（二）终止经营净利润（净亏损以“－”号填列）		
六、其他综合收益的税后净额		
（一）以后不能重分类进损益的其他综合收益		
1. 重新计量设定受益计划变动额		
2. 权益法下不能转损益的其他综合收益		
3. 其他权益工具投资公允价值变动		
4. 企业自身信用风险公允价值变动		
……		
（二）将重分类进损益的其他综合收益		
1. 权益法下可转损益的其他综合收益		
2. 其他债权投资公允价值变动		

续表

项目	本期金额	上期金额
3. 金融资产重分类计入其他综合收益的金额		
4. 其他债权投资信用损失准备		
5. 现金流量套期储备		
6. 外币财务报表折算差额		
……		
七、综合收益总额		
八、每股收益：		
（一）基本每股收益		
（二）稀释每股收益		

2. 利润表的编制

利润表中各项目都列有“本期金额”和“上期金额”两个栏目，是一种比较利润表。会计信息使用者通过对不同期间利润的实现情况进行比较，可以判断商业银行经营成果的未来发展趋势。

（1）“上期金额”的填列。利润表中“上期金额”栏内各项目数字，应根据上年该期利润表“本期金额”栏内所列数字填列。如果上年该期利润表规定的各个项目的名称和内容同本期不相一致，在切实可行的情况下，应对上年该期利润表各项目的名称和数字按照本期的规定进行调整，按调整后的数字填入本期利润表“上期金额”栏内。

（2）“本期金额”的填列。利润表中“本期金额”栏内各项目数字，有的根据各损益类科目的发生额分析填列，有的根据表中相关项目的数据计算填列。利润表各项目“本期金额”的填列方法如下：

1）“营业收入”项目，根据“利息净收入”、“手续费及佣金净收入”、“投资收益”、“其他收益”、“公允价值变动收益”、“汇兑收益”、“其他业务收入”和“资产处置收益”项目的合计数填列。

2）“利息净收入”项目，根据“利息收入”项目金额减去“利息支出”项目金额后的净额填列。

3）“利息收入”和“利息支出”项目，分别根据“利息收入”和“利息支出”科目的发生额分析填列。

4）“手续费及佣金净收入”项目，根据“手续费及佣金收入”项目金额减去“手续费及佣金支出”项目金额后的净额填列。

5）“手续费及佣金收入”和“手续费及佣金支出”项目，分别根据“手续费及佣金收入”和“手续费及佣金支出”科目的发生额分析填列。

6）“投资收益”、“公允价值变动收益”、“汇兑收益”和“资产处置收益”项目，分别根据“投资收益”、“公允价值变动损益”、“汇兑损益”和“资产处置损益”科目的发生额分析填列。如为损失，以“－”号填列。

7）“其他收益”项目，根据“其他收益”科目的发生额分析填列。

8）“其他业务收入”项目，根据“其他业务收入”科目的发生额分析填列。

9）“营业支出”项目，根据“税金及附加”、“业务及管理费”、“信用减值损失”、“其他资产减值损失”和“其他业务成本”项目的合计数填列。

10）“税金及附加”、“业务及管理费”、“信用减值损失”、“其他资产减值损失”和“其他业务成本”项目，分别根据“税金及附加”、“业务及管理费”、“信用减值损失”、“资产减值损失”和“其他业务成本”科目的发生额分析填列。

11）“营业利润”项目，根据“营业收入”项目金额减去“营业支出”项目金额后的数额填列。

12）“营业外收入”和“营业外支出”项目，分别根据“营业外收入”和“营业外支出”科目的发生额分析填列。

13）“利润总额”项目，根据“营业利润”项目金额，加上“营业外收入”项目金额，减去“营业外支出”项目金额后的数额填列。

14）“所得税费用”项目，根据“所得税费用”科目的发生额分析填列。

15）“净利润”项目，根据“利润总额”项目金额减去“所得税费用”项目金额后的数额填列。

16）“持续经营净利润”项目，反映净利润中与持续经营相关的净利润；如为净亏损，以“-”号填列。根据《企业会计准则第 42 号——持有待售的非流动资产、处置组和终止经营》的相关规定列报。

17）“终止经营净利润”项目，反映净利润中与终止经营相关的净利润；如为净亏损，以“-”号填列。根据《企业会计准则第 42 号——持有待售的非流动资产、处置组和终止经营》的相关规定列报。

18）“其他综合收益的税后净额”项目及其各组成部分，应根据“其他综合收益”科目及其所属明细科目的本期发生额分析填列。

19）“综合收益总额”项目，根据“净利润”项目金额加上“其他综合收益的税后净额”项目金额后的数额填列。

11.2.3 现金流量表

现金流量表是反映商业银行在某一会计期间现金和现金等价物流入和流出的报表。某一会计期间，现金及现金等价物的增减变动均应按照规定的格式，在现金流量表中列报。从编制原则上看，现金流量表按照收付实现制原则编制，将权责发生制下的盈利信息调整为收付实现制下的现金流量信息，便于会计信息使用者了解商业银行净利润的质量。从内容上看，现金流量表划分为经营活动、投资活动和筹资活动三个部分，每类活动又分为各具体项目，这些项目从不同角度反映商业银行业务活动的现金流入与流出，弥补了资产负债表和利润表提供信息的不足。通过现金流量表，会计信息使用者能够了解现金流量的影响因素，评价商业银行的支付能力和偿债能力，并据以预测商业银行未来的现金流量，为其决策提供有力依据。

现金，是指商业银行库存现金以及可以随时用于支付的存款，包括库存现金、存放中央银行超额存款准备金和存放同业活期款项。不能随时用于支付的存款不属于现金。

现金等价物，是指商业银行持有的期限短（从购买日起3个月内到期）、流动性强、易于转换为已知金额现金、价值变动风险很小的投资，包括原到期日为3个月或以内的存放中央银行的非限定性款项、原到期日为3个月或以内的存放同业定期款项、原到期日为3个月或以内的拆出资金、购买日起3个月或以内到期的债券投资等。权益性投资变现的金额通常不确定，因而不属于现金等价物。

1. 现金流量表的格式

现金流量表内分类列报经营活动产生的现金流量、投资活动产生的现金流量和筹资活动产生的现金流量。其中，经营活动是指商业银行投资活动和筹资活动以外的所有交易和事项，包括吸收存款、发放贷款、同业存放、同业拆借、中间业务收费等；投资活动是指商业银行长期资产的购建和不包括在现金等价物范围内的投资及其处置活动；筹资活动是指导致商业银行资本及债务规模和构成发生变化的活动。我国商业银行现金流量表的格式如表11-3所示。

表11-3 现金流量表

会商银03表

编制单位： ________年____月 单位：元

项目	本期金额	上期金额
一、经营活动产生的现金流量：		
客户存款和同业存放款项净增加额		
向中央银行借款净增加额		
向其他金融机构拆入资金净增加额		
收取利息、手续费及佣金的现金		
回购业务资金净增加额		
收到其他与经营活动有关的现金		
经营活动现金流入小计		
客户贷款及垫款净增加额		
存放中央银行和同业款项净增加额		
为交易目的而持有的金融资产净增加额		
拆出资金净增加额		
返售业务资金净增加额		
支付利息、手续费及佣金的现金		
支付给职工及为职工支付的现金		
支付的各项税费		
支付其他与经营活动有关的现金		
经营活动现金流出小计		
经营活动产生的现金流量净额		
二、投资活动产生的现金流量：		
收回投资收到的现金		
取得投资收益收到的现金		

续表

项目	本期金额	上期金额
处置固定资产、无形资产和其他长期资产收回的现金净额		
收到其他与投资活动有关的现金		
投资活动现金流入小计		
投资支付的现金		
购建固定资产、无形资产和其他长期资产支付的现金		
支付其他与投资活动有关的现金		
投资活动现金流出小计		
投资活动产生的现金流量净额		
三、筹资活动产生的现金流量：		
吸收投资收到的现金		
发行债券收到的现金		
收到其他与筹资活动有关的现金		
筹资活动现金流入小计		
偿还债务支付的现金		
分配股利、利润或偿付利息支付的现金		
支付其他与筹资活动有关的现金		
筹资活动现金流出小计		
筹资活动产生的现金流量净额		
四、汇率变动对现金及现金等价物的影响		
五、现金及现金等价物净增加额		
加：期初现金及现金等价物余额		
六、期末现金及现金等价物余额		

2. 现金流量表的编制方法

（1）直接法和间接法。商业银行编制现金流量表时，列报经营活动产生的现金流量有两种方法，即直接法和间接法。

直接法是指按现金流入和现金流出的主要类别直接反映商业银行经营活动产生的现金流量。间接法是指以本期净利润为起算点，调整不涉及现金的收入、费用、营业外收支等有关项目，剔除投资活动、筹资活动对现金流量的影响，据此计算出经营活动产生的现金流量。由于净利润是按照权责发生制原则确定的，而且包括与投资活动和筹资活动相关的收益和费用，在间接法下，将净利润调节为经营活动现金流量，实际上就是将按权责发生制原则确定的净利润调整为现金净流入，并剔除投资活动和筹资活动对现金流量的影响。

采用直接法列报经营活动产生的现金流量，便于会计信息使用者分析商业银行经营活动产生的现金流量的来源和用途，预测商业银行现金流量的未来前景；采用间接法列报经营活动产生的现金流量，便于会计信息使用者将净利润与经营活动产生的现金流量净额进行比较，了解净利润与经营活动产生的现金流量差异的原因，从现金流量的角度分析商业银行净利润的质量。我国企业会计准则要求商业银行对经营活动产生的现金流量采用直接法列报，同时，在财务报表附注中披露采用间接法将净利润调节为经营活动现金流量的信息。

（2）工作底稿法、T 形账户法和分析填列法。商业银行具体编制现金流量表时，可以运用工作底稿法或 T 形账户法等技术手段确定现金流量表各项目的金额，也可以直接根据有关科目的记录分析填列。工作底稿法或 T 形账户法是以工作底稿或 T 形账户为手段，以资产负债表和利润表数据为基础，对每一项目进行分析并编制调整分录，据以确定现金流量表各项目的金额，从而编制现金流量表的方法。分析填列法是直接根据资产负债表、利润表和有关会计科目明细账的记录，分析计算出现金流量表各项目的金额，并据以编制现金流量表的方法。

3. 现金流量表的编制

现金流量表中，经营活动产生的现金流量净额、投资活动产生的现金流量净额和筹资活动产生的现金流量净额三项之和，加上或减去汇率变动对现金及现金等价物的影响金额之后的数额，即为现金及现金等价物净增加额；现金及现金等价物净增加额加上期初现金及现金等价物余额后的数额，即为期末现金及现金等价物余额。采用分析填列法编制现金流量表时，表中各项目“本期金额”的填列方法如下：

（1）“客户存款和同业存放款项净增加额”项目，反映商业银行本期吸收和支付客户存款及境内外金融机构存款所导致的现金净流入。根据“吸收存款”“同业存放”等科目的记录分析填列。如为净减少额，则在经营活动现金流出类中单独列示。

（2）“向中央银行借款净增加额”项目，反映商业银行本期向中央银行借入和偿还款项所导致的现金净流入。根据“向中央银行借款”科目的记录分析填列。如为净减少额，则在经营活动现金流出类中单独列示。

（3）“向其他金融机构拆入资金净增加额”项目，反映商业银行本期从境内外金融机构拆入和偿还资金所导致的现金净流入。根据“拆入资金”科目的记录分析填列。如为净减少额，则在经营活动现金流出类中单独列示。

（4）“收取利息、手续费及佣金的现金”项目，反映商业银行由于发放各类贷款、进行债券投资、经营各项中间业务以及与其他金融机构往来而在本期收取利息、手续费及佣金所形成的现金流入。根据“利息收入”“手续费及佣金收入”“应收利息”等科目的记录分析填列。

（5）“回购业务资金净增加额”项目，反映商业银行本期按回购协议卖出和回购票据、证券、贷款等金融资产所导致的现金净流入。根据“卖出回购金融资产款”等科目的记录分析填列。如为净减少额，则在经营活动现金流出类中单独列示。

（6）“收到其他与经营活动有关的现金”项目，反映商业银行本期除上述各项目外的其他经营活动所形成的现金流入，主要包括以公允价值计量且其变动计入当期损益的金融负债的净增加额、经营性其他应付款项净增加额、经营性其他应收款项净减少额等。根据有关科目的记录分析填列。

（7）“客户贷款及垫款净增加额”项目，反映商业银行本期发放和收回各种客户贷款，办理商业票据贴现、转贴现融出及融入资金，代垫和收回各类款项等所导致的现金净流出。根据“贷款”“贴现资产”“贴现负债”等科目的记录分析填列。如为净减少额，则在经营活动现金流入类中单独列示。

（8）“存放中央银行和同业款项净增加额”项目，反映商业银行本期存放和支取中央银行及境内外金融机构，除现金及现金等价物以外的款项所导致的现金净流出。根据“存放中央银行款项”“存放同业”等科目的记录分析填列。如为净减少额，则在经营活动现金流入类中单独列示。

（9）“为交易目的而持有的金融资产净增加额”项目，反映商业银行本期支付和收到因买卖为交易目的而持有的金融资产的款项所导致的现金净流出。根据“交易性金融资产”等科目的记录分析填列。如为净减少额，则在经营活动现金流入类中单独列示。

（10）“拆出资金净增加额”项目，反映商业银行本期向境内外金融机构拆出和收回资金所导致的现金净流出。根据“拆出资金”科目的记录分析填列。如为净减少额，则在经营活动现金流入类中单独列示。

（11）“返售业务资金净增加额”项目，反映商业银行本期按返售协议买入和返售票据、证券、贷款等金融资产所导致的现金净流出。根据“买入返售金融资产”等科目的记录分析填列。如为净减少额，则在经营活动现金流入类中单独列示。

（12）“支付利息、手续费及佣金的现金”项目，反映商业银行由于吸收各类存款、接受中间业务服务以及与其他金融机构往来而在本期支付利息、手续费及佣金所形成的现金流出。根据“利息支出”“手续费及佣金支出”“应付利息”等科目的记录分析填列。

（13）“支付给职工以及为职工支付的现金”项目，反映商业银行本期实际支付给职工的工资、奖金、各种津贴和补贴等，以及为职工支付的其他费用所形成的现金流出。不包括支付的离退休人员的各项费用和支付给在建工程人员的工资等。商业银行支付给离退休人员的各项费用，在“支付其他与经营活动有关的现金”项目中反映；支付给在建工程人员的工资等，在投资活动产生的现金流量部分的“购建固定资产、无形资产和其他长期资产支付的现金”项目中反映。本项目根据“库存现金”“存放中央银行款项”“应付职工薪酬”等科目的记录分析填列。

（14）“支付的各项税费”项目，反映商业银行本期支付的所得税、增值税、消费税、城市维护建设税、教育费附加、印花税、房产税、车船税等所形成的现金流出。包括本期发生并支付的税费、本期支付以前各期发生的税费以及本期预交的税金。本项目根据“应交税费”“库存现金”“存放中央银行款项”等科目的记录分析填列。

（15）“支付其他与经营活动有关的现金”项目，反映商业银行本期除上述各项目外的其他经营活动所形成的现金流出。根据有关科目的记录分析填列。

（16）“收回投资收到的现金”项目，反映商业银行因出售、转让或到期收回除现金等价物以外的债权投资、其他债权投资、其他权益工具投资、长期股权投资等所形成的现金流入，不包括债权性投资收回的利息。债权性投资收回的本金在本项目反映，债权性投资收回的利息，在“取得投资收益收到的现金”项目中反映。本项目根据“债权投资”“其他债权投资”“其他权益工具投资”“长期股权投资”“库存现金”“存放中央银行款项”等科目的记录分析填列。

（17）“取得投资收益收到的现金”项目，反映商业银行因股权性投资而分得的现金股利，因债权性投资而取得的利息收入所形成的现金流入。根据“应收股利”“应收利息”“投资收益”“库存现金”“存放中央银行款项”等科目的记录分析填列。

（18）“处置固定资产、无形资产和其他长期资产收回的现金净额”项目，反映商业银行处置固定资产、无形资产和其他长期资产所取得的处置收入扣除有关处置费用后的净现金流入。由于自然灾害所造成的固定资产等长期资产损失而收到的保险赔偿收入，也在本项目反映。根据“资产处置损益”“营业外收入”“营业外支出”等科目的记录分析填列。

（19）“收到其他与投资活动有关的现金”项目，反映商业银行本期除上述各项目外的其他投资活动所形成的现金流入。根据有关科目的记录分析填列。

（20）“投资支付的现金”项目，反映商业银行进行权益性投资和债权性投资所形成的现金流出，包括商业银行取得的除现金等价物以外的债权投资、其他债权投资、其他权益工具投资、长期股权投资而支付的现金，以及支付的佣金、手续费等交易费用。

商业银行购买股票和债券时，实际支付的价款中包含的已宣告但尚未领取的现金股利或已到付息期但尚未领取的债券利息，在“支付其他与投资活动有关的现金”项目反映；收回购买股票和债券时支付的已宣告但尚未领取的现金股利或已到付息期但尚未领取的债券利息，在“收到其他与投资活动有关的现金”项目反映。

本项目根据“债权投资”“其他债权投资”“其他权益工具投资”“长期股权投资”“库存现金”“存放中央银行款项”等科目的记录分析填列。

（21）“购建固定资产、无形资产和其他长期资产支付的现金”项目，反映商业银行以现金支付的上述资产的入账价值。固定资产入账价值根据“固定资产”和“在建工程”科目借方发生额（扣除租赁业务和分期付款方式取得的固定资产）和“工程物资”科目贷方发生额分析确定；无形资产入账价值根据“无形资产”科目借方发生额分析确定；研发支出入账价值根据“研发支出——资本化支出”科目借方发生额分析确定。如果购建固定资产发生资本化的借款费用，应予以扣除，在筹资活动产生的现金流量下面的“分配股利、利润或偿付利息支付的现金”项目反映。

（22）“支付其他与投资活动有关的现金”项目，反映商业银行本期除上述各项目外的其他投资活动所形成的现金流出。根据有关科目的记录分析填列。

（23）“吸收投资收到的现金”项目，反映商业银行收到的投资者投入现金扣减由外部金融机构支付的手续费、宣传费、咨询费、印刷费等费用后所形成的现金流入。吸收投资过程中由商业银行直接支付的审计、咨询等费用，在“支付其他与筹资活动有关的现金”项目反映。本项目根据“实收资本（股本）”“资本公积”“库存现金”“存放中央银行款项”等科目的记录分析填列。

（24）“发行债券收到的现金”项目，反映商业银行发行债券筹集资金所形成的现金流入，以发行收入减去直接支付的佣金等发行费用后的净额列示。发行债券过程中由商业银行直接支付的审计、咨询等费用，在“支付其他与筹资活动有关的现金”项目反映。本项目根据“应付债券”“库存现金”“存放中央银行款项”等科目的记录分析填列。

（25）“收到其他与筹资活动有关的现金”项目，反映商业银行本期除上述各项目外的其他筹资活动所形成的现金流入。根据有关科目的记录分析填列。

（26）“偿还债务支付的现金”项目，反映商业银行以现金偿还债务的本金所形成的现金流出。商业银行偿还的债券利息，在“分配股利、利润或偿付利息支付的现金”项目反映。本项目根据“应付债券”“库存现金”“存放中央银行款项”等科目的记录分析填列。

（27）“分配股利、利润或偿付利息支付的现金”项目，反映商业银行实际支付的现金股利、支付给其他投资单位的利润，以及支付的债券利息、融资租赁利息等所形成的现金流出。根据“应付股利”“应付利息”“利润分配”“在建工程”“库存现金”“存放中央银行款项”等科目的记录分析填列。

（28）“支付其他与筹资活动有关的现金”项目，反映商业银行本期除上述各项目外的其他筹资活动所形成的现金流出，包括以发行股票、债券等方式筹集资金而由商业银行直接支付的审计、咨询等费用，融资租赁各期支付的现金，以及以分期付款方式购建固定资产、无形资产等各期支付的现金等。本项目根据有关科目的记录分析填列。

（29）“汇率变动对现金及现金等价物的影响”项目，反映商业银行根据现金流量表准则的规定，将其外币现金流量及境外子公司的现金流量折算成人民币时，所采用的现金流量发生日的汇率或即期汇率的近似汇率，与现金流量表中“现金及现金等价物净增加额”项目中外币现金净增加额按资产负债表日即期汇率折算的人民币金额之间的差额。

11.2.4　所有者权益变动表

所有者权益变动表是反映构成商业银行所有者权益的各组成部分在某一会计期间增减变动情况的报表。所有者权益变动表全面反映某一会计期间所有者权益变动的情况，不仅包括所有者权益总量的增减变动，还包括所有者权益增减变动的重要结构性信息，让会计信息使用者准确理解所有者权益增减变动的根源，评价商业银行保值增值的能力。

在所有者权益变动表中，综合收益和与所有者（或股东）的资本交易导致的所有者权益的变动，应当分别列示。商业银行至少应当单独列示反映下列信息的项目：（1）综合收益总额；（2）会计政策变更和差错更正的累积影响金额；（3）所有者投入资本和向所有者分配利润等；（4）提取的盈余公积；（5）所有者权益各组成部分的期初和期末余额及其调节情况。

1. 所有者权益变动表的格式

所有者权益变动表采用矩阵式的结构。一方面，列示导致所有者权益变动的交易或事项，从所有者权益变动的来源对一定时期所有者权益变动情况进行全面反映；另一方面，按照所有者权益各组成部分（实收资本或股本、其他权益工具、资本公积、其他综合收益、盈余公积、一般风险准备、未分配利润和库存股）及其总额列示相关交易或事项对所有者权益的影响。我国商业银行所有者权益变动表的格式如表 11－4 所示。

表 11-4　所有者权益变动表

会商银 04 表

编制单位：　　　　　　　　　　________年度　　　　　　　　　　单位：元

项目	本年金额												上年金额											
	实收资本（或股本）	其他权益工具			资本公积	减：库存股	其他综合收益	盈余公积	一般风险准备	未分配利润	所有者权益合计		实收资本（或股本）	其他权益工具			资本公积	减：库存股	其他综合收益	盈余公积	一般风险准备	未分配利润	所有者权益合计	
		优先股	永续债	其他										优先股	永续债	其他								
一、上年年末余额																								
加：会计政策变更																								
前期差错更正																								
其他																								
二、本年年初余额																								
三、本年增减变动金额（减少以“－”号填列）																								
（一）综合收益总额																								
（二）所有者投入和减少资本																								
1. 所有者投入的普通股																								
2. 其他权益工具持有者投入资本																								
3. 股份支付计入所有者权益的金额																								
4. 其他																								
（三）利润分配																								
1. 提取盈余公积																								

续表

项目	本年金额											上年金额										
	实收资本（或股本）	其他权益工具			资本公积	减：库存股	其他综合收益	盈余公积	一般风险准备	未分配利润	所有者权益合计	实收资本（或股本）	其他权益工具			资本公积	减：库存股	其他综合收益	盈余公积	一般风险准备	未分配利润	所有者权益合计
		优先股	永续债	其他									优先股	永续债	其他							
2. 提取一般风险准备																						
3. 对所有者（或股东）的分配																						
4. 其他																						
（四）所有者权益内部结转																						
1. 资本公积转增资本（或股本）																						
2. 盈余公积转增资本（或股本）																						
3. 盈余公积弥补亏损																						
4. 设定受益计划变动额结转留存收益																						
5. 其他综合收益结转留存收益																						
6. 其他																						
四、本年年末余额																						

2. **所有者权益变动表的编制**

所有者权益变动表各项目都列有“本年金额”和“上年金额”两个栏目，是一种比较所有者权益变动表。

（1）“上年金额”的填列。所有者权益变动表中“上年金额”栏内各项目数字，应根据上年度所有者权益变动表“本年金额”栏内所列数字填列。如果本年度所有者权益变动表规定的各个项目的名称和内容同上年度不相一致，在切实可行的情况下，应对上年度所有者权益变动表各项目的名称和数字按照本年度的规定进行调整，按调整后的数字填入本年度所有者权益变动表“上年金额”栏内。

（2）“本年金额”的填列。所有者权益变动表“本年金额”栏内各项数字，应当根据“实收资本（或股本）”“其他权益工具”“资本公积”“其他综合收益”“盈余公积”“一般风险准备”“利润分配”“库存股”和“以前年度损益调整”等科目及其明细科目的发生额分析填列。

11.2.5 财务报表附注

附注是对在财务报表中列示项目所做的进一步文字描述或明细资料的补充与说明，以及对未能在报表中列示项目的说明等。

1. **附注的作用**

财务报表是对商业银行发生的交易或事项的高度概括和浓缩，会计信息使用者需要借助附注披露的信息，更加全面系统地了解商业银行财务状况、经营成果、现金流量和所有者权益变动的全貌，以帮助其做出更加科学合理的决策。附注是财务报表的重要组成部分，与财务报表具有同等重要性。

2. **附注的内容**

附注披露的信息是定量与定性信息的结合，并且应当与财务报表中列示的项目相互参照。同时，由于附注内容繁多，为了便于会计信息使用者理解，附注应当按照一定的结构进行系统合理的排列和分类，有顺序地披露信息。通常情况下，附注应当按照下列顺序披露有关内容：

（1）商业银行的基本情况。

（2）财务报表的编制基础。

（3）遵循企业会计准则的声明。商业银行应当声明编制的财务报表符合企业会计准则的要求，真实完整地反映了商业银行的财务状况、经营成果和现金流量等有关信息。

（4）重要会计政策和会计估计。商业银行应当披露采用的重要会计政策和会计估计，不重要的会计政策和会计估计可以不披露。在披露重要会计政策和会计估计时，应当披露重要会计政策的确定依据和财务报表项目的计量基础，以及会计估计中所采用的关键假设和不确定因素。

（5）会计政策和会计估计变更以及差错更正的说明。当商业银行所采用的会计政策、会计估计在本期发生变更，或者本期存在重大前期差错更正时，应当按照企业会计准则的规定，对相关信息予以披露。

（6）报表重要项目的说明。商业银行应当对已在财务报表中列示的重要项目做进一步的说明。对报表重要项目的说明，应当按照资产负债表、利润表、现金流量表、所有者权益变动表的顺序及其项目列示的顺序，以文字和数字描述相结合，并尽可能以列表形式披露项目的构成或当期增减变动情况。报表重要项目的明细金额合计，应当与报表项目金额相衔接。

（7）或有和承诺事项、资产负债表日后事项、关联方关系及其交易的说明。或有和承诺事项、资产负债表日后事项、关联方关系及其交易等不能在财务报表中反映的非财务信息，会对会计信息使用者理解和运用财务报表产生影响。根据谨慎性和充分披露原则，应当在附注中披露这类信息的性质及影响。主要包括或有和承诺事项（信贷承诺、经营租赁承诺、资本支出承诺、证券承销及债券承兑承诺等）引起的或有负债的种类、形成原因、经济利益流出不确定性的说明、对财务预计产生的影响等；重要的资产负债表日后非调整事项的性质、内容，以及对财务状况和经营成果的影响等；关联方的名称、与商业银行的关系、关联交易的金额、定价政策等。

（8）分部报告。商业银行应当披露其在不同业务分部和地区分部的信息。

（9）风险管理。商业银行应当披露其所面临的信用风险、流动性风险、市场风险、其他风险等风险情况及风险管理方法。

（10）其他需要在附注中披露的信息。

思考题

1. 什么是商业银行的财务报表？其编制要求有哪些？
2. 商业银行财务报表由哪些部分构成？
3. 简述商业银行资产负债表的作用。
4. 商业银行资产负债表项目排列的规律是什么？
5. 利润表有哪几种格式？我国商业银行利润表采用何种格式？如何计算净利润？
6. 什么是商业银行的现金流量表？商业银行的现金及现金等价物包括哪些内容？
7. 什么是直接法和间接法？采用直接法和间接法编制现金流量表各有哪些优点？
8. 为什么说所有者权益变动表体现了商业银行综合收益的构成？
9. 什么是财务报表附注？简述其作用。与一般企业相比，商业银行财务报表附注披露的内容有什么不同？
10. 下载一份某上市银行的财务报表，了解商业银行财务报表列报的具体内容，并对该银行的财务状况、经营成果、现金流量及所有者权益变动情况进行简要的评价。

3

PART THREE

| 第 3 篇 |

证券保险会计

第12章

证券公司业务的核算

学习目标

1. 了解证券的种类、证券公司业务的种类。

2. 理解证券经纪业务的内容，证券自营业务的内容，证券承销的三种方式，买入返售证券、卖出回购证券的核算，受托资产管理业务的核算。

3. 掌握代理买卖证券、代理兑付证券的核算，自营买卖证券、自营认购新股的核算，全额承购包销、余额承购包销及代销的核算。

12.1 证券公司业务概述

12.1.1 证券的概念与种类

证券是以证明或设定权利为目的而形成的书面凭证，用以表明持有人有权依照凭证所载内容取得应有的权益，或证明其曾经发生的行为。证券分为有价证券和无价证券。

有价证券是指标有票面金额，用于证明持有人或该证券指定的特定主体对特定财产拥有所有权或债权的凭证。有价证券有广义和狭义之分。广义的有价证券包括商品证券、货币证券和资本证券，狭义的有价证券则仅指资本证券。商品证券是证明持券人享有商品请求权的书面凭证，如提单、仓单等；货币证券是证明持券人享有货币请求权的书面凭证，如汇票、本票、支票等信用支付工具；资本证券是证明持券人享有资本所有权或债权的书面凭证，持券人对一定本金带来的收益享有请求权，主要包括股权证券（所有权证券）和债权证券，如各种股票、债券等。有价证券本身没有价值，但由于它代表一定量的财产权利，持有者可凭以直接取得一定量的商品、货币，或是取得利息、股息等收入，因而可以在证券市场上买卖和流通，客观上具有交易价格。

无价证券也称凭证证券，是指具有证券的某一特定功能，但不能作为财产使用的书面凭证。如借据、收据、机票、车船票等。无价证券不能在市场上广泛流通，持券人无法通过流通转让取得收益。

目前我国证券市场上发行和流通的证券为资本证券，资本证券也是人们通常所说的证券或有价证券，主要包括股票、债券、基金券以及经国务院依法认定的其他证券。本章中所阐述的证券均指资本证券。

12.1.2 证券公司业务的种类

证券公司是指依照《中华人民共和国公司法》和《中华人民共和国证券法》（简称《证券法》）规定设立的经营证券业务的有限责任公司或者股份有限公司。设立证券公司，必须经国务院证券监督管理机构审查批准。未经国务院证券监督管理机构批准，任何单位和个人不得以证券公司名义开展证券业务活动。

2020年3月1日开始施行的《证券法》取消了综合类证券公司和经纪类证券公司的划分。证券公司可以根据自己的条件，申请从事不同的证券业务。根据《证券法》的规定，证券公司可以经营下列部分或者全部证券业务：(1) 证券经纪；(2) 证券投资咨询；(3) 与证券交易、证券投资活动有关的财务顾问；(4) 证券承销与保荐；(5) 证券融资融券；(6) 证券做市交易；(7) 证券自营；(8) 其他证券业务。证券公司自主选择业务类型，取得不同业务的分项许可。

本章主要阐述证券经纪业务、证券自营业务、证券承销业务，以及买入返售证券、卖出回购证券、受托资产管理等其他证券业务的核算。

12.2 证券经纪业务的核算

证券经纪业务主要包括代理买卖证券业务和代理兑付证券业务。在证券经纪业务中，证券公司不垫付资金，不赚差价，只按规定收取一定的手续费及佣金。

12.2.1 代理买卖证券业务的核算

代理买卖证券业务是指证券公司接受客户委托，代理客户买卖证券的业务。证券公司代理客户买卖证券收到的代理买卖证券款，必须全额存入指定的商业银行（存管银行）的资金专户，在“银行存款”科目下单设明细科目进行核算，不能与本公司的存款相混淆，同时，还应将收到的款项确认为一项对客户的负债。证券公司代理客户买卖证券所收取的手续费及佣金，应当在与客户办理买卖证券款项清算时确认为手续费及佣金收入。

1. 会计科目的设置

(1)“代理买卖证券款”科目。该科目属于负债类科目，核算证券公司接受客户委托，代理客户买卖股票、债券和基金等有价证券而收到的款项。公司代理客户认购新股的款项、代理客户领取的现金股利和债券利息、代理客户向证券交易所支付的配股款等，也在该科目核算。该科目贷方反映客户存放证券公司的代理买卖证券款项的增加；借方反映客户存放证券公司的代理买卖证券款项的减少；期末贷方余额，反映证券公司接受客户存放的代理买卖证券资金。该科目可按客户类别等进行明细核算。

（2）“结算备付金”科目。该科目属于资产类科目，核算证券公司为证券交易的资金清算与交收而存入指定清算代理机构的款项。证券公司向客户收取的结算手续费、向证券交易所支付的结算手续费，也在该科目核算。该科目借方反映证券公司存放清算代理机构款项的增加；贷方反映证券公司存放清算代理机构款项的减少；期末借方余额反映证券公司存放在指定清算代理机构的款项。该科目可按清算代理机构，分别以“自有”“客户”等进行明细核算。

2. 客户交易结算资金专户的核算

（1）收到客户交来的代理买卖证券款，在存管银行开设客户交易结算资金专用存款账户时，会计分录为：

借：银行存款——客户

　贷：代理买卖证券款——××客户

客户日常存款时会计分录同上，日常取款时做相反的会计分录。

（2）计提客户存款利息时，会计分录为：

借：利息支出

　贷：应付利息

（3）按季向客户统一结计利息时，会计分录为：

借：应付利息　（已提利息部分）

　　利息支出　（未提利息部分）

　贷：代理买卖证券款——××客户

（4）证券公司在指定清算代理机构（中国证券登记结算公司）开设用于证券交易资金清算与交收的清算备付金专用存款账户时，会计分录为：

借：结算备付金——××清算代理机构——客户或自有

　贷：银行存款——客户或有关科目

清算备付金专户开立后，证券公司就可以办理自营及代理买卖证券交易。需要说明的是，这里的清算备付金专户其实是证券登记结算公司在结算银行开立的、用于存放证券公司清算备付金的账户。

（5）证券公司开出转账支票，将客户交易结算资金从存管银行的客户交易结算资金专户划转到清算备付金专户时，会计分录为：

借：结算备付金——××清算代理机构——客户

　贷：银行存款——客户

3. 代理买卖证券的核算

（1）证券公司接受客户委托，通过证券交易所代理买卖证券，与客户清算时，如果买入证券成交总额大于卖出证券成交总额，则会计分录为：

借：代理买卖证券款——××客户

（买卖证券成交价的差额＋代扣代交的相关税费＋应向客户收取的佣金等）

贷：结算备付金——××清算代理机构——客户

同时：

借：手续费及佣金支出——代买卖证券手续费支出（公司应负担的交易费用）

应交税费——应交增值税（进项税额）

结算备付金——××清算代理机构——自有

贷：手续费及佣金收入——代买卖证券手续费收入（应向客户收取的佣金等）

应交税费——应交增值税（销项税额）

【例12-1】 11月8日，海通证券公司接受客户委托，通过上海证券交易所代理买卖股票，买入股票成交总额为1 600 000元，卖出股票成交总额为1 000 000元，代扣代交的相关税费为1 000元，应向客户收取的佣金等费用为2 000元，证券公司应向交易所支付的结算手续费为500元。

海通证券公司根据资金清算凭证编制会计分录如下：

借：代理买卖证券款——××客户（1 600 000－1 000 000＋1 000＋2 000）

603 000

贷：结算备付金——证券登记结算公司上海分公司——客户 603 000

同时：

借：手续费及佣金支出——代买卖证券手续费支出 472

应交税费——应交增值税（进项税额） 28

结算备付金——证券登记结算公司上海分公司——自有 1 500

贷：手续费及佣金收入——代买卖证券手续费收入 1 887

应交税费——应交增值税（销项税额） 113

（2）证券公司接受客户委托，通过证券交易所代理买卖证券，与客户清算时，如果卖出证券成交总额大于买入证券成交总额，则会计分录为：

借：结算备付金——××清算代理机构——客户

（买卖证券成交价的差额－代扣代交的相关税费－应向客户收取的佣金等）

贷：代理买卖证券款——××客户

同时：

借：手续费及佣金支出——代买卖证券手续费支出（公司应负担的交易费用）

应交税额——应交增值税（进项税额）

结算备付金——××清算代理机构——自有

贷：手续费及佣金收入——代买卖证券手续费收入（应向客户收取的佣金等）

应交税费——应交增值税（销项税额）

【例12-2】 12月5日，海通证券公司接受客户委托，通过深圳证券交易所代理买卖股票，买入股票成交总额为1 000 000元，卖出股票成交总额为1 600 000元，代扣代交的相关税费为800元，应向客户收取的佣金等费用为2 000元，证券公司应向交易所支付的结算手续费为500元。

海通证券公司根据资金清算凭证编制会计分录如下：

借：结算备付金——证券登记结算公司深圳分公司——客户

（1 600 000－1 000 000－800－2 000） 597 200

贷：代理买卖证券款——××客户 597 200

同时：

借：手续费及佣金支出——代买卖证券手续费支出 472

应交税费——应交增值税（进项税额） 28

结算备付金——证券登记结算公司深圳分公司——自有 1 500

贷：手续费及佣金收入——代买卖证券手续费收入 1 887

应交税费——应交增值税（销项税额） 113

4. 代理认购新股的核算

自 2016 年 1 月 5 日起，新股申购取消了投资者在申购委托时应全额缴纳申购资金的规定，投资者申购日（T 日）申购但无须缴纳申购款，T＋2 日公布中签结果后，中签投资者可根据最终确定的发行价格与中签数量缴纳认购款。

（1）收到中签客户交来的新股认购款时，会计分录为：

借：银行存款——客户

贷：代理买卖证券款——××客户

（2）将确定的新股认购款划付证券登记结算公司时，会计分录为：

借：结算备付金——××清算代理机构——客户

贷：银行存款——客户

（3）代理客户认购新股，与证券交易所清算时，按确定的新股认购款编制会计分录：

借：代理买卖证券款——××客户

贷：结算备付金——××清算代理机构——客户

5. 代理配股派息的核算

（1）代理配股的处理。

1）采用当日向证券交易所缴纳配股款的，在客户提出配股要求时，会计分录为：

借：代理买卖证券款——××客户

贷：结算备付金——××清算代理机构——客户

2）采用定期向证券交易所缴纳配股款的，在客户提出配股要求时，会计分录为：

借：代理买卖证券款——××客户

贷：其他应付款——应付客户配股款

与证券交易所清算配股款时，按配股金额编制会计分录：

借：其他应付款——应付客户配股款

贷：结算备付金——××清算代理机构——客户

（2）代理派息的处理。证券公司代理客户领取现金股利和利息时，会计分录为：

借：结算备付金——××清算代理机构——客户

贷：代理买卖证券款——××客户

12.2.2 代理兑付证券业务的核算

代理兑付证券业务是指证券公司接受证券发行单位（委托单位）委托，代理兑付其发行的到期证券，并收取手续费的业务。

1. 会计科目的设置

（1）“代理兑付证券”科目。该科目属于资产类科目，核算证券公司接受委托代理兑付到期的证券。该科目借方反映已兑付的证券；贷方反映向委托单位交回的已兑付证券；期末借方余额反映证券公司已兑付但尚未收到委托单位兑付资金的证券金额。该科目可按委托单位和证券种类进行明细核算。

（2）“代理兑付证券款”科目。该科目属于负债类科目，核算证券公司接受委托代理兑付证券而收到的兑付资金。该科目贷方反映收到委托单位的兑付资金；借方反映代理兑付的资金；期末贷方余额反映证券公司已收到但尚未兑付的代理兑付证券款项。该科目可按委托单位和证券种类进行明细核算。

2. 代理兑付无记名证券的核算

（1）收到委托单位划来的兑付资金时，会计分录为：

借：银行存款

　　贷：代理兑付证券款——××委托单位

（2）收到客户交来的实物券，按兑付金额（证券本息）予以兑付时，会计分录为：

借：代理兑付证券——××委托单位　　（本金＋利息）

　　贷：库存现金或银行存款

（3）兑付期结束，将已兑付的证券集中交给委托单位，并与委托单位办理结算时，会计分录为：

借：代理兑付证券款——××委托单位

　　贷：代理兑付证券——××委托单位

（4）证券公司代理兑付证券，若委托单位尚未拨付兑付资金而由证券公司垫付的，证券公司在收到客户交来的证券，按兑付金额予以兑付时，会计分录为：

借：代理兑付证券——××委托单位　　（本金＋利息）

　　贷：银行存款或有关科目

向委托单位交回已兑付的证券并收回垫付的资金时，会计分录为：

借：银行存款或有关科目

　　贷：代理兑付证券

3. 代理兑付记名证券的核算

（1）收到委托单位划来的兑付资金时，会计分录为：

借：银行存款

　　贷：代理兑付证券款——××委托单位

（2）收到客户交来的证券，按兑付金额（证券本息）予以兑付时，会计分录为：

借：代理兑付证券款——××委托单位　　（本金＋利息）

贷：库存现金或银行存款

4. 手续费收入的核算

（1）向委托单位单独收取代理兑付证券手续费的，按应收或已收取的手续费金额编制会计分录：

借：应收手续费及佣金或银行存款

　贷：手续费及佣金收入——代兑付证券手续费收入

　　应交税费——应交增值税（销项税额）

（2）手续费与兑付款一并汇入的，在收到款项时，会计分录为：

借：银行存款　（实际收到的金额）

　贷：代理兑付证券款——××委托单位　（应兑付的金额）

　　其他应付款——预收代兑付证券手续费　（手续费金额）

兑付证券业务完成后，确认手续费收入，会计分录为：

借：其他应付款——预收代兑付证券手续费

　贷：手续费及佣金收入——代兑付证券手续费收入

　　应交税费——应交增值税（销项税额）

【例 12-3】 华泰证券公司代理远大公司兑付到期的无记名证券（实物券），8 月 1 日收到远大公司的兑付资金 6 000 000 元，其中手续费 26 000 元，至 8 月底共兑付证券 5 974 000 元。

华泰证券公司编制会计分录如下：

（1）收到远大公司划来的兑付资金时：

借：银行存款　6 000 000

　贷：代理兑付证券款——远大公司　5 974 000

　　其他应付款——预收代兑付证券手续费　26 000

（2）收到客户交来的实物券，予以兑付时：

借：代理兑付证券——远大公司　5 974 000

　贷：银行存款　5 974 000

（3）兑付期结束，向远大公司交回已兑付证券和办理结算时：

借：代理兑付证券款——远大公司　5 974 000

　贷：代理兑付证券——远大公司　5 974 000

确认手续费收入：

借：其他应付款——预收代兑付证券手续费　26 000

　贷：手续费及佣金收入——代兑付证券手续费收入　24 528

　　应交税费——应交增值税（销项税额）　1 472

12.3 证券自营业务的核算

证券自营业务是指证券公司使用自有资金或者合法筹集的资金以自己的名义买卖证

券，以获取收益并承担相应风险的业务。包括自营买入证券业务、自营卖出证券业务和自营认购新股业务等。

12.3.1 清算备付金专户的开立

证券公司进行自营买卖证券交易，应在指定清算代理机构（中国证券登记结算公司）开立用于证券交易资金清算与交收的清算备付金专用存款账户。

证券公司开出转账支票，将其自有资金划转指定清算代理机构开立清算备付金专户时，会计分录为：

借：结算备付金——××清算代理机构——自有

　贷：银行存款

清算备付金专户开立后，证券公司就可以进行自营买卖证券交易。从清算代理机构划回资金，做相反的会计分录。

12.3.2 自营买卖证券的核算

证券公司自营买入的证券，除形成长期股权投资的外，应根据新金融工具确认和计量准则（2017）的规定，将自营买入的证券根据其管理证券的业务模式和证券的合同现金流量特征划分为三类：（1）以摊余成本计量的金融资产；（2）以公允价值计量且其变动计入其他综合收益的金融资产；（3）以公允价值计量且其变动计入当期损益的金融资产。

1. 以摊余成本计量的金融资产的核算

根据新金融工具确认和计量准则（2017）的规定，金融资产同时符合下列条件的，应当分类为以摊余成本计量的金融资产：（1）企业管理该金融资产的业务模式是以收取合同现金流量为目标；（2）该金融资产的合同条款规定，在特定日期产生的现金流量，仅为对本金和以未偿付本金金额为基础的利息的支付。

对证券公司而言，其自营买入的到期日固定、回收金额固定或可确定，且证券公司有明确意图和能力持有至到期的国债、企业债券和金融债券等各种债券投资，可以划分为以摊余成本计量的金融资产。

（1）会计科目的设置。证券公司应设置“债权投资”“债权投资减值准备”“信用减值损失”等科目进行核算。

1）“债权投资”科目。该科目属于资产类科目，核算证券公司以摊余成本计量的债权投资的账面余额。该科目可按债权投资的类别和品种，分别“面值”“利息调整”“应计利息”等进行明细核算。期末余额在借方，反映证券公司以摊余成本计量的债权投资的账面余额。

2）“债权投资减值准备”科目。该科目属于资产类科目，也是“债权投资”科目的备抵科目，核算证券公司以摊余成本计量的债权投资以预期信用损失为基础计提的损失准备。该科目可按债权投资的类别和品种进行明细核算。期末余额在贷方，反映证券公司已计提但尚未转销的债权投资减值准备。

3）“信用减值损失”科目。该科目属于损益类科目，核算证券公司计提金融工具确认和计量准则（2017）要求的各项金融工具减值准备所形成的预期信用损失。该科目可按信用减值损失的项目进行明细核算。期末，应将该科目余额转入“本年利润”科目，结转后该科目无余额。

（2）债权投资的计量。初始确认时，按公允价值计量，发生的相关交易费用（不含可以抵扣的增值税进项税额）计入初始确认金额；实际支付的价款中包含的已到付息期但尚未领取的债券利息，单独确认为应收利息。在持有期间，于资产负债表日，采用实际利率法，按摊余成本进行后续计量。

（3）账务处理。

1）证券公司取得债权投资时，会计分录为：

借：债权投资——面值 （面值）
　　应收利息 （已到付息期但尚未领取的利息）
　　应交税费——应交增值税（进项税额） （可以抵扣的增值税进项税额）
借或贷：债权投资——利息调整 （借贷方差额）
　贷：结算备付金——××清算代理机构——自有 （实际支付的金额）

收到上述支付价款中包含的债券利息时，会计分录为：

借：结算备付金——××清算代理机构——自有
　贷：应收利息

2）在持有期间，于资产负债表日，按实际利率计算债权投资各期利息收入和账面余额。

①债权投资为分期付息、一次还本债券投资的，会计分录为：

借：应收利息 （按票面利率计算的应收未收利息）
借或贷：债权投资——利息调整 （借贷方差额）
　贷：投资收益 （按账面余额和实际利率计算的利息收入）

国债和地方政府债利息收入免征增值税，证券公司持有的金融债券取得的利息收入，属于金融同业往来利息收入，免征增值税。除此以外，证券公司持有的各类企业债券、公司债券、短期融资券、中期票据等取得的利息收入，一律征收增值税。

证券公司应收取的利息，按规定应缴纳增值税的，还应计算增值税销项税额，并进行账务处理。证券公司按照债券面值和票面利率计算的应收利息为含增值税应收利息。

不含税应收利息＝含税应收利息÷(1＋税率)

增值税销项税额＝不含税应收利息×税率

会计分录为：

借：应收利息
借或贷：债权投资——利息调整
　贷：投资收益
　　应交税费——应交增值税（销项税额）

收到债券利息时，会计分录为：

借：结算备付金——××清算代理机构——自有

贷：应收利息

②债权投资为一次还本付息债券投资的，会计分录为：

借：债权投资——应计利息　　（按票面利率计算的应收未收利息）

借或贷：债权投资——利息调整　　（借贷方差额）

贷：投资收益　　（按账面余额和实际利率计算的利息收入）

证券公司应收取的利息，按规定应缴纳增值税的，还应计算增值税销项税额，并进行账务处理。由于增值税纳税义务尚未发生，将相关增值税销项税额记入"应交税费——待转销项税额"科目。会计分录为：

借：债权投资——应计利息

借或贷：债权投资——利息调整

贷：投资收益

应交税费——待转销项税额

3）债权投资到期收回时，会计分录为：

①债权投资为分期付息、一次还本债券投资时：

借：结算备付金——××清算代理机构——自有

贷：债权投资——面值

②债权投资为一次还本付息债券投资时：

借：结算备付金——××清算代理机构——自有

贷：债权投资——面值

——应计利息

借：应交税费——待转销项税额

贷：应交税费——应交增值税（销项税额）

证券公司应当按照谨慎性原则的要求，在资产负债表日评估债权投资的信用风险自初始确认后是否已显著增加，并采用预期信用损失法计提减值准备。债权投资减值参照第3章中介绍的贷款减值进行核算，这里不再阐述。

【例12-4】 20×0年1月1日，华盛证券公司支付价款1 006万元（含交易费用，其中包括准予抵扣的增值税进项税额6万元）从二级市场购入A公司同日发行的5年期公司债券12 500张，债券票面价值总额为1 250万元，票面年利率为4.72%，于年末支付本年度债券利息（即每年利息为59万元），本金在债券到期时一次性偿还。合同约定，该债券的发行方在遇到特定情况时可以将债券赎回，且不需要为提前赎回支付额外款项。华盛证券公司在购买该债券时，预计发行方不会提前赎回。华盛证券公司根据其管理该债券的业务模式和该债券的合同现金流量特征，将该债券分类为以摊余成本计量的金融资产。假设不考虑减值等因素。

债权投资初始确认金额＝1 000（万元）

设该债券的实际利率为 IRR，则

$$59\times(1+IRR)^{-1}+59\times(1+IRR)^{-2}+59\times(1+IRR)^{-3}+59\times(1+IRR)^{-4}+(59+1\,250)\times(1+IRR)^{-5}=1\,000$$

采用插值法，得

$$IRR=10\%$$

采用实际利率法计算债权投资各期利息收入和账面余额，如表 12-1 所示。

表 12-1 采用实际利率法计算债权投资各期利息收入和账面余额表 单位：万元

日期	期初账面余额 ①	利息收入（实际利率 10%） ②=①×10%	现金流入 ③	期末账面余额 ④=①+②-③
20×0 年 12 月 31 日	1 000	100	59	1 041
20×1 年 12 月 31 日	1 041	104	59	1 086
20×2 年 12 月 31 日	1 086	109	59	1 136
20×3 年 12 月 31 日	1 136	114*	59	1 191
20×4 年 12 月 31 日	1 191	118**	59	1 250
20×5 年 1 月 1 日	1 250	—	1 250	0

* 数字四舍五入取整。
** 数字考虑了计算过程中出现的尾差。

根据上述数据，华盛证券公司的有关账务处理如下：

（1）20×0 年 1 月 1 日，购入债券时：

借：债权投资——面值	12 500 000	
应交税费——应交增值税（进项税额）	60 000	
贷：结算备付金——××清算代理机构——自有		10 060 000
债权投资——利息调整		2 500 000

（2）20×0 年 12 月 31 日，确认实际利息收入、收到票面利息时：

含税利息收入=期初账面余额×实际利率=10 000 000×10%=1 000 000(元)

应交增值税=含税应收利息÷(1+税率)×税率

=590 000÷(1+6%)×6%=33 396(元)

借：应收利息	590 000	
债权投资——利息调整	410 000	
贷：投资收益（1 000 000-33 396）		966 604
应交税费——应交增值税（销项税额）		33 396
借：结算备付金——××清算代理机构——自有	590 000	
贷：应收利息		590 000

（3）20×1 年 12 月 31 日，确认实际利息收入、收到票面利息时：

借：应收利息	590 000	
债权投资——利息调整	450 000	
贷：投资收益		1 006 604
应交税费——应交增值税（销项税额）		33 396

借：结算备付金——××清算代理机构——自有　　590 000
　贷：应收利息　　590 000

（4）20×2年12月31日，确认实际利息收入、收到票面利息时：

借：应收利息　　590 000
　　债权投资——利息调整　　500 000
　贷：投资收益　　1 056 604
　　　应交税费——应交增值税（销项税额）　　33 396
借：结算备付金——××清算代理机构——自有　　590 000
　贷：应收利息　　590 000

（5）20×3年12月31日，确认实际利息收入、收到票面利息时：

借：应收利息　　590 000
　　债权投资——利息调整　　550 000
　贷：投资收益　　1 106 604
　　　应交税费——应交增值税（销项税额）　　33 396
借：结算备付金——××清算代理机构——自有　　590 000
　贷：应收利息　　590 000

（6）20×4年12月31日，确认实际利息收入、收到票面利息时：

借：应收利息　　590 000
　　债权投资——利息调整　　590 000
　贷：投资收益　　1 146 604
　　　应交税费——应交增值税（销项税额）　　33 396
借：结算备付金——××清算代理机构——自有　　590 000
　贷：应收利息　　590 000

（7）20×5年1月1日，债权投资到期，收回本金时：

借：结算备付金——××清算代理机构——自有　　12 500 000
　贷：债权投资——面值　　12 500 000

2. 以公允价值计量且其变动计入其他综合收益的金融资产的核算

根据金融工具确认和计量准则（2017）的规定，金融资产同时符合下列条件的，应当分类为以公允价值计量且其变动计入其他综合收益的金融资产：（1）企业管理该金融资产的业务模式既以收取合同现金流量为目标又以出售该金融资产为目标；（2）该金融资产的合同条款规定，在特定日期产生的现金流量，仅为对本金和以未偿付本金金额为基础的利息的支付。

对证券公司而言，其自营买入的债券，如果其管理该债券的业务模式既以收取合同现金流量为目标又以出售该债券为目标，则该债券应当分类为以公允价值计量且其变动计入其他综合收益的金融资产。

（1）会计科目的设置。证券公司应设置“其他债权投资”“其他综合收益——信用减值准备”“信用减值损失”等科目进行核算。

1）“其他债权投资”科目。该科目属于资产类科目，核算证券公司按照新金融工具确认和计量准则（2017）分类为以公允价值计量且其变动计入其他综合收益的金融资产的公允价值。该科目可按其他债权投资的类别和品种，分别“成本”“利息调整”“应计利息”“公允价值变动”等进行明细核算。期末余额在借方，反映证券公司其他债权投资的公允价值。

2）“其他综合收益——信用减值准备”科目。该科目属于所有者权益类科目，核算证券公司按照新金融工具确认和计量准则（2017）分类为以公允价值计量且其变动计入其他综合收益的金融资产以预期信用损失为基础计提的损失准备。期末余额在贷方，反映证券公司已计提但尚未转销的其他债权投资减值准备。

（2）其他债权投资的计量。初始确认时，按公允价值计量，发生的相关交易费用（不含可以抵扣的增值税进项税额）计入初始确认金额；实际支付的价款中包含的已到付息期但尚未领取的债券利息，单独确认为应收利息。

在持有期间，其公允价值变动产生的所有利得或损失，计入其他综合收益；发生的减值损失或利得，计入当期损益；采用实际利率法计算的利息计入当期损益，并且计入各期损益的金额应当与视同其一直按摊余成本计量而计入各期损益的金额相等；终止确认时，之前计入其他综合收益的累计利得或损失，应当从其他综合收益中转出，计入当期损益。

（3）账务处理。

1）证券公司取得其他债权投资时，会计分录为：

借：其他债权投资——成本　（面值或本金）
　　应收利息　（已到付息期但尚未领取的利息）
　　应交税费——应交增值税（进项税额）　（可以抵扣的增值税进项税额）
借或贷：其他债权投资——利息调整　（借贷方差额）
　贷：结算备付金——××清算代理机构——自有　（实际支付的金额）

收到上述支付价款中包含的债券利息时，会计分录为：

借：结算备付金——××清算代理机构——自有
　贷：应收利息

2）在持有期间，于资产负债表日，采用实际利率法计算利息，计入投资收益。

①其他债权投资为分期付息、一次还本债券投资的，会计分录为：

借：应收利息　（按票面利率计算的应收未收利息）
借或贷：其他债权投资——利息调整　（借贷方差额）
　贷：投资收益　（按账面余额和实际利率计算的利息收入）

证券公司应收取的利息，按规定应缴纳增值税的，还应计算增值税销项税额，并进行账务处理。

收到债券利息时，会计分录为：

借：结算备付金——××清算代理机构——自有
　贷：应收利息

②其他债权投资为一次还本付息债券投资的，会计分录为：

借：其他债权投资——应计利息　（按票面利率计算的应收未收利息）
借或贷：其他债权投资——利息调整　（借贷方差额）
　贷：投资收益　（按账面余额和实际利率计算的利息收入）

证券公司应收取的利息，按规定应缴纳增值税的，还应计算增值税销项税额，并进行账务处理。

3）在持有期间，于资产负债表日，将其他债权投资公允价值变动产生的利得或损失，计入其他综合收益。

其他债权投资的公允价值高于其账面余额的，按其差额编制会计分录：

借：其他债权投资——公允价值变动

　　贷：其他综合收益——其他债权投资公允价值变动

公允价值低于其账面余额的差额，做相反的会计分录。

4）在持有期间，于资产负债表日，评估其他债权投资的信用风险自初始确认后是否已显著增加，并采用预期信用损失法确认减值损失，计提减值准备。计提的减值准备记入“其他综合收益——信用减值准备”科目的贷方，不影响其他债权投资的账面价值。会计分录为：

借：信用减值损失

　　贷：其他综合收益——信用减值准备

5）出售其他债权投资时，将所取得的价款与其账面价值的差额，计入投资收益；同时，将原计入其他综合收益的公允价值变动累计额转出，计入投资收益。会计分录为：

借：结算备付金——××清算代理机构——自有　　（实际收到的金额）

　　贷或借：其他债权投资（成本、公允价值变动、利息调整、应计利息）

　　　　（账面价值）

　　贷或借：投资收益　　（借贷方差额）

同时：

借或贷：其他综合收益——其他债权投资公允价值变动

　　贷或借：投资收益　　（原计入其他综合收益的公允价值变动累计额）

6）国债、地方政府债、金融债券和各类企业债券等债券转让属于金融商品转让，应按规定缴纳增值税。金融商品转让，按照卖出价扣除买入价后的余额为销售额。月内转让金融商品出现的正负差，按盈亏相抵后的余额为销售额，于实际转让月末进行账务处理。

（1）如产生转让收益，则按应纳税额：

借：投资收益等科目

　　贷：应交税费——转让金融商品应交增值税

如产生转让损失，则按可结转下月抵扣税额做相反的会计分录。

（2）年末，“应交税费——转让金融商品应交增值税”科目如有借方余额，则

借：投资收益等科目

　　贷：应交税费——转让金融商品应交增值税

即本年度的金融商品转让损失不得转入下一个会计年度抵扣税额。

金融商品的买入价是购入金融商品支付的价格，不包括买入金融商品支付的交易费用和税费。金融商品的买入价可以选择按照加权平均法或者移动加权平均法进行计算，选择后36个月内不得变更。金融商品的卖出价是卖出原价，不得扣除卖出过程中支付的交易费用和税费。

【例 12-5】 20×0 年 1 月 1 日，华强证券公司支付价款 1 006 万元（含交易费用 100 万元，准予抵扣的增值税进项税额 6 万元）从二级市场购入 A 公司同日发行的 5 年期公司债券 12 500 张，债券票面价值总额为 1 250 万元，票面年利率为 4.72%，于年末支付本年度债券利息（即每年利息为 59 万元），本金在债券到期时一次性偿还。合同约定，该债券的发行方在遇到特定情况时可以将债券赎回，且不需要为提前赎回支付额外款项。华强证券公司在购买该债券时，预计发行方不会提前赎回。华强证券公司根据其管理该债券的业务模式和该债券的合同现金流量特征，将该债券分类为以公允价值计量且其变动计入其他综合收益的金融资产。其他资料如下：

（1）20×0 年 12 月 31 日，A 公司债券的公允价值为 1 200 万元（不含利息）。

（2）20×1 年 12 月 31 日，A 公司债券的公允价值为 1 300 万元（不含利息）。

（3）20×2 年 12 月 31 日，A 公司债券的公允价值为 1 250 万元（不含利息）。

（4）20×3 年 12 月 31 日，A 公司债券的公允价值为 1 200 万元（不含利息）。

（5）20×4 年 1 月 20 日，通过二级市场出售 A 公司债券 12 500 张，取得价款 1 260 万元。

假设不考虑减值等因素。

其他债权投资初始确认金额＝1 000(万元)

设该债券的实际利率为 IRR，则

$$59\times(1+IRR)^{-1}+59\times(1+IRR)^{-2}+59\times(1+IRR)^{-3}+59\times(1+IRR)^{-4}+(59+1\ 250)\times(1+IRR)^{-5}=1\ 000$$

采用插值法，得

$$IRR=10\%$$

其他债权投资各期利息收入、账面余额及公允价值变动的数据如表 12-2 所示。

表 12-2　其他债权投资各期利息收入、账面余额及公允价值变动表　　单位：万元

日期	期初账面余额 ①	利息收入（实际利率 10%）②＝①×10%	现金流入 ③	期末账面余额 ④＝①＋②－③	公允价值 ⑤	公允价值变动累计金额 ⑥＝⑤－④	公允价值变动额 ⑦＝期末⑥－期初⑥
20×0 年 1 月 1 日	1 000			1 000	1 000	0	0
20×0 年 12 月 31 日	1 000	100	59	1 041	1 200	159	159
20×1 年 12 月 31 日	1 041	104*	59	1 086	1 300	214	55
20×2 年 12 月 31 日	1 086	109*	59	1 136	1 250	114	－100
20×3 年 12 月 31 日	1 136	114*	59	1 191	1 200	9	－105

* 数字四舍五入取整。

根据上述数据，华强证券公司的账务处理如下：

(1) 20×0年1月1日，购入债券时：

借：其他债权投资——成本 12 500 000
　应交税费——应交增值税（进项税额） 60 000
　贷：结算备付金——××清算代理机构——自有 10 060 000
　　其他债权投资——利息调整 2 500 000

(2) 20×0年12月31日，确认实际利息收入、公允价值变动，收到票面利息时：

含税利息收入＝期初账面余额×实际利率＝10 000 000×10%＝1 000 000(元)

应交增值税＝含税应收利息÷(1＋税率)×税率
＝590 000÷(1＋6%)×6%＝33 396(元)

借：应收利息 590 000
　其他债权投资——利息调整 410 000
　贷：投资收益（1 000 000－33 396） 966 604
　　应交税费——应交增值税（销项税额） 33 396

借：结算备付金——××清算代理机构——自有 590 000
　贷：应收利息 590 000

借：其他债权投资——公允价值变动 1 590 000
　贷：其他综合收益——其他债权投资公允价值变动 1 590 000

(3) 20×1年12月31日，确认实际利息收入、公允价值变动，收到票面利息时：

借：应收利息 590 000
　其他债权投资——利息调整 450 000
　贷：投资收益 1 006 604
　　应交税费——应交增值税（销项税额） 33 396

借：结算备付金——××清算代理机构——自有 590 000
　贷：应收利息 590 000

借：其他债权投资——公允价值变动 550 000
　贷：其他综合收益——其他债权投资公允价值变动 550 000

(4) 20×2年12月31日，确认实际利息收入、公允价值变动，收到票面利息时：

借：应收利息 590 000
　其他债权投资——利息调整 500 000
　贷：投资收益 1 056 604
　　应交税费——应交增值税（销项税额） 33 396

借：结算备付金——××清算代理机构——自有 590 000
　贷：应收利息 590 000

借：其他综合收益——其他债权投资公允价值变动 1 000 000
　贷：其他债权投资——公允价值变动 1 000 000

(5) 20×3年12月31日，确认实际利息收入、公允价值变动，收到票面利息时：

借：应收利息	590 000	
其他债权投资——利息调整	550 000	
贷：投资收益		1 106 604
应交税费——应交增值税（销项税额）		33 396
借：结算备付金——××清算代理机构——自有	590 000	
贷：应收利息		590 000
借：其他综合收益——其他债权投资公允价值变动	1 050 000	
贷：其他债权投资——公允价值变动		1 050 000

（6）20×4 年 1 月 20 日，出售债券时：

借：结算备付金——××清算代理机构——自有	12 600 000	
其他债权投资——利息调整	590 000	
贷：其他债权投资——成本		12 500 000
——公允价值变动		90 000
投资收益		600 000

同时：

借：其他综合收益——其他债权投资公允价值变动	90 000	
贷：投资收益		90 000

（7）假设华强证券公司 20×4 年 1 月只发生这一笔金融商品转让业务：

$$转让金融商品应交增值税=(12\ 600\ 000-9\ 000\ 000)\div(1+6\%)\times 6\%$$
$$=203\ 774(元)$$

借：投资收益	203 774	
贷：应交税费——转让金融商品应交增值税		203 774

3. 指定为以公允价值计量且其变动计入其他综合收益的金融资产的核算

根据新金融工具确认和计量准则（2017）的规定，在初始确认时，除符合前述条件的金融资产应当分类为以公允价值计量且其变动计入其他综合收益的金融资产外，企业还可以将非交易性权益工具投资指定为以公允价值计量且其变动计入其他综合收益的金融资产，并确认股利收入。该指定一经做出，不得撤销。

对证券公司而言，其自营买入的不打算近期出售的股票以及持有的对被投资企业不具有控制、共同控制或重大影响的股权或限售股票等，可以指定为以公允价值计量且其变动计入其他综合收益的金融资产。

（1）会计科目的设置。证券公司应设置“其他权益工具投资”科目进行核算。该科目属于资产类科目，核算证券公司指定为以公允价值计量且其变动计入其他综合收益的非交易性权益工具投资的公允价值。该科目可按其他权益工具投资的类别和品种，分别“成本”“公允价值变动”等进行明细核算。期末余额在借方，反映证券公司其他权益工具投资的公允价值。

（2）其他权益工具投资的计量。初始确认时，按公允价值计量，发生的相关交易费用（不含可以抵扣的增值税进项税额）计入初始确认金额；实际支付的价款中包含的已宣告但尚未发放的现金股利，单独确认为应收股利。

在持有期间，其公允价值的后续变动计入其他综合收益，不需计提减值准备；获得的股利收入（明确作为投资成本部分收回的股利收入除外）计入当期损益；终止确认时，之前计入其他综合收益的累计利得或损失，应当从其他综合收益中转出，计入留存收益。

（3）账务处理。

1）证券公司取得其他权益工具投资时，会计分录为：

借：其他权益工具投资——成本

　　应收股利　（已宣告但尚未发放的现金股利）

　　应交税费——应交增值税（进项税额）　（可以抵扣的增值税进项税额）

　贷：结算备付金——××清算代理机构——自有　（实际支付的金额）

收到上述支付价款中包含的已宣告发放的现金股利时，会计分录为：

借：结算备付金——××清算代理机构——自有

　贷：应收股利

2）在持有期间，被投资单位宣告发放现金股利时，会计分录为：

借：应收股利　（被投资单位宣告发放的现金股利×持股比例）

　贷：投资收益

股票投资股利收入属于非保本收入，不征收增值税。

3）在持有期间，于资产负债表日，将其他权益工具投资公允价值变动计入其他综合收益。

其他权益工具投资的公允价值高于其账面价值的，按其差额编制会计分录：

借：其他权益工具投资——公允价值变动

　贷：其他综合收益——其他权益工具投资公允价值变动

公允价值低于其账面价值的差额，做相反的会计分录。

4）出售其他权益工具投资时，将所取得的价款与其账面价值的差额，计入其他综合收益；同时，将累计确认的其他综合收益转为留存收益，不计入当期损益。会计分录为：

借：结算备付金——××清算代理机构——自有　（实际收到的金额）

　贷或借：其他权益工具投资（成本、公允价值变动）　（账面价值）

　贷或借：其他综合收益——其他权益工具投资公允价值变动　（借贷方差额）

同时：

借或贷：其他综合收益——其他权益工具投资公允价值变动

　贷或借：盈余公积——法定盈余公积（其他综合收益×法定盈余公积提取比例）

　　　　利润分配——未分配利润

股权转让收入不征收增值税，但是二级市场股票转让属于金融商品转让，应按规定缴纳增值税。具体账务处理前面已述。

【例12-6】 20×0年5月6日，华威证券公司支付价款1 016.06万元（含交易费用1万元，准予抵扣的增值税进项税额600元）购入A公司发行的股票200万股，占A公司有表决权股份的0.5%，其中支付的价款中包含已宣告但尚未发放的现金股利15万元。华威证券公司将其指定为以公允价值计量且其变动计入其他综合收益的非交易性权益工具投资。其他资料如下：

（1）20×0 年 5 月 10 日，华威证券公司收到 A 公司发放的现金股利 15 万元。

（2）20×0 年 6 月 30 日，该股票市价为每股 5.2 元。

（3）20×0 年 12 月 31 日，华威证券公司仍持有该股票；当日，该股票市价为每股 5 元。

（4）20×1 年 5 月 9 日，A 公司宣告发放股利 4 000 万元。

（5）20×1 年 5 月 13 日，华威证券公司收到 A 公司发放的现金股利。

（6）20×1 年 5 月 20 日，华威证券公司由于某特殊原因，以每股 4.9 元的价格将股票全部转让。

华威证券公司的账务处理如下：

（1）20×0 年 5 月 6 日，购入股票时：

借：其他权益工具投资——成本	10 010 000	
应收股利	150 000	
应交税费——应交增值税（进项税额）	600	
贷：结算备付金——××清算代理机构——自有		10 160 600

（2）20×0 年 5 月 10 日，收到现金股利时：

借：结算备付金——××清算代理机构——自有	150 000	
贷：应收股利		150 000

（3）20×0 年 6 月 30 日，确认公允价值变动时：

借：其他权益工具投资——公允价值变动	390 000	
贷：其他综合收益——其他权益工具投资公允价值变动		390 000

（4）20×0 年 12 月 31 日，确认公允价值变动时：

借：其他综合收益——其他权益工具投资公允价值变动	400 000	
贷：其他权益工具投资——公允价值变动		400 000

（5）20×1 年 5 月 9 日，确认股利收入时：

借：应收股利	200 000	
贷：投资收益		200 000

（6）20×1 年 5 月 13 日，收到现金股利时：

借：结算备付金——××清算代理机构——自有	200 000	
贷：应收股利		200 000

（7）20×1 年 5 月 20 日，出售股票时：

借：结算备付金——××清算代理机构——自有	9 800 000	
其他权益工具投资——公允价值变动	10 000	
其他综合收益——其他权益工具投资公允价值变动	200 000	
贷：其他权益工具投资——成本		10 010 000

同时：

借：盈余公积——法定盈余公积（210 000×10%）	21 000	
利润分配——未分配利润	189 000	

贷：其他综合收益——其他权益工具投资公允价值变动　　210 000

转让金融商品出现负差－200 000元（9 800 000－10 000 000），月末按盈亏相抵后的余额为销售额，计算应交增值税并进行会计处理。

4. 以公允价值计量且其变动计入当期损益的金融资产的核算

根据新金融工具确认和计量准则（2017）的规定，企业分类为以摊余成本计量的金融资产和以公允价值计量且其变动计入其他综合收益的金融资产之外的金融资产，应当分类为以公允价值计量且其变动计入当期损益的金融资产。

对证券公司而言，其以交易目的自营买入的债券、股票、基金和权证等，应当分类为以公允价值计量且其变动计入当期损益的金融资产。

（1）会计科目的设置。

1）“交易性金融资产”科目。该科目属于资产类科目，核算证券公司分类为以公允价值计量且其变动计入当期损益的金融资产的公允价值。该科目可按该类金融资产的类别和品种，分别“成本”“公允价值变动”等进行明细核算。期末余额在借方，反映证券公司交易性金融资产的公允价值。

2）“公允价值变动损益”科目。该科目属于损益类科目，核算证券公司交易性金融资产、交易性金融负债、衍生工具等公允价值变动形成的应计入当期损益的利得或损失。该科目可按交易性金融资产、交易性金融负债、衍生工具等进行明细核算。期末，应将该科目余额转入“本年利润”，结转后该科目无余额。

（2）交易性金融资产的计量。初始确认时，按公允价值计量，发生的相关交易费用（不含可以抵扣的增值税进项税额）直接计入当期损益（投资收益）；实际支付的价款中包含的已宣告但尚未发放的现金股利或已到付息期但尚未领取的债券利息，单独确认为应收股利或应收利息。

在持有期间，其公允价值变动产生的利得或损失，计入当期损益（公允价值变动损益）；获得的股利收入或债券利息收入计入当期损益（投资收益）；终止确认时，将实际收到的金额与其账面价值的差额，确认为投资收益。

（3）账务处理。

1）证券公司取得交易性金融资产时，会计分录为：

借：交易性金融资产——成本　　（公允价值）
　　投资收益　　（不含增值税的交易费用）
　　应交税费——应交增值税（进项税额）　　（可以抵扣的增值税进项税额）
　　应收股利或应收利息
　贷：结算备付金——××清算代理机构——自有　　（实际支付的金额）

收到上述支付价款中包含的已宣告发放的现金股利或债券利息时，会计分录为：

借：结算备付金——××清算代理机构——自有
　贷：应收股利或应收利息

2）在持有期间，确认股利收入或利息收入时，会计分录为：

借：应收股利或应收利息
　贷：投资收益

证券公司应收取的利息，按规定应缴纳增值税的，还应计算增值税销项税额，并进行账务处理。

收到现金股利或债券利息时，会计分录为：

借：结算备付金——××清算代理机构——自有

贷：应收股利或应收利息

3）在持有期间，于资产负债表日，将交易性金融资产公允价值变动产生的利得或损失，计入当期损益。

交易性金融资产的公允价值高于其账面价值的，按其差额编制会计分录：

借：交易性金融资产——公允价值变动

贷：公允价值变动损益

公允价值低于其账面价值的差额，做相反的会计分录。

4）出售交易性金融资产时，将实际收到的金额与其账面价值的差额，确认为投资收益。会计分录为：

借：结算备付金——××清算代理机构——自有（实际收到的金额）

借或贷：交易性金融资产——公允价值变动（该明细科目的账面价值）

借或贷：投资收益（借贷方差额）

贷：交易性金融资产——成本（取得成本）

金融商品转让应交增值税于实际转让月末进行会计处理。具体处理方法前面已述。

【例 12－7】 沿用例 12－6 的资料，假设华威证券公司根据其管理 A 公司股票的业务模式和 A 公司股票的合同现金流量特征，将 A 公司股票分类为以公允价值计量且其变动计入当期损益的金融资产，且 20×0 年 12 月 31 日 A 公司股票市价为每股 4.8 元，其他资料不变。

华威证券公司的账务处理如下：

（1）20×0 年 5 月 6 日，购入股票时：

借：交易性金融资产——成本	10 000 000	
应收股利	150 000	
投资收益	10 000	
应交税费——应交增值税（进项税额）	600	
贷：结算备付金——××清算代理机构——自有		10 160 600

（2）20×0 年 5 月 10 日，收到现金股利时：

借：结算备付金——××清算代理机构——自有	150 000	
贷：应收股利		150 000

（3）20×0 年 6 月 30 日，确认公允价值变动时：

借：交易性金融资产——公允价值变动	400 000	
贷：公允价值变动损益		400 000

（4）20×0 年 12 月 31 日，确认公允价值变动时：

借：公允价值变动损益	800 000	
贷：交易性金融资产——公允价值变动		800 000

(5) 20×1年5月9日，确认股利收入时：

借：应收股利　　200 000

　贷：投资收益　　200 000

(6) 20×1年5月13日，收到现金股利时：

借：结算备付金——××清算代理机构——自有　　200 000

　贷：应收股利　　200 000

(7) 20×1年5月20日，出售股票时：

借：结算备付金——××清算代理机构——自有　　9 800 000

　　交易性金融资产——公允价值变动　　400 000

　贷：交易性金融资产——成本　　10 000 000

　　　投资收益　　200 000

转让金融商品出现负差－200 000元（9 800 000－10 000 000），月末按盈亏相抵后的余额为销售额，计算应交增值税并进行会计处理。

【例12-8】 20×1年1月1日，华泰证券公司从二级市场购入A公司债券，支付价款合计102万元（含已到付息期但尚未领取的利息2万元），另发生交易费用21 200元（包括准予抵扣的增值税进项税额1 200元）。该债券面值100万元，剩余期限为2年，票面年利率为4%，每半年付息一次，其合同现金流量特征满足仅为对本金和以未偿付本金金额为基础的利息的支付。华泰证券公司根据其管理该债券的业务模式和该债券的合同现金流量特征，将该债券分类为以公允价值计量且其变动计入当期损益的金融资产。其他资料如下：

(1) 20×1年1月5日，收到A公司债券20×0年下半年利息2万元。

(2) 20×1年6月30日，A公司债券的公允价值为115万元（不含利息）。

(3) 20×1年7月5日，收到A公司债券20×1年上半年利息。

(4) 20×1年12月31日，A公司债券的公允价值为110万元（不含利息）。

(5) 20×2年1月5日，收到A公司债券20×1年下半年利息。

(6) 20×2年6月20日，通过二级市场出售A公司债券，取得价款118万元（含一季度利息1万元）。

华泰证券公司的账务处理如下：

(1) 20×1年1月1日，购入债券时：

借：交易性金融资产——成本　　1 000 000

　　应收利息　　20 000

　　应交税费——应交增值税（进项税额）　　1 200

　　投资收益　　20 000

　贷：结算备付金——××清算代理机构——自有　　1 041 200

(2) 20×1年1月5日，收到20×0年下半年利息时：

借：结算备付金——××清算代理机构——自有　　20 000

　贷：应收利息　　20 000

(3) 20×1 年 6 月 30 日，确认公允价值变动和利息收入时：

借：交易性金融资产——公允价值变动　　150 000

　贷：公允价值变动损益　　150 000

借：应收利息　　20 000

　贷：投资收益　　18 868

　　应交税费——应交增值税（销项税额）　　1 132

(4) 20×1 年 7 月 5 日，收到 20×1 年上半年利息时：

借：结算备付金——××清算代理机构——自有　　20 000

　贷：应收利息　　20 000

(5) 20×1 年 12 月 31 日，确认公允价值变动和利息收入时：

借：公允价值变动损益　　50 000

　贷：交易性金融资产——公允价值变动　　50 000

借：应收利息　　20 000

　贷：投资收益　　18 868

　　应交税费——应交增值税（销项税额）　　1 132

(6) 20×2 年 1 月 5 日，收到 20×1 年下半年利息时：

借：结算备付金——××清算代理机构——自有　　20 000

　贷：应收利息　　20 000

(7) 20×2 年 6 月 20 日，出售债券时：

借：结算备付金——××清算代理机构——自有　　1 180 000

　贷：交易性金融资产——成本　　1 000 000

　　　　　　　　　——公允价值变动　　100 000

　　投资收益　　79 434

　　应交税费——应交增值税（销项税额）　　566

转让金融商品出现正差 170 000 元（1 170 000−1 000 000），月末按盈亏相抵后的余额为销售额，计算应交增值税并进行会计处理。

12.3.3　自营认购新股的核算

(1) 证券公司申购新股中签，缴纳认购款，按实际支付的金额编制会计分录：

借：其他货币资金——认购新股款

　贷：结算备付金——××清算代理机构——自有

(2) 证券公司认购新股，编制会计分录：

借：交易性金融资产或有关科目

　贷：其他货币资金——认购新股款

【例 12-9】 20×2 年 3 月 16 日，华安证券公司通过网上自营申购新股 200 万股，新股发行价 6.5 元，中签 4 万股。华安证券公司将中签的新股分类为以公允价值计量且其变动计入当期损益的金融资产。

华安证券公司的账务处理如下：

(1) 申购新股中签，缴纳认购款时：

借：其他货币资金——认购新股款　　260 000

　贷：结算备付金——××清算代理机构——自有　　260 000

(2) 认购新股：

借：交易性金融资产　　260 000

　贷：其他货币资金——认购新股款　　260 000

12.3.4 自营证券卖出成本的核算

出售自营证券需要结转其成本，由于证券买卖频繁，采用实际成本结转时，应按一定方法计算确定售出证券的实际成本。证券公司可选择采用的计价方法有先进先出法、加权平均法及移动加权平均法。计价方法一经选定，不得随意变更。以加权平均法为例，其计算公式为：

$$\text{某种证券加权平均实际成本}=\frac{\text{期初结存证券实际成本}+\text{本期购进证券实际成本}}{\text{期初结存面值或数量}+\text{本期增加面值或数量}}$$

【例12-10】 20×2年8月，华林证券公司将自营买入的K股票作为交易性金融资产进行核算和管理。20×2年11月，该股票期初结存数量为25万股，其成本户期初借方余额为2 000 000元，公允价值变动户期初借方余额为100 000元。20×2年11月10日，华林证券公司又自营买入K股票10万股，实际支付价款650 000元；20×2年11月17日，又自营买入15万股，实际支付价款870 000元；20×2年11月25日，自营卖出30万股，获得价款2 250 000元。华林证券公司采用加权平均法计算结转卖出证券的实际成本，假设不考虑其他因素。

$$\begin{aligned}\text{20×2年11月25日K股票的加权平均成本}&=\frac{2\,000\,000+650\,000+870\,000}{250\,000+100\,000+150\,000}\\&=7.04(\text{元/股})\end{aligned}$$

$$\begin{aligned}\text{20×2年11月25日华林证券公司自营卖出K股票应结转的成本}&=300\,000\times 7.04\\&=2\,112\,000(\text{元})\end{aligned}$$

$$\begin{aligned}\text{20×2年11月25日华林证券公司自营卖出K股票应结转的公允价值变动}&=\frac{100\,000\times 300\,000}{250\,000+100\,000+150\,000}\\&=60\,000(\text{元})\end{aligned}$$

20×2年11月25日，华林证券公司自营卖出K股票时，会计分录为：

借：结算备付金——××清算代理机构——自有　　2 250 000

　贷：交易性金融资产——成本　　2 112 000

　　　　　　　　——公允价值变动　　60 000

　　投资收益　　78 000

12.4 证券承销业务的核算

证券承销业务是指证券公司在一级市场接受发行单位的委托，代为办理发售各类证券的业务。比如，代国家发售国库券、国家重点建设债券，代企业发行集资债券、股票和基金等。证券公司办理证券承销业务，可采取全额承购包销、余额承购包销和代销三种方式。在代销、包销期内，证券公司对所代销、包销的证券应保证先行出售给认购人，而不得为本公司预留所代销的证券和预先购入并留存所包销的证券。

12.4.1 清算备付金专户的开立

证券公司承销证券应通过指定清算代理机构进行资金清算，因此，证券公司应在指定清算代理机构（中国证券登记结算公司）开立用于证券承销资金清算与交割的清算备付金专用存款账户。有关清算备付金专户开立的核算前面已述。

12.4.2 会计科目的设置

证券公司承销证券需设置“代理承销证券款”科目进行核算。“代理承销证券款”属于负债类科目，核算证券公司接受委托，采用承购包销方式或代销方式承销证券所形成的、应付证券发行人的承销资金。该科目可按委托单位和证券种类进行明细核算。期末余额在贷方，反映证券公司承销证券应付未付给委托单位的款项。

12.4.3 全额承购包销的核算

全额承购包销是指证券公司与发行单位签订合同，由证券公司按合同确定的价格将证券从发行单位购进，向发行单位支付全部款项，然后按一定价格在证券一级市场发售给投资者的方式。

在这种方式下，证券公司向发行单位承购证券的价格由双方在合同中确定，发售价格由证券公司确定，与发行单位无关，证券公司主要是从中赚取证券买卖的差价。承销期结束后，如有未售出的证券，应按自营证券进行核算与管理。

证券公司以全额承购包销方式承销证券的，应在按承购价格购入待发售的证券时，确认为一项金融资产，借记“交易性金融资产”“债权投资”“其他债权投资”“其他权益工具投资”“长期股权投资”等科目。

（1）证券公司按承购价认购证券，向发行单位支付全部价款时，会计分录为：

借：交易性金融资产等科目

　贷：银行存款

（2）证券公司将证券发售给投资者时，按发行价进行价款结算；同时，按承购价结转售出证券的实际成本，差额确认为投资收益。会计分录为：

借：银行存款或结算备付金——××清算代理机构——自有

　贷：交易性金融资产等科目

　　投资收益

证券公司以全额承购包销方式承销证券所取得的收入属于金融商品转让收入，应按规定缴纳增值税。具体账务处理前面已述。

（3）承销期结束，将未售出的证券按自营证券进行管理，并按自营证券的有关规定进行核算。

【例12-11】 华风证券公司与绿草公司签订合同，采用全额承购包销方式代为发行股票1 800万股，每股面值1元。合同规定承购价为每股2.5元，承购价款于收到股票时一次付清。华风证券公司通过深圳证券交易所发行股票，自定发售价为每股3.2元，发行期内共售出股票1 500万股。华风证券公司收到股票时，将其划分为以公允价值计量且其变动计入当期损益的金融资产，假设不考虑其他因素。

华风证券公司的账务处理如下：

（1）按承购价购入待发售的股票，并支付全部价款时：

借：交易性金融资产	45 000 000	
贷：银行存款		45 000 000

（2）将股票发售给投资者，按发售价进行价款结算时：

借：结算备付金——证券登记结算公司深圳分公司——自有	48 000 000	
贷：交易性金融资产		37 500 000
投资收益		10 500 000

华风证券公司对未售出的300万股股票按自营证券进行管理和核算。

转让金融商品出现正差10 500 000元（(3.2−2.5)×15 000 000），月末按盈亏相抵后的余额为销售额，计算应交增值税并进行会计处理。

12.4.4 余额承购包销的核算

余额承购包销是指证券公司与发行单位签订合同，由证券公司代理发行证券，在发行期内未售出的证券由证券公司按合同确定的价格认购，并按约定时间向发行单位支付全部款项的方式。

1. 承销记名证券的核算

（1）证券公司通过证券交易所上网发行的，在证券上网发行日，根据承销合同确认的证券发行总额，按承销价款，在备查簿中记录承销证券的情况。

（2）证券公司与证券交易所交割清算时，按实际收到的金额，编制会计分录：

借：结算备付金——××清算代理机构——自有

　贷：代理承销证券款——××委托单位

（3）承销期结束，如有未售出的证券，应由证券公司认购，会计分录为：

借：交易性金融资产等科目　　　　（承销价款）

贷：代理承销证券款——××委托单位

（4）承销期结束，将承销证券款项交付委托单位并收取承销手续费时，会计分录为：

借：代理承销证券款——××委托单位　　（承销价款）

贷：手续费及佣金收入——代承销证券手续费收入　　（不含税承销手续费）

应交税费——应交增值税（销项税额）

银行存款　　（实际支付给委托单位的金额）

同时，冲销备查簿中登记的承销证券。

2. 承销无记名证券的核算

（1）证券公司收到委托单位委托发行的证券时，在备查簿中记录承销证券的情况。

（2）证券公司在承销期内按承销价格发售证券，并按实际收到的金额，编制会计分录：

借：银行存款或库存现金

贷：代理承销证券款——××委托单位

（3）承销期结束，如有未售出的证券，应由证券公司认购，会计分录为：

借：交易性金融资产等科目　　（承销价款）

贷：代理承销证券款——××委托单位

（4）承销期结束，将承销证券款项交付委托单位并收取承销手续费时，会计分录为：

借：代理承销证券款——××委托单位　　（承销价款）

贷：手续费及佣金收入——代承销证券手续费收入　　（不含税承销手续费）

应交税费——应交增值税（销项税额）

银行存款　　（实际支付给委托单位的金额）

同时，冲销备查簿中登记的承销证券。

【例 12-12】 华星证券公司与白云公司签订合同，采用余额承购包销方式代为发行股票 1 000 万股，每股面值 1 元。华星证券公司通过深圳证券交易所上网发行股票，发行价定为每股 2.8 元，发行期内共售出股票 800 万股，共发生费用 3 万元，代发行手续费为 2‰。承销期结束，华星证券公司按发行价认购未售出的 200 万股股票，并将其划分为以公允价值计量且其变动计入当期损益的金融资产。

华星证券公司的账务处理如下：

（1）股票上网发行日，根据承销合同确认的股票发行总额，按承销价款，在备查簿中记录承销股票的情况。

（2）与证券交易所交割清算时，按实际收到的金额：

借：结算备付金——证券登记结算公司深圳分公司——自有　　22 370 000

贷：代理承销证券款——白云公司　　22 370 000

（3）承销期结束，认购未售出的 200 万股股票时：

借：交易性金融资产　　5 600 000

贷：代理承销证券款——白云公司　　5 600 000

（4）承销期结束，将承销股票款项交付白云公司并收取承销手续费时：

借：代理承销证券款——白云公司　　27 970 000

贷：手续费及佣金收入——代承销证券手续费收入 52 774
应交税费——应交增值税（销项税额） 3 166
银行存款 27 914 060

同时，冲销备查簿中登记的承销股票。

12.4.5 代销的核算

代销是指证券公司与发行单位签订合同，由证券公司代理发行证券，在发行期内未售出的证券由证券公司退还给发行单位的方式。

采用代销方式承销证券，证券公司应向发行单位收取手续费，由于证券公司不承担任何发行风险，因此其代销佣金很低。信誉好、知名度高的大中型企业由于其证券容易为社会公众所接受，采用代销方式可以降低其证券发行成本。

代销的核算与余额承购包销的核算基本相同，只是在代销方式下，承销期结束后，如有未售出的证券，则应退还给发行单位。

12.5 其他证券业务的核算

其他证券业务是指证券公司在国家许可的范围内进行的除经纪、自营和承销业务以外的其他与证券业务有关的业务。主要包括买入返售证券业务、卖出回购证券业务以及受托资产管理业务等。

1. 买入返售证券业务的核算

买入返售证券业务是指证券公司与其他企业以合同或协议的方式，在一定期限内按一定价格买入证券，到期日再按合同规定的价格返售给对方。一般情况下，证券公司买入证券的价格低于其返售证券的价格，以获取买入价与卖出价的差价收入。

（1）会计科目的设置。证券公司应设置“买入返售金融资产”科目，该科目属于资产类科目，核算证券公司按照返售协议约定先买入再按固定价格返售的证券等金融资产所融出的资金。该科目可按买入返售金融资产的类别和融资方进行明细核算。期末余额在借方，反映证券公司买入的尚未到期返售证券等金融资产的摊余成本。

（2）账务处理。

1）证券公司通过证券交易所买入拟返售的证券时，应将实际支付的款项作为买入返售证券的初始确认金额入账。会计分录为：

借：买入返售金融资产
贷：结算备付金——××清算代理机构——自有

2）资产负债表日，计提买入返售证券利息收入时，会计分录为：

借：应收利息
贷：利息收入

3）返售日，按合同规定的价格将证券返售给对方时，会计分录为：

借：结算备付金——××清算代理机构——自有　　（实际收到的金额）
　　贷：买入返售金融资产　　（账面余额）
　　　　应收利息　　（账面余额）
　　　　利息收入　　（借贷方差额）

买入返售证券利息收入按照贷款服务缴纳增值税，但是金融机构开展的质押式买入返售金融商品和买断式买入返售金融商品属于金融同业往来利息收入，免征增值税。

2. 卖出回购证券业务的核算

卖出回购证券业务是指证券公司与其他企业以合同或协议的方式，在一定期限内按一定价格卖出其持有的证券，到期日再按合同规定的价格从对方购回。一般情况下，证券公司回购证券的价格高于其卖出证券的价格，其差价为证券公司获得一定时期资金使用权所付出的代价。

（1）会计科目的设置。证券公司应设置“卖出回购金融资产款”科目，该科目属于负债类科目，核算证券公司按照回购协议先卖出再按固定价格买入的证券等金融资产所融入的资金。该科目可按卖出回购金融资产的类别和融资方进行明细核算。期末余额在贷方，反映证券公司尚未到期的卖出回购金融资产款。

（2）账务处理。

1）证券公司通过证券交易所卖出拟回购的证券时，应将实际收到的款项确认为一项负债。会计分录为：

借：结算备付金——××清算代理机构——自有
　　贷：卖出回购金融资产款

2）资产负债表日，计提卖出回购证券利息费用时，会计分录为：

借：利息支出
　　贷：应付利息

3）回购日，按合同规定的价格将证券从对方回购时，会计分录为：

借：卖出回购金融资产款　　（账面余额）
　　应付利息　　（账面余额）
　　利息支出　　（借贷方差额）
　　贷：结算备付金——××清算代理机构——自有　　（实际支付的金额）

3. 受托资产管理业务的核算

受托资产管理业务是指证券公司接受委托负责经营管理受托资产的业务。

（1）会计科目的设置。

1）“代理业务资产”科目。该科目属于资产类科目，核算证券公司不承担风险的代理业务形成的资产，如受托理财业务进行的证券投资等。该科目可按委托单位、资产管理类别（如定向、集合和专项资产管理业务），分别“成本”“已实现未结算损益”等进行明细核算。期末余额在借方，反映证券公司代理业务资产的价值。

2）“代理业务负债”科目。该科目属于负债类科目，核算证券公司不承担风险的代理业务收到的款项，如受托投资资金等。该科目可按委托单位、资产管理类别（如定向、集合和专项资产管理业务）等进行明细核算。期末余额在贷方，反映证券公司收到的代理业务资金。

（2）账务处理。

1）证券公司收到委托人的资金时，应按实际收到的金额同时确认一项资产和一项负债。会计分录为：

借：银行存款

　贷：代理业务负债

2）证券公司以代理业务资金购买证券等时，会计分录为：

借：代理业务资产——成本

　贷：结算备付金——××清算代理机构——客户

3）证券公司将购买的证券售出时，会计分录为：

借：结算备付金——××清算代理机构——客户　　（实际收到的金额）

　贷：代理业务资产——成本　　（卖出证券应结转的成本）

　贷或借：代理业务资产——已实现未结算损益　　（借贷方差额）

金融商品转让应交增值税，应于实际转让的月末进行会计处理。

4）证券公司定期或在委托合同到期与委托客户进行结算时，按合同约定比例计算其代理业务资产收益中属于委托客户的收益和属于证券公司的收益，并结转已实现未结算损益。会计分录为：

借：代理业务资产——已实现未结算损益

　贷：代理业务负债　　（委托客户的收益）

　　手续费及佣金收入　　（证券公司的收益）

　　应交税费——应交增值税（销项税额）

代理业务资产发生亏损时，应按损失金额核销代理业务资金，并结转已实现未结算损益。会计分录为：

借：代理业务负债

　贷：代理业务资产——已实现未结算损益

5）证券公司按规定划转代理业务资产收益、退还代理业务资金时，会计分录为：

借：代理业务负债

　贷：银行存款

思考题

1. 证券经纪业务包括哪些内容？
2. 什么是证券自营业务？包括哪些内容？
3. 什么是证券承销业务？简述证券承销的三种方式。
4. 什么是买入返售证券业务和卖出回购证券业务？

练习题

1. 沿用例12-4的资料，假定在20×2年1月1日，华盛证券公司预计本金的一半（即 625 万元）将会在该年末收回，而其余的一半本金将于 20×4 年末收回。其他资料不变。

要求：编制华盛证券公司的有关会计分录。

2. 沿用例 12-4 的资料，假定华盛证券公司购买的债券不是分次付息，而是到期一次还本付息，且利息不是以复利计算。其他资料不变。

要求：编制华盛证券公司的有关会计分录。

3. 20×0 年 1 月 1 日，华仁证券公司支付价款 1 028.33 万元（含交易费用 1.5 万元，准予抵扣的增值税进项税额 900 元），购入某公司发行的 3 年期公司债券，该公司债券的票面总金额为 1 000 万元，票面利率为 4%，利息每年年末支付，本金到期支付。华仁证券公司根据其管理该债券的业务模式和该债券的合同现金流量特征，将该债券分类为以公允价值计量且其变动计入其他综合收益的金融资产。其他资料如下：

(1) 20×0 年 12 月 31 日，该债券的公允价值为 1 000.09 万元（不含利息）。

(2) 20×1 年 12 月 31 日，该债券的公允价值为 990.66 万元（不含利息）。

(3) 20×2 年 2 月 6 日，华仁证券公司将该债券全部出售，收到价款 988 万元。

假设不考虑减值等因素。

要求：编制华仁证券公司的有关会计分录。

4. 20×1 年 7 月 13 日，华友证券公司购入 D 公司股票 1 000 000 股，每股市价 15 元，交易费用 31 800 元（含准予抵扣的增值税进项税额 1 800 元）。华友证券公司将其指定为以公允价值计量且其变动计入其他综合收益的非交易性权益工具投资。华友证券公司至 20×1 年 12 月 31 日仍持有该股票，该股票当时的市价为 16 元。20×2 年 2 月 1 日，华友证券公司将该股票售出，售价为每股 13 元，另支付交易费用 30 000 元。假设不考虑其他因素。

要求：编制华友证券公司的有关会计分录。

5. 20×1 年 6 月 10 日，A 证券公司支付价款 502 120 元（含交易费用 2 000 元，准予抵扣的增值税进项税额 120 元）从证券市场购入 B 公司发行在外的股票 10 万股，并将购入的股票分类为以公允价值计量且其变动计入当期损益的金融资产。20×1 年 12 月 31 日，该股票市价为每股 5.3 元；20×2 年 1 月 12 日，A 证券公司将上述股票以每股 6.5 元的价格全部转让。

要求：编制 A 证券公司的有关会计分录。

6. 20×1 年 2 月 1 日，A 证券公司从二级市场购入 B 公司股票 150 万股，并将购入的股票分类为以公允价值计量且其变动计入当期损益的金融资产。A 证券公司取得该股票时市价为每股 6.3 元，含已宣告但尚未发放的现金股利 0.8 元，另支付交易费用 159 000 元（含准予抵扣的增值税进项税额 9 000 元）。其他资料如下：

(1) 20×1 年 4 月 16 日，收到最初支付价款中所含现金股利。

(2) 20×1 年 12 月 31 日，该股票市价为每股 7 元。

(3) 20×2 年 2 月 5 日，B 公司宣告发放现金股利，每股 0.6 元。

(4) 20×2 年 4 月 15 日，收到现金股利。

(5) 20×2 年 12 月 31 日，该股票市价为每股 6 元。

(6) 20×3年1月22日，将该股票以每股6.2元的价格全部转让，发生交易费用10万元。

要求： 编制A证券公司的有关会计分录。

7. 华圆证券公司20×1年12月5日通过网上自营申购新股300万股，新股发行价3.80元，中签5万股。华圆证券公司将中签的新股分类为以公允价值计量且其变动计入当期损益的金融资产。

要求： 编制华圆证券公司的有关会计分录。

8. 三峡公司因急需资金扩展经营业务，拟发行股票1 000万股，每股面值1元，委托华梦证券公司全额承购包销，合同规定承购价为每股6元，承购价款于收到股票时一次付清。华梦证券公司以每股7.2元的价格售出承购的股票900万股，已与证券交易所交割清算。华梦证券公司将收到的股票分类为以公允价值计量且其变动计入当期损益的金融资产。

要求： 编制华梦证券公司的有关会计分录。

第13章

保险公司业务的核算

学习目标

1. 了解保险业务的种类、保险业务会计核算的特点。

2. 掌握非寿险原保险业务、寿险原保险业务及再保险分出和分入业务的核算。

3. 理解非寿险原保险业务与寿险原保险业务在会计核算上的区别。

13.1 保险公司业务概述

保险是投保人依据合同约定，向保险人支付保险费，保险人对合同约定的可能发生的事故因其发生所造成的财产损失承担赔偿保险金责任，或者当被保险人死亡、伤残、疾病或者达到合同约定的年龄、期限时承担给付保险金责任的商业行为。保险是一种特殊的经济补偿制度，保险业务是金融业务的重要组成部分。通过保险业务的核算，能够正确反映保险公司经营活动情况，对于合理分配和使用社会保险基金，使其保值增值，充分发挥保险业的职能，促进社会稳定和国民经济的协调发展具有重要的现实意义。

13.1.1 保险业务的种类

1. 按保险对象分为财产保险和人身保险

（1）财产保险。财产保险是指投保人根据保险合同的约定，向保险人交付保险费，保险人按照保险合同的约定，对所承保的财产及其有关利益因自然灾害或意外事故造成的损失承担赔偿保险金责任的保险业务。财产保险多为短期保险，保险期限通常为1年或1年之内，包括物质财产保险、责任保险等。

财产保险承保的风险是自然灾害或意外事故，其损失频率和程度很不规则，保费收入和赔款支出很不稳定，要求其资金必须保持较高的流动性，实务经营上一般采取保留较多的现金、提取巨额风险准备金等措施以备赔付。

（2）人身保险。人身保险是指保险人通过与投保人签订保险合同，在向投保人收取一定的保险费后，在被保险人因疾病或遭遇意外事故而致伤残或死亡，或保险期满时给付医疗费用或保险金的保险业务。人身保险包括人寿保险、健康保险和人身意外伤害保险。人寿保险包括生存保险、死亡保险、生死两全保险、年金保险等，其保险期限一般较长，可达 5 年、10 年、数十年；健康保险和人身意外伤害保险又可分为短期健康保险和人身意外伤害保险、长期健康保险和人身意外伤害保险。

人身保险的保险标的是人的生命、身体或劳动能力，其承保的是人的生死、伤害、疾病等风险，保险事故发生的概率较有规则，保费收入和保险金给付较为稳定，对现金储备和再保险的要求较低，其积聚的巨额闲置资金可用于投资。

2. 按业务承保方式分为原保险和再保险

（1）原保险。原保险是由保险人与投保人最初达成的保险协议。根据保险人在原保险合同延长期内是否承担赔付保险金责任，可将原保险分为非寿险原保险和寿险原保险。其中，原保险合同延长期是指投保人自上一期保费到期日未缴纳保费，保险人仍承担赔付保险金责任的期间。

非寿险原保险是指在原保险合同延长期内不承担赔付保险金责任的原保险，通常包括财产保险、短期人身意外伤害保险和短期健康保险；寿险原保险是指在原保险合同延长期内承担赔付保险金责任的原保险，通常包括人寿保险、长期人身意外伤害保险和长期健康保险。

非寿险原保险大多属于短期性保险业务，寿险原保险基本属于长期性保险业务。这两种保险合同性质不同，保费收入、保险风险的特征不同，在具体会计核算上存在差异。

（2）再保险。再保险即“保险的保险”，也称分保，是指一个保险人（再保险分出人）分出一定的保费给另一个保险人（再保险接受人），再保险接受人对再保险分出人由原保险合同所引起的赔付成本及其他相关费用进行补偿的保险业务。

在再保险业务中，最初承保业务的保险人称为再保险分出人或原保险人；接受分出业务的保险人称为再保险接受人（分入人）或再保险人。双方签订再保险合同，再保险分出人在分出业务的同时将其所收取的原保险费的相应部分支付给再保险接受人，当保险事故发生时，再保险分出人先将赔款金额支付给投保人或受益人，然后向再保险接受人追收相当的赔款。

13.1.2 保险业务会计核算的特点

保险业务的会计核算既有别于一般工商企业的经济业务，与商业银行业务、证券业务等其他金融业务相比，也存在很大的区别。保险业务会计核算的特点主要表现在以下几个方面。

1. 各险种类别独立建账、独立核算损益

保险公司所经营的保险业务，由于不同险种类别在业务经营期限、币种、赔付方式及收费方式上均存在较大的差别，因此，在会计核算中，不同的险种类别应分账核算，独立核算损益。

2. 会计计量需要运用保险精算技术

保险业务表现为保险公司根据保险单（保险合同）向投保人收取保险费，并在合同有效期内承担相应的保险责任。为了保证履行向保险受益人提供赔偿或给付的义务，在向其支付赔偿或给付以前，保险公司应建立责任准备金。责任准备金的计算十分复杂，特别是寿险责任准备金需要运用保险精算技术才能确定。

3. 责任准备金核算占有重要地位

由于保险公司的经营风险很大，为了防范风险和保障投保人的权益，必须按照企业会计准则的规定，计提各种准备金。准备金是保险公司为履行未来的赔付、给付责任而从所收取的保费中提取的资金准备，是保险公司对投保人的负债。比如，为尚未终止的非寿险保险责任提取的未到期责任准备金；为非寿险保险事故已发生尚未结案的赔案提取的未决赔款准备金；为尚未终止的人寿保险责任提取的寿险责任准备金；为尚未终止的长期健康保险责任提取的长期健康险责任准备金等。准备金核算的正确与否，直接影响保险公司的偿付能力和损益计算的准确性。

13.2　非寿险原保险业务的核算

13.2.1　财产保险业务的核算

财产保险以财产及其有关利益为保险标的，其中，财产包括动产和不动产，与财产有关的利益是指由财产所产生或引起的无形权益，以及这些权益受到侵害时所引起的责任。财产保险标的的价值一般能用货币进行衡量，可以根据保险财产的实际价值和实际损失金额来确定保险金额和损失赔偿金额。因此，财产保险具有补偿性，即补偿财产及其有关利益的实际损失。

1. 财产保险业务保费收入的核算

（1）保费收入及有关概念。保费收入是保险公司为了承担一定的风险责任而向投保人收取的保险费，或者是投保人为将其风险转嫁给保险公司而支付的代价。正确理解保费收入，需澄清以下几个基本概念。

1）入账保费。入账保费指会计上已登记入账，记录为本期保费收入的保费，包括保险公司签发的保险单已经收到或尚未收到的保费。保费收入一般指入账保费。

2）已赚保费。当签发的保单跨年度时，根据权责发生制原则，应区分属于本会计年度与以后会计年度的保费收入。年末，保险公司应将所收保费中在本会计年度已负了责任或已终止合同的那部分保费作为已赚保费入账。因此，已赚保费是指某一会计年度中可以用于当年赔款支出的保费收入，其金额取决于保单的保险年度与当期会计年度重合时间的多少。已赚保费是保险公司的实际保费收入，其金额等于本年度入账保费加上上年度转回未赚保费减去本年度未赚保费。

3）未赚保费。年末，当年签发的保单有许多尚未到期，可能在以后年度发生赔款，因此，当年的保费收入不能都用于支付当年发生的赔款，而必须提存一部分作为未到期责任的赔款准备金，用于以后年度发生的赔款，从当年保费收入中提存的这一部分资金就是未赚保费。因此，未赚保费是指某一会计年度的入账保费中应该用于支付以后年度发生的赔款支出的保费。

保费由纯保费和附加保费两部分构成。其中，纯保费是保险公司用来建立保险基金，用于未来赔付的那部分保费，也称为净保费；附加保费主要用于保险公司的各项业务开支和预期利润，包括职工工资、业务费、企业管理费、代理手续费、税金、利润等。保费的高低可以反映保险公司的经营收入水平、承保业务的广度和深度以及保险责任的大小。

（2）保费收入的确认与计量。保费收入是保险公司为履行原保险合同规定的义务而向投保人收取的对价收入。保费收入由保险公司主要的经营活动产生，是其主要的收入项目。根据企业会计准则的规定，保费收入应当在同时满足以下条件时予以确认：1）原保险合同成立并承担相应保险责任，即原保险合同已经签订并已生效；2）与原保险合同相关的经济利益很可能流入，即与原保险合同相关的保费收回的可能性大于不能收回的可能性；3）与原保险合同相关的收入能够可靠地计量。

财产保险合同一般是签单生效，即保险合同一经签订即告成立并开始发生法律效力，且财产保险合同期限一般较短，保费通常一次性收取。即使在分期收取的情况下，投保人一般也不能单方面取消合同，保险公司在签单时通常即可认为保费收回的可能性大于不能收回的可能性，因此，财产保险合同一般应于签单时根据合同约定的保费总额确认保费收入。但是，财产保险合同也存在签单日与承担保险责任日不一致的情况，如货物运输保险合同，签订保险合同是一个日期，合同条款有时还会规定另一个保险公司开始承担保险责任的日期，在这种情况下，签单日收取的保费应确认为预收保费，待承担保险责任时再转作保费收入。

此外，由于财产保险合同存在不可预见的损失风险，如国家政治、政策风险，地震、洪水等巨灾风险，因此，有时存在收到金额的可能性小于不能收到金额的可能性的情况。这种情况一旦出现，保险公司不能确认保费收入，而应于实际收到保费时确认保费收入。

（3）保费收入的账务处理。保险公司应设置“保费收入”“应收保费”“坏账准备”“预收保费”等科目进行核算，由会计部门以业务部门出具的保费日报表或保费收据作为原始凭证，编制记账凭证入账。

1）签发保单时保费一次付清的核算。

【例13-1】 20×2年3月10日，甲财产保险公司会计部门收到业务部门交来的机动车辆保险保费日报表、保费收据存根和银行收账通知80 000元（含增值税），该业务签单生效时收到全部保费。

甲财产保险公司编制会计分录如下：

借：银行存款	80 000	
贷：保费收入——机动车辆险		75 472
应交税费——应交增值税（销项税额）		4 528

2）预收保费的核算。如果发生保险客户提前缴费或缴纳保费在前、承担保险责任在后的业务，则应作为预收保费入账，保险责任生效时再转作保费收入。

【例 13-2】 20×2 年 3 月 11 日，甲财产保险公司会计部门收到业务部门交来的货物运输保险保费日报表、保费收据存根和银行收账通知 120 000 元，该业务于下月 1 日起承担保险责任。

甲财产保险公司编制会计分录如下：

（1）20×2 年 3 月 11 日，收到保费时：

借：银行存款　120 000

　贷：预收保费——××企业　120 000

（2）20×2 年 4 月 1 日，确认保费收入时：

借：预收保费——××企业　120 000

　贷：保费收入——货物运输险　113 208

　　应交税费——应交增值税（销项税额）　6 792

3）分期缴费的核算。对于保费高的大保户，保险公司同意分期缴纳保费的，保险单一经签单，全部保费均应确认为保费收入，未收款部分确认为应收保费，待分期收款时再冲销。对应收保费应根据其可收回金额按期估计坏账损失，计提坏账准备；实际发生坏账时，冲销坏账准备；收回已确认为坏账并转销的应收保费时，先转回坏账准备和应收保费，然后将收到的保费入账。

【例 13-3】 20×2 年 3 月 12 日，甲财产保险公司与长丰化工厂签订一份财产综合保险合同，双方约定保费为 300 000 元（含增值税），采用分期缴费方式。保险公司已收到首期保费 60 000 元，其余保费分 8 期缴清，每期缴纳 30 000 元。

甲财产保险公司编制会计分录如下：

（1）20×2 年 3 月 12 日，收到首期保费并确认保费收入时：

借：银行存款　60 000

　　应收保费——长丰化工厂　240 000

　贷：保费收入——财产综合险　283 019

　　应交税费——应交增值税（销项税额）　16 981

（2）以后每期收到应收保费时：

借：银行存款　30 000

　贷：应收保费——长丰化工厂　30 000

（3）假设最后一期保费未收到已有 3 年以上，确认为坏账时：

借：坏账准备　30 000

　贷：应收保费——长丰化工厂　30 000

上述已确认为坏账的应收保费以后又收到时：

借：应收保费——长丰化工厂　30 000

　贷：坏账准备　30 000

同时：

借：银行存款　30 000

贷：应收保费——长丰化工厂　　30 000

2. 财产保险业务准备金的核算

财产保险准备金是指保险公司为履行其承担的保险责任或者备付未来赔款，从所收取的保险费中按规定提取的资金准备，包括未到期责任准备金和未决赔款准备金。

（1）未到期责任准备金的核算。

1）未到期责任准备金的确认。未到期责任准备金是指保险公司为尚未终止的非寿险保险责任提取的准备金。在保险公司按非寿险原保险合同约定的保费总额确认保费收入的情况下，为了真实地反映保险公司当期已赚取的保费收入，保险公司有必要在确认保费收入的当期期末，按照保险精算确定的未到期责任准备金金额提取未到期责任准备金，将保费收入调整为已赚取的保费收入，并确认未到期责任准备金负债。

从性质上讲，未到期责任准备金属于未赚取的保费收入，确认未到期责任准备金就是确认未赚取的保费收入。随着时间的推移，保险风险在逐渐减少，未赚取的保费收入也随之转化为已赚取的保费收入。因此，通常情况下，对同一尚未终止的非寿险保险责任而言，保险公司在资产负债表日按照保险精算重新计算确定的未到期责任准备金金额应当小于上一资产负债表日已确认的未到期责任准备金余额。为了真实地反映保险公司当期期末未赚取的保费收入，保险公司应当在资产负债表日，按照保险精算重新计算确定的未到期责任准备金金额与已确认的未到期责任准备金余额的差额，对未到期责任准备金余额进行调整。

2）未到期责任准备金的计量。对未到期责任准备金的计量，目前主要采用百分比估算法，具体包括1/2法、1/8法、1/24法和1/365法。

①1/2法。也称年平均估算法。该法以一年作为计算期间，假定每年的所有保单是在365天中逐日均匀开立的，即每天签单起保收取的保险费大体相等。这样，就可以认为一年的保单在当年还有50%的有效部分未到期，故应从当年收取的保费中提取50%作为下一年履行50%未到期责任的准备金。计算公式为：

$$\text{年末提取未到期责任准备金}=\text{本年保费收入}\times 50\%$$

由于整个保险期间风险并不是均匀分布的，保单生效也不是均匀分布在整个承保年度，因此这种方法虽然简便易行，但不够准确。

②1/8法。也称季平均估算法。该法以一个季度作为计算期间，假定每季的所有保单是逐日均匀开立的，即在一个季度中每天签单起保收取的保险费大体相等。这样，就可以认为每季度的保单有半个季度的责任未到期。一年中有8个半季度，因此，到年末时，对在第一季度投保的保单应提取的未到期准备金为第一季度所收保费的1/8，另外7/8为已到期保费；对在第二季度投保的保单应提取的未到期准备金为第二季度所收保费的3/8，另外5/8为已到期保费，以此类推。计算公式为：

$$\begin{matrix}\text{年末提取未到期}\\\text{责任准备金}\end{matrix}=\begin{matrix}\text{一季度}\\\text{保费收入}\end{matrix}\times 1/8+\begin{matrix}\text{二季度}\\\text{保费收入}\end{matrix}\times 3/8+\begin{matrix}\text{三季度}\\\text{保费收入}\end{matrix}\times 5/8+\begin{matrix}\text{四季度}\\\text{保费收入}\end{matrix}\times 7/8$$

【例13-4】 甲财产保险公司20×2年第一季度的保费收入为150万元，第二季度的保费收入为120万元，第三季度的保费收入为100万元，第四季度的保费收入为140

万元。

甲财产保险公司 20×2 年末未到期责任准备金为：

$$\begin{aligned}\text{未到期责任准备金} &= 150\times1/8+120\times3/8+100\times5/8+140\times7/8\\ &=248.75(\text{万元})\end{aligned}$$

③1/24 法。也称月平均估算法，为银保监会允许选择的方法。该法以一个月作为计算期间，假定每月的所有保单是逐日均匀开立的，即在一个月中每天签单起保收取的保险费大体相等。这样，就可以认为每月的保单有半个月的责任未到期。一年可分为 24 个半个月，对一年期保单来说，开立保单的当月末已到期责任为 1/24，23/24 的保费则是未到期责任准备金。以后每过一个月，已到期责任加上 2/24，未到期责任准备金减少 2/24，到年末，1 月开立保单的未到期责任准备金为保费的 1/24，2 月开立保单的未到期责任准备金为保费的 3/24，以此类推，12 月开立保单的未到期责任准备金为保费的 23/24。计算公式为：

$$\frac{\text{年末提取未到期}}{\text{责任准备金}}=\frac{\text{1 月份}}{\text{保费收入}}\times1/24+\frac{\text{2 月份}}{\text{保费收入}}\times3/24+\cdots+\frac{\text{12 月份}}{\text{保费收入}}\times23/24$$

值得注意的是，目前保险公司未到期责任准备金是按月提取的，那么每月在计算未到期责任准备金时应相应往前推 12 个月。比如，在 2021 年 5 月提取未到期责任准备金时，2020 年 6 月开立保单的未到期责任准备金为保费的 1/24，2020 年 7 月开立保单的未到期责任准备金为保费的 3/24，以此类推，2021 年 5 月开立保单的未到期责任准备金为保费的 23/24。

按照 1/24 法计提未到期责任准备金，每月开立保单时，当月按保费的 23/24 计提未到期责任准备金，随着保险责任期限的逐渐缩短而逐月按 2/24 转回，即将大部分保费通过计提准备金的方式事后逐月反映为利润。

④1/365 法。也称日平均估算法，为银保监会允许选择的方法，也是最为精确的方法。根据某日保单的第二年有效天数，逐笔计算未到期责任准备金。计算公式为：

$$\text{某日保单未到期责任准备金}=\text{第二年有效天数}\div\text{保险期天数}\times\text{当日保费收入}$$

3）会计科目的设置。为了反映未到期责任准备金的增减变动情况，主要应设置“未到期责任准备金”和“提取未到期责任准备金”科目进行核算。

①“未到期责任准备金”科目。该科目为负债类科目，核算保险公司按规定提取的非寿险原保险合同未到期责任准备金。再保险接受人提取的再保险合同分保未到期责任准备金，也在该科目核算。该科目贷方登记按规定提取的未到期责任准备金，借方登记按规定冲减的未到期责任准备金，期末贷方余额，反映保险公司的未到期责任准备金。该科目可按保险合同进行明细核算。

②“提取未到期责任准备金”科目。该科目为损益类科目，核算保险公司提取的非寿险原保险合同未到期责任准备金和再保险合同分保未到期责任准备金。其借方登记按规定提取的未到期责任准备金，贷方登记按规定冲减的未到期责任准备金。期末，应将该科目余额转入“本年利润”科目，结转后该科目无余额。该科目可按险种和保险合同

进行明细核算。

4）未到期责任准备金的账务处理。

①未到期责任准备金的计提。保险公司应当在确认非寿险保费收入的当期，按照保险精算确定的金额，提取未到期责任准备金，作为当期保费收入的调整，并确认未到期责任准备金负债。会计分录为：

借：提取未到期责任准备金

　贷：未到期责任准备金

②资产负债表日的处理。保险公司应当在资产负债表日，按照保险精算重新计算确定的未到期责任准备金金额与已确认的未到期责任准备金余额的差额，调整未到期责任准备金余额。会计分录为：

借：未到期责任准备金

　贷：提取未到期责任准备金

③未到期责任准备金的转销。原保险合同提前解除的，保险公司应当转销相关未到期责任准备金余额，计入当期损益。会计分录为：

借：未到期责任准备金

　贷：提取未到期责任准备金

④提取未到期责任准备金的期末结转。期末，应将"提取未到期责任准备金"科目的余额结转至"本年利润"科目。会计分录为：

借：本年利润

　贷：提取未到期责任准备金

【例13-5】 20×2年3月19日，甲财产保险公司与A工厂签订一份财产基本险合同，保费500 000元（含增值税），根据精算部门的计算结果，该保单3月末应提取的未到期责任准备金为453 500元；4月30日，保险精算部门计算确定该份保单4月末未到期责任准备金余额应为412 400元。

甲财产保险公司编制会计分录如下：

(1) 20×2年3月19日，确认保费收入时：

借：银行存款	500 000	
贷：保费收入——财产基本险		471 698
应交税费——应交增值税（销项税额）		28 302

(2) 20×2年3月31日，确认未到期责任准备金时：

借：提取未到期责任准备金	453 500	
贷：未到期责任准备金		453 500

(3) 20×2年4月30日，调减未到期责任准备金时：

借：未到期责任准备金	41 100	
贷：提取未到期责任准备金		41 100

(2) 未决赔款准备金的核算。

1）未决赔款准备金的确认与计量。未决赔款准备金属于特别准备金，是指保险公司为非寿险保险事故已发生尚未结案的赔案提取的准备金，包括已发生已报案未决赔款准备金、已发生未报案未决赔款准备金和理赔费用准备金。其中，已发生已报案未决赔款准备金，是指保险公司为非寿险保险事故已发生并已向保险公司提出索赔、尚未结案的赔案提取的准备金；已发生未报案未决赔款准备金，是指保险公司为非寿险保险事故已发生、尚未向保险公司提出索赔的赔案提取的准备金；理赔费用准备金，是指保险公司为非寿险保险事故已发生尚未结案的赔案可能发生的律师费、诉讼费、损失检验费、相关理赔人员薪酬等费用提取的准备金。未决赔款准备金的金额由保险精算部门采用逐案估计法、案均赔款法、赔付率法等方法计算确定。

保险公司应当在非寿险保险事故发生的当期，按照保险精算确定的金额，提取未决赔款准备金，并确认未决赔款准备金负债。保险公司在会计期末对于在本期已发生保险事故应付未付的赔款（即不能在本期结算的赔款）计提赔款准备金，计入当期损益，以免虚增本期利润。

2）未决赔款准备金的账务处理。保险公司应设置“未决赔款准备金”和“提取未决赔款准备金”科目，核算为已经发生非寿险保险事故并已提出保险赔款，以及已经发生非寿险保险事故但尚未提出保险赔款的赔案及可能发生的理赔费用，按规定提取的未决赔款准备金。再保险接受人提取的再保险合同未决赔款准备金，也通过这两个科目核算。其中，“未决赔款准备金”为负债类科目，“提取未决赔款准备金”为损益类科目。

①未决赔款准备金的计提。投保人发生非寿险保险合同约定的保险事故当期，保险公司应按保险精算确定的未决赔款准备金金额，提取未决赔款准备金，并确认未决赔款准备金负债。会计分录为：

借：提取未决赔款准备金

　贷：未决赔款准备金

②未决赔款准备金充足性测试。保险公司至少应当于每年年度终了，对未决赔款准备金进行充足性测试。保险公司按照保险精算重新计算确定的未决赔款准备金金额超过充足性测试日已提取的未决赔款准备金余额的，应当按照其差额补提未决赔款准备金；保险公司按照保险精算重新计算确定的未决赔款准备金金额小于充足性测试日已提取的未决赔款准备金余额的，不调整未决赔款准备金。

③未决赔款准备金的冲减。保险公司确定支付赔付款项金额或实际发生理赔费用的当期，应冲减相应的未决赔款准备金余额。会计分录为：

借：未决赔款准备金

　贷：提取未决赔款准备金

④提取未决赔款准备金的期末结转。期末，应将“提取未决赔款准备金”科目的余额结转至“本年利润”科目。会计分录为：

借：本年利润

　贷：提取未决赔款准备金

【例 13-6】 20×2 年 3 月 20 日，甲财产保险公司承保的货物运输险出险，按保险精算确定的未决赔款准备金为 1 600 000 元。20×2 年 12 月 31 日，保险公司对未决赔款准备金进行充足性测试，按保险精算重新计算确定的未决赔款准备金为 8 500 000 元，充足性测试日已提取的未决赔款准备金余额为 8 000 000 元。

甲财产保险公司编制会计分录如下：

（1）20×2年3月20日，提取未决赔款准备金时：

借：提取未决赔款准备金　　1 600 000

　　贷：未决赔款准备金　　1 600 000

（2）20×2年12月31日，进行充足性测试补提未决赔款准备金时：

借：提取未决赔款准备金　　500 000

　　贷：未决赔款准备金　　500 000

3. 财产保险业务赔款支出的核算

赔款支出是指非寿险原保险业务因保险标的遭受损失或发生意外伤害、疾病等，按保险合同约定支付给保单持有人的赔款及发生的理赔费用。

（1）赔款支出的确认与计量。保险公司应当在确定实际应支付赔付款项金额或实际发生理赔费用的当期，按照确定支付的赔付款项金额或实际发生的理赔费用金额，计入当期赔付支出；同时，应当按照确定支付的赔付款项金额或实际发生的理赔费用金额，冲减相应的未决赔款准备金余额。理赔费用准备金中包括的相关理赔人员薪酬，应当在实际分配的当期计入赔付支出，同时冲减相应的未决赔款准备金余额。

保险公司将实际应支付的赔付款项或实际发生的理赔费用确认为赔付支出单独核算，而不是直接冲减未决赔款准备金余额，主要是为了满足赔付率监管的需要，并与未决赔款准备金精算实务相衔接。在实务中，保险精算部门是根据有效保单定期计算未决赔款准备金余额，已决保单没有包括在有效保单内。在资产负债表日，会计部门根据保险精算结果按差额确认未决赔款准备金时，已经自动将已决保单相关的未决赔款准备金转销。

（2）赔款支出的账务处理。保险公司应设置"赔付支出""预付赔付款""应付赔付款""损余物资""应收代位追偿款"等科目进行核算。其中，"赔付支出"为损益类科目，在该科目下设置"赔款支出"明细科目，核算保险公司支付的非寿险原保险合同赔付款项和发生的理赔费用，并按保险合同和险种进行明细核算；"预付赔付款"为资产类科目，核算保险公司预先支付的赔付款项，可按投保人或受益人进行明细核算；"应付赔付款"为负债类科目，核算保险公司按保险合同约定应支付而尚未支付的赔付款项；"损余物资"为资产类科目，核算保险公司按照原保险合同约定承担赔偿保险金责任后取得的损余物资成本；"应收代位追偿款"为资产类科目，核算保险公司按照原保险合同约定承担赔付保险金责任后确认的代位追偿款。

1）赔付款项的核算。按照营改增的规定，被保险人获得的保险赔付不征收增值税，相应地保险公司向被保险人支付的赔偿金无法取得增值税专用发票用于增值税进项税额的抵扣。但是，保险公司以实物赔付方式承担机动车辆保险责任的，自行向车辆修理劳务提供方购进的车辆修理劳务，其进项税额可以按规定从保险公司销项税额中抵扣。若保险公司以现金赔付方式承担机动车辆保险责任，将应付给被保险人的赔偿金直接支付给车辆修理劳务提供方，不属于保险公司购进车辆修理劳务，其进项税额不得从保险公司销项税额中抵扣。保险公司提供的其他财产保险服务，比照上述规定执行。

【例13-7】 20×2年4月20日，A公司投保的车辆损失险出险。甲财产保险公司原与A公司签订的机动车辆保险合同约定的赔付方式为由保险公司将投保车辆修理至恢复原状。5 月 5 日，甲财产保险公司收到修理厂修理 A 公司受损车辆开出的增值税专用发票，发票上注明的修理费为 60 000 元，增值税额为 7 800 元，甲财产保险公司当日签发转账支票予以支付。甲财产保险公司上月月末已为该保险事故提取未决赔款准备金。

甲财产保险公司编制会计分录如下：

借：赔付支出——赔款支出——车辆损失险　　60 000
　　应交税费——应交增值税（进项税额）　　7 800
　贷：银行存款　　67 800
借：未决赔款准备金　　60 000
　贷：提取未决赔款准备金　　60 000

保险公司在保险事故发生后较短的时间内（通常为保险事故发生当月）即能够结案定损的，保险公司不需要先确认未决赔款准备金，再予以转销，而可以直接将确定支付的赔付款项金额计入当期损益。

【例 13-8】 20×2 年 5 月 2 日，B 公司投保的车辆损失险出险。甲财产保险公司原与 B 公司签订的机动车辆保险合同约定，在车辆出险后由保险公司向被保险人支付赔偿金，由被保险人自行修理受损车辆。5 月 20 日，甲财产保险公司会计部门收到业务部门交来的赔款计算书和赔款收据，对 B 公司受损车辆的赔款金额为 80 000 元，当日签发转账支票予以支付。

甲财产保险公司编制会计分录如下：

借：赔付支出——赔款支出——车辆损失险　　80 000
　贷：银行存款　　80 000

有些保险赔案损失大且案情复杂，短期内难以确定赔款金额，为了使投保人尽快恢复正常的生产经营或生活秩序，保险公司可先预付一笔赔款，记入“预付赔付款”科目，待结案时再转入“赔付支出”科目。

【例 13-9】 某企业投保的财产综合险出险，因保险双方对实际损失存在争议，一时难以结案。甲财产保险公司先预付赔款 200 000 元，以转账支票付讫。后经双方调查协商，确定保险损失为 500 000 元，公司再以转账支票 300 000 元补足赔款。甲财产保险公司已为该保险事故提取未决赔款准备金。

甲财产保险公司编制会计分录如下：

（1）预付赔款时：

借：预付赔付款——××企业　　200 000
　贷：银行存款　　200 000

（2）补付赔款及结案时：

借：赔付支出——赔款支出——财产综合险　　500 000
　贷：预付赔付款——××企业　　200 000
　　　银行存款　　300 000
借：未决赔款准备金　　500 000
　贷：提取未决赔款准备金　　500 000

2）理赔费用的核算。

理赔费用是指保险公司对保险责任范围内的保险事故现场勘查发生的费用，以及聘请专业技术人员对承保的保险标的损失进行估损鉴定等发生的支出，如保险公司理赔勘查车辆的修理费、车辆消耗的燃油和过路过桥费、律师与诉讼费、损失检验费、相关理赔人员薪酬、公估费等。

保险公司发生的理赔费用，若取得增值税专用发票，其进项税额可以凭票抵扣。

【例13-10】 20×2年3月31日，甲财产保险公司精算部门计算确定的某类财产保险合同未决赔款准备金为1 000 000元，其中，已发生已报案未决赔款准备金为800 000元，已发生未报案未决赔款准备金为120 000元，理赔费用准备金为80 000元。20×2年3月31日，分配相关理赔人员职工薪酬60 000元；20×2年4月2日，以转账支票支付某保险公估机构评估费20 000元（含准予抵扣的增值税1 132元）；20×2年4月20日，上述已发生已报案赔案中有一案件结案，该财产保险公司以银行存款支付赔款150 000元。

甲财产保险公司编制会计分录如下：

(1) 20×2年3月31日，提取未决赔款准备金时：

借：提取未决赔款准备金	1 000 000	
贷：未决赔款准备金		1 000 000

(2) 20×2年3月31日，分配相关理赔人员职工薪酬，冲减相应的未决赔款准备金时：

借：赔付支出——赔款支出——财产保险	60 000	
贷：应付职工薪酬		60 000
借：未决赔款准备金	60 000	
贷：提取未决赔款准备金		60 000

(3) 20×2年4月2日，支付评估费，冲减相应的未决赔款准备金时：

借：赔付支出——赔款支出——财产保险	18 868	
应交税费——应交增值税（进项税额）	1 132	
贷：银行存款		20 000
借：未决赔款准备金	18 868	
贷：提取未决赔款准备金		18 868

(4) 20×2年4月20日，支付赔款，冲减相应的未决赔款准备金时：

借：赔付支出——赔款支出——财产保险	150 000	
贷：银行存款		150 000
借：未决赔款准备金	150 000	
贷：提取未决赔款准备金		150 000

3）损余物资的核算。保险财产遭损受灾，常有部分受损物资还具有一定的经济价值，这部分物资称为损余物资。保险财产遭受保险事故后，损余物资一般应合理作价归投保人，并在赔款中予以扣除；如果被保险人不愿意接受，保险公司可按全额赔付，损余物资交归保险公司处理。

根据企业会计准则的规定，保险人承担赔偿保险金责任后取得的损余物资，应当按照同类或类似资产的市场价格计算确定的金额确认为资产，并冲减当期赔付成本。会计分录为：

借：损余物资

　贷：赔付支出——赔款支出——××险

保险公司处置损余物资时，视同销售自己使用过的按规定不得抵扣且未抵扣进项税额的固定资产，按简易计税方法依 3%减按 2%征收增值税。保险公司应当按照实际收到的金额与相关损余物资账面价值和应纳增值税额之和的差额，调整当期赔付成本。会计分录为：

借：库存现金或银行存款　　（实际收到的金额）

借或贷：赔付支出——赔款支出——××险　　（借贷方差额）

　贷：损余物资　　（账面价值）

　　应交税费——简易计税　　（应纳增值税额）

若损余物资已计提跌价准备，还应同时予以结转。

【例 13-11】 某商场投保财产综合险后遭受水灾，经计算，财产损失应赔款 200 000 元，甲财产保险公司应得的损余物资折价 100 000 元归商场所有，其余赔款保险公司以转账支票支付。

处置损余物资应纳增值税额＝100 000÷(1＋2%)×2%＝1 961(元)

甲财产保险公司编制会计分录如下：

借：赔付支出——赔款支出——财产综合险　　101 961

　贷：银行存款　　100 000

　　应交税费——简易计税　　1 961

借：未决赔款准备金　　101 961

　贷：提取未决赔款准备金　　101 961

【例 13-12】 沿用例 13-11 的资料，假设损余物资商场没有接受而由甲财产保险公司收回。保险公司取得损余物资时，同类资产的市场价格为 125 000 元，后来保险公司将损余物资作价 90 000 元（含增值税），出售给其他单位。在此期间，该损余物资没有发生减值。

甲财产保险公司编制会计分录如下：

（1）支付商场赔款时：

借：赔付支出——赔款支出——财产综合险　　200 000

　贷：银行存款　　200 000

借：未决赔款准备金　　200 000

　贷：提取未决赔款准备金　　200 000

（2）取得损余物资时：

借：损余物资　　125 000

　贷：赔付支出——赔款支出——财产综合险　　125 000

（3）出售损余物资时：

借：银行存款　　90 000
　　赔付支出——赔款支出——财产综合险　　36 765
　贷：损余物资　　125 000
　　　应交税费——简易计税　　1 765

4）错赔或骗赔案件的核算。在保险理赔过程中，有时会发生错赔或骗赔案件，发现后应依法查处并追回赔款，追回的赔款应冲减相应的赔付支出。

【例 13-13】 甲财产保险公司在支付某企业的财产综合险赔款后，发现这是一起错赔案件，系工作失误多赔付了100 000元。经与企业交涉，该企业以转账支票退回已多付的赔款。

甲财产保险公司编制会计分录如下：

借：银行存款　　100 000
　贷：赔付支出——赔款支出——财产综合险　　100 000

5）代位追偿款的核算。代位追偿款是指保险人承担赔付保险金责任后，依法从被保险人取得代位追偿权向第三者责任人索赔而应取得的赔款。

保险人承担赔付保险金责任后应收取的代位追偿款同时满足以下条件的，应当确认为应收代位追偿款，并冲减当期赔付成本：①与该代位追偿款有关的经济利益很可能流入；②该代位追偿款的金额能够可靠地计量。对应收代位追偿款应根据其可收回金额按期估计坏账损失，计提坏账准备；收到应收代位追偿款时，保险人应当按照收到的金额与相关应收代位追偿款账面价值的差额，调整当期赔付成本。

【例 13-14】 20×2年5月20日，红星乳品厂投保的运货车发生保险事故，甲财产保险公司在承担赔偿保险金责任后，取得向责任方追偿的权利，估计追偿金额为50 000元。20×2年7月16日，甲财产保险公司从责任方收回追偿款35 000元，款项已存入银行。甲财产保险公司已为该项应收代位追偿款计提坏账准备6 000元。

甲财产保险公司编制会计分录如下：

(1) 20×2年5月20日，确认代位追偿款时：

借：应收代位追偿款　　50 000
　贷：赔付支出——赔款支出　　50 000

(2) 20×2年7月16日，收回代位追偿款时：

借：银行存款　　35 000
　　坏账准备　　6 000
　　赔付支出——赔款支出　　9 000
　贷：应收代位追偿款　　50 000

13.2.2 短期人身意外伤害保险和短期健康保险业务的核算

1. 短期人身意外伤害保险和短期健康保险的概念

人身意外伤害保险是指被保险人因意外事故导致死亡或伤残时，保险人依照合同约定给付保险金的保险；短期人身意外伤害保险则为保险期限在一年或一年以下的人身意外伤害保险。

健康保险是指保险人依照合同约定，对被保险人因健康原因导致的损失给付保险金的保险；短期健康保险则为保险期限在一年或一年以下的健康保险。

2. 短期人身意外伤害保险和短期健康保险业务的核算

短期人身意外伤害保险和短期健康保险与寿险（即人寿保险、长期人身意外伤害保险和长期健康保险）一样，都属于人身保险业务，都与人的身体和生命有关，但因业务特点和经营管理方式不同，国际上将其归属于非寿险（非寿险包括财产保险、短期人身意外伤害保险和短期健康保险）。短期人身意外伤害保险和短期健康保险业务与前述财产保险业务的核算基本相同。

（1）保费收入的核算。保费收入的确认和计量与财产保险业务相同，由会计部门以业务部门出具的保费日结单或保费收据作为原始凭证，编制记账凭证入账。

【例 13－15】 20×2 年 9 月 1 日，某保险公司收到业务部门的公路旅客人身意外险日结单及所附收据存根和现金 3 000 元，经审核后办理入账。

某保险公司编制会计分录如下：

借：库存现金	3 000	
贷：保费收入——意外伤害险		2 830
应交税费——应交增值税（销项税额）		170

（2）保险金给付的核算。投保人提出索赔并提供有关证明后，由保险公司业务部门理赔，责任确认无误后，填制“××险给付领取收据”，由投保人签章后，连同分户卡一并送交会计部门，会计部门凭此给付保险金。

【例 13－16】 某中学投保一年期学生住院医疗险，每人保额为 50 000 元。投保后该中学一学生因患病住院治疗，发生保单责任范围内的医疗费用 42 000 元，保险公司按分级累进计算给付保险金 36 000 元，以现金支付。

某保险公司编制会计分录如下：

借：赔付支出——赔款支出——健康险	36 000	
贷：库存现金		36 000
借：未决赔款准备金	36 000	
贷：提取未决赔款准备金		36 000

（3）准备金的核算。短期人身意外伤害保险和短期健康保险准备金包括未到期责任准备金和未决赔款准备金，其具体核算与财产保险业务相同。

13.2.3 非寿险原保险业务中途退保的核算

投保人在保险责任开始后要求提前解除非寿险原保险合同的，保险公司可以收取自保险责任开始之日起至合同解除之日止的保险费，剩余的应当退还投保人的保险费，作为退保费，直接冲减保费收入。退保时尚结欠的应收保费，应从所退保费中直接扣除。

同时，由于保险公司在确认非寿险原保险合同保费收入的当期，通过确认未到期责任准备金，将其作为保费收入的调整，而在非寿险原保险合同提前解除时，尚未赚取的保费收入已经不可能再赚取，因此，在非寿险原保险合同提前解除时，保险公司还应当转销相关的尚未赚取的保费收入，即转销相关未到期责任准备金余额。

对于非寿险原保险合同确认的未决赔款准备金，由于其确认的前提条件是发生非寿险保险事故，而在发生非寿险保险事故的情况下，理性的投保人是不可能要求解除合同的，因此，也就不存在转销相关的未决赔款准备金余额。

【例13-17】 某企业投保了财产综合险，由于厂址迁移外地，申请退保。20×2年3月17日，甲财产保险公司会计部门收到业务部门转来的批单，应退保费8 000元（含增值税），但该保户尚有1 000元保费未缴，会计部门开出转账支票支付该企业退保费。退保时，甲财产保险公司已为该企业财产综合保险合同确认未到期责任准备金9 000元。

甲财产保险公司编制会计分录如下：

借：保费收入——财产综合险	7 547	
应交税费——应交增值税（销项税额）	453	
贷：银行存款		7 000
应收保费——××企业		1 000
借：未到期责任准备金	9 000	
贷：提取未到期责任准备金		9 000

13.3 寿险原保险业务的核算

寿险原保险均为以人的身体为保险标的的人身保险，由于人不能以价值来衡量，因此寿险原保险多为给付性质而非补偿性质，其保险金额一般根据被保险人的需要和缴纳保费的多少确定，是一种定额保险。寿险原保险具有储蓄性、保险金额定额给付的确定性、保险期限长期性等特点，这些特点决定了寿险原保险业务与非寿险原保险业务相比，在会计核算上存在差异。

13.3.1 人寿保险业务的核算

1. 人寿保险的概念与内容

人寿保险是以被保险人在某一期间内生存或死亡为保险事故，给付约定保险金的保险，包括生存保险、死亡保险、生死两全保险、年金保险等。

生存保险是一种定期保险，以被保险人在约定的保险期满时依然生存为给付条件。被保险人若在保险期内死亡，保单效力终止，保险人既不给付保险金，也不退还保费。

死亡保险以被保险人在保单有效期内死亡为给付条件。若被保险人生存至保单期满，保险人则不负给付保险金责任，保费是否退还要看保单期限长短及保单条款规定，一般长期死亡险具有责任性和保费返还性双重特性。

生死两全保险是指被保险人不论在保险期内死亡还是生存至保险期满，保险人都给付保险金的一种综合险。这种保险是一种具有储蓄性质的定期保险，长期生死两全险一般具有责任性和保费返还性双重特性。

年金保险又称养老金保险，是指保险人在约定的保险期内，以被保险人的生存为给付条件，按照一定的周期（一年、半年、一个月、一个星期）给付保险金的保险。

2. 人寿保险业务保费收入的核算

（1）保费的构成。保费由纯保费和附加保费两部分构成。其中，纯保费是以预定死亡率和预定利率为基础所计算的保费，是保险公司用于保险金支付的那部分费用；附加保费根据预定费用率计算，主要用于保险公司的各项业务开支和预期利润。

（2）保费收入的确认与计量。寿险原保险合同的保险期间一般较长，保费通常分期收取，一次性趸交较少；投保人可以单方面取消合同，保费的收回存在不确定性。因此，分期收取保费的，应当根据当期应收取的保费确认保费收入；一次性收取保费的，应当根据一次性应收取的保费确认保费收入。

具体而言，对于寿险原保险合同，分期收取保费的，保险公司应当在合同约定的承担保险责任日确认首期保费收入，在合同约定的以后各期投保人缴费日确认相应各期的保费收入；一次性收取保费的，保险公司应当在合同约定的承担保险责任日确认保费收入。

（3）保费收入的账务处理。为了反映人寿保险业务保费收入的增减变动情况，主要应设置"保费收入""应收保费""坏账准备""预收保费"等科目进行核算。

根据规定，保险公司开办的一年期以上人身保险产品取得的保费收入免征增值税。一年期以上人身保险，是指保险期间为一年期及以上返还本利的人寿保险、养老年金保险及其他年金保险，以及保险期间为一年期及以上的健康保险。其中，养老年金保险保费收入免征增值税应当同时符合下列条件：（1）保险合同约定给付被保险人生存保险金的年龄不得小于国家规定的退休年龄；（2）相邻两次给付的时间间隔不得超过一年。

【例 13-18】 20×1 年 12 月 31 日，H 人寿保险公司与李某签订一份返还本利型定期寿险合同，保险金额为 1 000 000 元，保险期间为 20×2 年 1 月 1 日零时至 21×1 年 12 月 31 日 24 时；保费总额为 60 000 元，分 5 期于前 5 年每年 1 月 1 日等额收取。合同生效当日，H 人寿保险公司收到李某缴纳的第一期保费 12 000 元（60 000÷5）。

H 人寿保险公司编制会计分录如下：

借：银行存款	12 000	
贷：保费收入——定期寿险		12 000

以后各年收取保费的账务处理同上。

【例 13-19】 20×1 年 12 月 31 日，H 人寿保险公司与王某签订一份生死两全保险合同，保险金额为 1 500 000 元，保费总额为 80 000 元，保险期间为 20×2 年 1 月 1 日零时至 21×1 年 12 月 31 日 24 时。合同生效当日，H 人寿保险公司收到王某缴纳的保费总额 80 000 元。该保险为免征增值税保险产品。

H 人寿保险公司编制会计分录如下：

借：银行存款	80 000	
贷：保费收入——两全保险		80 000

如果投保人提前缴纳保费，保险公司应将收到的保费记入"预收保费"科目，待合

同约定的保险责任生效日或分期缴费日再转作保费收入。

【例 13-20】 张某投保个人养老金险，与H人寿保险公司约定每月缴费500元，20×2年1月5日以现金预缴全年保费6 000元（含增值税）。该保险产品不符合免征增值税的条件。

H人寿保险公司编制会计分录如下：

（1）20×2年1月5日，收到全年保费时：

借：库存现金	6 000	
贷：保费收入——年金保险（个人养老金险）		472
应交税费——应交增值税（销项税额）		28
预收保费——张某		5 500

（2）以后每月于合同约定的分期缴费日将预收保费转作保费收入时：

借：预收保费——张某	500	
贷：保费收入——年金保险（个人养老金险）		472
应交税费——应交增值税（销项税额）		28

3. **人寿保险业务保险金给付的核算**

保险金给付是保险公司对投保人在保险期满或期中支付保险金，以及对保险期内发生保险责任范围内的意外事故按规定给付保险金。保险金给付分为满期给付、死伤医疗给付和年金给付。

（1）保险金给付的确认与计量。保险人应当在确定实际应支付给付款项金额或实际发生理赔费用的当期，按照确定支付的给付款项金额或实际发生的理赔费用金额，计入当期赔付支出；同时，应当按照确定支付的给付款项金额或实际发生的理赔费用金额，冲减相应的寿险责任准备金余额。

实际给付保险金时，有借款的必须先结清借款；有未缴保费的应将其从应支付的保险金中扣除；有预缴保费的应退还预缴部分。

（2）保险金给付的账务处理。保险公司应设置"赔付支出""应付赔付款"等科目进行核算。保险公司办理给付保险金时，应由投保人提供有关单证和证明，经业务部门核实后，填制"××给付领款收据"，由投保人签章后，连同分户卡一并送交会计部门。会计部门审核无误后，向投保人支付保险金。

1）满期给付的核算。满期给付是指人寿保险业务被保险人生存至保险期满时，保险公司按保险合同约定给付的保险金。满期给付保险金是综合投保年龄、保险期限、缴费时间和投保份数等因素，根据寿险数学精算出来的。满期险种主要有生存保险、生死两全保险。满期给付应在"赔付支出"科目下设置"满期给付"明细科目，按保险合同和险种进行明细核算。

【例 13-21】 某简易人寿保险保户保险期满，持必要单证申请给付保险金12 000元。H人寿保险公司业务部门核实后，将分户卡和投保人填制的满期给付领款收据交会计部门。会计部门审核无误后以现金支付保险金。

H人寿保险公司编制会计分录如下：

借：赔付支出——满期给付——简寿险	12 000

贷：库存现金 12 000

借：寿险责任准备金 12 000

贷：提取寿险责任准备金 12 000

【例 13－22】 某公司为其员工投保的 3 年期团体两全人寿保险到期，H 人寿保险公司经计算，确定应给付保险金 600 000 元，款项尚未支付。

H 人寿保险公司编制会计分录如下：

借：赔付支出——满期给付——团体两全寿险 600 000

贷：应付赔付款——××公司 600 000

借：寿险责任准备金 600 000

贷：提取寿险责任准备金 600 000

满期给付时，投保人如有贷款本息未还清的，应将其未还清的贷款本息从应支付的保险金中扣除。

【例 13－23】 刘某投保的生死两全保险满期，保险金额为 100 000 元，尚有 10 000 元的保单质押贷款未归还，该笔贷款已计提但尚未收到的利息为 500 元，H 人寿保险公司会计部门将贷款及利息扣除后给付现金。

H 人寿保险公司编制会计分录如下：

借：赔付支出——满期给付——生死两全险 100 000

贷：保户质押贷款——刘某 10 000

应收利息 500

库存现金 89 500

借：寿险责任准备金 100 000

贷：提取寿险责任准备金 100 000

2）死伤医疗给付的核算。死伤医疗给付分为死亡给付、伤残给付和医疗给付三种，是指人寿保险业务、长期健康保险业务的被保险人在保险期内发生保险责任范围内的死亡、伤残等保险事故时，保险公司按保险合同约定给付的保险金。死伤医疗给付应在“赔付支出”科目下设置“死伤医疗给付”明细科目，按保险合同和险种进行明细核算。

【例 13－24】 某简易人寿保险保户杨某因病死亡，其受益人提出死亡给付申请，H 人寿保险公司业务部门审查同意给付全部保险金 20 000 元，该保户当月已确认但尚未缴纳的保费为 200 元，会计部门从应给付的保险金中扣除后，将现金支付给保户。

H 人寿保险公司编制会计分录如下：

借：赔付支出——死伤医疗给付——简寿险 20 000

贷：应收保费——杨某 200

库存现金 19 800

借：寿险责任准备金 20 000

贷：提取寿险责任准备金 20 000

【例 13－25】 沿用例 13－24 的资料，假设保户杨某没有欠缴保费，而有 3 个月的预缴保费 600 元，其他资料不变。

H 人寿保险公司编制会计分录如下：

借：赔付支出——死伤医疗给付——简寿险　　20 000
　　预收保费——杨某　　600
　贷：库存现金　　20 600
借：寿险责任准备金　　20 000
　贷：提取寿险责任准备金　　20 000

【例13-26】 某保户为其子吴某投保了10年期生死两全保险，现因交通事故造成其子两肢永久残废，经医院提供伤残证明，按规定给付保险金50 000元，H人寿保险公司会计部门审核无误后以现金支付。

H人寿保险公司编制会计分录如下：

借：赔付支出——死伤医疗给付——生死两全险　　50 000
　贷：库存现金　　50 000
借：寿险责任准备金　　50 000
　贷：提取寿险责任准备金　　50 000

3）年金给付的核算。年金给付是指年金保险业务的被保险人生存至规定的年龄时，保险公司按保险合同约定给付的保险金。年金给付应在“赔付支出”科目下设置“年金给付”明细科目，按保险合同和险种进行明细核算。

【例13-27】 胡某投保终身年金保险，每月缴纳保费500元，现已到约定年金领取年龄。胡某持有关证件向H人寿保险公司办理领取手续，按规定每月领取保险金1 000元。会计部门审核无误后，以现金支付。

H人寿保险公司编制会计分录如下：

借：赔付支出——年金给付——年金保险　　1 000
　贷：库存现金　　1 000
借：寿险责任准备金　　1 000
　贷：提取寿险责任准备金　　1 000

13.3.2　长期人身意外伤害保险和长期健康保险业务的核算

1. 长期人身意外伤害保险和长期健康保险的概念

长期人身意外伤害保险是指保险期限在一年以上的人身意外伤害保险。长期人身意外伤害保险通常与长期人寿保险一起作为综合险出售。

长期健康保险是指保险期限在一年以上的健康保险。由于健康保险的风险程度高、技术难度大，长期健康保险一般单独出售。

2. 长期人身意外伤害保险和长期健康保险业务的核算

（1）保费收入的核算。长期人身意外伤害保险和长期健康保险业务保费收入的核算与前述人寿保险业务相同，由会计部门以业务部门出具的保费日结单、保费收据、银行存款解缴回单等作为原始凭证，编制记账凭证入账。

（2）保险金给付的核算。长期人身意外伤害保险和长期健康保险业务保险金给付，应通过“赔付支出”科目下的“死伤医疗给付”明细科目进行核算。短期意外伤害保险和短期健康保险业务保险金给付在“赔付支出”科目下的“赔款支出”明细科目核算。

保险公司应当在确定实际应支付给付款项金额或实际发生理赔费用的当期，按照确定支付的给付款项金额或实际发生的理赔费用金额，计入当期赔付支出；同时，应当按照确定支付的给付款项金额或实际发生的理赔费用金额，冲减相应的寿险责任准备金、长期健康险责任准备金余额。

保险公司办理给付保险金时，应由投保人提供有关单证和证明，经业务部门核实后，填制“××给付领款收据”，由投保人签章后，连同分户卡一并送交会计部门。会计部门审核无误后，向投保人支付保险金。

人寿保险、人身意外伤害保险和健康保险等人身保险的被保险人因第三者的行为而发生死亡、伤残或者疾病等保险事故的，保险人向被保险人或受益人给付保险金后，不得享有向第三者追偿的权利，但被保险人或受益人仍有权向第三者追偿。

【例 13-28】 某长期健康险保单的被保险人肖某因患重大疾病住院治疗，向 H 人寿保险公司提出给付申请，业务部门审查后同意给付保险金 80 000 元，但须扣除宽限期内已确认但尚未收到的保费 3 000 元和保单质押贷款 21 000 元，其中包括利息 1 000 元（未计提，含增值税）。

H 人寿保险公司编制会计分录如下：

借：赔付支出——死伤医疗给付——长期健康险	80 000	
贷：应收保费——肖某		3 000
保户质押贷款——肖某		20 000
利息收入		943
应交税费——应交增值税（销项税额）		57
库存现金		56 000
借：长期健康险责任准备金	80 000	
贷：提取长期健康险责任准备金		80 000

13.3.3　寿险原保险业务准备金的核算

寿险原保险准备金是指保险公司为履行其承担的寿险原保险合同中约定的向受益人赔付保险金责任而提存的偿付准备，是保险公司对保单持有人的负债，包括寿险责任准备金和长期健康险责任准备金。

1. 寿险责任准备金的核算

（1）寿险责任准备金的确认与计量。寿险责任准备金是指保险公司为尚未终止的人寿保险责任提取的准备金。人寿保险一般为长期性保险业务，其保费收入具有与短期性保险业务完全不同的特征，即一般采用分期均衡缴纳保费的方式，趸交保费较为少见。在保险期内，随着被保险人年龄的增长，保险公司承担的给付死亡保险金责任的可能性不断增大，即长期性保险业务的保险风险不可能平均分布于整个保险期间，在保险期间内保险风险是不断增加的。由此造成保险公司当期收取的保费与当期承担的风险责任并不对等，通常在保险初期收取的保费高于当期的风险责任费用，形成一定的保费剩余，而在保险后期则形成保费不足。在这种情况下，保险公司为了平衡未来发生的债务，保证有充足的能力随时进行给付，就必须将投保人历年缴纳的纯保费和利息积累起来，作为将来保险金给付和退保给付的责任准备金。具体来说，寿险责任准备金应当是保险公司收入的净保费和利息与寿险合同中所规定的当期应承担给付义务之间的差额。

保险公司应当在确认人寿保险保费收入的当期，按照保险精算确定的金额，提取寿险责任准备金，并确认寿险责任准备金负债。

（2）寿险责任准备金的账务处理。保险公司应设置“寿险责任准备金”和“提取寿险责任准备金”科目，核算为尚未终止的人寿保险责任提取的准备金。其中，“寿险责任准备金”为负债类科目，“提取寿险责任准备金”为损益类科目。

1）寿险责任准备金的计提。保险公司应当在确认人寿保险保费收入的当期，按照保险精算确定的金额，提取寿险责任准备金，并确认寿险责任准备金负债。会计分录为：

借：提取寿险责任准备金

　贷：寿险责任准备金

2）寿险责任准备金充足性测试。保险公司至少应当于每年年度终了，对寿险责任准备金进行充足性测试。保险公司按照保险精算重新计算确定的寿险责任准备金金额超过充足性测试日已提取的寿险责任准备金余额的，应当按照其差额补提寿险责任准备金；保险公司按照保险精算重新计算确定的寿险责任准备金金额小于充足性测试日已提取的寿险责任准备金余额的，不调整寿险责任准备金。

3）寿险责任准备金的冲减。保险公司确定支付赔付款项金额或实际发生理赔费用的当期，应冲减相应的寿险责任准备金余额。会计分录为：

借：寿险责任准备金

　贷：提取寿险责任准备金

4）寿险责任准备金的转销。人寿保险原保险合同提前解除的，保险公司应将相关寿险责任准备金余额予以转销。会计分录为：

借：寿险责任准备金

　贷：提取寿险责任准备金

5）提取寿险责任准备金的期末结转。期末，应将“提取寿险责任准备金”科目的余额结转至“本年利润”科目。会计分录为：

借：本年利润

　贷：提取寿险责任准备金

2. 长期健康险责任准备金的核算

（1）长期健康险责任准备金的确认与计量。长期健康险责任准备金是指保险公司为尚未终止的长期健康保险责任提取的准备金。保险公司应当在确认长期健康保险保费收入的当期，按照保险精算确定的金额，提取长期健康险责任准备金，并确认长期健康险责任准备金负债。

（2）长期健康险责任准备金的账务处理。保险公司应设置“长期健康险责任准备金”和“提取长期健康险责任准备金”科目，核算为尚未终止的长期健康保险责任提取的准备金。其中，“长期健康险责任准备金”为负债类科目，“提取长期健康险责任准备金”

为损益类科目。

1）长期健康险责任准备金的计提。保险公司应当在确认长期健康保险保费收入的当期，按照保险精算确定的金额，提取长期健康险责任准备金，并确认长期健康险责任准备金负债。会计分录为：

借：提取长期健康险责任准备金

　贷：长期健康险责任准备金

2）长期健康险责任准备金充足性测试。保险公司至少应当于每年年度终了，对长期健康险责任准备金进行充足性测试。保险公司按照保险精算重新计算确定的长期健康险责任准备金金额超过充足性测试日已提取的长期健康险责任准备金余额的，应当按照其差额补提长期健康险责任准备金；保险公司按照保险精算重新计算确定的长期健康险责任准备金金额小于充足性测试日已提取的长期健康险责任准备金余额的，不调整长期健康险责任准备金。

3）长期健康险责任准备金的冲减。保险公司确定支付赔付款项金额或实际发生理赔费用的当期，应冲减相应的长期健康险责任准备金余额。会计分录为：

借：长期健康险责任准备金

　贷：提取长期健康险责任准备金

4）长期健康险责任准备金的转销。长期健康保险原保险合同提前解除的，保险公司应将相关长期健康险责任准备金余额予以转销。会计分录为：

借：长期健康险责任准备金

　贷：提取长期健康险责任准备金

5）提取长期健康险责任准备金的期末结转。期末，应将“提取长期健康险责任准备金”科目的余额结转至“本年利润”科目。会计分录为：

借：本年利润

　贷：提取长期健康险责任准备金

【例 13－29】 201×年 12 月 31 日，H 人寿保险公司在确认某团体终身寿险保险合同保费收入时，按照保险精算确定的寿险责任准备金金额为 120 000 元；在确认某重大疾病保险合同保费收入时，按照保险精算确定的长期健康险责任准备金金额为 150 000 元。

H 人寿保险公司编制会计分录如下：

借：提取寿险责任准备金	120 000	
贷：寿险责任准备金		120 000
借：提取长期健康险责任准备金	150 000	
贷：长期健康险责任准备金		150 000

13.3.4　寿险原保险业务中途退保的核算

1. 退保的确认与计量

投保人在保险责任开始后要求提前解除寿险原保险合同的，如果在犹豫期内（投保人收到保单后 10 天），保险公司应当在扣除手续费后退还全部保费，作为退保费，直接冲减保费收入。如果过了犹豫期，保险公司应按合同约定退还保单现金价值，作为退保费，计入当期损益（退保金科目）。

同时，由于保险公司在确认寿险原保险合同保费收入的当期，已经将未来应承担的赔付保险金责任确认为寿险责任准备金、长期健康险责任准备金，而在寿险原保险合同提前解除时，保险公司原确认的未来应承担的赔付保险金责任已经不复存在，因此，在寿险原保险合同提前解除时，保险公司还应当转销已确认的相关寿险责任准备金、长期健康险责任准备金余额。

保单现金价值是指寿险原保险合同在发生解约或退保时可以返还的金额。在寿险原保险合同中，保险公司为履行合同责任，通常需要提取一定数额的责任准备金，当被保险人于保险有效期内因故要求解约或退保时，保险公司按规定将提取的责任准备金减去解约扣除后的余额退还给被保险人，这部分金额即为保单的现金价值。保险公司签发的保险合同中附有现金价值表，投保人可在表中查到投保后第×年退保所能得到的现金价值。

2. 退保的账务处理

保险公司应设置“退保金”“保费收入”等科目进行核算。“退保金”为损益类科目，核算保险公司寿险原保险合同提前解除时按照约定应当退还投保人的保单现金价值，该科目可按险种进行明细核算。寿险原保险合同提前解除时应当退还投保人的不属于保单现金价值的款项，在“保费收入”科目核算。

实际支付退保金时，若投保人有贷款本息未还清的，则应将其未归还的贷款本息从应付退保金中扣除；若投保人有预缴保费的，则应退还预缴部分。

【例13-30】 某终身寿险保户赵某因移居国外而要求退保，H人寿保险公司业务部门经审查同意，按规定计算该保单现金价值为7 800元，会计部门审查无误后以现金支付。退保时，H人寿保险公司已为该终身寿险合同确认寿险责任准备金9 000元。该保险为免征增值税保险产品。

H人寿保险公司编制会计分录如下：

借：退保金——终身寿险	7 800	
贷：库存现金		7 800
借：寿险责任准备金	9 000	
贷：提取寿险责任准备金		9 000

【例13-31】 某年金保险保户邓某因经济困难要求退保，H人寿保险公司业务部门经审查同意，按规定计算该保单现金价值为30 000元，但邓某尚有5 000元借款未还，借款利息为400元（未计提，含增值税），会计部门审核无误后，扣除其借款本息，以现金支付退保金。退保时，H人寿保险公司已为该年金保险合同确认寿险责任准备金36 000元。该保险为免征增值税保险产品。

H人寿保险公司编制会计分录如下：

借：退保金——年金保险	30 000	
贷：保户质押贷款——邓某		5 000
利息收入		377

应交税费——应交增值税（销项税额）　23
库存现金　24 600
借：寿险责任准备金　36 000
贷：提取寿险责任准备金　36 000

【例 13-32】 某定期寿险保户沈某要求退保，H 人寿保险公司业务部门经审查同意，按规定计算该保单现金价值为 5 000 元，但沈某尚有预缴 2 个月的保费 100 元，会计部门审核无误后，以现金退还退保金和预收保费。退保时，H 人寿保险公司已为该定期寿险合同确认寿险责任准备金 6 000 元。该保险为免征增值税保险产品。

H 人寿保险公司编制会计分录如下：

借：退保金——定期寿险　5 000
预收保费——沈某　100
贷：库存现金　5 100
借：寿险责任准备金　6 000
贷：提取寿险责任准备金　6 000

13.4 再保险业务的核算

13.4.1 再保险业务概述

1. 再保险的概念

再保险，又称分保，是指一个保险人（再保险分出人）分出一定的保费给另一个保险人（再保险接受人），再保险接受人对再保险分出人由原保险合同所引起的赔付成本及其他相关费用进行补偿的保险。再保险分出人通过再保险将超过其自身业务承受能力的一部分风险责任转嫁给再保险接受人分担，可以起到分散承担责任风险、扩大承保业务范围、保持经营成果稳定的作用。

2. 再保险基本业务

再保险业务包括分出业务和分入业务。分出保险业务的保险人称为原保险人或再保险分出人，即再保险合同的投保人；接受分保业务的保险人称为再保险人或再保险接受人（分入人）。如果再保险人又将其分入的再保险业务转分给其他保险人，则称为转分保。在转分保业务中，双方当事人分别称为转分保分出人和转分保接受人。

再保险分出业务包括分出保费、摊回分保费用、摊回赔付支出等基本业务；与再保险分出业务相对应，再保险分入业务包括收取分保费、支付分保手续费、支付分保赔付款等基本业务。

在再保险业务中，再保险分出人为了转移风险和责任，将原保险合同中一定比例的保费收入分给再保险接受人，这对再保险分出人而言为分出保费，对再保险接受人而言则为分保费收入。原保险人承保业务和进行经营管理要花费一定的开支，要向再保险人收取一定的分保手续费，称为分保佣金；有时，再保险人还要从分保盈余中支付一定比例的佣金给分出人，作为对分出人良好经营成果的报酬，称为盈余佣金或纯益手续费。分保佣金和盈余佣金（或纯益手续费）对再保险接受人而言均为分保费用，对再保险分出人而言则为摊回分保费用。此外，原保险合同确认的赔付款项及理赔费用，按再保险合同约定应由再保险接受人承担的部分，对再保险接受人而言为分保赔付支出，对再保险分出人而言则为摊回赔付支出。

3. 再保险的种类

再保险是一种以原保险为基础的独立的保险业务。它是保险企业之间的一种业务经营活动，又是一项独立的合同。再保险按照原保险人与再保险人之间对保险责任的分配方式，可分为比例再保险和非比例再保险两大类。

（1）比例再保险。比例再保险是指原保险人与再保险人以保险金额为基础，计算比例，分担保险责任限额的再保险。比例再保险又可分为成数再保险和溢额再保险。

成数再保险是指再保险分出人以保险金额为基础，对每一危险单位按固定比例即一定成数作为自留额，将其余的一定成数转让给再保险接受人，保险费和保险赔款按同一比例分摊。

溢额再保险是指再保险分出人以保险金额为基础，规定每一危险单位的一定额度作为自留额，并将其超过自留额的部分，即溢额，分给再保险接受人。再保险接受人按承担溢额责任占保险金额的比例收取分保费和分摊分保赔款。

（2）非比例再保险。非比例再保险又称超额再保险，是一种以赔款为基础，计算自赔限额和分保责任限额的再保险。非比例再保险又可分为超额赔款再保险和超额赔付率再保险。

超额赔款再保险是指由再保险分出人与再保险接受人签订协议，对每一危险单位损失或一次巨灾事故的累计责任损失规定一个自赔额，自赔额以上至一定限度由再保险接受人负责。

超额赔付率再保险是指以一定时期（一般为一年）的累积责任赔付率为基础计算责任限额，当实际赔付率超过约定赔付率时，其超过部分由再保险接受人负责一定限额。

4. 再保险业务会计核算的特点

与原保险业务相比，再保险业务在会计核算上具有以下几个方面的特点：

（1）再保险业务产生的资产、负债及相关收支应单独确认。再保险分出人应单独核算其所持有的再保险合同，不应当将再保险合同形成的资产与有关原保险合同形成的负债相互抵销，也不应当将再保险合同形成的收入或费用与有关原保险合同形成的费用或收入相互抵销。

在签订再保险合同的情况下，再保险分出人提取相关原保险合同各项准备金（未到期责任准备金除外）确认应付保险受益人负债的同时，也产生了向再保险接受人收取补偿金额的权利。再保险合同的签订并不能减少或免除再保险分出人对原保险合同保险受益人的保险责任，无论再保险接受人能否对再保险分出人支付补偿金额，再保险分出人都要向保险受益人全额履行赔付义务。因此，再保险分出人应将再保险业务产生的资产、负债及相关收支单独确认，并在财务报表上单独列示。

（2）再保险业务资金结算方式与原保险业务不同。再保险业务资金结算是在保险人之间进行的，或通过保险经纪人进行，采用的是“风险共担，利益共享”的原则。在再保险分出人发生赔款及手续费、佣金、税金及附加等业务的情况下，再保险接受人不直接向保险受益人支付赔款、向保险代理人或经纪人支付手续费和佣金以及其他相关税费，而是事先由再保险分出人支付赔款和税费，再保险接受人按分保比例事后与再保险分出人核算应负担的份额。因此，对再保险业务应核算摊回分保赔款和摊回分保费用。

（3）分保账单是再保险业务核算的专用凭证。分保账单是核算再保险业务的专用会计凭证，也是再保险合同双方定期进行再保险业务资金结算的主要依据。其基本格式及内容如表 13－1 所示。分保账单由再保险分出人按季编制并送再保险接受人，再保险合同双方根据账单中借贷方的差额，确定应收差额或应付差额进行结算。表中“应付你方余额”为账单贷方金额合计减去借方金额合计后的差额，是再保险分出人应向再保险接受人实际支付的金额；“应收你方余额”为账单借方金额合计减去贷方金额合计后的差额，是再保险接受人应向再保险分出人实际支付的金额。

表 13－1　分保账单

分出公司名称：　　　　　　　　　　　　　　　　分入公司名称：
账单期：　　　　　　　　　　　　　　　　　　　业务年度：
合同名称：　　　　　　　　　　　　　　　　　　币种：

借方		贷方	
项目	金额	项目	金额
分保手续费		分保费	
分保赔付款		保费保证金返还	
保费保证金扣存		赔款追回款	
税款及杂项		退回分保手续费	
分保费退回		返还现金赔款	
纯益手续费		保证金利息	
……		……	
应付你方余额		应收你方余额	
你方成分（%）			
备注	未决赔款：		

13.4.2　分出业务的核算

1. 会计科目的设置

再保险分出人为了反映再保险分出业务分出保费、摊回分保费用、摊回赔付支出以及各种准备金的增减变动情况，主要应设置“应收分保账款”“应付分保账款”“预收赔付款”“存入保证金”“分出保费”“应收分保合同准备金”“摊回保险责任准备金”“摊回赔付支出”“摊回分保费用”等科目进行核算。

（1）“应收分保账款”科目。该科目属于资产类科目，核算保险公司从事再保险业务应收取的款项。其借方登记再保险业务发生的应收未收款项的增加，贷方登记再保险业务发生的应收未收款项的减少，期末借方余额，反映保险公司从事再保险业务应收取的款项。该科目可按再保险分出人或再保险接受人和再保险合同进行明细核算。

（2）“应付分保账款”科目。该科目属于负债类科目，核算保险公司从事再保险业务应付未付的款项。其贷方登记再保险业务发生的应付未付款项的增加，借方登记再保险业务发生的应付未付款项的减少，期末贷方余额，反映保险公司从事再保险业务应付未付的款项。该科目可按再保险分出人或再保险接受人和再保险合同进行明细核算。

（3）“预收赔付款”科目。该科目属于负债类科目，核算保险公司从事再保险分出业务按保险合同约定预收的分保赔付款。其贷方登记预收的分保赔付款，借方登记转销的预收分保赔付款，期末贷方余额，反映保险公司尚未转销的预收分保赔付款。该科目可按再保险接受人进行明细核算。

（4）“存入保证金”科目。该科目属于负债类科目，核算保险公司从事再保险分出业务按合同约定扣存再保险接受人的保费形成的保证金。其贷方登记扣存的分保保证金，借方登记返还上期扣存的分保保证金，期末贷方余额，反映保险公司扣存的尚未返还的分保保证金。该科目可按再保险接受人进行明细核算。

（5）“分出保费”科目。该科目属于损益类科目，核算保险公司从事再保险分出业务向再保险接受人分出的保费。其借方登记按规定向再保险接受人分出的保费及调整增加的分出保费，贷方登记按规定调整减少的分出保费。期末应将该科目余额转入“本年利润”科目，结转后该科目无余额。该科目可按险种进行明细核算。

（6）“应收分保合同准备金”科目。该科目属于资产类科目，核算再保险分出人从事再保险业务确认的应收分保未到期责任准备金，以及应向再保险接受人摊回的保险责任准备金。再保险分出人也可单独设置“应收分保未到期责任准备金”“应收分保未决赔款准备金”“应收分保寿险责任准备金”“应收分保长期健康险责任准备金”等科目进行核算。

“应收分保合同准备金”科目借方登记按规定确认的应收分保未到期责任准备金金额、应向再保险接受人摊回的保险责任准备金金额以及调整增加的金额，贷方登记按规定调整减少、冲减及转销的金额，期末借方余额，反映保险公司从事再保险业务确认的应收分保合同准备金余额。该科目可按再保险接受人和再保险合同进行明细核算。

（7）“摊回保险责任准备金”科目。该科目属于损益类科目，核算再保险分出人从事再保险业务应向再保险接受人摊回的保险责任准备金，包括未决赔款准备金、寿险责任准备金、长期健康险责任准备金。再保险分出人也可单独设置“摊回未决赔款准备金”“摊回寿险责任准备金”“摊回长期健康险责任准备金”等科目进行核算。

“摊回保险责任准备金”科目贷方登记应向再保险接受人摊回的保险责任准备金金额及调整增加的金额，借方登记按规定冲减、转销的摊回保险责任准备金金额。期末应将该科目余额转入“本年利润”科目，结转后该科目无余额。该科目可按保险责任准备金类别和险种进行明细核算。

（8）“摊回赔付支出”科目。该科目属于损益类科目，核算再保险分出人向再保险接受人摊回的应由其承担的赔付成本。再保险分出人也可单独设置“摊回赔款支出”“摊回满期给付”“摊回死伤医疗给付”“摊回年金给付”等科目进行核算。

“摊回赔付支出”科目贷方登记向再保险接受人摊回的应由其承担的赔付成本及调整

增加的金额，借方登记按规定调整减少的金额。期末应将该科目余额转入“本年利润”科目，结转后该科目无余额。该科目可按险种进行明细核算。

（9）“摊回分保费用”科目。该科目属于损益类科目，核算再保险分出人向再保险接受人摊回的应由其承担的分保费用。其贷方登记向再保险接受人摊回的应由其承担的分保费用，以及向再保险接受人收取的纯益手续费，借方登记按规定调整减少的摊回分保费用。期末应将该科目余额转入“本年利润”科目，结转后该科目无余额。该科目可按险种进行明细核算。

2. 分出业务的账务处理

（1）分出保费的核算。

1）再保险分出人应当在确认原保险合同保费收入的当期，按照相关再保险合同的约定，计算确定分出保费，计入当期损益。会计分录为：

借：分出保费

　　应交税费——应交增值税（进项税额）

　贷：应付分保账款

2）对于超额赔款再保险等非比例再保险合同，再保险分出人应当根据再保险合同的约定，计算确定分出保费，计入当期损益。会计分录为：

借：分出保费

　　应交税费——应交增值税（进项税额）

　贷：应付分保账款

调整分出保费时，如分出保费调整增加，则会计分录为：

借：分出保费

　　应交税费——应交增值税（进项税额）

　贷：应付分保账款

如分出保费调整减少，则做相反的会计分录。

（2）应收分保未到期责任准备金的核算。

1）再保险分出人应当在确认非寿险原保险合同原保费收入的当期，按照相关再保险合同的约定，计算确认相关的应收分保未到期责任准备金资产，并冲减提取未到期责任准备金。会计分录为：

借：应收分保未到期责任准备金

　贷：提取未到期责任准备金

应收分保未到期责任准备金实质上属于分出的未赚保费，而不属于预期从再保险接受人获得补偿的权利金额，确认应收分保未到期责任准备金是对当期分出保费的调整。提取未到期责任准备金（含分保未到期责任准备金）和确认应收分保未到期责任准备金的最终结果都是对当期自留保费（原保险合同保费收入加上分保费收入再减去分出保费后的金额）的调整，即将当期的自留保费调整为已赚保费。因此，确认应收分保未到期责任准备金时应做冲减提取未到期责任准备金处理，通过“提取未到期责任准备金”科目集中反映将当期自留保费调整为已赚保费的调整金额。

2）资产负债表日，再保险分出人在调整原保险合同未到期责任准备金余额时，应按照相关再保险合同的约定，计算确定应收分保未到期责任准备金的相应调整金额，调整应收分保未到期责任准备金余额。会计分录为：

借：提取未到期责任准备金

　贷：应收分保未到期责任准备金

（3）摊回分保费用的核算。

1）再保险分出人应当在确认原保险合同保费收入的当期，按照相关再保险合同的约定，计算确定应向再保险接受人摊回的分保费用，计入当期损益。会计分录为：

借：应收分保账款

　贷：摊回分保费用

这里的“摊回分保费用”是指摊回的分保手续费。

2）再保险分出人应当根据相关再保险合同的约定，在能够计算确定应向再保险接受人收取的纯益手续费时，将该项纯益手续费作为摊回分保费用，计入当期损益。会计分录为：

借：应收分保账款

　贷：摊回分保费用

分保手续费是再保险接受人对再保险分出人取得和经营原保险业务所发生费用的补偿；纯益手续费是再保险接受人对再保险分出人谨慎选择原保险业务而为其带来盈利的额外补偿。纯益手续费只有再保险接受人实际上有“纯益”时才给付。

（4）摊回保险责任准备金的核算。

1）再保险分出人应当在提取原保险合同未决赔款准备金、寿险责任准备金、长期健康险责任准备金的当期，按照相关再保险合同的约定，计算确定应向再保险接受人摊回的相应准备金，确认为相应的应收分保准备金资产。

摊回未决赔款准备金时，会计分录为：

借：应收分保未决赔款准备金

　贷：摊回未决赔款准备金

摊回寿险责任准备金时，会计分录为：

借：应收分保寿险责任准备金

　贷：摊回寿险责任准备金

摊回长期健康险责任准备金时，会计分录为：

借：应收分保长期健康险责任准备金

　贷：摊回长期健康险责任准备金

应收分保未决赔款准备金、应收分保寿险责任准备金和应收分保长期健康险责任准备金均属于再保险分出人预期从再保险接受人获得补偿的金额，确认时应作为摊回相应准备金处理。

2）再保险分出人对原保险合同未决赔款准备金、寿险责任准备金和长期健康险责任准备金进行充足性测试而补提相关准备金时，应按照相关再保险合同的约定，计算确定相关应收分保准备金的增加金额，调整增加相关应收分保准备金余额。会计分录为：

借：应收分保未决赔款准备金

应收分保寿险责任准备金
应收分保长期健康险责任准备金
贷：摊回未决赔款准备金
摊回寿险责任准备金
摊回长期健康险责任准备金

3）再保险分出人应当在确定支付赔付款项金额或实际发生理赔费用而冲减原保险合同未决赔款准备金、寿险责任准备金和长期健康险责任准备金余额的当期，按照相关再保险合同的约定，计算确定相关应收分保准备金的相应冲减金额，冲减相关应收分保准备金账面余额。会计分录为：

借：摊回未决赔款准备金
摊回寿险责任准备金
摊回长期健康险责任准备金
贷：应收分保未决赔款准备金
应收分保寿险责任准备金
应收分保长期健康险责任准备金

（5）摊回赔付支出的核算。

1）再保险分出人应当在确定支付赔付款项金额或实际发生理赔费用而确认原保险合同赔付成本的当期，按照相关再保险合同的约定，计算确定应向再保险接受人摊回的赔付成本，计入当期损益。会计分录为：

借：应收分保账款
贷：摊回赔付支出

在因取得和处置损余物质、确认和收到应收代位追偿款等而调整原保险合同赔付成本的当期，应按相关再保险合同的约定，计算确定摊回赔付成本的调整金额，计入当期损益。

摊回赔付成本调整增加时，会计分录为：

借：应收分保账款
贷：摊回赔付支出

摊回赔付成本调整减少时，做相反的会计分录。

摊回准备金与摊回赔付成本的区别在于：摊回准备金是预计由再保险接受人补偿的金额；摊回赔付成本是由再保险接受人实际补偿的金额。在确认摊回赔付成本的同时应冲减相应的摊回准备金。

2）对于超额赔款再保险等非比例再保险合同，再保险分出人应当在能够计算确定应向再保险接受人摊回的赔付成本时，将该项应摊回的赔付成本计入当期损益。会计分录为：

借：应收分保账款
贷：摊回赔付支出

（6）预收赔款的核算。再保险分出人收到再保险接受人预付的现金赔款时，会计分录为：

借：银行存款

　贷：预收赔付款

再保险分出人发出分保账单时，按照账单中转销的现金赔款金额，做会计分录：

借：预收赔付款

　贷：应收分保账款

（7）存入分保保证金的核算。分保保证金是再保险分出人从应付给再保险接受人的分保费中以一定比例扣存，作为再保险接受人履行分保未了责任的保证金。该保证金留存期一般为12个月，至次年同期归还，归还时要支付利息。

再保险分出人扣存分保保证金的交易具体体现在分保账单中，再保险分出人应当在发出分保账单时，将账单标明的扣存本期分保保证金确认为存入分保保证金。会计分录为：

借：应付分保账款

　贷：存入保证金

同时，按照账单标明的返还上期扣存分保保证金转销相关存入分保保证金。会计分录为：

借：存入保证金

　贷：应付分保账款

再保险分出人对于存入分保保证金，应当按期计提利息。会计分录为：

借：利息支出

　贷：应付分保账款

（8）原保险合同提前解除时的核算。再保险分出人应当在原保险合同提前解除的当期，按照相关再保险合同的约定，计算确定分出保费、摊回分保费用的调整金额，计入当期损益；同时，转销相关应收分保准备金余额。

1）再保险分出人按计算确定的分出保费的调整金额，调整分出保费时：

借：应付分保账款

　贷：分出保费

　　应交税费——应交增值税（进项税额）

2）再保险分出人按计算确定的摊回分保费用的调整金额，调整摊回分保费用时：

借：摊回分保费用

　贷：应收分保账款

3）再保险分出人在原保险合同提前解除而转销相关未到期责任准备金余额的当期，转销相关应收分保准备金余额时：

借：提取未到期责任准备金

　贷：应收分保未到期责任准备金

4）再保险分出人在原保险合同提前解除而转销相关寿险责任准备金和长期健康险责任准备金余额的当期，转销相关应收分保准备金余额时：

借：摊回寿险责任准备金

　　摊回长期健康险责任准备金

贷：应收分保寿险责任准备金

应收分保长期健康险责任准备金

（9）结算分保账款的核算。再保险分出人、再保险接受人结算分保账款时，按应付分保账款金额，借记“应付分保账款”科目，按应收分保账款金额，贷记“应收分保账款”科目，按借贷方差额，借记或贷记“银行存款”科目。

（10）期末结平损益类科目的核算。期末再保险分出人将损益类科目的余额转入“本年利润”科目，结转后损益类科目无余额。会计分录为：

借：本年利润

贷：分出保费

利息支出

借：摊回分保费用

摊回赔付支出

摊回未决赔款准备金

摊回寿险责任准备金

摊回长期健康险责任准备金

贷：本年利润

【例 13－33】 20×2 年 1 月 31 日，F 保险公司与客户刘某签订一份人身意外伤害保险合同，保险金额为 3 600 000 元，自 20×2 年 2 月 1 日零时合同生效，保险期间为 1 年；刘某于合同生效当日一次性缴纳保费 7 200 元（含增值税），F 保险公司开始承担保险责任并确认了保费收入。该份人身意外伤害保险合同属于 F 保险公司与 N 保险公司签订的溢额再保险合同约定的业务范围。该再保险合同约定：每一被保险人的意外险自留额为 1 000 000 元，N 保险公司的分保额最高限额为 3 000 000 元，分保手续费以分出保费作为计算基础，分保手续费率为 25%。20×2 年 7 月 10 日，被保险人刘某发生车祸死亡，F 保险公司确定该事故属于全额赔偿责任范围，于事故发生当月确认了赔付成本 3 600 000 元。20×2 年 7 月 29 日，F 保险公司向刘某家属支付保险赔款，该保险事故结案。

F 保险公司编制会计分录如下：

（1）20×2 年 2 月，确认分出保费及摊回分保费用时：

分出保费＝7 200×(3 600 000－1 000 000)÷3 600 000＝5 200(元)

分保手续费＝5 200×25%＝1 300(元)

借：分出保费	4 906	
应交税费——应交增值税（进项税额）	294	
贷：应付分保账款——N 保险公司		5 200
借：应收分保账款——N 保险公司	1 300	
贷：摊回分保费用		1 300

（2）20×2 年 7 月，确认应摊回的赔付成本时：

摊回赔款金额＝3 600 000×(3 600 000－1 000 000)÷3 600 000＝2 600 000(元)

借：应收分保账款——N保险公司　　2 600 000

　贷：摊回赔付支出　　2 600 000

保险公司对于保险事故发生后很快（一般指当月）能够结案定损的，往往不提未决赔款准备金，因此本例在确认摊回赔付成本时不涉及转销相关应收分保未决赔款准备金的处理。

【例13-34】 20×1年12月2日，F保险公司与M保险公司签订一份成数分保财险再保险合同，将合同规定范围内的原保险业务向M保险公司办理分保。合同约定，分保比例为10%；分保手续费以分出保费作为计算基础，分保手续费率为25%；合同起期日为20×2年1月1日，保险责任期间为1年。20×2年1月1日，F保险公司就该再保险合同规定业务范围内的×企业财产保险合同确认保费收入120 000元；1月31日，F保险公司就×企业财产保险合同提取未到期责任准备金110 000元；3月18日，×企业财产保险合同约定的保险事故发生，至3月31日尚未结案定损，F保险公司就该合同提取未决赔款准备金75 000 000元。

F保险公司确认应收分保准备金的账务处理如下：

（1）20×2年1月31日，确认应收分保未到期责任准备金时：

对M保险公司应收分保未到期责任准备金＝110 000×10%＝11 000(元)

借：应收分保未到期责任准备金　　11 000

　贷：提取未到期责任准备金　　11 000

（2）20×2年3月31日，确认应收分保未决赔款准备金时：

对M保险公司应收分保未决赔款准备金＝75 000 000×10%＝7 500 000(元)

借：应收分保未决赔款准备金　　7 500 000

　贷：摊回未决赔款准备金　　7 500 000

13.4.3 分入业务的核算

1. 会计科目的设置

再保险接受人为了核算接受再保险后取得的分保费收入、发生的分保赔款和费用以及提取的各种准备金，应设置“应收分保账款”“应付分保账款”“分保费收入”“未到期责任准备金”“未决赔款准备金”“寿险责任准备金”“长期健康险责任准备金”“提取未到期责任准备金”“提取未决赔款准备金”“提取寿险责任准备金”“提取长期健康险责任准备金”“分保费用”“分保赔付支出”“预付赔付款”“存出保证金”等科目进行核算。

（1）“分保费用”科目。该科目属于损益类科目，核算再保险接受人向再保险分出人支付的应由其承担的各项费用。其借方登记再保险接受人按再保险合同约定计算确定的分保费用金额、收到分保业务账单时对分保费用调整增加的金额，以及按再保险合同约定计算确定的纯益手续费金额，贷方登记收到分保业务账单时对分保费用调整减少的金额。期末应将该科目余额转入“本年利润”科目，结转后该科目无余额。该科目可按险种进行明细核算。

（2）“存出保证金”科目。该科目属于资产类科目，核算再保险接受人按合同约定存出的分保保证金。其借方登记存出的分保保证金，贷方登记收回的分保保证金，期末借方余额，反映再保险接受人存出的分保保证金。该科目可按再保险分出人进行明细核算。

2. 分入业务的账务处理

根据《财政部 国家税务总局关于进一步明确全面推开营改增试点有关再保险、不动产租赁和非学历教育等政策的通知》（财税〔2016〕68 号）的规定，境内保险公司向境外保险公司提供的完全在境外消费的再保险服务，免征增值税。试点纳税人提供再保险服务（境内保险公司向境外保险公司提供的再保险服务除外），实行与原保险服务一致的增值税政策。再保险合同对应多个原保险合同的，所有原保险合同均适用免征增值税政策时，该再保险合同适用免征增值税政策；否则，该再保险合同应按规定缴纳增值税。

（1）分保费收入的核算。

1）根据企业会计准则的规定，分保费收入应当在同时满足以下条件时予以确认：①再保险合同成立并承担相应保险责任；②与再保险合同相关的经济利益很可能流入；③与再保险合同相关的收入能够可靠地计量。

再保险接受人应当根据相关再保险合同的约定，计算确定分保费收入金额。再保险接受人取得的分保费收入按照和再保险分出人原保费收入相同的计税规则缴纳增值税。若再保险分出人原保费收入免征增值税，则再保险接受人取得的分保费收入也免征增值税。会计分录为：

借：应收分保账款

　　贷：分保费收入

若再保险分出人原保费收入需缴纳增值税，则再保险接受人取得的分保费收入也应缴纳增值税。会计分录为：

借：应收分保账款

　　贷：分保费收入

　　　　应交税费——应交增值税（销项税额）

2）再保险接受人在收到分保账单时，按账单标明的金额对分保费收入进行调整。

调整增加时，会计分录为：

借：应收分保账款

　　贷：分保费收入

若需缴纳增值税，还应贷记“应交税费——应交增值税（销项税额）”科目。

调整减少时，做相反的会计分录。

（2）分保费用的核算。

1）再保险接受人应当在确认分保费收入的当期，根据相关再保险合同的约定，计算确定分保费用，计入当期损益。会计分录为：

借：分保费用

　　贷：应付分保账款

涉及增值税进项税额的，还应借记“应交税费——应交增值税（进项税额）”科目，下同。

再保险接受人应当在收到分保账单时，按照账单标明的金额对分保费用进行调整，调整金额计入当期损益。

调整增加时，会计分录为：

借：分保费用

贷：应付分保账款

调整减少时，做相反的会计分录。

2）再保险接受人应当根据相关再保险合同的约定，在能够计算确定应向再保险分出人支付的纯益手续费时，将该项纯益手续费作为分保费用，计入当期损益。会计分录为：

借：分保费用

贷：应付分保账款

涉及增值税进项税额的，还应借记“应交税费——应交增值税（进项税额）”科目。

（3）分保准备金的核算。

1）再保险接受人提取分保未到期责任准备金、分保未决赔款准备金、分保寿险责任准备金、分保长期健康险责任准备金的核算，以及进行相关分保准备金充足性测试的处理，与原保险业务基本相同，这里不再赘述。

2）再保险接受人应当在收到分保账单确认分保赔付成本的当期，冲减相应的分保准备金余额。会计分录为：

借：未决赔款准备金

寿险责任准备金

长期健康险责任准备金

贷：提取未决赔款准备金

提取寿险责任准备金

提取长期健康险责任准备金

（4）分保赔付支出的核算。再保险接受人应当在收到分保账单的当期，按照账单标明的分保赔付款项金额，作为分保赔付成本，计入当期损益。会计分录为：

借：分保赔付支出

贷：应付分保账款

涉及增值税进项税额的，还应借记“应交税费——应交增值税（进项税额）”科目。

（5）预付赔款的核算。再保险接受人向再保险分出人预付的现金赔款，应当在支付预付赔款时，做会计分录：

借：预付赔付款

贷：银行存款

再保险接受人收到分保账单时，按照账单上转销的赔款，做会计分录：

借：应付分保账款

贷：预付赔付款

（6）存出分保保证金的核算。再保险接受人应当在收到分保账单时，将账单标明的扣存本期分保保证金确认为存出分保保证金。会计分录为：

借：存出保证金

贷：应收分保账款

同时，按照账单标明的再保险分出人返还上期扣存分保保证金，转销相关存出分保保证金。会计分录为：

借：应收分保账款

贷：存出保证金

再保险接受人根据相关再保险合同的约定，按期计算存出分保保证金利息，计入当期损益。会计分录为：

借：应收分保账款

贷：利息收入

（7）结算分保账款的核算。再保险接受人、再保险分出人结算分保账款的核算在再保险分出业务的核算中已述。

（8）期末结平损益类科目的核算。期末再保险接受人将损益类科目的余额转入“本年利润”科目，结转后损益类科目无余额。会计分录为：

借：本年利润

贷：分保费用

分保赔付支出

提取未到期责任准备金

提取未决赔款准备金

提取寿险责任准备金

提取长期健康险责任准备金

借：分保费收入

利息收入

贷：本年利润

【例 13-35】 20×1 年 12 月 22 日，F 保险公司与 K 保险公司签订一份成数再保险合同，接受 K 保险公司分出的原保险业务。合同约定的分保比例为 40%，分保手续费率为 35%。合同起期日为 20×2 年 1 月 1 日，保险责任期间为 1 年。F 保险公司经验、技术等方面比较成熟，采用预估方法确认每期的分保费收入。假定 F 保险公司预估 20×2 年第一季度各月与 K 保险公司再保险合同项下的分保费收入金额为：1 月 6 800 000 元，2 月 7 300 000 元，3 月 6 000 000 元。F 保险公司于 5 月 20 日收到 K 保险公司发来的第一季度分保账单，账单标明的分保费为 21 000 000 元，分保手续费为 7 350 000 元。假设原保险为增值税应税保险产品，以上金额均为含增值税金额。

F 保险公司编制会计分录如下：

（1）20×2 年 1 月，预估确认分保费收入和分保费用时：

借：应收分保账款——K 保险公司	6 800 000	
贷：分保费收入		6 415 094
应交税费——应交增值税（销项税额）		384 906

分保费用＝6 800 000×35%＝2 380 000(元)

借：分保费用 2 245 283

应交税费——应交增值税（进项税额） 134 717

贷：应付分保账款——K保险公司 2 380 000

（2）20×2年2月，预估确认分保费收入和分保费用时：

借：应收分保账款——K保险公司 7 300 000

贷：分保费收入 6 886 792

应交税费——应交增值税（销项税额） 413 208

分保费用＝7 300 000×35%＝2 555 000(元)

借：分保费用 2 410 377

应交税费——应交增值税（进项税额） 144 623

贷：应付分保账款——K保险公司 2 555 000

（3）20×2年3月，预估确认分保费收入和分保费用时：

借：应收分保账款——K保险公司 6 000 000

贷：分保费收入 5 660 377

应交税费——应交增值税（销项税额） 339 623

分保费用＝6 000 000×35%＝2 100 000(元)

借：分保费用 1 981 132

应交税费——应交增值税（进项税额） 118 868

贷：应付分保账款——K保险公司 2 100 000

（4）20×2年4月，预估确认分保费收入和分保费用的会计分录略。

（5）20×2年5月20日，收到分保账单，调整第一季度确认的分保费收入和分保费用时：

分保费收入调整金额＝21 000 000－(6 800 000＋7 300 000＋6 000 000)
＝900 000(元)

借：应收分保账款——K保险公司 900 000

贷：分保费收入 849 057

应交税费——应交增值税（销项税额） 50 943

分保手续费调整金额＝7 350 000－(2 380 000＋2 555 000＋2 100 000)
＝315 000(元)

借：分保费用 297 170

应交税费——应交增值税（进项税额） 17 830

贷：应付分保账款——K保险公司 315 000

此例中，若F保险公司不具备对分保费收入进行预估确认的条件，则F保险公司应在20×2年5月20日收到分保账单时，编制会计分录如下：

借：应收分保账款——K保险公司 21 000 000

贷：分保费收入 19 811 321

应交税费——应交增值税（销项税额）　　1 188 679

借：分保费用　　6 933 962

应交税费——应交增值税（进项税额）　　416 038

贷：应付分保账款——K 保险公司　　7 350 000

【例 13-36】 沿用例 13-35 的资料，假设 F 保险公司于 20×2 年 5 月 20 日收到 K 保险公司发来的第一季度分保账单，账单中标明的分保赔款金额为 9 000 000 元（含准予抵扣的增值税进项税额 12 万元），F 保险公司已提取相应的分保未决赔款准备金。

F 保险公司编制会计分录如下：

借：分保赔付支出　　8 880 000

应交税费——应交增值税（进项税额）　　120 000

贷：应付分保账款——K 保险公司　　9 000 000

借：未决赔款准备金　　8 880 000

贷：提取未决赔款准备金　　8 880 000

思考题

1. 什么是原保险？什么是再保险？
2. 非寿险原保险和寿险原保险分别包括哪些内容？
3. 简述保险业务会计核算的特点。
4. 入账保费、已赚保费和未赚保费的含义分别是什么？
5. 为什么保险公司要对非寿险原保险合同提取未到期责任准备金？
6. 什么是人寿保险业务？具体包括哪些内容？
7. 为什么保险公司要对人寿保险合同提取寿险责任准备金？
8. 简述再保险基本业务、再保险种类及再保险业务会计核算的特点。

练习题

1. 阳光财产保险公司发生以下经济业务：

(1) 阳光财产保险公司会计部门收到业务部门交来的财产基本险保费日报表、保费收据存根和银行收账通知 36 000 元（含增值税），签单生效时收到保费。

(2) 20×1 年 1 月 1 日，阳光财产保险公司与王某签订一份家庭财产保险合同，保险金额为 1 000 000 元，保险期间为 1 年，保费为 1 000 元（含增值税）。合同规定，阳光财产保险公司自 2 月 1 日零时起开始承担保险责任。合同签订当日，阳光财产保险公司收到王某缴纳的全部保费并存入银行。

(3) 20×1 年 1 月 1 日，阳光财产保险公司与 A 公司签订一份工程保险合同，保险金额为 4 000 000 元，保险期间为 20×1 年 1 月 1 日零时至 20×2 年 12 月 31 日 24 时；保费总额为 4 000 元（含增值税），分两年于每年年初等额收取。合同生效当日，阳光财产保险公司收到第一期保费并存入银行。

（4）20×1年4月12日，阳光财产保险公司确定应赔偿张某投保的家庭财产保险款80 000元，款项尚未支付。同时，阳光财产保险公司应冲减为该保险事故确认的未决赔款准备金80 000元。

（5）20×1年5月10日，阳光财产保险公司某被保险人发生交通事故死亡；5月21日，阳光财产保险公司确定应赔偿该保险受益人保险款120 000元并于当日支付。

（6）20×1年5月31日，阳光财产保险公司保险精算部门计算确定的某类财产保险合同未决赔款准备金金额为100 000元，其中，已发生已报案未决赔款准备金为60 000元，已发生未报案未决赔款准备金为20 000元，理赔费用准备金为20 000元。

（7）张某投保的小轿车发生被盗保险事故，阳光财产保险公司已结案并支付保险金。20×1年6月17日，阳光财产保险公司通过公安部门找回该被盗小轿车，参照同类资产的市场价格确定的入账价值为80 000元。

（8）20×1年6月21日，李某投保的小轿车发生碰撞保险事故，阳光财产保险公司赔偿保险责任金后，取得向责任方代位追偿的权利，估计能够收回的代位追偿款为30 000元。7月25日，阳光财产保险公司从责任方收到代位追偿款29 000元，款项已存入银行。

（9）20×1年6月25日，阳光财产保险公司收到C公司通知，要求提前解除投保的企业财产保险合同。阳光财产保险公司按约定计算应退还C公司保费8 100元（含增值税），并于当日以银行存款转账支付。假定阳光财产保险公司已为该企业财产保险合同确认未到期责任准备金9 000元。

（10）20×1年11月1日，阳光财产保险公司确认B公司投保的财产保险合同保费收入48 000元（含增值税）；11月30日，阳光财产保险公司保险精算部门计算确定该财产保险合同未到期责任准备金金额为44 000元；12月31日，阳光财产保险公司保险精算部门计算确定该财产保险合同未到期责任准备金金额为40 000元。

（11）20×1年12月31日，阳光财产保险公司保险精算部门计算确定的某类财产保险合同未决赔款准备金金额为160 000元，前期已确认的相关未决赔款准备金金额为110 000元。

要求：根据上述经济业务，编制阳光财产保险公司的会计分录。

2. 泰康人寿保险公司发生以下经济业务：

（1）泰康人寿保险公司会计部门根据业务部门送来的简身险保费日结单及所附收据存根和现金30 000元（按规定免征增值税），审查后办理入账。

（2）泰康人寿保险公司收到银行转来的收账通知，系D公司投保5年期团体寿险，投保对象为该公司的所有员工100人，每人按标准每月缴费50元。该保险为免征增值税保险产品。

（3）天华公司为员工投保的3年期团体两全人寿保险现已到期。泰康人寿保险公司业务部门按缴费期限、投保份数，计算每一个被保险人已满期的保险金，总计为500 000元，以银行存款转账支付。

（4）客户张静投保的保险金额为60 000元的生死两全保险满期，尚有12 000元的保单质押贷款未归还，该笔贷款应付利息为600元，泰康人寿保险公司会计部门将贷款及利息扣除后办理给付。

（5）20×1 年 5 月 31 日，泰康人寿保险公司分配相关理赔人员薪酬 43 000 元，其中与寿险责任准备金有关的金额为 23 000 元，与长期健康险责任准备金有关的金额为 20 000 元。

（6）20×1 年 12 月 31 日，泰康人寿保险公司保险精算部门计算确定的某团体终身寿险合同寿险责任准备金金额为 120 000 元。

要求：根据上述经济业务，编制泰康人寿保险公司的会计分录。

3. 甲保险公司与乙保险公司签订货运险再保险合同，采取溢额再保险方式，甲保险公司承保金额 50 000 000 元，自留额为 10 000 000 元，甲保险公司本月保费 8 000 000 元（含增值税），发生赔款 6 000 000 元，按合同规定甲保险公司向乙保险公司提供理赔资料，乙保险公司向甲保险公司预付 2 400 000 元的现金赔款。

要求：根据上述经济业务，编制甲保险公司的会计分录。

图书在版编目（CIP）数据

金融企业会计/孟艳琼编著. --3版. --北京：
中国人民大学出版社，2022.3
新编21世纪会计系列教材
ISBN 978-7-300-30384-0

Ⅰ.①金… Ⅱ.①孟… Ⅲ.①金融企业-会计-高等
学校-教材 Ⅳ.①F830.42

中国版本图书馆CIP数据核字（2022）第035104号

新编21世纪会计系列教材
金融企业会计（第3版）
孟艳琼　编著
Jinrong Qiye Kuaiji

出版发行	中国人民大学出版社		
社　　址	北京中关村大街31号	**邮政编码**	100080
电　　话	010－62511242（总编室）		010－62511770（质管部）
	010－82501766（邮购部）		010－62514148（门市部）
	010－62511173（发行公司）		010－62515275（盗版举报）
网　　址	http://www.crup.com.cn		
经　　销	新华书店		
印　　刷	天津鑫丰华印务有限公司	**版　　次**	2012年11月第1版
开　　本	787 mm×1092 mm　1/16		2022年3月第3版
印　　张	25.75 插页1	**印　　次**	2025年12月第8次印刷
字　　数	570 000	**定　　价**	57.00元

中国人民大学出版社　管理分社

教师教学服务说明

中国人民大学出版社管理分社以出版工商管理和公共管理类精品图书为宗旨。为更好地服务一线教师，我们着力建设了一批数字化、立体化的网络教学资源。教师可以通过以下方式获得免费下载教学资源的权限：

- 在中国人民大学出版社网站 www.crup.com.cn 进行注册，注册后进入“会员中心”，在左侧点击“我的教师认证”，填写相关信息，提交后等待审核。我们将在一个工作日内为您开通相关资源的下载权限。

- 如您急需教学资源或需要其他帮助，请加入教师 QQ 群或在工作时间与我们联络。

中国人民大学出版社　管理分社

教师 QQ 群：648333426（工商管理）　1057207274（财会）　648117133（公共管理）
教师群仅限教师加入，入群请备注（学校＋姓名）

联系电话：010-62515782，82501868，82501048，62514760

电子邮箱：glcbfs@crup.com.cn

通讯地址：北京市海淀区中关村大街甲 59 号文化大厦 1501 室（100872）

管理书社　　人大社财会　　公共管理与政治学悦读坊